ANNIE JACOBSEN

72 Minuten bis zur Vernichtung

ANNIE JACOBSEN

72 Minuten bis zur Vernichtung

ATOMKRIEG

EIN SZENARIO

Aus dem Englischen
von Oliver Lingner
und Ulrike Strerath-Bolz

HEYNE

Die Originalausgabe erschien 2024 unter dem Titel
Nuclear War: A Scenario bei Dutton.

MIX
Papier | Fördert gute Waldnutzung
FSC® C014496

Penguin Random House Verlagsgruppe FSC® N001967

3. Auflage

Deutsche Erstausgabe 2024

Redaktion: Fabian Bergmann
Umschlaggestaltung: Martina Eisele,
unter Verwendung eines Fotos von: fotograzia/Freepik
Satz: Schaber Datentechnik, Austria
Druck und Bindung: GGP Media GmbH, Pößneck
Printed in Germany

ISBN: 978-3-453-21878-9

www.heyne.de

Für Kevin

»Die Menschheitsgeschichte ist eine Geschichte des Krieges. Abgesehen von kurzen, instabilen Phasen hat auf der Welt noch nie Frieden geherrscht; schon in vorgeschichtlichen Zeiten waren mörderische Kämpfe allgegenwärtig und endlos.«

– Winston Churchill

INHALT

ANMERKUNG DER AUTORIN

Seit Anfang der 1950er-Jahre hat die Regierung der Vereinigten Staaten Billionen von Dollar für die Vorbereitung auf einen Atomkrieg ausgegeben. Zusätzlich wurden Protokolle ausgearbeitet, die die Funktionsfähigkeit der US-Regierung für den Fall aufrechterhalten sollen, dass Hunderte Millionen Amerikaner einer nuklearen Apokalypse zum Opfer gefallen sind.

Das in diesem Buch dargestellte Szenario dessen, was sich in den ersten Momenten nach dem Abschuss einer Atomrakete auf die USA abspielen könnte, basiert auf Fakten. Sie stammen aus Exklusivinterviews mit Präsidentenberatern, Kabinettsmitgliedern, Atomwaffenentwicklern, Wissenschaftlern, Soldaten, Luftwaffenpiloten, Angehörigen von Spezialeinheiten, Geheimdienstmitarbeitern, Katastrophenschutzexperten, Geheimdienstanalysten, Staatsbediensteten und anderen, die jahrzehntelang diese grausigen Szenarios entworfen haben. Die Pläne für den atomaren Weltkrieg gehören zu den am strengsten gehüteten Geheimnissen der US-Regierung, deshalb führt dieses Buch und das hier durchgespielte Szenario die Leserinnen und Leser an die Grenzen dessen, was zu wissen erlaubt ist. Nach Jahrzehnten der Geheimhaltung freigegebene Dokumente ergänzen die Details mit erschreckender Klarheit.[1]

Das Pentagon ist ein Hauptziel für einen Angriff durch Amerikas atomar bewaffnete Feinde. Daher wird Washington, D.C. im folgenden Szenario zuerst getroffen – von einer thermonuklearen Bombe mit einer Megatonne Sprengkraft. »Ein unerwarteter Angriff auf

D.C., wie ein Blitz aus heiterem Himmel, ist das, was alle in D.C. am meisten fürchten«, sagt Andrew Weber, ehemaliger Staatssekretär im Verteidigungsministerium für Programme zur Abwehr nuklearer, chemischer und biologischer Bedrohungen.[2] »Blitz aus heiterem Himmel« ist die Bezeichnung des U.S. Nuclear Command and Control für einen »[nuklearen] Großangriff ohne Vorwarnung«.[3]

Dieser Angriff auf Washington, D.C. wird mit ziemlicher Sicherheit ein weltweites nukleares Armageddon auslösen. »Einen begrenzten Atomkrieg gibt es nicht«, ist ein viel zitierter Spruch in Washington.

Ein Atomschlag gegen das Pentagon ist nur der Anfang eines Szenarios, das zum Ende der Zivilisation, wie wir sie kennen, führen wird. Das ist die Realität in der Welt, in der wir alle leben. Das Atomkriegsszenario, das in diesem Buch durchgespielt wird, könnte morgen eintreten. Oder schon heute.

»Die Welt könnte innerhalb der nächsten Stunden untergehen«, warnt General Robert Kehler, der ehemalige Commander des United States Strategic Command.[4]

INTERVIEWS

(Die Posten im U.S. Nuclear Command and Control wurden von den Interviewten ehemals besetzt.)

Dr. Richard L. Garwin: Atomwaffenentwickler, Thermonuklearbombe Ivy Mike

Dr. William J. Perry: US-Verteidigungsminister

Leon E. Panetta: US-Verteidigungsminister; CIA-Direktor; Stabschef des Weißen Hauses

General C. Robert Kehler: Commander des United States Strategic Command

Vizeadmiral Michael J. Connor: Commander der [nuklearen] U-Boot-Flotte der USA

Brigadegeneral Gregory J. Touhill: First U.S. Federal Chief Information Security Officer (CISO); Direktor der Command, Control, Communications and Cyber (C4) Systems, U.S. Transportation Command

William Craig Fugate: Leiter der Federal Emergency Management Agency (FEMA)

Honorable Andrew C. Weber: Staatssekretär im Verteidigungsministerium für Programme zur Abwehr nuklearer, chemischer und biologischer Bedrohungen

Jon B. Wolfsthal: Special Assistant des Präsidenten für nationale Sicherheit im Nationalen Sicherheitsrat

Dr. Peter Vincent Pry: CIA-Nachrichtenoffizier, Massenvernichtungswaffen und Russland; verantwortlicher

Direktor der Task Force zum Elektromagnetischen Impuls für nationale und innere Sicherheit

Judge Robert C. Bonner: Kommissar des Zoll- und Grenzschutzes, Department of Homeland Security

Lewis C. Merletti: Direktor des United States Secret Service

Oberst Julian Chesnutt, PhD.: Defense Clandestine Service, Defense Intelligence Agency; U.S. Defense Attaché; U.S. Air Attaché; F-16-Geschwaderkommandant

Dr. Charles F. McMillan: Direktor des Los Alamos National Laboratory

Dr. Glen McDuff: Atomwaffenentwickler am Los Alamos National Laboratory; Laborhistoriker

Dr. Theodore Postol: Assistent des Oberbefehlshabers der Seestreitkräfte; emeritierter Professor am Massachusetts Institute of Technology (MIT)

Dr. J Douglas Beason: Leitender Wissenschaftler am United States Air Force Space Command

Dr. Frank N. von Hippel: Physiker und emeritierter Professor an der Princeton University (Mitgründer des Program on Science and Global Security)

Dr. Brian Toon: Professor, Theorie des nuklearen Winters (Co-Autor von Carl Sagan)

Dr. Alan Robock: Distinguished Professor; Klimatologe, nuklearer Winter

Hans M. Kristensen: Direktor des Nuclear Information Project der Federation of American Scientists

Michael Madden: Direktor der North Korea Leadership Watch am Stimson Center

Don D. Mann: Teamleiter beim SEAL Team Six, Nuclear, Biological, and Chemical Program

Jeffrey R. Yago: Ingenieur; Berater der Task Force zum Elektromagnetischen Impuls für nationale und innere Sicherheit

H. I. Sutton: Analyst und Autor, U.S. Naval Institute

Reid Kirby: Militärhistoriker zu chemischer, biologischer, radiologischer und nuklearer Verteidigung

David Cenciotti: Luftfahrtjournalist; 2° tenente (a. D.) der italienischen Luftwaffe (Aeronautica Militare)

Dr. Michael Morsch: Archäologe an der Universität Heidelberg, Spezialgebiet Neolithikum; Mitentdecker von Göbekli Tepe

Dr. Albert D. Wheelon: CIA-Direktor, Directorate of Science and Technology

Dr. Charles H. Townes: Erfinder des Lasers; Nobelpreisträger für Physik im Jahr 1964

Dr. Marvin L. Goldberger: ehemaliger Physiker des Manhattan-Projekts; Gründer und Vorsitzender der JASON Beratungsgruppe, wissenschaftlicher Berater von US-Präsident Lyndon B. Johnson

Paul S. Kozemchak: Special Assistant des DARPA-Direktors (und dienstältestes Mitglied)

Dr. Jay W. Forrester: Computerpionier; Entwickler der Systemdynamik

General Paul F. Gorman: ehemaliger Oberbefehlshaber des U. S. Southern Command (U. S. SOUTHCOM); Special Assistant des Vereinigten Generalstabs

Alfred O'Donnell: Mitglied des Manhattan-Projekts; EG&G-Atomwaffeningenieur in der Atomenergiekommission

Ralph James Freedman: EG&G-Atomwaffeningenieur in der Atomenergiekommission

Edward Lovick Jr.: Physiker; ehemaliger Mitarbeiter bei Lockheed Skunk Works für Tarnkappentechnik

Dr. Walter Munk: Meereskundler; ehemaliges Mitglied der JASON Beratungsgruppe

Oberst Hervey S. Stockman: flog als erster Pilot in einem U-2-Aufklärungsflugzeug über die Sowjetunion, Pilot bei der Sammlung nuklearer Daten

Richard »Rip« Jacobs: Ingenieur des VO-67 Navy Squadron in Vietnam

Dr. Pavel Podvig: Research Fellow am UN-Institut für Abrüstungsforschung; wissenschaftlicher Mitarbeiter am Moscow Institute of Physics and Technology

Dr. Lynn Eden: emeritierte Senior Research Scholar für die Außen-, Militär- und Nuklearpolitik der USA und für Großbrände an der Stanford University

Dr. Thomas Withington: Forscher zu elektronischer Kriegsführung, Radar und militärischer Kommunikation am Royal United Services Institute, London

Joseph S. Bermudez, Jr.: Nordkorea-Analyst für Verteidigung, Aufklärung und Entwicklung ballistischer Raketen am Center for Strategic and International Studies

Dr. Patrick Biltgen: Luftfahrtingenieur, ehemals beim BAE Systems Intelligence Integration Directorate

Dr. Alex Wellerstein: Professor; Autor; Wissenschaftshistoriker, Spezialgebiet Kerntechnik

Fred Kaplan: Journalist; Autor; Atomwaffenhistoriker

PROLOG

Die Hölle auf Erden

Washington, D.C., möglicherweise irgendwann in naher Zukunft

Die Detonation einer Thermonuklearwaffe mit einer Megatonne Sprengkraft beginnt mit einem Lichtblitz und einer ungeheuren, für den menschlichen Geist unbegreiflichen Hitze:[5] 100 Millionen Grad Celsius – vier- bis fünfmal heißer als der Kern der Sonne.[6]

Im Bruchteil einer Millisekunde, nachdem diese Thermonuklearbombe das Pentagon außerhalb von Washington, D.C. getroffen hat, entsteht Licht. Weiches Röntgenlicht mit einer sehr kurzen Wellenlänge.[7] Das Licht heizt die umgebende Luft auf viele Millionen Grad auf, wodurch ein gigantischer Feuerball entsteht, der sich mit einer Geschwindigkeit von Millionen Stundenkilometern ausdehnt. Innerhalb weniger Sekunden wächst der Durchmesser dieses Feuerballs auf knapp zwei Kilometer an. Sein Licht und seine Hitze sind so enorm, dass Beton explodiert, metallene Objekte schmelzen oder verdampfen, Stein zerspringt und Menschen sich augenblicklich in brennenden Kohlenstoff verwandeln.[8]

Das fünfstöckige, fünfeckige Gebäude des Pentagons und alles, was sich innerhalb seiner 600 000 Quadratmeter Bürofläche befindet, verwandelt sich durch den ersten Blitz aus Licht und Hitze explosionsartig in hocherhitzten Staub. Durch die nahezu zeitgleiche

Ankunft der Schockwelle bersten alle Wände, alle 27 000 Angestellten sind sofort tot.

Nicht das Geringste bleibt in dem Feuerball bestehen.

Nichts.

Der Explosionsort wird ausgelöscht.[9]

Die strahlende Hitze des Feuerballs breitet sich mit Lichtgeschwindigkeit aus und entzündet alles Brennbare in seiner Reichweite über mehrere Kilometer in jede Richtung.[10] Vorhänge, Papier, Bücher, Holzzäune, menschliche Kleidung, trockene Blätter stehen unmittelbar in Flammen und nähren einen riesigen Feuersturm, der ein über 100 Quadratkilometer großes Gebiet verschlingen wird, das vor diesem Lichtblitz das Zentrum der amerikanischen Regierungsgewalt und die Heimat von ungefähr sechs Millionen Menschen war.[11]

Mehrere Hundert Meter nordwestlich des Pentagons werden auf den zweieinhalb Quadratkilometern des Nationalfriedhofs Arlington – einschließlich der 400 000 Knochensätze und Grabsteine zur Ehrung der im Krieg gefallenen Soldaten sowie der Überreste der 3800 in Sektion 27 begrabenen freigelassenen Sklaven – die Besucher, die ihnen an diesem Nachmittag im beginnenden Frühling die Ehre erweisen, die Gärtner, die den Rasen mähen und die Bäume beschneiden, die Fremdenführer, die Besucher herumführen, die Soldaten der Old Guard mit ihren weißen Handschuhen, die am Grab des unbekannten Soldaten Wache halten, augenblicklich in brennende, verkohlte menschliche Statuen verwandelt. In das schwarze organische Pulver, das Ruß genannt wird. Den Verbrannten bleibt das beispiellose Grauen erspart, das nun ein bis zwei Millionen schwer verletzte Menschen durch diesen Atomangriff überkommt, der wie ein Blitz aus heiterem Himmel über sie hereinbrach.[12]

Auf der anderen Seite des Potomac River, zwei Kilometer in nordöstlicher Richtung, werden die Marmorwände und -säulen der Denkmäler für Lincoln und Jefferson überhitzt. Sie zersplittern in ihre Einzelteile.[13] Die Brücken und Autobahnen aus Stahl und Stein, die diese historischen Monumente mit ihrer Umgebung verbinden, wölben sich und brechen zusammen. Auch das weiter südlich, jenseits der Interstate 395 gelegene strahlende und weitläufige Fashion Centre at Pentagon City mit seiner gläsernen Fassade und seinen unzähligen Läden voll teurer Markenkleidung und Haushaltsgütern, mit seinen Restaurants und anderen Gastronomiebetrieben, den Büros und dem angrenzenden Hotel Ritz-Carlton, Pentagon City wird ausradiert. Deckenträger, Balken, Rolltreppen, Kronleuchter, Teppiche, Möbel, Schaufensterpuppen, Hunde, Eichhörnchen, Menschen gehen in Flammen auf. Es ist Ende März, 15:36 Uhr Ortszeit.

Seit der Detonation sind drei Sekunden vergangen. Im Baseballstadion vier Kilometer im Westen, dem Nationals Park, findet gerade ein Spiel statt. Die Kleidung der meisten der 35 000 Zuschauer fängt Feuer.[14] Die Menschen, die nicht direkt durch die Flammen sterben, erleiden schwere Verbrennungen dritten Grades.[15] Ihre Körper werden der äußeren Hautschicht beraubt, und die blutige Dermis darunter wird freigelegt.

Um Verbrennungen dritten Grades zu überleben, ist eine sofortige Spezialbehandlung und oft auch die Amputation von Gliedmaßen notwendig. Hier im Nationals Park haben vielleicht einige Tausend Menschen zunächst irgendwie überlebt. Sie waren gerade drinnen, um etwas zu essen zu kaufen oder auf die Toilette zu gehen – jetzt benötigen sie dringend ein Bett in einem Brandverletztenzentrum. Aber es gibt nur zehn Verbrennungsbetten im gesamten Großraum Washington, D.C., im Burn Center des MedStar Washington Hospital im Stadtzentrum. Und weil diese Einrichtung etwa acht Kilometer nordöstlich des Pentagons liegt, ist sie nicht mehr funktionsfähig – falls sie überhaupt noch existiert. 70 Kilometer nordöstlich gibt es im Johns Hopkins Burn Center in Baltimore weniger als 20 Verbrennungsbetten, und die sind schon bald belegt. Insgesamt gibt es in allen 50 Bundesstaaten der USA zusammen nur um die 2000 Verbrennungsbetten.[16]

Innerhalb von Sekunden hat die Wärmestrahlung dieses atomaren Angriffs auf das Pentagon die Haut von ungefähr einer Million

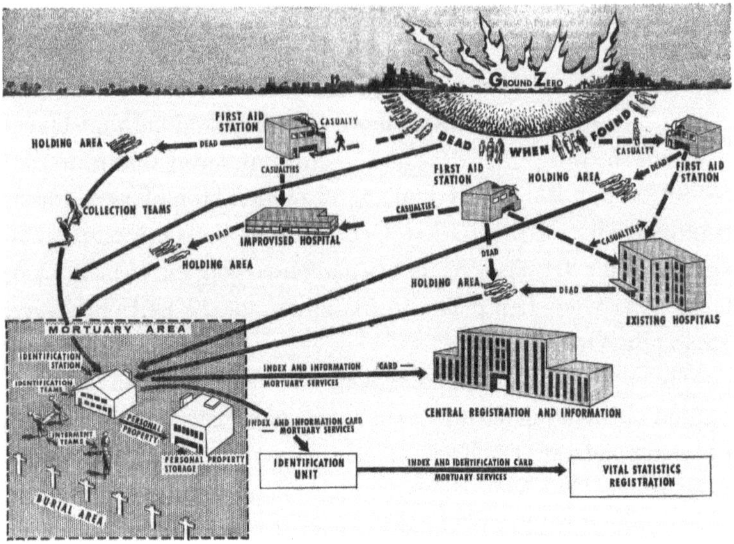

»Dead When Found«

(U.S. Federal Civil Defense Administration)

Menschen schwer verbrannt. 90 Prozent von ihnen werden sterben. Verteidigungsforscher wie auch zivile Wissenschaftler haben das jahrzehntelang berechnet.[17] Die meisten Opfer werden sich nur noch wenige Meter von dort wegbewegen können, wo sie sich zum Explosionszeitpunkt befanden. Als in den 1950er-Jahren mit diesen makabren Berechnungen begonnen wurde, bezeichneten die Experten für Zivilverteidigung diese Menschen als »Dead When Found«, beim Auffinden tot.[18]

In der Joint Base Anacostia-Bolling, einer im Südosten auf der anderen Seite des Potomac gelegenen vier Quadratkilometer großen militärischen Einrichtung, gibt es weitere 17 000 Opfer, einschließlich fast aller Beschäftigten in den Hauptquartieren der Defense Intelligence Agency und der White House Communications Agency, der U.S. Coast Guard Station Washington, dem Marine-One-Hubschrauberhangar und zahlreichen anderen schwer bewachten Bundeseinrichtungen, die der nationalen Sicherheit dienen.[19] Die Mehrzahl der 4000 Studenten, die gerade die National Defense University besuchten, sind ebenfalls tot oder liegen im Sterben. Es ist eine tragische Ironie der Ereignisse, dass an dieser – vom Pentagon finanzierten und am 200. Geburtstag der USA gegründeten – Universität die amerikanischen Offiziere die Taktiken erlernen, mit denen die militärische Vorherrschaft ihres Landes rund um den Globus gesichert wird. Die Universität ist nicht die einzige militärische Bildungseinrichtung, die durch diesen ersten Atomschlag ausgelöscht wird. Die Eisenhower School for National Security and Resource Strategy, das National War College, das Inter-American Defense College, das Africa Center for Strategic Studies, sie alle existieren plötzlich nicht mehr. Das gesamte Hafengebiet, vom Buzzard Point Park bis zur St. Augustine's Episcopal Church, vom Navy Yard bis zur Frederick Douglass Memorial Bridge, wird komplett zerstört.

Im 20. Jahrhundert entwickelten Menschen die Atombombe, um die Welt vom Bösen zu befreien, und jetzt, im 21. Jahrhundert, ist die Atombombe kurz davor, die Welt zu zerstören. Alles niederzubrennen.

Die Wissenschaft, die hinter der Bombe steckt, ist komplex. Der thermonukleare Lichtblitz wird von zwei sich ausbreitenden Hitzewellen begleitet.[20] Die erste hält nur für den Bruchteil einer Sekunde an, die zweite hingegen mehrere Sekunden, wodurch die menschliche Haut in Brand gesetzt wird. Die Lichtblitze sind geräuschlos; Licht macht kein Geräusch. Nun folgt ein durch die Druckwelle hervorgerufenes lautes Krachen. Die von der atomaren Explosion erzeugte immense Hitze verursacht eine starke Druckwelle, die sich vom Zentrum ausgehend wie ein Tsunami ausbreitet, wie eine gigantische Wand aus hochkomprimierter Luft, die sich mit Überschallgeschwindigkeit fortbewegt. Sie mäht Menschen nieder, wirbelt andere in die Luft, lässt Lungen und Trommelfelle platzen, saugt Körper auf und spuckt sie wieder aus. »Generell werden große Gebäude durch die plötzliche Änderung des Luftdrucks zerstört, Menschen und Objekte wie Bäume und Leitungsmasten dagegen durch den Wind«, erklärt ein Archivar, der diese makabren Statistiken für das Atomic Archive zusammenträgt.[21]

Die Schockwelle des wachsenden nuklearen Feuerballs schiebt sich wie ein Bulldozer fünf Kilometer weit nach außen und richtet katastrophale Zerstörung an.[22,23] Die Luft hinter der Druckwelle beschleunigt sich und erzeugt Winde mit außergewöhnlichen, schwer vorstellbaren Geschwindigkeiten von vielen Hundert Stundenkilometern. Im Jahr 2012 hatte Hurrikan Sandy, der einen Schaden von 70 Milliarden US-Dollar anrichtete und 147 Menschen das Leben kostete, eine maximale anhaltende Windgeschwindigkeit von etwa 130 Stundenkilometern.[24] Die höchste je auf der Erde gemessene Windgeschwindigkeit betrug 407 Stundenkilometer, an einer abgelegenen Wetterstation in Australien. Die nukleare Druckwelle in Washington, D.C. zerstört alle Gebäude auf ihrem direkten Weg; sie verändert augenblicklich die physische Form von Bürogebäuden, Wohnanlagen, Denkmälern, Museen, Parkhäusern – sie lösen sich auf und werden zu Staub. Was die Druckwelle nicht zermalmt, wird durch den peitschenden Wind zerfetzt. Gebäude brechen zusammen, Brücken stürzen ein, Kräne kippen um. Objekte, ob nun so klein wie Computer und Zementblöcke oder so groß wie 18-rädrige Lastwagen und Doppeldeckerbusse, fliegen durch die Luft wie Tennisbälle.

Der nukleare Feuerball, der alles im Umkreis von 1,8 Kilometern vernichtet hat, steigt jetzt mit einer Geschwindigkeit von 75 bis 100 Meter pro Sekunde nach oben wie ein Heißluftballon.[25] 35 Sekunden vergehen. Die bekannte Pilzwolke beginnt sich zu bilden. Die Farbe der gigantischen Kappe und des Stamms, die aus verbrannten Menschen und den Trümmern der Zivilisation bestehen, wechselt von Rot zu Braun und schließlich zu Orange. Als Nächstes stellt sich die tödliche umgekehrte Sogwirkung ein. Alles – Autos, Menschen, Laternen, Straßenschilder, Parkuhren, Stahlträger – wird ins Zentrum des lodernden Infernos zurückgesaugt und von Flammen verzehrt.[26]

60 Sekunden sind verstrichen.

Kappe und Stamm des mittlerweile grauweißen Pilzes wachsen 8 bis 15 Kilometer in den Himmel.[27] Die Kappe bläht sich auf, und ihr Durchmesser beträgt schließlich 15 bis 30 Kilometer. Sie reicht bis jenseits der Troposphäre, höher als Verkehrsflugzeuge fliegen und über die Zone hinaus, wo die meisten Wetterphänomene der Erde entstehen. Freigesetzte radioaktive Teilchen regnen als Fallout zurück auf die Erde und die Menschen. Eine Atombombe erzeuge »ein Hexengebräu aus radioaktiven Produkten [...], die gleichfalls von der Wolke mitgerissen würden«, warnte der Astrophysiker Carl Sagan vor Jahrzehnten.[28]

Seit der Detonation sind weniger als zwei Minuten vergangen, und mehr als eine Million Menschen sind tot oder liegen im Sterben. Jetzt beginnt das Inferno, das erst nach dem anfänglichen Feuerball entsteht; es ist ein unermesslich großes Megafeuer. Gasleitungen explodieren, eine nach der anderen, und werden zu gigantischen Flammenwerfern, die einen stetigen Feuerstrom ausspucken. Tanks mit brennbaren Flüssigkeiten platzen auf. Chemiefabriken explodieren. Zündflammen von Boilern und Heizöfen setzen wie Streichhölzer alles in Flammen, was nicht schon brennt.[29] Eingestürzte Gebäude werden zu gigantischen Öfen. Überall verbrennen Menschen bei lebendigem Leib.

Offene Spalten in Böden und Dächern wirken wie Schornsteine. Durch die Flammen freigesetztes Kohlendioxid sinkt nach unten und gelangt in die U-Bahn-Tunnel, wo es Fahrgäste auf ihren Sitzen erstickt. Wer in Kellern oder anderen unterirdischen Räumen Zuflucht gesucht hat, muss sich übergeben, erleidet Krämpfe, fällt ins Koma und stirbt. Wer sich oberirdisch aufhält und direkt in die Explosion blickt, erblindet – in manchen Fällen aus bis zu 20 Kilometer Entfernung.[30]

Zehn Kilometer vom Ground Zero entfernt, in einem Umkreis von über 20 Kilometern um das Pentagon (in der 5-psi-Zone), krachen Autos und Busse ineinander. Asphaltstraßen werden von der immensen Hitze flüssig und bilden eine Falle für Überlebende, als würden sie in geschmolzener Lava oder Treibsand versinken. Winde mit Hurrikanstärke machen aus Hunderten Feuern Tausende und schließlich Millionen. In 15 Kilometer Umkreis entzünden lodernd heiße Asche und vom Wind umhergewehte brennende Überreste neue Feuer, und eines nach dem anderen vereinigen sie sich miteinander. Ganz Washington, D.C. wird zu einem einzigen Feuersturm. Ein Megainferno. Das sich bald in einen Mesozyklon aus Feuer verwandelt. Acht, vielleicht neun Minuten vergehen.

In 15 bis 20 Kilometer Entfernung vom Explosionsort (in der 1-psi-Zone) schlurfen Überlebende im Schock umher, als wenn sie kurz vor dem Tod stünden. Sie verstehen nicht, was gerade passiert ist, und versuchen verzweifelt zu entkommen. Zehntausende Menschen hier haben Lungenrisse erlitten. Krähen, Spatzen und Tauben, die über ihnen fliegen, fangen Feuer und fallen vom Himmel, als würde es Vögel regnen.[31] Es gibt keinen Strom. Keine Telefonverbindungen. Keinen Notruf.

Der elektromagnetische Impuls der Bombe legt vor Ort Radio, Internet und Fernsehen komplett lahm. Autos mit elektronischer Zündung lassen sich in einem kilometerweiten Umkreis nicht mehr starten. Wasserwerke können kein Wasser mehr pumpen. Da im gesamten Gebiet eine tödliche Strahlendosis herrscht, können Ersthelfer nicht ausrücken. Nach Tagen werden die wenigen Überlebenden realisieren, dass keine Hilfe kommt.

Wer es irgendwie schafft, dem Tod durch die Detonation, die Druckwelle und den Feuersturm zu entkommen, erkennt plötzlich eine heimtückische Wahrheit des Atomkriegs: Man ist vollkommen auf sich alleine gestellt. Der ehemalige Direktor des US-Katastrophenamts FEMA Craig Fugate erklärt uns, dass die einzige Überlebensmöglichkeit darin besteht, herauszufinden, wie man »sich am Leben halten kann«. Dass jetzt ein »Kampf um Nahrung, Wasser, Elektrolyte« beginnt.[32]

Warum und woher wissen amerikanische Verteidigungswissenschaftler diese schauderhaften Dinge und noch dazu so genau? Wie kommt es, dass die US-Regierung so viel über die Auswirkungen von Atombomben weiß, während in der Bevölkerung Ahnungslosigkeit darüber herrscht? Die Antwort ist so grotesk wie die Fragen selbst: weil sich die US-Regierung in all den Jahren seit dem Ende des Zweiten Weltkriegs auf einen atomaren Weltkrieg vorbereitet und ihn einstudiert hat. Einen nuklearen Dritten Weltkrieg, der garantiert mindestens zwei Milliarden Menschenleben fordern wird.

Um genauere Antworten zu bekommen, müssen wir mehr als 60 Jahre in die Vergangenheit blicken. Auf ein geheimes Treffen, das im Dezember 1960 im U.S. Strategic Air Command (SAC) stattfand.

TEIL I

DIE VORGESCHICHTE (ODER: WIE WIR HIER GELANDET SIND)

KAPITEL 1

Der streng geheime Plan für den atomaren Weltkrieg

Dezember 1960, Hauptquartier des Strategic Air Command, Luftwaffenbasis Offutt, Nebraska

Eines Tages vor nicht allzu langer Zeit traf sich eine Reihe von amerikanischen Militärbeamten, um einen geheimen Plan zu besprechen, der zum Tod von etwa 600 Millionen Menschen führen würde.[33] Das entsprach einem Fünftel der damaligen Weltbevölkerung von drei Milliarden Menschen. An diesem Tag waren unter den Anwesenden:

US-Verteidigungsminister Thomas S. Gates, Jr.
der stellvertretende US-Verteidigungsminister James H. Douglas, Jr.
der stellvertretende Direktor der US-Verteidigungsforschung und -technik John H. Rubel
der Vereinigte Generalstab
der Commander des US-Strategic Air Command, General Thomas S. Power
Army Chief General George H. Decker
Navy Chief Admiral Arleigh A. Burke
der Air Force Commander General Thomas D. White

der Marine Corps Commandant General David M. Shoup

viele weitere hochrangige US-Militärbeamte[34]

Der Raum befand sich unter der Erde. Die Wände waren über 45 Meter lang, mehrere Stockwerke hoch, und im zweiten Stock gab es einen verglasten Balkon. Es gab Schreibtischreihen, Telefone und Karten. Stellwände mit Karten. Eine ganze Wand voller Karten. Das Hauptquartier des Strategic Air Command in Omaha, Nebraska war der Ort, von dem aus Generäle und Admiräle den Atomkrieg leiten würden, wenn er ausbräche. So war es damals, so ist es heute im Jahr 2024 immer noch – die unterirdische Kommandozentrale wurde für den Atomkrieg des 21. Jahrhunderts aufgerüstet.

Alles, was Sie über dieses Meeting erfahren werden, basiert auf dem Bericht eines Augenzeugen, der an diesem Tag mit im Raum war: der ehemalige Unternehmensleiter und jetzige Verteidigungsbeamte John H. Rubel[35]. Im Jahr 2008, als er auf die 90 zuging und nicht mehr lange zu leben hatte, enthüllte Rubel diese Informationen in einer kurzen Autobiografie. Angesichts seines nahenden Todes fasste er den Mut, eine lange unterdrückte Wahrheit auszusprechen. Dass er Reue empfand, weil er Teil eines solchen Plans aus dem »Herz der Finsternis« gewesen war. Weil er danach jahrzehntelang geschwiegen hatte. Das, woran er mitgewirkt hatte, so schrieb Rubel, war ein Plan zur »Massenvernichtung«. Seine Worte.[36]

An diesem Tag im großen unterirdischen Bunker in Nebraska saßen Rubel und die anderen Atomkriegsplaner in ordentlichen Klappstuhlreihen (die altmodischen Stühle mit Holzlamellen). Die Viersternegeneräle saßen in der ersten Reihe, die mit nur einem Stern in der letzten. Rubel, damals stellvertretender Direktor der Abteilung für Verteidigungsforschung und -technik im Pentagon, saß in der zweiten.

General Thomas S. Power, der Commander des Strategic Air Command, gab ein Zeichen, woraufhin ein Referent auf die Bühne trat. Ihm folgte ein Gehilfe, der ein Flip-Chart trug, und ein zweiter mit

SAC-Hauptquartier, unterirdische Kommandozentrale. Die »große Tafel«. Aufnahme von Anfang 1957
(U.S. Air Force Historical Research Agency)

einem Zeigestock. Der erste hatte die Aufgabe umzublättern und der zweite, auf Dinge zu zeigen. General Power (der wirklich so hieß) erklärte seinem Publikum, dass nun demonstriert werde, wie ein nuklearer Großangriff auf die Sowjetunion ablaufen würde. Daraufhin stellten sich zwei Luftwaffenpiloten links und rechts neben der 50 Meter langen Kartenwand auf. Jeder hatte eine große Trittleiter bei sich. Die Karte zeigte die Sowjetunion und China (damals chinesisch-sowjetischer Block genannt) und die angrenzenden Länder.

Rubel erinnerte sich, dass »beide Männer ihre große Leiter im selben strammen Tempo bestiegen und gleichzeitig oben ankamen. Beide griffen nach einem roten Band, das, wie wir nun bemerkten, um eine große Rolle durchsichtige Plastikfolie gewunden war. Mit einer einzigen Handbewegung löste jeder die Schleife, die das Band an seinem Ende der Rolle sicherte, woraufhin sich die Plastikfolie mit einem *Zisch!* entrollte, kurz flatterte und dann schlaff vor der Karte herunterhing.«[37] Auf der Karte waren nun Hunderte kleiner schwarzer Markierungen zu sehen, »die meisten davon über Moskau«, und jede stellte eine Atombombendetonation dar.

General Powers erster Referent begann, den US-Plan für einen nuklearen Angriff auf die Sowjetunion zu schildern. Die erste Angriffswelle würde mit US-Kampfjets durchgeführt werden, die von in der Nähe des japanischen Okinawa stationierten Flugzeugträgern abhöben. »Welle um Welle« von Angriffen würde folgen. Immer neue Bombardements durch strategische Langstreckenbomber vom Typ Boeing B-52, die in ihren Bombenschächten mehrere thermonukleare Waffen trügen – jede mit der mehrtausendfachen Zerstörungskraft der auf Hiroshima und Nagasaki abgeworfenen Atombomben. Jedes Mal, wenn der Referent eine weitere Angriffswelle erläuterte, schrieb Rubel, »öffneten [die zwei Männer auf den Trittleitern] ein weiteres Paar rote Bänder, eine weitere Plastikfolie zischte hinab, und Moskau wurde unter den kleinen Markierungen auf den Lagen aus Plastikfolie noch gründlicher ausradiert«.[38]

Am meisten schockierte Rubel, wie er schrieb, dass der Plan alleine für Moskau »vierzig Megatonnen – *Megatonnen* – [...] vorsah, das etwa Viertausendfache der Bombe, die auf Hiroshima abgeworfen worden war, und vielleicht zwanzig- bis dreißigmal mehr als alle nicht nuklearen Bomben, die von den Alliierten während des Zweiten Weltkriegs im Verlauf von mehr als vier Jahren an beiden Kriegsschauplätzen abgeworfen wurden«.[39]

Trotzdem blieb Rubel während dieses Meetings im Jahr 1960 auf seinem Stuhl sitzen und sagte nichts.

Nicht ein Wort. 48 Jahre lang. Sein Eingeständnis ist jedoch bemerkenswert – der erste bekannte Fall, dass ein Teilnehmer dieses Treffens es wagte, solch persönliche Details darüber preiszugeben, was dort vor sich ging.[40] Details, die jedem Menschen die schlichte Wahrheit vor Augen führen: dass dieser Plan für den Nuklearkrieg ein Plan für Völkermord war.

Die Luftwaffenpiloten stiegen die Leitern herab, klappten sie zusammen, nahmen sie unter den Arm und verschwanden.

Die 4000-fache Sprengkraft der Bombe, die auf Hiroshima abgeworfen wurde.

Was bedeutet das überhaupt – ist das menschliche Gehirn in der Lage, das wirklich zu begreifen?

Und noch wichtiger, kann irgendjemand den Plan für die Massenvernichtung stoppen, bevor er in die Tat umgesetzt wird?

KAPITEL 2

Das Mädchen im Trümmerfeld

6. August 1945, Hiroshima, Japan

Die Atombombe, die im August 1945 auf Hiroshima abgeworfen wurde, tötete mehr als 80 000 Menschen auf einen Schlag.[41] Die genaue Zahl ist immer noch umstritten. In den Tagen und Wochen nach dem Bombenangriff war es nicht möglich, eine genaue Zählung der Opfer durchzuführen. Aufgrund der massenhaften Zerstörung der staatlichen Einrichtungen, der Krankenhäuser, Polizeireviere und Feuerwachen, herrschte völliges Chaos und Verwirrung.[42]

Die 13-jährige Setsuko Thurlow war 1,8 Kilometer vom Explosionsort entfernt, als die Atombombe mit dem Codenamen Little Boy in einer Höhe von 580 Metern detonierte – eine sogenannte Luftdetonation.[43,44] Es war das erste Mal, dass eine Kernwaffe im Krieg verwendet wurde. Die Bersthöhe war von dem amerikanischen Verteidigungswissenschaftler John von Neumann genau berechnet worden. Seine Aufgabe war es gewesen, herauszufinden, wie mit dieser einen Atombombe möglichst viele Menschen am Boden darunter getötet werden könnten.[45] Militärplaner hatten festgestellt, dass durch eine Detonation direkt am Boden eine immense Menge an Erde aufgeschleudert wird, was viel Energie »verschwendet«. Darüber waren sie sich einig.

Setsuko Thurlow wurde durch die Druckwelle ohnmächtig.

Als sie zum ersten Mal das Bewusstsein wiedererlangte, konnte sie nichts sehen und sich nicht bewegen. »Dann hörte ich die flüsternden Stimmen der Mädchen um mich herum«, erinnerte sie sich Jahre später. Sie konnte hören, wie sie sagten: »Gott, hilf mir, Mutter, hilf mir. Ich bin hier.«[46]

Wie durch ein Wunder hatte Setsuko im Schutz eines eingestürzten Gebäudes die erste Druckwelle überlebt, die durch die Detonation einer Atombombe entsteht. Sie erinnerte sich, wie um sie herum alles dunkel war. Es fühlte sich so an, als hätte sich ihr Körper in Rauch aufgelöst. Nach einer Weile – Sekunden oder vielleicht

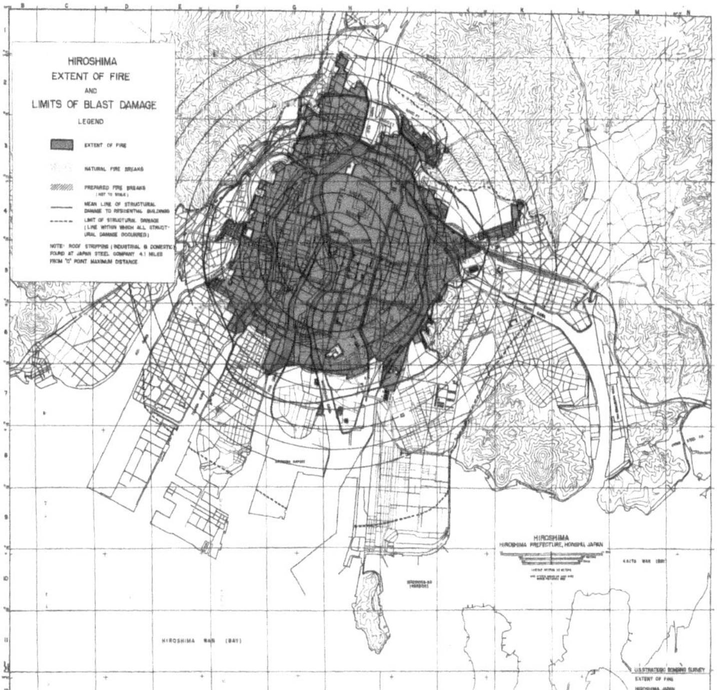

Eine Karte der durch die Druckwelle und das Feuer verursachten Schäden in Hiroshima aus der U.S. Strategic Bombing Survey
(U.S. National Archives)

Minuten – registrierte ihr Gehirn, dass die Stimme eines Mannes sie anwies, etwas zu tun.

»Gib nicht auf«, sagte der Mann. »Ich versuche, dich zu befreien.«

Dieser Mann, ein Fremder, schüttelte Setsukos linke Schulter und schob sie von hinten. Raus da … kriech, so schnell du kannst, dachte sie.

Als der atomare Angriff auf Hiroshima stattfand, besuchte Setsuko Thurlow die achte Klasse einer Mädchenschule. Sie war eines von über 30 jungen Mädchen, die für streng geheime Abhörarbeiten im Hauptquartier der japanischen Armee in Hiroshima rekrutiert und ausgebildet worden waren. Dort befand sie sich, als die Bombe explodierte.

»Können Sie sich das vorstellen«, sagte Setsuko später, »dass ein 13-jähriges Mädchen so eine wichtige Arbeit machen musste? Das zeigt, in was für einer verzweifelten Lage Japan war.«

In diesen ersten Momenten nach der Explosion der Atombombe begriff Setsuko, dass der Mann sie aus den Trümmern befreien wollte und sie jetzt tätig werden musste, wenn sie nicht sterben wollte. Sie drückte und stemmte. Begann zu treten. Irgendwie schaffte sie es, unter den Trümmern hervor- und durch die Tür nach draußen zu kriechen. »Als ich aus dem Gebäude herauskam, stand es in Flammen«, erinnerte sie sich. »Das bedeutete, dass die etwa 30 anderen Mädchen, mit denen ich dort drinnen gewesen war, gerade lebendig verbrannten.«

Die Atombombe war von einem Flugzeug der U.S. Army Air Forces abgeworfen worden. Das war damals die einzige Möglichkeit, eine solche Bombe an ihr Ziel zu befördern. Die Bombe war drei Meter lang und wog 4400 Kilogramm, etwa so viel wie ein mittelgroßer Elefant. Eine zweite Maschine flog direkt hinter dem Bomber und beförderte drei Physiker aus dem Los-Alamos-Labor sowie zahlreiche wissenschaftliche Instrumente zum Sammeln von Daten.

Die exakte Sprengkraft der Bombe (die Kraft, die erforderlich ist, um eine gleichwertige Explosion zu erzeugen) war unter Verteidigungswissenschaftlern und Militärbeamten jahrelang umstritten. Im

Jahr 1995 legte sich die US-Regierung schließlich auf das Äquivalent von 15 Kilotonnen TNT fest.[47] In der nach dem Krieg durchgeführten Strategic Bombing Survey wurde geschätzt, dass 2100 Tonnen konventionelle Bomben gleichzeitig auf Hiroshima hätten abgeworfen werden müssen, um die gleiche Wirkung zu erzielen.

Setsuko Thurlow schaffte es, nach draußen zu gelangen. Es war früh am Morgen, aber es schien, als wäre es mitten in der Nacht. Die Luft war erfüllt von dichtem schwarzem Rauch. Setsuko sah ein schwarzes Objekt auf sie zukommen, gefolgt von weiteren schwarzen Objekten, die sie erst für Geister hielt.

»Teile ihrer Körper fehlten«, bemerkte sie. »Haut und Fleisch hingen von den Knochen. Manche trugen ihre eigenen Augäpfel.«[48]

Ein Stück die Straße hinunter lag Dr. Michihiko Hachiya, Direktor des Hiroshima-Communications-Krankenhauses, gerade auf dem Boden seines Wohnzimmers und erholte sich von einer Nachtschicht, als der starke Lichtblitz, der durch die Zündung einer Atombombe ausgelöst wird, ihn erschreckte. Dann folgte ein zweiter Lichtblitz. Er wurde ohnmächtig – oder doch nicht? Staub wirbelte um ihn herum, und langsam nahm er wahr, was vor sich ging. Teile seines Körpers, seine Oberschenkel und sein Hals, waren zerfetzt und bluteten. Er war nackt. Die Druckwelle hatte ihm die Kleidung vom Körper gerissen. »In meinem Hals steckte eine Glasscherbe von beträchtlicher Größe, die ich einfach herauszog«, berichtete Dr. Hachiya später und erinnerte sich, dass er sich gefragt hatte: »Wo ist meine Frau?«[49] Er richtete seinen Blick wieder auf seinen Körper. »Blut begann zu spritzen. War meine Halsschlagader verletzt worden? Würde ich verbluten?«

Nach einer Weile fand Dr. Hachiya seine Frau Yaeko-san. Sie rannten nach draußen, während ihr kleines Haus um sie herum einstürzte. »Wir rannten, stolperten, fielen«, erinnerte er sich. »Als ich mich aufrappelte, erkannte ich, dass ich über den Kopf eines Mannes gestolpert war.«[50]

Die Überlebensgeschichten von Setsuko Thurlow und Dr. Hachiya sowie zahllose ähnliche wurden jahrzehntelang von der US-Armee und ihren Besatzungstruppen in Japan unterdrückt. Die Auswirkungen von im Krieg eingesetzten Atomwaffen auf Menschen und Gebäude wurden geheim gehalten, weil die US-Verteidigungsbehörden exklusiv über diese Informationen verfügen wollten. Für den nächsten Atomkrieg. Das Pentagon wollte sichergehen, dass es mehr über die Auswirkungen nuklearer Explosionen wusste, als jeder zukünftige Feind wissen konnte.

Mit Blitzen aus Energie und Licht beendeten zwei Atombomben – die auf Hiroshima wurde am 6. August 1945 abgeworfen und drei Tage später eine weitere auf Nagasaki – einen Weltkrieg, in dem bereits 50 bis 75 Millionen Menschen gestorben waren. Noch im selben Jahr begann eine kleine Gruppe US-amerikanischer Atomwissenschaftler und Verteidigungsbeamter neue und noch größere Pläne zu entwerfen: Im nächsten Weltkrieg sollten unzählige Atomwaffen zum Einsatz kommen und wie gesagt rund ein Fünftel der damaligen Weltbevölkerung töten.

Und damit sind wir wieder bei den Männern angelangt, die im Dezember 1960 im unterirdischen Bunker saßen und den Plänen für den atomaren Weltkrieg lauschten.

KAPITEL 3

Der Auftakt

1945–1990: Los Alamos, Lawrence Livermore und die Sandia National Laboratories

Der Plan für den atomaren Weltkrieg, der im Jahr 1960 unter Geheimhaltung im Hauptquartier des Strategic Air Command präsentiert wurde, war etwa ein Jahr lang ausgearbeitet worden.[51] Der Verteidigungsminister hatte ihn für den US-Präsidenten erstellen lassen. 15 Jahre waren vergangen, seit die beiden Atomwaffen auf Japan abgeworfen worden waren, die in einem Sekundenbruchteil Zehntausende Menschen getötet hatten, bevor Tausende weitere in den anschließenden Feuerstürmen verbrannt waren.

Damals im August 1945 hatten die USA noch eine dritte Bombe zum Abwurf vorbereitet und verfügten über ausreichend nukleares Material, um bis zum Ende des Monats eine vierte Bombe herzustellen, falls sich Japan nicht ergab.[52] »Die ersten Atombomben waren wie ein Wissenschaftsprojekt an einer Schule«, erklärt Dr. Glen McDuff, langjähriger Ingenieur für Kernwaffen in Los Alamos, ehemaliger Historiker und Kurator des geheimen Museums des Labors. »19 von 20 wissenschaftlichen Geräten, die ihnen zur Verfügung standen, entwarfen und konstruierten sie selbst, aus nur etwa 80 gewöhnlichen Vakuumröhren.«[53]

Als der Weltkrieg endlich zu Ende war, war die Zukunft des Atomlabors in Los Alamos ungewiss. »Nach dem Krieg, mit nur einer

Im Jahr 1946 durchbrach beim Atombombentest Baker nach der Detonation die Gasblase die Wasseroberfläche der Lagune des Bikini-Atolls und schleuderte zwei Millionen Kubikmeter radioaktives Meerwasser und Sediment in die Luft.
(U.S. Library of Congress)

Atombombe im Lager, verfiel die Infrastruktur des Labors und der Stadt Los Alamos«, so McDuff. »Es war ein täglicher Kampf, dass uns der Strom nicht abgestellt wurde. Die Hälfte der Angestellten von Los Alamos war gegangen. Es sah düster aus. Bis die Navy auf den Plan trat.«

Die U.S. Navy war die mit Abstand mächtigste Seestreitkraft der Welt und zutiefst darüber besorgt, dass sie in diesem neuen Zeitalter der atomaren Kriegsführung an Bedeutung verlieren könnte. Also wollte sie drei Atombombentests durchführen – und jeder sollte dabei zuschauen können.

Die Operation Crossroads war ein großes, feierliches Ereignis.[54] Ein gewaltiger, öffentlichkeitswirksamer Militärtest, der demonstrieren sollte, dass 88 Kriegsschiffe ein zukünftiges nukleares Gefecht auf See bestens überstehen konnten. Mehr als 42 000 Menschen versammelten sich auf dem Bikini-Atoll bei den Marshallinseln. Staatsoberhäupter, Journalisten, Würdenträger – sie reisten zu diesem weit entfernten Ort mitten im Pazifik, um die atomaren Explosionen zu erleben. Es war das erste Mal seit dem Krieg, dass Amerika wieder atomare Waffen zündete. Eine Demonstration dessen, was der Welt bevorstand.

»Für das im Verfall begriffene Los Alamos war die Navy im Jahr 1946 der Retter«, so McDuff.

Die Operation Crossroads hauchte dem Atombombenprogramm neues Leben ein. Schon Mitte 1946 was das US-Atomwaffenarsenal auf neun Atombomben angewachsen. Nach dem Test forderte der Vereinigte Generalstab eine Beurteilung der »Atombombe als militärische Waffe« an, um über die nächsten Schritte entscheiden zu können. Das Gutachten, das bis 1975 unter Verschluss gehalten wurde, befeuerte den wachsenden militärisch-industriellen Komplex.[55] Die Details waren alarmierend.

Atombomben seien »eine Bedrohung für die Menschheit und die Zivilisation«,[56] warnten die Admiräle, Generäle und Wissenschaftler, die den Bericht verfasst hatten. Es seien »Massenvernichtungswaffen«, die »große Teile der Erdoberfläche entvölkern« könnten. Aber sie könnten auch sehr nützlich sein, teilte die Gruppe dem Vereinigten Generalstab mit: »Wenn eine große Anzahl verwendet wird, können Atombomben nicht nur das Militär jeder Nation vollständig vernichten, sondern auch ihre sozialen und ökonomischen Strukturen zerstören und deren Wiederaufbau für lange Zeit verhindern.«

Russland werde bald über ein eigenes Arsenal verfügen, betonte der Bericht, und das setze Amerika der Gefahr eines Überraschungsangriffs aus – der später als die schon erwähnte »Blitz aus heiterem Himmel«-Attacke bezeichnet wurde. »Durch das Aufkommen der Atombombe«, so warnte das Gremium, »hat das Überraschungsmoment obersten Stellenwert erlangt, sodass ein Aggressor, der plötzlich und unerwartet mit mehreren Atombomben angreift, einen zunächst stärkeren Gegner vollständig besiegen [könnte]« – damit waren die Vereinigten Staaten gemeint.

Das, was Amerika erschaffen hatte, prophezeite ihm den eigenen potenziellen Untergang.

»Die Vereinigten Staaten haben keine andere Wahl, als das Atomwaffenarsenal zu vergrößern«,[57] lautete der Rat an den Vereinigten Generalstab. Der nahm das zur Kenntnis und stimmte zu.

1947 war das amerikanische Atomwaffenarsenal auf 13 Atombomben angewachsen.[58]

1948 waren es 50.

1949 schon 170.

Aus freigegebenen Akten wissen wir heute, dass sich die Militärplaner darüber einig waren, dass die Feuerkraft von 200 Atombomben dafür ausreichte, das gesamte Sowjetimperium zu vernichten. Doch das Unvermeidliche trat ein. Schon im Sommer desselben Jahres wurde das US-Atomwaffenmonopol gebrochen. Am 29. August 1949 zündeten die Russen ihre erste Atombombe, die fast identisch zu der war, die die USA vier Jahre zuvor auf Nagasaki abgeworfen hatten. Ein in Deutschland geborener kommunistischer Spion, der in Großbritannien studiert hatte, stahl die Baupläne für die Bombe aus dem Labor in Los Alamos. Er war ein Wissenschaftler des Manhattan-Projekts und hieß Klaus Fuchs.

Der Wettlauf um den Bau weiterer Atombomben nahm dramatisch an Fahrt auf. Im Jahr 1950 hatten die USA ihr Arsenal um 129 Atomwaffen vergrößert – von 170 auf 299. Die Sowjetunion verfügte zu diesem Zeitpunkt über fünf.[59]

Im folgenden Jahr, 1951, vergrößerte sich das US-Arsenal erneut – diesmal auf unglaubliche 438 Atomwaffen. Mehr als das Doppelte der Zahl, von der man dem Vereinigten Generalstab gesagt hatte, sie könne »weite Gebiete der Erdoberfläche entvölkern und nur spärliche Überreste der materiellen Werke des Menschen zurücklassen«.[60]

Im nächsten Jahr gab es abermals eine annähernde Verdoppelung der annähernden Verdoppelung.

1952 umfasste das US-Arsenal 841 Atomwaffen.

Achthunderteinundvierzig.

Da das US-Atomwaffenmonopol gebrochen worden war, hatte der Wettlauf um die nukleare Vorherrschaft eine neue Dringlichkeit erhalten. Auf der anderen Seite der Erde begannen auch die Sowjets, in rasantem Tempo Atomwaffen zu bauen.

In nur drei Jahren wuchs das Atomwaffenarsenal der UdSSR von einer auf 50 Bomben an.

Aber die Atombombe – ihre außergewöhnliche Kraft, ihre Fähigkeit zur Massenvernichtung – sollte schon bald verblassen im Vergleich zu dem, was als Nächstes kam. Auf den Reißbrettern der amerikanischen und russischen Waffenentwickler wurden radikal neue Pläne entworfen. So folgte die Erfindung der »zerstörerischsten, unmenschlichsten und willkürlichsten Waffe, die jemals erschaffen wurde«, wie es eine Gruppe Nobelpreisträger nannte.[61] Eine klimaverändernde, hungersnoterzeugende, zivilisationsbeendende, genomverändernde neuere, größere, noch monströsere Nuklearwaffe – eine, die die beteiligten Wissenschaftler »the Super« nannten.

Tatsächlich – »die Super [...] funktioniert besser in großen als in kleinen Ausführungen«, teilt uns ihr Entwickler Richard Garwin mit. Für die Leserinnen und Leser dieses Buches bestätigte er: »[Ja], ich bin der Architekt der Super [...], dieser ersten thermonuklearen Bombe.«[62] Edward Teller hatte die Idee, Richard Garwin entwickelte sie – zu einer Zeit, als niemand anderes wusste, wie es ging.

Im Jahr 1952 wurde diese nukleare Bombe erfunden. Eine zweistufige Megawaffe: eine Atombombe in einer Atombombe. In einer thermonuklearen Waffe wird eine Atombombe als Auslösemechanismus verwendet. Als ein innerer, explosiver Zünder. Die monströse Explosionskraft der Super entsteht durch eine unkontrollierte, selbsterhaltende Kettenreaktion, in der Wasserstoffisotope unter extrem hohen Temperaturen miteinander verschmelzen. Dieser Prozess wird als Kernfusion bezeichnet.

Eine Atombombe tötet Zehntausende Menschen, wie es die auf Hiroshima und Nagasaki abgeworfenen taten. Eine thermonukleare Bombe, die auf Städte wie New York oder Seoul abgeworfen wird, tötet Millionen Menschen mit einem einzigen, extrem heißen Blitz.

Der Prototyp der Waffe, die Richard Garwin im Jahr 1952 entwarf, hatte eine Sprengkraft von 10,4 Megatonnen. Das entspricht beinahe 1000 Hiroshima-Bomben, die gleichzeitig explodieren. Es war eine entsetzliche Waffe. Garwins eigener Mentor, Enrico Fermi vom Manhattan-Projekt, geriet beim bloßen Gedanken an den Bau einer solchen Monstrosität in eine Gewissenskrise. Fermi und sein

Kollege I. I. Rabi wandten sich zwischenzeitlich von ihren Bomben bauenden Kollegen ab und schrieben an Präsident Truman, dass die Super ein »böses Ding« sei.[63]

Wörtlich schrieben sie: »Die Tatsache, dass die Zerstörungskraft dieser Waffe grenzenlos ist, macht ihre Existenz und das Wissen, wie sie gebaut werden kann, zu einer Gefahr für die gesamte Menschheit. Sie ist zwangsläufig ein böses Ding, egal aus welcher Perspektive man es betrachtet.«

Der Präsident ignorierte jedoch den Appell, den Bau der Super zu stoppen, und Richard Garwin erhielt grünes Licht für die Ausarbeitung der Pläne. »Die Wasserstoffbombe war von Natur aus böse, und sie ist und bleibt etwas Böses«, sagt auch Garwin.[64]

Die Super wurde gebaut. Ihr Codename war Mike. Die Operation hieß Ivy. »Also war es der Ivy-Mike-Test.«

Die Testzündung fand am 1. November 1952 auf der Insel Elugelab statt, die zu den Marshallinseln gehört. Der Prototyp Ivy Mike wog etwa 80 Tonnen – ein Vernichtungsinstrument von solch gewaltigen Dimensionen, dass es in einem 27 Meter langen und 14 Meter breiten Gebäude aus Aluminium-Wellblech gebaut werden musste.

Ivy Mike explodierte mit einer bisher unerreichten Sprengkraft.[65] In einem geheimen Bericht stand über den zurückgebliebenen Bombenkrater, dass er »so groß war, dass 14 Gebäude von der Größe des Pentagons darin Platz hätten«.[66] Es gibt viel über die unmenschliche Zerstörungskraft thermonuklearer Waffen zu sagen, aber zwei Luftaufnahmen – vor und nach dem Ivy-Mike-Test – machen sie erst wirklich begreiflich.

Das obere Bild auf der folgenden Seite zeigt die Insel Elugelab, wie sie seit ihrer geologischen Entstehung ausgesehen hat.

Im unteren Bild ist die gesamte Insel verschwunden. An ihrer Stelle klafft ein Krater mit einem Durchmesser von über drei Kilometern und einer Tiefe von 60 Metern. Die Zerstörung der Erde mit Massenvernichtungswaffen hatte nun eine neue Dimension angenommen. Die Entwicklung der Super bedeutete, dass jetzt eine Waffe existierte, die Landflächen verschwinden lassen konnte.

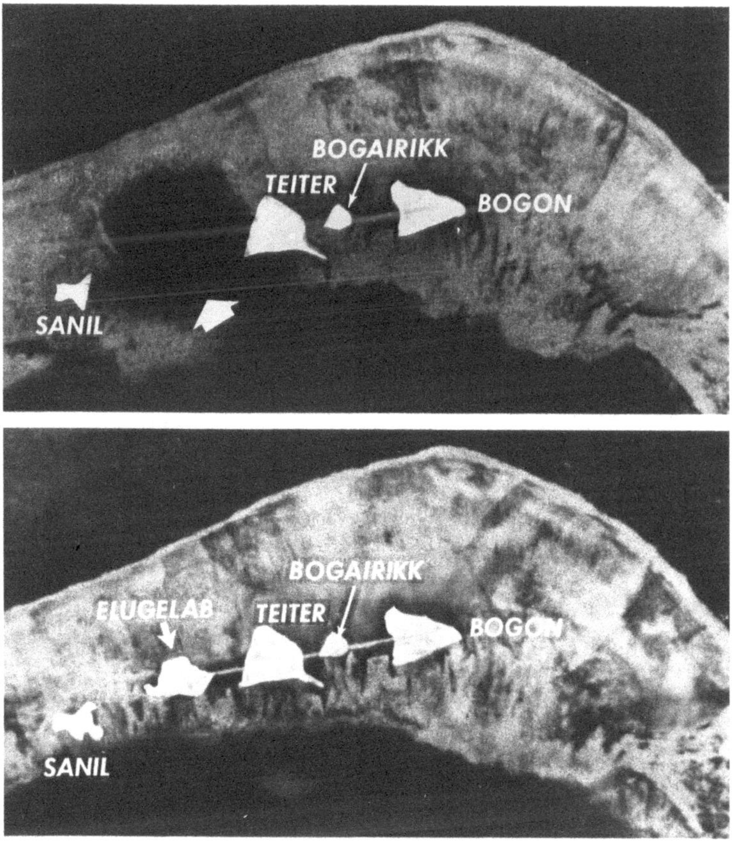

Die Insel Elugelab vor und nach dem thermonuklearen Bombentest Ivy Mike im Jahr 1952
(U.S. National Archives)

Es ist schlicht unvorstellbar, was geschah, nachdem die US-Kriegsplaner gesehen hatten, was 10,4 Megatonnen im Bruchteil eines Augenblicks zerstören können: Das thermonukleare Waffenarsenal wurde mit rasender Eile zuerst um Hunderte, dann um Tausende Bomben vergrößert.[67]

1952 umfasste es wie gesagt 841 Atombomben. Im darauffolgenden Jahr waren es 1169.

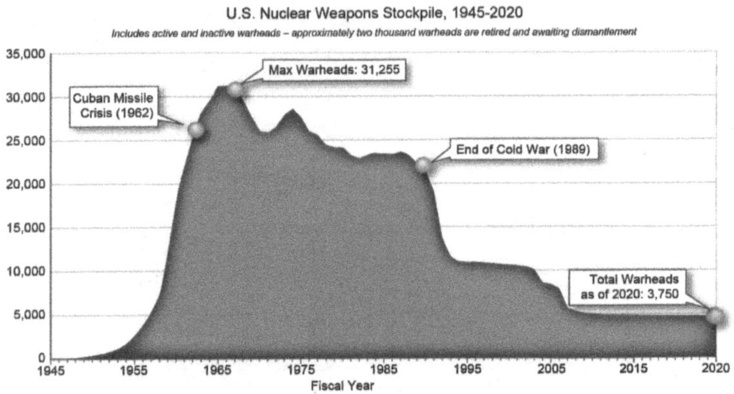

Die rasante Vergrößerung des geheimen Atomwaffenarsenals
(US-Verteidigungsministerium; US-Energieministerium)

»Der Prozess wurde industrialisiert«, erklärt der Los-Alamos-Historiker Glen McDuff. »Das waren keine Wissenschaftsprojekte mehr.«

1954 zählte das Arsenal 1703 Atomwaffen. Der militärisch-industrielle Komplex der USA produzierte nun durchschnittlich 1,5 Atomwaffen pro Tag.

1955: 2422. Fast zwei Bomben pro Tag, und es gab jetzt zehn neue Systeme, einschließlich drei neuer Arten thermonuklearer Bomben.

1956: 3692. Die Zahl der Bomben erklomm immer schwindelerregendere Höhen. Der sprunghafte Anstieg des Produktionsniveaus bedeutete, dass diese Massenvernichtungswaffen nun buchstäblich vom Fließband kamen, und zwar durchschnittlich 3,5 Atombomben *pro Tag.*

Im Jahr 1957 umfasste das US-Arsenal 5543 Bomben. In nur einem Jahr war es also um 1851 Nuklearwaffen angewachsen. Mehr als fünf pro Tag. Und die Zahl wuchs weiter.

1958: 7345.

Und weiter.

1959: 12 298.

1960, als sich die US-Kriegsplaner im unterirdischen Bunker in Nebraska trafen, umfasste das Arsenal 18 638 Atombomben.

1967 wurde der bisherige Rekordwert von 31 255 Atombomben erreicht.[68]

Einunddreißigtausendzweihundertfünfundfünfzig Atombomben.

Warum sollte man ein Arsenal aus 1000, 18 000 oder 31 255 Atombomben haben, obwohl schon eine einzige von der Größe der Ivy Mike über zehn Millionen Menschen töten kann, wenn man sie auf New York oder Moskau abwirft? Warum weiterhin Tausende dieser Waffen produzieren, wenn schon der Abwurf einer einzigen thermonuklearen Bombe mit ziemlicher Sicherheit einen unaufhaltsamen Atomkrieg auslösen wird, der das Ende der menschlichen Zivilisation bedeutet?

Ein neuer Begriff war in aller Munde: »Abschreckung«. Um zu verhindern, dass etwas passiert. Aber was bedeutet das überhaupt?

GESCHICHTSSTUNDE NR. 1

Abschreckung

Die Nuklearpolitik der USA orientiert sich an bestimmten Regeln für den Atomkrieg. Von Beginn der 1950er-Jahre an arbeiteten Kriegsplaner Konzepte aus, die den Ausbruch eines Atomkriegs angeblich verhindern und den Kriegsplanern gleichzeitig dabei helfen sollen, einen Atomkrieg zu gewinnen, wenn er doch ausbricht. Regel Nr. 1 ist die Abschreckung, die der Öffentlichkeit mit der Behauptung schmackhaft gemacht wird, dass ein gigantisches Atomwaffenarsenal unerlässlich dafür ist, Feinde von einem möglichen atomaren Angriff abzuhalten.

Abschreckung steht im Zentrum der Nuklearpolitik. Sie funktioniert so: Jede Atommacht baut ein Arsenal an Atomwaffen auf und zielt damit auf den atomar bewaffneten Feind, jederzeit bereit, sie innerhalb weniger Minuten abzufeuern. Weiterhin schwören alle Atommächte, ihre Atomwaffen nie zu verwenden, außer sie werden dazu gezwungen. Manche Menschen sehen in der Abschreckung eine friedliche Retterin. Andere empfinden dieses Konzept als doppelzüngig und fragen: Wie können Atomwaffen die Menschheit vor einem Atomkrieg bewahren?

Seit Jahrzehnten hat die Abschreckung es dem US-Verteidigungsministerium erlaubt, Zehntausende Atomwaffen samt Trägersystemen herzustellen sowie ein komplexes Abwehrsystem zur Verteidigung gegen einen nuklearen Angriff aufzubauen. Soweit bekannt, wurden Billionen Dollar für Atomwaffen ausgegeben. Es gibt keine Möglichkeit, die Gesamtsumme mit Sicherheit zu bestimmen, da die genauen Zahlen geheim sind. Regel Nr. 1 gibt vor, einfach zu sein: Abschreckung bewahrt die Welt vor einem Atomkrieg. Was aber passiert, wenn die Abschreckung versagt?

KAPITEL 4

Der SIOP

Der Single Integrated Operational Plan für den atomaren Weltkrieg

Die außer Kontrolle geratene Vergrößerung des US-Atomwaffenarsenals spiegelte sich auch in den Atomkriegsplänen der Teilstreitkräfte wider. So verrückt es heute klingen mag, verfügten die jeweiligen Chefs der U.S. Army, der Navy und der Air Force vor dem Dezember 1960 über ihr eigenes Atomwaffenarsenal samt Trägersystemen und hatten eigene Ziellisten. Um das Chaospotenzial durch diese mehreren, miteinander konkurrierenden Atomkriegspläne zu reduzieren, ordnete der Verteidigungsminister an, sie alle in einen einzigen Plan zu integrieren. So bekam der Single Integrated Operational Plan – der SIOP – seinen Namen.

Im Jahr 1960 hatte das Strategic Air Command (später in U.S. Strategic Command umbenannt) 280 000 Mitarbeiter.[69] Um diesen neuen Plan auszuarbeiten, wurden 1300 von ihnen zum Vereinigten Stab für strategische Zielplanung zusammengefasst.[70] Die einzige Aufgabe dieser Männer und Frauen bestand darin, die einzelnen Ziellisten zu einer großen Zielsammlung zusammenzufassen. Das war der Plan, der John Rubel und seinen Kollegen an jenem Dezembertag im Bunker unter der Luftwaffenbasis Offutt vorgetragen wurde. Der geheime Plan, der, wenn er aktiviert werden würde,

Weniger als zwei Wochen nach dem Ende des Zweiten Weltkriegs forderte das US-Militär den Aufbau eines 466 Atombomben umfassenden Arsenals. Es ist die erste bekannte systematische Schätzung, wie viele Atombomben für die Zerstörung von Zielen in Russland und in der von den Sowjets besetzten Mandschurei als notwendig erachtet wurden.

(U.S. National Archives)

zum Tod von wie erwähnt circa 600 Millionen Menschen auf der anderen Seite der Welt führen würde.

Dieser Plan für den atomaren Weltkrieg zeigte, wie die gesamte US-Streitmacht einen präventiven Erstschlag gegen Moskau ausführen würde; wie die Verteidigungsforscher sorgfältig berechnet hatten, dass innerhalb der ersten Stunde 275 Millionen Menschen getötet werden und mindestens 325 Millionen weitere innerhalb der nächsten etwa sechs Monate durch radioaktiven Niederschlag sterben würden.[71] Ungefähr die Hälfte dieser Todesopfer gäbe es in den Nachbarländern der Sowjetunion – Länder, die sich nicht mit Amerika im Krieg befänden, aber durch Winde mit radioaktiver Strahlung verseucht werden würden.[72] Darunter wären auch bis zu 300 Millionen Chinesen.

Im Jahr 1960 lebten drei Milliarden Menschen auf der Welt. Das Pentagon bezahlte damals also 1300 Leute dafür, einen Kriegsplan zu erstellen, der 20 Prozent der Weltbevölkerung in einem präventiven atomaren Erstschlag auslöschen würde. Diese Zahl berücksichtigte jedoch noch nicht die rund 100 Millionen Amerikaner, die mit großer Sicherheit einem russischen Gegenangriff mit gleichen Mitteln zum Opfer fallen würden. Sie berücksichtigte auch nicht die weiteren rund 100 Millionen Menschen in Nord- und Südamerika, die im Lauf der nächsten etwa sechs Monate durch radioaktiven Niederschlag sterben würden. Oder die Unzähligen, die wegen klimatischer Veränderungen durch die in Brand gesetzte Welt verhungern würden.[73]

Als das Briefing geendet hatte, wurde ein zweiter geheimer Angriffsplan erläutert, ein »Angriff auf China, der von einem anderen Redner vorgetragen wurde«, so Rubel in seiner 2008 erschienenen Biografie. Auch hier gab es eine ähnliche Theatralik mit Leitern und Zeigestöcken und Plastikfolien. »Schließlich kam [dieser Redner] zu einer Tabelle, die auflistete, wie viele Todesopfer es allein durch den radioaktiven Niederschlag geben würde.«

Der Referent deutete auf eine Kurve. »Sie zeigte, dass [es] durch den Fallout im Lauf der Zeit […] 300 Millionen Tote [geben würde], die Hälfte der Bevölkerung Chinas«, schrieb Rubel.[74]

Nach einiger Zeit wurde das Meeting vertagt.

Am nächsten Morgen nahm John Rubel an einem weiteren, diesmal kleineren Treffen teil. Neben ihm selbst waren der Verteidigungsminister, alle Angehörigen des Vereinigten Generalstabs, die Staatssekretäre der Army, Navy und Air Force und der Kommandant des US-Marinekorps anwesend. Rubel erinnerte sich, dass der Vorsitzende des Vereinigten Generalstabs, Lyman Lemnitzer, »allen sagte, dass sie ihre Aufgabe sehr gut gemacht hätten, eine sehr schwierige Aufgabe, und dass sie für ihre Arbeit belobigt werden sollten«. Der Army Chief George Decker habe sie auf ähnliche Weise beglückwünscht. Und der Navy Chief Arleigh Burke habe »seine gewohnte Pfeife aus dem Mund genommen und die gleiche Botschaft wiederholt – schwere Aufgabe, gut gemacht, sollten belobigt werden«. Der letzte Sprecher, General Thomas White von der Air Force, habe »mit seiner krächzenden Stimme, die stets eine gewisse Autorität ausstrahlte, ein weiteres der Floskelgewitter abgelassen, die an diesem Morgen angesagt waren«.

Niemand erhob die Stimme, um etwas gegen einen nuklearen Präventivschlag durch die USA einzuwenden, mit dem Hunderte Millionen Menschen willkürlich getötet werden würden, schrieb Rubel. Keiner der Generalstabschefs. Nicht der Verteidigungsminister. Nicht Rubel selbst.

Aber schließlich tat es doch jemand:[75] General David M. Shoup, der Kommandant des Marinekorps, der für seine Taten als Angehöriger dieser Eliteeinheit im Zweiten Weltkrieg die Medal of Honor, die höchste militärische Auszeichnung, verliehen bekommen hatte.

»Shoup war ein gedrungener Mann mit randloser Brille, der auch als Lehrer in einer Kleinstadt im Mittleren Westen hätte durchgehen können«, berichtete Rubel weiter. Mit ruhiger, gleichmäßiger Stimme äußerte der General die einzige ablehnende Meinung zu dem Plan für den Atomkrieg: »Ich kann nur sagen, jeder Plan, der 300 Millionen Chinesen ermordet, zumal sie nicht einmal an dem Krieg beteiligt wären, ist kein guter Plan. Das ist nicht die amerikanische Art.« Im Raum wurde es still. »Niemand rührte sich«, so Rubel.

Niemand unterstützte Shoups Einwand.[76]

Niemand anderes sagte etwas.

Laut Rubel sahen alle einfach weg.

Erst Jahrzehnte später gestand Rubel, dass ihn dieser Atomkriegsplan der USA, an dem er beteiligt gewesen war, an die Pläne der Nazis für den Genozid erinnerte. In seiner Biografie verwies er auf den Tag im vorangegangenen Weltkrieg, als sich eine Gruppe von Amtsträgern des Dritten Reiches in einer Villa in Berlin-Wannsee getroffen hatten. Während des rund 90-minütigen Treffens entschieden diese angeblich rationalen Männer wie sie den Genozid weiter vorantreiben könnten, in einem Krieg, den sie momentan gewannen – dem Zweiten Weltkrieg.[77] Sie wollten sicherstellen, dass sie den totalen Sieg errangen. Die deutschen Reichsbeamten waren sich einig, dass Millionen von Menschen sterben mussten.

Millionen.

John Rubel brauchte Jahrzehnte, um auf Papier zu bringen, welche Gefühle die Treffen auf dem Luftwaffenstützpunkt bei ihm ausgelöst hatten. Als er schließlich auf sein Lebensende zuging, beschrieb er die grundlegenden Ähnlichkeiten zwischen den Versammlungen in Wannsee und Offutt, die ihm aufgefallen waren. »Ich dachte an die Wannsee-Konferenz im Januar 1942«, schrieb er, »auf der sich eine Gruppe deutscher Bürokraten kurzerhand darauf verständigte, jeden einzelnen Juden auszumerzen, den sie in Europa finden konnten. Dafür wollten sie Massenvernichtungsmethoden anwenden, die technologisch effizienter waren als die bis dahin üblichen Massenerschießungen, mit Auspuffgasen gefüllten Lastwagen oder Verbrennungen in Scheunen und Synagogen.« Rubel entschloss sich, der Welt endlich das zu erzählen, was er damals im Jahr 1960 nicht hatte erzählen können. »Es fühlte sich an, als würde ich einen ähnlichen Abstieg tief in das Herz der Finsternis miterleben, in eine düstere Unterwelt, die durch ein diszipliniertes, akribisches und energisch blindwütiges Gruppendenken regiert wurde, das die Hälfte der Menschen auf fast einem Drittel der Erdoberfläche auslöschen wollte.«[78]

Die »Endlösung« sah vor, Millionen europäischer Juden und zusätzlich noch Millionen andere auszurotten, die von den Nazis als Untermenschen betrachtet wurden. Der Plan für den atomaren Weltkrieg, den John Rubel und seine Kollegen absegneten – der SIOP –, beinhaltete die Massenvernichtung der genannten etwa 600 Millionen Opfer: Russen, Chinesen, Polen, Tschechen, Österreicher, Jugoslawen, Ungarn, Rumänen, Albaner, Bulgaren, Letten, Esten, Litauer, Finnen, Schweden, Inder, Afghanen, Japaner und andere, die nach den Berechnungen der US-Verteidigungsforscher von den radioaktiven Luftmassen verstrahlt werden würden.

Die »Endlösung« wurde umgesetzt. Der SIOP dagegen nicht. Aber einen ähnlichen, immer noch geheimen Plan gibt es auch heute. Über die Jahre hat sich sein Name geändert. Was als der Single Integrated Operational Plan begann, ist jetzt der Operational Plan oder OPLAN. Für das Nuclear Information Project haben der Projektdirektor Hans Kristensen und der leitende Wissenschaftler Matt Korda in Zusammenarbeit mit der Federation of American Scientists den aktuellen Operational Plan als OPLAN 8010–12 identifiziert. Sie fanden auch heraus, dass er aus »›einer Familie von Plänen‹ [besteht], die gegen vier als feindlich bestimmte Nationen gerichtet sind: Russland, China, Nordkorea und Iran«.[79]

Das Atomwaffenarsenal der USA ist heute kleiner als im Jahr 1960, aber es sind immer noch 1770 Atomwaffen, die meisten unmittelbar einsatzbereit und Tausende weitere in Reserve – insgesamt mehr als 5000 Sprengköpfe.[80] Russland verfügt über 1674 Atomwaffen, auch hier die meisten davon in einsatzbereitem Zustand und hält ebenfalls Tausende weitere in Reserve. Das Arsenal beider Länder ist also etwa gleich groß.[81]

Es sind die Folgen von genau dieser Art Massenvernichtungsplan, auf denen *72 Minuten bis zur Vernichtung* beruht.

»Einen Atomkrieg kann man nicht gewinnen, und er darf nie geführt werden«, mahnten US-Präsident Ronald Reagan und Michail Gorbatschow, der Generalsekretär des Zentralkomitees der Kommunistischen Partei der Sowjetunion, die Welt 1985 in einer gemeinsamen Rede. Jahrzehnte später, 2022, warnte Präsident Joe Biden die Amerikaner, dass »die Gefahr eines [nuklearen] Armageddons« einen erschreckenden, neuen Höhepunkt erreicht habe.[82]

Hier sind wir also angelangt. Am Abgrund der totalen Zerstörung taumelnd – ihm vielleicht noch näher als je zuvor.

BE PREPARED FOR A

NUCLEAR EXPLOSION

Nuclear explosions can cause significant damage and casualties from blast, heat, and radiation but you can keep your family safe by knowing what to do and being prepared if it occurs.

A nuclear weapon is a device that uses a nuclear reaction to create an explosion.

Nuclear devices range from a small portable device carried by an individual to a weapon carried by a missile.

A nuclear explosion may occur with a few minutes warning or without warning.

BRIGHT FLASH can cause temporary blindness for less than a minute.

BLAST WAVE can cause death, injury, and damage to structures several miles out from the blast.

RADIATION can damage cells of the body. Large exposures can cause radiation sickness.

FIRE AND HEAT can cause death, burn injuries, and damage to structures several miles out.

ELECTROMAGNETIC PULSE (EMP) can damage electronics several miles out from the detonation and cause temporary disruptions further out.

FALLOUT is radioactive, visible dirt and debris raining down that can cause sickness to those who are outside.

Fallout is most dangerous in the first few hours after the detonation when it is giving off the highest levels of radiation. It takes time for fallout to arrive back to ground level, often more than 15 minutes for areas outside of the immediate blast damage zones. This is enough time for you to be able to prevent significant radiation exposure by following these simple steps:

GET INSIDE

Get inside the nearest building to avoid radiation. Brick or concrete are best.

Remove contaminated clothing and wipe off or wash unprotected skin if you were outside after the fallout arrived.

Go to the basement or middle of the building. Stay away from the outer walls and roof.

STAY INSIDE

Stay inside for 24 hours unless local authorities provide other instructions.

Family should stay where they are inside. Reunite later to avoid exposure to dangerous radiation.

Keep your pets inside.

STAY TUNED

Tune into any media available for official information such as when it is safe to exit and where you should go.

Battery operated and hand crank radios will function after a nuclear detonation.

Cell phone, text messaging, television, and internet services may be disrupted or unavailable.

»Seien Sie auf eine atomare Explosion vorbereitet.«

(U.S. Federal Emergency Management Agency)

TEIL II

DIE ERSTEN 24 MINUTEN

4 ZEHNTELSEKUNDEN NACH DEM ABSCHUSS

Pjöngsong, Nordkorea

Der Atomkrieg beginnt mit einem Echozeichen auf einem Radarschirm.

Es ist 4:03 Uhr in Nordkorea, die dunkelste Zeit vor der Morgendämmerung. Auf einem scheinbar verlassenen Gelände etwa 36 Kilometer außerhalb der Hauptstadt Pjöngjang erhebt sich eine riesige Feuerwolke wenige Meter über dem Boden. Heiße Raketenabgase schießen aus dem Ende der mächtigen ballistischen Interkontinentalrakete (ICBM) Nordkoreas. Ihr Start erfolgt von einem Fahrzeug mit 22 Rädern, das hier auf grobem Erdboden geparkt ist. Die Hwasong-17, von der Analysten auch als dem »Monster« sprechen, beginnt ihren Aufstieg.[83]

Annähernd 36 000 Kilometer über der Erde schwebt ein omnibusgroßer Sensor des US-Satellitensystems SBIRS (»sibbers« genannt)

SBIRS-Satellit
(US-Verteidigungsministerium, Lockheed Martin)

im Weltraum. Durch die Wolkendecke bemerkt er das Feuer der Raketenabgase nur wenige Zehntelsekunden nach dem Zünden.[84]

SBIRS ist die Abkürzung für Space Based Infrared System und bezeichnet eine Gruppe von US-Satelliten. In einer Entfernung, die etwa einem Zehntel der Strecke zum Mond entspricht, scheint dieser hier aufgrund der Art seiner Fortbewegung reglos im Weltraum zu schweben. Er ist ein Satellit in einer geostationären Umlaufbahn, also genauso schnell unterwegs wie die Erde in ihrer Umdrehung, sodass er unbewegt über einem Punkt der Erde zu stehen scheint.

SBIRS löst Alarm aus: **BALLISTIC MISSILE LAUNCH, ALERT!** Alarm, Start einer ballistischen Rakete!

1 BIS 3 SEKUNDEN NACH DEM ABSCHUSS

Aerospace Data Facility-Colorado

Rohdaten aus dem Weltall laufen in der Aerospace Data Facility ein, einer Bodenstation des Militärnachrichtendienstes National Reconnaissance Office (NRO) auf der Buckley Space Force Base in Aurora, Colorado. Die Existenz dieser Einrichtung wie auch ihrer Schwesterbodenstationen in Fort Belvoir, Virginia, und White Sands, New Mexico, war bis 2008 als geheim eingestuft.[85] Ohnehin gehören die Erkenntnisse des NRO bis heute zu den bestgehüteten Informationen des US-Sicherheitsapparats.[86] Sein Wahlspruch lautet: *Supra et Ultra* – Darüber und darüber hinaus.

Alles in dieser Einrichtung ist geheim.

Sämtliche Daten des NRO sind durch ein Labyrinth hochgeheimer Protokolle geschützt, viele davon verschlüsselt. Sehr oft tragen die Informationen das Kennzeichen ECI – Exceptionally Controlled Information, außerordentlich geheime Information.

Die Mitarbeiter des NRO haben allesamt eine Spezialausbildung durchlaufen. Hier gibt es keinen Spielraum für Fehler. Die Aerospace Data Facilities sind verantwortlich für die Aufklärungssatel-

Radarkuppeln auf der Buckley Space Force Base
(U.S. Space Force, Tech. Sgt. JT Armstrong)

liten des Verteidigungsministeriums; ihnen unterstehen sowohl der Betrieb als auch die Kontrolle dieser Satelliten.[87] Sie analysieren, berichten und verbreiten Informationen über aktuelle nukleare Bedrohungen.

Sirenen heulen auf.

Die Meldung **BALLISTIC MISSILE LAUNCH, ALERT!** schreckt alle auf.

In dieser Einrichtung sind auch Hunderte Mitarbeitende der National Security Agency (NSA) stationiert. Sie senden augenblicklich verschlüsselte Notfallmeldungen an drei nukleare Kommandozentralen, die in drei voneinander getrennten Kommandobunkern untergebracht sind – unterirdische Festungen an drei verschiedenen Orten:

- das Missile Warning Center im Cheyenne Mountain Complex, Colorado
- das National Military Command Center im Pentagon, Washington, D.C.
- das Global Operations Center auf dem Luftwaffenstützpunkt Offutt, Nebraska

Die Bodenstation des NRO hier in Colorado ist die wichtigste Empfangsstation für sämtliche Militärsatelliten der USA. »Es gibt noch weitere«, erklärt Doug Beason, ehemaliger leitender Wissenschaftler beim U.S. Air Force Space Command. Dazu gehört eine Organisation, die als DEFSMAC bekannt ist, das Defense Special Missile and Aeronautics Center, eine geheime Einrichtung innerhalb des NSA-Hauptquartiers im Fort George G. Meade in Maryland.[88] Alles, was in einem Atomkrieg passiert, wenn es denn dazu kommt, hängt davon ab, wie die Analysten in diesen Bodenstationen das Geschehen interpretieren. Wie gesagt, wenn es so weit kommt.

In diesem Szenario also genau jetzt.

4 SEKUNDEN

Im Weltraum

Der geostationäre SBIRS-Satellit über Nordkorea hat wie gesagt etwa die Größe eines Stadtbusses und trägt an beiden Seiten circa sieben Meter lange Solarsegel. Die SBIRS-Sensoren verfügen über unabhängige, aufgabenabhängige Fähigkeiten, sie sind also dazu in der Lage, große Gebiete zu scannen und sich gleichzeitig auf einen Punkt zu fixieren, wenn es dort Anlass zur Sorge gibt. Diese Sensoren sind so empfindlich, dass sie noch aus gut 300 Kilometer Entfernung ein einzelnes brennendes Streichholz wahrnehmen können.[89]

Was der amerikanische Nachrichtenkurier und Freiheitsheld Paul Revere, der mit seinem berühmten »Mitternachtsritt« im April 1775 die Einwohner von Lexington und Concord vor den herannahenden britischen Truppen warnte, für das 18. Jahrhundert bedeutete, das leistet SBIRS mit der Technik des 21. Jahrhunderts. Doch diesmal stellen nicht die Briten die Bedrohung dar, weder zu Fuß noch zu Pferd. Diesmal es ist eine ballistische Interkontinentalrakete mit Atomsprengköpfen. Eine übermächtige, unaufhaltsame ICBM, die die gesamte Zivilisation bedroht.

Die Sensoren an Bord der US-Satellitensysteme über Nordkorea verarbeiten ihre Signale und schicken ungeheure Mengen Daten ihrer Frühwarnsensoren zur Erde.[90]

Man stelle sich das vor: Der erste Satellit weltweit wurde 1957 von den Russen ins All geschickt: ein Gerät namens Sputnik, das mit 58 Zentimetern im Durchmesser einem größeren Wasserball glich und mit Funkantennen sowie einer Stromversorgung durch Silber-Zink-Batterien ausgestattet war. Heute, Jahrzehnte später, umkreisen mehr als 9000 hochgerüstete Satelliten mit starker Rechnerkapazität die Erde. Sie verbinden Menschen durch Telekommunikation, unterstützen Navigation und Wettervorhersagen und machen Fernsehunterhaltung möglich.[91]

SBIRS tut nichts von alledem, es hält einfach nur Wache und beobachtet: Aufmerksam, rund um die Uhr, sieben Tage die Woche, 365 Tage im Jahr wartet es auf den ersten explosiven Funken einer nuklearen Bedrohung.

Einen Funken, der auf eine Aktion hinweist, die nicht mehr rückgängig gemacht werden kann.

5 SEKUNDEN

Aerospace Data Facility-Colorado

Im Inneren der Aerospace Data Facility in Colorado sortieren einige der schnellsten Computersysteme der Welt in rasender Geschwindigkeit die Rohdaten, die die SBIRS-Sensoren liefern. Sie messen die Ausmaße der feurigen Fahne, die die startende ICBM ausstößt. Die heißen Abgase einer ballistischen Kurzstreckenrakete unterscheiden sich in Helligkeit und Größe nämlich drastisch von denen einer ballistischen Interkontinentalrakete. Vom Weltraum aus lässt sich das alles präzise messen.

Starts von ballistischen Raketen sind nichts Außergewöhnliches, und ihre Zahl wächst in bisher unbekannter Geschwindigkeit. Im Jahr 2021 verfolgte die U.S. Space Force 1968 Raketenstarts weltweit, »eine Zahl, die sich im Jahr 2022 auf das mehr als Dreieinhalbfache erhöhte«, so Oberst Brian Denaro vom Space System Command.[92] Und obwohl Russland Anfang 2023 das letzte noch verbleibende Abkommen zur Rüstungskontrolle (New Start) ausgesetzt hat, informierten die Russen auch noch im September 2023 die USA über jeden Testabschuss einer ballistischen Rakete.[93]

Niemand will aus Versehen einen Atomkrieg vom Zaun brechen.

Im Allgemeinen werden Raketentests von der Bedeutung eines ICBM-Starts zumindest den Nachbarländern angekündigt – durch diplomatische Kanäle, inoffizielle Kanäle, irgendwelche anderen Kanäle, aber fast immer durch Kanäle.

Nordkorea bildet hier eine Ausnahme.

Von Januar 2022 bis Mai 2023 führte Nordkorea mehr als 100 Teststarts von Raketen durch, darunter auch Raketen, die Atomsprengköpfe tragen und mit ihnen den nordamerikanischen Kontinent erreichen können.[94]

Keiner dieser Starts wurde angekündigt.[95]

»Sie wollen das Überraschungsmoment behalten«, so der Geheimdienstanalyst Joseph Bermudez Jr. »Um damit die Propaganda zu stützen, dass sie eine mächtige, starke Nation sind.«

Genau aus diesem Grund hält das US-Verteidigungsministerium seine Satelliten über Nordkorea »geparkt«: um die Abgasfahnen von ICBMs zu untersuchen, und zwar bereits im Bruchteil einer Sekunde nach dem Start der Rakete.

Die Messungen der Abgasfahne in Colorado bestätigen, was die Analysten sehen: In Nordkorea wurde eine ICBM gestartet, und ihre Flugbahn ist alarmierend. Die Rakete bewegt sich nicht Richtung Weltraum, wie es der Fall wäre, wenn es darum ginge, Satelliten auszusetzen. Und sie bewegt sich auch nicht Richtung Japanisches Meer, wie es bei Teststarts der Fall wäre, die als Machtdemonstration dienen.

Sämtliche wichtigen Komponenten des riesigen amerikanischen Frühwarnsystems gleichen nun die Flugbahn der Rakete ab und übernehmen die hereinlaufenden Datenströme, um dieses Ereignis besser einschätzen zu können.

Handelt es sich um einen Test mit dem Ziel der Provokation oder um einen tatsächlichen nuklearen Angriff? Könnte es ein Hack oder Hoax sein?

Augenblicklich beginnt das riesige weltweite Netz der US-Geheim-, Überwachungs- und Aufklärungsdienste alle Arten von Informationen zu liefern. SIGINT (signals intelligence – Funkaufklärung), IMINT (image intelligence – Bildaufklärung), TECHINT (technical intelligence – technische Aufklärung), GEOINT (geospatial intelligence – Weltraumaufklärung), MASINT (measurement and signature intelligence – Aufklärung im Bereich Messungen und Signaturen), CYBINT (cyber intelligence – Cyber-Aufklärung), COMINT (communications intelligence – Fernmeldeaufklärung), HUMINT (human intelligence – Aufklärung durch menschliche Quellen) und OSINT (open source intelligence – Aufklärung unter Nutzung öffentlich zugänglicher Quellen) – sie alle fluten in das System, um ein präzises Bild des soeben entdeckten Ereignisses entstehen zu lassen.

Jeder Bruchteil einer Sekunde ist wichtig. Jedes Byte an Information zählt.

6 SEKUNDEN

National Military Command Center, Pentagon

Das National Military Command Center unter dem Pentagon dient als oberste Kommandozentrale und Kontrollinstanz in einem Atomkrieg.[96]

Durchaus möglich, dass es das Ziel dieser Rakete ist – oder auch nicht.

In unserem Szenario ist es 15:03 Uhr Ortszeit in Washington, D.C. Es ist der 30. März, ein Tag zu Beginn des Frühlings. Der Start der ICBM liegt sechs Sekunden zurück. Computeralgorithmen im National Military Command Center haben bereits damit begonnen, aufgrund der verfügbaren Daten die interkontinentale Flugbahn der Rakete zu berechnen, aber bisher ist es noch nicht möglich, das genaue Zielgebiet auszumachen.

Das Pentagon
(U.S. Air Force, Staff Sgt. Brittany A. Chase)

Fliegt die Rakete in Richtung Amerika? Ist Hawaii ihr Ziel? Oder ein Ort der USA auf dem nordamerikanischen Kontinent?

Jeden Tag, rund um die Uhr, arbeiten Hunderte Menschen in dem schwer befestigten Bunker unter dem Pentagon.[97] Sie alle tragen mit ihrer Tätigkeit zu den drei hauptsächlichen Aufgaben des National Military Command Center bei, dessen Ziel es ist, die nationale Sicherheit der USA zu gewährleisten:[98]

- Überwachung militärischer Aktivitäten und Ereignisse weltweit
- Globale Beobachtung möglicher Aktivitäten von Atomwaffen
- Erhalt der Fähigkeit, nötigenfalls auf spezifische Krisen zu reagieren, einschließlich der Ausführung des OPLAN (ehemals SIOP)

In diesem Moment, Sekunden nach der Bestätigung, dass Nordkorea eine ICBM gestartet hat, richten sich alle Blicke auf einen elektronischen Monitor von der Größe einer Kinoleinwand, der an der Wand der Kommandozentrale montiert ist. Auf einen Punkt, der sich Unheil verkündend über den Bildschirm bewegt: den Avatar einer ballistischen Hwasong-17-Rakete mit Atomsprengköpfen an Bord.[99]

Während Offiziere des J-3-Operations-Direktorats in die Kommandozentrale strömen, versucht der stellvertretende J-2-Direktor der Aufklärungsabteilung, telefonisch einen offiziellen Vertreter Nordkoreas zu erreichen. Unter den Offizieren des gemeinsamen Oberkommandos in der Zentrale befinden sich inzwischen:

- der stellvertretende J-32-Direktor für Geheimdienste, Überwachung und Aufklärung (ISR), (ein Zwei-Sterne-General/Flaggoffizier)
- der stellvertretende J-36-Direktor für nukleare und Verteidigungsoperationen, (ein Zwei-Sterne-General/Flaggoffizier)
- der stellvertretende J-39-Direktor für globale Operationen, (ein Zwei-Sterne-General/Flaggoffizier)

Seit dem 11. September 2001 waren sie und ihre Leute nicht mehr in einem so akuten Alarmzustand.

»Man kann sich den Nebel und die Friktion[100] des Krieges kaum vorstellen oder erklären«, sagt Oberst John Brunderman über seine 9/11-Erfahrungen im Bunker unter dem Pentagon, in jener Kommandozentrale also, die »an der Spitze der Pyramide aller US-Kommandoposten auf der Welt steht«. Einer geheimen Einrichtung, die »die Verbindungen für die Ausführung des Single Integrated Operational Plan sichert, die weltweite Situation beobachtet und Krisenmanagement leistet«.[101] Und doch bleibt im Nebel des Krieges ein Rest Unsicherheit. »Wenn man nach abnormen Dingen sucht«, warnt Oberst Brunderman, »kommen einem viele Dinge abnorm vor.«

15 SEKUNDEN

Buckley Space Force Base, Colorado

In Colorado laufen Kampfpiloten zu ihren Jets, die bereit zum Abheben auf der Startbahn stehen. 15 Sekunden sind seit dem Start der Rakete in Nordkorea vergangen; die ICBM hat jetzt eine so weite Strecke zurückgelegt, dass die Satellitensensoren die Flugbahn präziser berechnen können.

Und die Aussichten sind katastrophal.

Ein Worst-Case-Szenario jenseits aller Vorstellung.

Die Hwasong-17 ist tatsächlich auf dem Weg zum nordamerikanischen Kontinent.

Auf der Space Force Base in Buckley befindet sich Space Delta 4, die Raketen-Frühwarneinrichtung, die militärische Satelliten im Weltall, aber auch bodengestützte Radar-Frühwarnstationen weltweit betreibt.[102] Space Delta 4 gibt über verschlüsselte Links strategische Warnungen an drei Oberkommandos weiter, nämlich an:

- NORAD – North American Aerospace Defense Command
- NORTHCOM – U.S. Northern Command
- STRATCOM – U.S. Strategic Command[103]

Jedes dieser drei Oberkommandos verfügt über ein Frühwarnzentrum etwa 130 Kilometer von der Space Force Base entfernt, im Cheyenne Mountain Complex – Amerikas legendärem Atombunker, der während des Kalten Krieges im Inneren eines Bergmassivs aus Granit angelegt wurde.

Bei Space Delta 4 herrscht absolute Konzentration auf das, was die Daten nahelegen: eine ballistische Interkontinentalrakete im Angriffsmodus auf dem Weg Richtung USA. Diese gefürchtete ICBM ist nicht aufzuhalten. Sie ist in der Lage, Atomsprengköpfe zu tragen. Und wenn sie einmal gestartet ist, kann sie nicht mehr zurückgerufen werden.

Buckley Space Force Base
(U.S. Space Force)

Bei NORAD, NORTHCOM und STRATCOM wartet man auf die Bestätigung durch eine Überhorizont-Radarstation, dass tatsächlich eine Rakete mit Atomsprengköpfen die USA angreift.

Diese zusätzliche Bestätigung ist zwingend notwendig.

Angesichts der errechneten Flugbahn geht man davon aus, dass die erste Radarstation, die die angreifende Rakete über dem Horizont auftauchen sieht, die Clear Space Force Station in Alaska sein wird. Die hochmodernen Augen dieser Station sind auf Bedrohungen aus der Pazifikregion gerichtet.

Doch es wird noch acht Minuten dauern, bis der Radar in Alaska die Rakete erfasst. Für die Analysten hier eine quälend lange Zeit. Die Uhr tickt, während die nukleare Bedrohung immer näher kommt.

20 SEKUNDEN

Clear Space Force Station, Alaska

Clear Space Force Station, Alaska, der Long Range Discrimination Radar
(U.S. Missile Defense Agency)

Die Clear Space Force Station in Alaska ist eine weit abgelegene Militäranlage, strategisch günstig am Stadtrand von Fairbanks positioniert. Die Temperaturen Ende März liegen um die zehn Grad, der größte Teil des Schnees ist bereits geschmolzen.

In der Mitte der Militärbasis steht ein fünf Stockwerke hohes Radargerät, das der Suche, dem Aufspüren und dem Erkennen von Raketen dient: der Long Range Discrimination Radar. Dieser riesige terrestrische Wächter ist der neueste Bestandteil eines jahrzehntealten Radarsystems zur Frühwarnung. Er hält Ausschau nach Raketen, die die USA aus dem Bereich des Pazifiks angreifen, und hat die Aufgabe, entsprechende Warnungen an NORAD, NORTHCOM und das Oberkommando STRATCOM weiterzugeben.[104]

Im Inneren der Konstruktion befinden sich zwei riesige Antennen mit einem Durchmesser von etwa 20 Metern, die den Himmel ununterbrochen beobachten, um jedes Anzeichen für einen Raketenangriff sofort zu registrieren. Das System stellt »ein zusätzliches Paar aufmerksamer Augen« zur Verfügung, »das jede Bedrohung, die sich in unsere Richtung bewegt, sofort erkennt«, erklärt NORAD-Generalleutnant A.C. Roper.[105]

20 Sekunden nach dem Abschuss der Rakete haben die Arctic Airmen and Guardians, die hier vor den Toren von Fairbanks den Space Warning Squadrons zugeordnet sind, über Space Delta 4 von der angreifenden ICBM erfahren. Aber sie sehen nichts. Noch nicht. Keine noch so fortschrittliche Technologie kann dem Bodenradar die Fähigkeit verleihen, über den Horizont hinwegzublicken. Das ist physikalisch unmöglich.

Also heißt es warten für die Menschen, die die Systeme betreiben.

Der riesige Radar ist blind für die angreifende ICBM, bis die Rakete sich in der mittleren Flugphase befindet. Dann ist die atomare Munition in ihrem Kopf einem Einschlag in den USA aber bereits gefährlich nahe.

Der Datenfluss der Bodenradarstationen versorgt Kommandoposten, die Tausende Kilometer über den nordamerikanischen Kontinent verteilt sind, bis in die geheime unterirdische Raketenwarnzentrale im Cheyenne Mountain in Colorado.

Doch noch schweigt der Long Range Discrimination Radar – noch herrscht trügerische Ruhe.

30 SEKUNDEN

Cheyenne Mountain Complex, Colorado

Hier, mitten in Colorado, fast 700 Meter unterhalb eines dreigipfeligen Berges aus magmatischem Gestein, kreischen Alarmsirenen, Lichter blitzen auf, und sämtliche Computer zeigen die geheime Nachricht, den gefürchteten Atomalarm.

Das Joint Operations Center im Cheyenne Mountain Complex, 2023
(North American Aerospace Defense Command, Thomas Paul)

30 Sekunden sind seit dem Abschuss der Rakete vergangen.

Die SBIRS-Satelliten haben inzwischen genügend Daten über die Flugbahn der ICBM gesammelt, um zu bestätigen, dass sie sich auf ein Ziel irgendwo an der Ostküste der USA zubewegt.[106] Alle, die sich im Cheyenne Mountain Complex befinden, sind angesichts dieser Bedrohung in höchstem Maße alarmiert.[107] Sie stehen dem Geschehen fassungslos gegenüber.

Sensordaten aus dem Weltraum und von Bodenradarstationen rund um die Welt überfluten die Mitarbeitenden des Missile Warning Center und treiben sie an. Sie alle arbeiten jetzt fieberhaft daran, die sich nähernde Bedrohung genauer einzuschätzen.

Sie alle sehen dasselbe.

Eine einzelne, sich nähernde Interkontinentalrakete.

Und sie alle denken dasselbe.

Eine einzelne Atomrakete ergibt überhaupt keinen Sinn.

Wenn Nordkorea die USA tatsächlich mit einer Interkontinentalrakete angreift, wird dies als Präemptivschlag gewertet, als nuklearer Erstschlag. Wenn der Präsident es befielt, wird das US-Militär darauf mit einem überwältigenden, bedingungslosen Einsatz von Atomwaffen reagieren.

Nordkorea wird zerstört werden.

»Diese Art eines Angriffs wie ein Blitz aus heiterem Himmel gilt als Überraschungsschlag, als Hinterhalt«, so der ehemalige US-Verteidigungsminister William Perry. Es handelt sich um eine militärische Taktik, die so alt ist wie der Krieg selbst.[108] Doch im Zeitalter der Atomwaffen kommt es einem nationalen Selbstmord gleich, wenn ein Land so vermessen ist, einen Erstschlag gegen die USA zu führen. Das gesamte System der Abschreckung beruht auf der Idee, dass ein Überraschungsangriff gegen eine atomare Supermacht nichts anderes nach sich ziehen kann als die totale, vollständige Zerstörung des angreifenden Landes.

Überraschungsangriffe sind Wendepunkte in der Geschichte.

Doch ein Überraschungsangriff hat Enthauptung zum Ziel. Das Köpfen der Schlange. Deshalb schickt man in einem solchen Fall so viele Waffen wie möglich, nicht eine einzelne ICBM. Nicht gegen ein Land wie die USA, die 1770 Atomraketen zum größten Teil startklar vorhalten.

»Eine einzelne angreifende Rakete wäre vollkommen sinnlos«, fügt der Ex-Verteidigungsminister Perry hinzu. Im Fall einer solchen Kuriosität »wären zusätzliche Informationen erforderlich, bevor man den Präsidenten informiert«.

Von dem Moment an, wo die roten Lichter im Cheyenne Mountain angehen und die Warnsirenen aufheulen, handelt jede einzelne Person in diesem Komplex, wie sie es gelernt hat. Füße, Finger, Augen, Intuition – sämtliche menschlichen Fähigkeiten bewegen sich wie in einem Ballett im Einklang mit den Maschinen und verarbeiten Sensordaten zu handhabbarer Information. Das Missile Warning Center ist die Sammelstelle für Daten über Raketenstarts überall auf der Welt. Die Leute, die hier arbeiten, entscheiden, ob die Informationen, die hereinkommen, auf ein Risiko für Nordamerika allgemein und die Vereinigten Staaten im Besonderen hindeuten oder nicht.

»Wir sind der Hirnstamm, der alles zusammenführt«, erklärt der stellvertretende Leiter von Cheyenne Mountain, Steven Rose. »Der alles in Verbindung setzt, sodass es einen Sinn ergibt, und an das

Gehirn weiterleitet – die Commander von NORAD, NORTHCOM oder STRATCOM.«[109] Der Cheyenne Mountain Complex interpretiert die Daten für die leitenden Generäle und Admiräle, damit diese dann entscheiden können, ob und wann sie den Präsidenten anrufen. Diese vorbereitende Einschätzung eines atomaren Angriffs für den Oberbefehlshaber macht den Cheyenne Mountain Complex »zum entscheidenden Teil des Nervensystems und damit auch zum verletzlichsten Teil«, warnt Rose.

Physikalisch gesehen kann die Anlage den direkten Aufprall einer Atombombe mit einer Sprengkraft von einer Megatonne aushalten.[110] Die Verletzlichkeit, die Rose meint, ist eher theoretischer Natur: Hier und jetzt darf keine Fehleinschätzung passieren.

Hier darf überhaupt kein Fehler passieren.

Das Schicksal des Landes, des Planeten und der gesamten Menschheit steht auf dem Spiel.

60 SEKUNDEN

U.S. Strategic Command (STRATCOM), Hauptquartier, Nebraska

60 Sekunden sind seit dem Start der Rakete in Nordkorea vergangen. Unterhalb des Luftwaffenstützpunkts Offutt in Nebraska befindet sich das Hauptquartier des U.S. Strategic Command – bekannt unter der Abkürzung STRATCOM –, ein 85 000 Quadratmeter großer Komplex aus Bunkern, Kommandozentralen, medizinischen Einrichtungen, Speisesälen, Unterkünften, Kraftwerken, Tunneln und so weiter.

Diese nukleare Kommandozentrale, deren Baukosten 1,3 Milliarden Dollar betrugen, liegt mehrere Stockwerke tief unter der Erde. Auch sie ist so angelegt, dass sie den Treffer einer Atombombe mit einer Sprengkraft von einer Megatonne aushalten würde.

Mehr als 3500 Menschen arbeiten hier. Und sie alle sind jetzt ebenfalls voll konzentriert auf die sich nähernde atomare Bedrohung.[111]

Sirenen kreischen.

Sämtliche geheimen Alarmsysteme gehen los.

»Es gibt etwa zehn verschiedene Möglichkeiten, den Commander darauf aufmerksam zu machen, dass es Zeit ist, zu handeln«, so der frühere STRATCOM-Commander General John E. Hyten.[112]

BALLISTIC MISSILE LAUNCH, ALERT!

Die elektronischen Alarmsysteme hupen, kreischen, heulen, blinken und vibrieren, alles gleichzeitig. Es ist unmöglich, im STRATCOM-Hauptquartier zu arbeiten und *nicht* mitzubekommen, dass es jetzt Grund zu der Annahme gibt, eine angreifende ICBM sei auf dem Weg Richtung Vereinigte Staaten.

Die Person, auf die es in diesem Moment am allermeisten ankommt, ist der Kommandant des U.S. Strategic Command – der STRATCOM Commander, wie er oder sie auch genannt wird. Der ranghöchste militärische Kommandant mit Verantwortung für nukleare Operationen.[113] Mehr als 150 000 Soldatinnen und Soldaten, Seeleute, Fliegerinnen und Flieger, Marines, Angehörige der Nationalgarde und Zivilisten stehen unter dem Befehl des STRATCOM Commander. Er oder sie informiert auch den Präsidenten und untersteht dann direkt dessen Befehl.

Zwischen diesen beiden Menschen steht in einer solchen Situation niemand mehr. Nicht der Verteidigungsminister, nicht der Vorsitzende des Generalstabs, auch nicht der Vizepräsident.

Die Pflichten des STRATCOM Commander bringen eine Verantwortung mit sich, die es auf der Welt kein zweites Mal gibt.[114]

General a. D. George Lee Butler, Befehlshaber der amerikanischen Atomstreitkräfte von 1991 bis 1994, hat seine Verantwortlichkeiten einmal so zusammengefasst: »Für den Fall, dass unsere Warnsysteme einen Angriff auf die Vereinigten Staaten feststellen sollten [...] bestand meine Rolle darin, den Präsidenten über den Angriff zu informieren, diesen Angriff nach Art und Zahl der Waffen sowie in Bezug auf die Ziele zu präzisieren, dem Präsidenten seine Optionen nach Maßgabe des Atomkriegsplanes darzulegen, seinen Ausführungsbefehl entgegenzunehmen und diesen unverzüglich an die Streitkräfte weiterzugeben, sodass sie ihre Waffen rechtzeitig zum Einsatz und ins Ziel bringen können.«[115]

60 Sekunden nach Beginn der sich aktuell entfaltenden nuklearen Krise verlässt der STRATCOM Commander in unserem Szenario sein Büro und eilt zu dem privaten Aufzug, der ausschließlich für ihn reserviert ist. Die Fahrt hinunter in den Atombunker der Kommandozentrale, auch Global Operations Center genannt, dauert nur Sekunden.

»Unsere strategischen Streitkräfte sind immer bereit zu reagieren, das sollte jedem bewusst sein«, erklärte STRATCOM Commander General Hyten im Jahr 2018 gegenüber dem Fernsehsender CNN. »Sie sind auch jetzt, in dieser Minute, bereit – unter der Erde, unter der Meeresoberfläche, in der Luft. Wir sind in der Lage, unmittelbar auf jede Bedrohung zu reagieren, und unsere Gegner weltweit, einschließlich Kim Jong Un, müssen das wissen.«

Die Aufzugtür öffnet sich.

»Wenn jemand eine Atomwaffe in unsere Richtung abschießt, werden wir ebenfalls eine abschießen«, so General Hyten.[116] »Wenn sie eine weitere abschießen, tun wir das Gleiche. Wenn sie zwei abschießen, tun wir das auch.«

Es ist eine Eskalationsspirale, sagt Hyten.

Der STRATCOM Commander in unserem Szenario begibt sich in das sogenannte Battle Deck, einen unterirdischen, gut 90 Quadratmeter großen Raum mit dicken Wänden aus Beton. Sein Blick ist auf einen riesigen elektronischen Monitor gerichtet, der fast die gesamte Wand bedeckt. Ein Display von der Größe einer Kinoleinwand.[117] Drei elektronische Uhren zeigen sekundengenau drei verschiedene Zeitabläufe, während die angreifende Rakete in Richtung USA fliegt. Diese drei Zeitsequenzen werden bezeichnet als:

- **Red Impact:** Verbleibende Zeit bis zum Einschlag der feindlichen Rakete am Zielort
- **Blue Impact:** Verbleibende Zeit, bis der atomare Gegenschlag der USA den Feind erreicht
- **Safe Escape:** Verbleibende Zeit für den Commander, um den Bunker zu verlassen und zu fliehen

Hier im Inneren des Bunkers informieren die Mitarbeitenden des Battle Deck ihren Commander in einer immer wieder geprobten Reihenfolge, bei der keine Zeit verschwendet wird. Während die Red-Impact- und die Safe-Escape-Uhr die verbleibende Zeit herunterzählen, liegt die oberste Priorität jetzt darin, die Blue-Impact-Uhr zum Laufen zu bringen, also den Gegenschlag vorzubereiten.

Im hinteren Teil des Raumes senkt sich eine schalldichte Zwischenwand von der Decke und wird verriegelt.

Die Männer und Frauen im Battle Deck haben die schärfsten Sicherheitsüberprüfungen im gesamten nuklearen Kommando- und Kontrollsystem der USA durchlaufen. Tagaus, tagein proben sie die Abläufe eines atomaren Gegenschlages. Doch die Informationen, die jetzt hier besprochen werden, sind so heikel, dass sie nur für die Ohren einer kleinen Gruppe von STRATCOM-Offizieren bestimmt sind.

Die Kerngruppe, die sich nun trifft, diskutiert die Pläne für einen Gegenschlag.

1 MINUTE, 30 SEKUNDEN

NORAD-Hauptquartier,
Peterson Space Force Base, Colorado

Knapp 15 Kilometer Luftlinie nordöstlich vom Cheyenne Mountain, im NORAD-Hauptquartier in Colorado, eilen Verbindungsleute, Offiziere und Adjutanten durch die Korridore der Peterson Space Force Base in die Kommandozentrale von NORAD-NORTHCOM.[118] Diese Kommandozentrale sieht der unterhalb des Cheyenne Mountain recht ähnlich, ist aber größer. Hier arbeitet eine ständig wachsende Gruppe von Mitarbeitenden, die die Aufgabe haben, mit neuartigen Bedrohungen umzugehen.

Die Einrichtung dient als Zentrale für die Sammlung und Koordination von Sensordaten aus den Frühwarnsystemen, die im Moment von Partnerstationen in den USA und weltweit hereinkommen und auch wieder dorthin verteilt werden. Das gesamte nukleare

Kommando- und Kontrollsystem beruht auf Redundanz: Viele Organisationen übernehmen gleiche Aufgaben, sodass immer Ersatz bereitsteht, falls eine Komponente ausfällt.

Im Inneren dieser geheimen Einrichtung im Schatten der Rocky Mountains von Colorado bereitet sich der NORAD Commander darauf vor, dem Verteidigungsminister und dem Vorsitzenden des Generalstabs seine Einschätzung des nuklearen Angriffs zu unterbreiten. Beide befinden sich im Pentagon in Washington, D.C.

Mithilfe eines verschlüsselten Satellitenkommunikationssystems, das sowohl gegen elektromagnetische Impulse als auch gegen kurzzeitige Sendeausfälle geschützt ist, ein sogenanntes Advanced Extremely High Frequency System, hält die Kommandozentrale des NORAD Kontakt zu ihren Gesprächspartnern.[119]

Aber der Verteidigungsminister und der Vorsitzende des Vereinigten Generalstabs sind noch nicht im Bunker unter dem Pentagon angekommen. Noch nicht ganz.

2 MINUTEN

National Military Command Center, Pentagon

Zwei Minuten sind vergangen. Zwei Männer bewegen sich rasch durch das Pentagon. Sie traben nicht, sie rennen über den glänzenden Linoleumboden des E-Rings.[120] Der eine, der Verteidigungsminister der USA, trägt Anzug, weißes Hemd und Krawatte. Der andere, Vorsitzender des Generalstabs, trägt seine Uniform, die mit Sternen, Abzeichen und Ordensbändern geschmückt ist.

Die beiden Männer laufen schnell die vielen Treppen hinunter, durch Feuertüren, über weitere Treppen, durch noch mehr Türen und durch den Hochsicherheitstunnel, der zum National Military Command Center führt. Hier werden die beiden ranghöchsten Berater des Präsidenten bereits von den Kommandanten von STRATCOM und NORAD erwartet, die über die Satellitenverbindung auf Monitoren zu sehen sind. Wenn STRATCOM und NORAD Ge-

Pentagon-Mitarbeitende bezeichnen die Mitte ihres Gebäudes als eine Art Zielscheibe.
(Library of Congress, Theodor Horydczak)

hirn und Hirnstamm der nuklearen Kriegsführung darstellen, dann ist die Kommandozentrale unter dem Pentagon das schlagende Herz des nuklearen Dritten Weltkriegs.

Dieser Kommandoposten, der ursprünglich den Namen »War Room« trug, wurde bereits im Jahr 1948 eingerichtet: der Ort, von dem aus der nächste Weltkrieg geführt werden sollte.[121] Seither war er rund um die Uhr und rund ums Jahr in Benutzung, ohne Ausnahme.

Zwei Minuten sind vergangen seit dem Start der Rakete, die sie alle beobachten. Der Verteidigungsminister und der Vorsitzende des Generalstabs treffen nur Sekunden nacheinander ein. Über die sichere Videoverbindung per Satellit spricht aus Colorado der NORAD Commander.

Seine Einschätzung ist kurz, knapp und auf den Punkt.

Die ausgewerteten Flugdaten haben das schlimmste denkbare Szenario bestätigt.

Eine ballistische Interkontinentalrakete bewegt sich im Angriffsmodus auf die Ostküste der USA zu.

GESCHICHTSSTUNDE NR. 2

Die ICBM

26 Minuten und 40 Sekunden bis Armageddon

Flugbahn einer ballistischen Rakete in drei Phasen: Startphase, mittlere Flugphase, Abstiegsphase
(U.S. Missile Defence Agency)

Eine ballistische Interkontinentalrakete ist eine Langstreckenrakete, die nukleare Sprengköpfe zu Zielen auf einem anderen Kontinent bringen kann. Im Jahr 1960, kurz nach der Entwicklung der ICBM, wollte Herb York, damals leitender Wissenschaftler im Pentagon, genau wissen, wie viele Minuten es dauert, bis eine dieser Massenvernichtungswaffen von einer Abschussvorrichtung in der Sowjetunion aus eine Stadt in den USA erreicht. York rief eine Gruppe von Militärwissenschaftlern, die sogenannten Jason Scientists, zusammen und stellte ihnen die Aufgabe, diese Zeit so präzise wie möglich festzustellen.[122]

Das Ergebnis lautete: 26 Minuten und 40 Sekunden vom Start der Rakete bis zur Vernichtung.

Gerade einmal 1600 Sekunden, und das war's.

Eine Kopie dieser geheimen Einschätzung liegt zusammen mit Herb Yorks persönlichen Papieren in der Geisel Library in San Diego.[123] Vielleicht hat York sie dort aus Versehen liegen lassen, vielleicht wollte er aber auch der Welt mitteilen, was Kriegsplaner und Waffenkonstrukteure seit Jahrzehnten wissen, jedoch nie in dieser kalten, harten Weise kommuniziert haben: dass es unmöglich ist, einen Atomkrieg zu gewinnen.

Dafür geht alles viel zu schnell.

Die Geschwindigkeit, mit der sich ein Atomkrieg entwickelt und dann eskaliert, garantiert in jedem Fall einen eine nukleare Apocalypse.

»Die ICBMs mit Atomsprengköpfen bedrohen uns mit Vernichtung«, schrieb York. »Die Aussichten sind zugegebenermaßen düster.«[124]

Die Jason Scientists berechneten, dass sich die 26 Minuten und 40 Sekunden, die eine ICBM in der Luft ist, in drei Flugphasen aufteilen:

- die Startphase (5 Minuten)
- die mittlere Flugphase (20 Minuten)
- dic Abstiegsphase (1,6 Minuten = 100 Sekunden)

Die fünfminütige Startphase umfasst die Zeit, die die Rakete braucht, um ihren Antrieb auf der Abschussvorrichtung zu zünden und sich bis zum Ende des treibstoffgetriebenen Fluges in den Weltraum zu erheben. Danach wird der Sprengkopf abgetrennt, normalerweise in einer Höhe von 800 bis gut 1000 Kilometern.

Die mittlere Flugphase dauert 20 Minuten und umfasst die Zeit, die der abgetrennte Sprengkopf braucht, um sich in einer bogenförmigen Flugbahn um die Erde zu bewegen.

Die End- oder Abstiegsphase ist unglaublich kurz, sie dauert gerade einmal 1,6 Minuten. 100 Sekunden. Sie beginnt, wenn der Sprengkopf wieder in die Erdatmosphäre eintritt, und endet, wenn er an seinem Zielpunkt explodiert.[125]

Die angreifende Hwasong-17 in unserem Szenario ist eine zweistufige ballistische Interkontinentalrakete, die mit Flüssigtreibstoff betrieben wird und von einer mobilen Abschussvorrichtung aus starten kann. Stand 2024 ist nur wenig bekannt über ihre Tragkraft, sodass man nicht weiß, ob sie einen oder mehrere Atom-

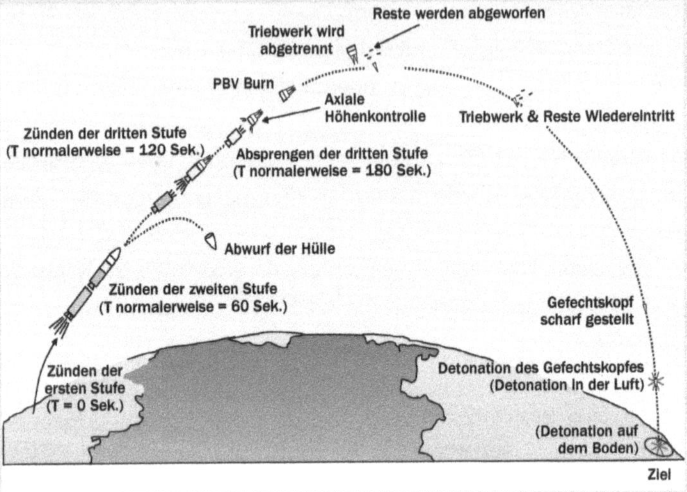

Flugsequenzen einer ICBM vom Start bis zum Ziel

sprengköpfe transportieren kann. Es ist auch nicht bekannt, ob es sich um thermonukleare Sprengköpfe handelt und welche Sprengkraft sie besitzen. Was wir auf jeden Fall wissen: Sie kann jeden Punkt auf dem nordamerikanischen Kontinent erreichen.[126]

Die Berechnungen der Jason Scientists im Auftrag von Herb York wurden wie gesagt 1960 durchgeführt, zu einer Zeit, als die Sowjetunion die einzige andere Atommacht darstellte.

Heute besitzen neun Länder Atomwaffen: die Vereinigten Staaten, Russland, Frankreich, China, Großbritannien, Pakistan, Indien, Israel und Nordkorea.[127] Angesichts der geografischen Lage von Nordkorea dürfte die Zeit vom Start einer ICBM auf der koreanischen Halbinsel bis zur Detonation an der Ostküste der USA etwas länger sein. Theodore »Ted« Postol, Professor emeritus am Massachusetts Institute of Technology (MIT), hat sie für uns berechnet.

Sie beträgt 33 Minuten.

Die Uhr tickt.

In unserem Szenario sind jetzt zwei Minuten vergangen.

Eine ICBM, die einmal gestartet ist, kann nicht zurückgerufen werden.

Die geheimen Papiere in Herb Yorks verstaubten Archiven haben die Welt vor einem Armageddon gewarnt, und jetzt sind wir so weit.

»Die ICBMs bedrohen uns mit Vernichtung«, so lautete Yorks Warnung.

Das ist heute so wahr wie im Jahr 1960.

2 MINUTEN, 30 SEKUNDEN

U.S. Strategic Command, Nebraska

Überschwemmung auf der Landebahn des STRATCOM-Hauptquartiers, Luftwaffenstützpunkt Offutt, Nebraska, 2019

(U.S. Strategic Command)

Das Hauptquartier des U.S. Strategic Command in Nebraska liegt etwa 15 Kilometer südlich von Omaha, gut drei Kilometer westlich des Missouri. Der ursprüngliche Name war Fort Crook. Die Region zeichnet sich durch zerstörerische Wetterbedingungen aus. Tödliche Tornados bedrohen mit wachsender Regelmäßigkeit das wichtigste strategische Hauptquartier der amerikanischen Atomstreitkräfte. Im Jahr 2017 wurden zehn Flugzeuge beschädigt, als ein Tornado über den Luftwaffenstützpunkt Offutt hinwegraste.[128]

Auch Überschwemmungen nehmen katastrophale Ausmaße an. Während der Saison 2019 füllten die 700 Airmen auf Offutt 235 000 Sandsäcke – ein »tapferer, aber letztlich erfolgloser Versuch, das Wasser zurückzuhalten«, wie die *Air Force Times* schrieb.[129] Etwa 2,7 Millionen Kubikmeter mit Abwässern verseuchtes Wasser überschwemmten die Air-Force-Basis, zerstörten 137 Gebäude und 93 000 Quadratmeter Arbeitsbereiche, darunter annähernd 11 000 Quadratmeter SCIF-Bereiche der Sensitive Compartmented Information Facility (SCIF), also solche, die für die Bearbeitung geheimen Materials vorgesehen sind. Fast ein Kilometer der Rollbahn stand unter Wasser.

Diese Rollbahn auf dem Stützpunkt Offutt ist aber ein entscheidendes Stück Infrastruktur im Zusammenhang mit einem atomaren Gegenschlag, und das vor allem in diesem Szenario, in dem eine mit Atomsprengköpfen bestückte ICBM in Richtung USA unterwegs ist. Die Startbahn wird für die kleine Flotte von fliegenden atomaren Kommandostationen gebraucht, die von den USA unterhalten werden: für jene Flugzeuge, die auch unter dem ominösen Namen »Doomsday Planes« (etwa: Flugzeuge für den Tag des Jüngsten Gerichts, Weltuntergangsflugzeuge) bekannt sind. Diese nachgerüsteten Boeing-Flugzeuge stehen immer bereit, um einen Atomkrieg aus der Luft zu führen.

»Unser Militär ist sehr mächtig und besitzt eine tödliche Kraft«, erklärt Captain Ryan La Rance, der die Besatzung eines Doomsday Plane befehligt.[130] »Doch ohne Kommunikation geht gar nichts.«

Von einem Doomsday Plane aus kann auch der STRATCOM Commander während einer nuklearen Krise Befehle zum Start von Raketen erhalten und diese Befehle ausführen, selbst wenn die Kommando- und Kontrolleinrichtungen der amerikanischen Atomstreitkräfte am Boden bereits zerstört sind.[131]

Genau deshalb konzentriert sich der STRATCOM Commander jetzt voll und ganz darauf, die Blue-Impact-Uhr, die die Zeit bis zum Gegenschlag anzeigt, zum Laufen zu bringen. Danach wird er den unterirdischen STRATCOM-Bunker verlassen und in ein Doomsday Plane steigen, das bereits mit laufenden Motoren auf der Rollbahn steht und auf seine Ankunft wartet, um dann sofort zu starten.

Das Global Operations Center des STRATCOM auf dem Luftwaffenstützpunkt Offutt gilt als eines der zehn wichtigsten Ziele für jeden feindlichen Angriff. Doch der Commander wird den Bunker erst verlassen, wenn er mit dem Präsidenten gesprochen hat.

Die Daten der sich nähernden ICBM zeigen, dass sich der Zielpunkt irgendwo an der Ostküste der USA befindet – vermutlich entweder New York City oder Washington, D.C.

Doch es wird noch weitere zwei bis drei Minuten dauern, bis das Ziel genauer definiert werden kann.[132]

2 MINUTEN, 45 SEKUNDEN

National Military Command Center, Pentagon

Im nuklearen Kommandobunker unter dem Pentagon diskutieren der Verteidigungsminister und der Vorsitzende des Generalstabs rasch über die Informationen, die ihnen der NORAD Commander per Video über das mögliche Ziel der angreifenden ICBM mitgeteilt hat.

Der Verteidigungsminister übernimmt die Führung. Gemeinsam mit den Befehlshabern der anderen Kommandoeinrichtungen formuliert er, was er dem Präsidenten auf dessen Fragen hin antworten könnte. Die Teilnehmenden dieser Videokonferenz sind allesamt Frauen und Männer, deren Berufsleben den Kommando- und Kontrollstrukturen der Atomstreitkräfte gewidmet ist. Sie leben und atmen den hypothetischen Atomkrieg.

Sobald der Bodenradar bestätigt, dass eine angreifende ICBM in Richtung US-Ostküste unterwegs ist, tritt ein unglaublich gefährlicher nächster Teil der atomaren Strategie in den Vordergrund.

Bei diesem Aspekt dreht es sich um eine jahrzehntealte Doktrin namens »Launch on Warning«.[133]

»Sobald wir die Warnung vor einem atomaren Angriff bekommen, bereiten wir uns auf den Gegenschlag vor«, erklärt der ehemalige Verteidigungsminister William Perry. »Das ist so festgelegt. Wir warten nicht.«[134]

Die Strategie des Launch on Warning ist der Grund, warum die USA einen Großteil ihres Atomwaffenarsenals ständig in Bereitschaft halten. In diesem Zusammenhang ist auch von »Hair-Trigger Alert« die Rede. Die amerikanischen Atomwaffen sind sozusagen ständig entsichert.

GESCHICHTSSTUNDE NR. 3

Launch on Warning

Die Strategie des Launch on Warning beinhaltet, dass die USA ihre Atomwaffen zum Einsatz bringen, sobald die elektronischen Frühwarnsysteme vor einem bevorstehenden Angriff mit Atomwaffen *warnen*. Anders gesagt: Wenn die Vereinigten Staaten über einen bevorstehenden Angriff informiert werden, warten sie nicht, bis der Erstschlag tatsächlich erfolgt ist, bevor sie ihre eigenen Atomwaffen auf denjenigen loslassen, der verrückt genug war, sie anzugreifen.

Launch on Warning »ist ein Schlüsselfaktor bei der Planung eines Atomkriegs, über den die Öffentlichkeit nur selten informiert wird«, so William Burr, leitender Analyst am National Security Archive der George Washington University in Washington, D.C.[135]

Doch Launch on Warning – als Strategie seit den Hochzeiten des Kalten Krieges in Kraft – beinhaltet auch ein unglaublich hohes Risiko.

»Unentschuldbar gefährlich«, warnte der Präsidentenberater Paul Nitze schon vor Jahrzehnten.[136] Launch on Warning in einer »intensiven Krisenphase« ist ein Rezept für die Katastrophe, so Nitze.

Während seines Präsidentschaftswahlkampfs im Jahr 2000 versprach George W. Bush, nach seiner Wahl diese brandgefährliche Strategie zu ändern. »Wenn so viele Waffen in höchster Alarmbereitschaft gehalten werden, kann das inakzeptable Risiken eines versehentlichen oder nicht autorisierten Raketenstarts mit sich bringen«, sagte Bush. »Dieser höchste Alarmzustand mit entsicherter Waffe ist nur ein weiteres unnötiges Überbleibsel des Kalten Krieges und der damit verbundenen Konfrontationen.«[137]

Die Strategie wurde nicht geändert.

Barack Obama brachte während seines Wahlkampfs dieselbe grundlegende Sorge zum Ausdruck. »Es ist ein gefährliches Relikt des Kalten Krieges, dass wir Atomwaffen in einem Zustand halten, in dem sie binnen weniger Augenblicke zum Einsatz gebracht werden können«, erklärte er. »Eine solche Politik erhöht das Risiko katastrophaler Unfälle oder Fehleinschätzungen.«

Doch wie schon sein Vorgänger änderte auch Präsident Obama nichts an dieser Politik.

Als Präsident Biden das Amt übernahm, drängte ihn der Physiker Frank von Hippel, die lebensgefährliche Strategie abzuschaffen.[138] »Präsident Biden [...] sollte die Launch-on-Warning-Option und die damit einhergehende Gefahr eines unbeabsichtigten nuklearen Armageddons beenden«, schrieb von Hippel im *Bulletin of the Atomic Scientists*.[139]

Doch ebenso wie seine Vorgänger hat Präsident Biden keine Veränderungen vorgenommen.

Und so stehen wir immer noch an derselben Stelle wie vor Jahrzehnten. Die Doktrin des Launch on Warning ist weiterhin in Kraft.

3 MINUTEN

National Military Command Center, Pentagon

Im Bunker unter dem Pentagon berät sich der Verteidigungsminister mit dem Vorsitzenden des Generalstabs und dessen Stellvertreterin, die (wie General Ellen Pawlikowski) zuvor die Leitung des Space Command der NRO in Colorado und des Space and Missile Systems Center in Kalifornien innehatte.

Ihre Erfahrung qualifiziert sie in einzigartiger Weise dafür, das, was im Moment vorgeht, einzuschätzen, nur drei Minuten nach dem Start einer ICBM auf einem Feld nördlich von Pjöngjang.

Die stellvertretende Vorsitzende des Generalstabs hat genug Daten über früher gestartete nordkoreanische ICBMs studiert – diese Raketen waren alle auf vorher berechneten Flugbahnen Richtung offenes Meer unterwegs –, um selbst zu sehen, dass das, worauf sie jetzt blickt, keiner dieser früheren Flugbahnen entspricht.

Die Flugbahn dieser Rakete richtet sich auf die Vereinigten Staaten.

Die Stellvertretende Vorsitzende ist eine extrem kluge, entschlossene Frau, die kein Blatt vor den Mund nimmt. Und jetzt deutet sie auf den kleinen schwarzen ICBM-Avatar, der sich drohend über den Bildschirm bewegt.

Sie atmet ein, sie atmet aus.

Dann blickt sie dem Verteidigungsminister direkt in die Augen.

»Sie sollten den Präsidenten anrufen«, sagt sie.

3 MINUTEN, 15 SEKUNDEN

Weißes Haus, Washington, D.C.

In unserem Szenario ist es an der amerikanischen Ostküste 15:06 Uhr. Der Präsident der Vereinigten Staaten sitzt im Speiseraum des Weißen Hauses und liest die Dokumente seines Mittagsbriefings, trinkt dazu Kaffee und isst einen kleinen Nachmittagssnack. Nichts davon wird er beenden.

Das Weiße Haus
(Foto: Jett Jacobsen)

Denn in diesem Moment platzt der Nationale Sicherheitsberater herein, das Telefon in der Hand. Er informiert den Präsidenten, dass der Verteidigungsminister ihn aus dem National Military Command Center unter dem Pentagon anruft – gut drei Kilometer entfernt.

Der Präsident nimmt das Telefon ans Ohr.

Und der Verteidigungsminister teilt ihm mit: »Nordkorea hat eine Rakete abgefeuert, um die USA anzugreifen.«

Eine Aussage, die im ersten Moment alles andere als plausibel erscheint.

Der Verteidigungsminister wird deutlicher. »Die Kommandanten von NORAD und STRATCOM haben die Einschätzung bestätigt. Wir erwarten weitere Bestätigung vom Bodenradar in Alaska.«

Der Präsident blickt seinen Sicherheitsberater an und fragt ihn, ob das irgendeine Art von Test sei.

Der Nationale Sicherheitsberater antwortet: »Dies ist kein Test.«

3 MINUTEN, 30 SEKUNDEN

National Military Command Center, Pentagon

Unter dem Pentagon beobachtet der Verteidigungsminister weiterhin die Flugbahn der Rakete, deren Avatar sich über den riesigen Bildschirm vor ihm bewegt. Seit dem Start der Rakete sind gerade einmal dreieinhalb Minuten (210 Sekunden) vergangen, was bedeutet, dass sich die ICBM noch in der Startphase befindet. Bald wird der Avatar auf dem Bildschirm die Grenze zwischen Nordkorea und China überqueren und in den chinesischen Luftraum eintreten.

Der Verteidigungsminister hat die Aufgabe, das zivile Kommando über den gesamten Militärapparat zu sichern. In dieser Position untersteht er nur dem Präsidenten, der den Rang des obersten Befehlshabers innehat. Innerhalb der gesamten militärischen Befehlskette sind der Verteidigungsminister und der Präsident die einzigen Zivilisten.[140]

In diesem Moment steht der Vorsitzende des Generalstabs neben dem Verteidigungsminister. Er ist der höchste militärische Offizier des Landes. Seine Aufgabe besteht darin, den Präsidenten, den Verteidigungsminister, die Mitglieder des Nationalen Sicherheitsrats und andere in militärischen Angelegenheiten zu beraten. Die Stellvertretende Vorsitzende steht direkt hinter ihm in der Rangfolge.

Doch auch wenn der Vorsitzende des Generalstabs ranghöher ist als alle anderen Offiziere im amerikanischen Militär, hat er oder sie keine Befehlsgewalt, sondern berät den Präsidenten und den Verteidigungsminister und gibt Entscheidungshilfen. Was soll man tun? Welches Handeln ist jetzt richtig? Und das gilt auch in einem Atomkrieg.[141]

Alle hier im unterirdischen National Military Command Center konzentrieren sich voll und ganz auf die vor ihnen liegenden Aufgaben. Sie alle stehen unter Schock – und sind darauf trainiert, so zu handeln, als wären sie es nicht.

Eine nukleare Krise ist nicht ein Worst-Case-Szenario unter anderen, sie ist *das* Worst-Case-Szenario.

Eigentlich undenkbar und trotzdem tausendfach geprobt.

Die Auswirkungen dessen, was jetzt passieren wird, sind für den menschlichen Verstand kaum zu erfassen. Der Atomkrieg ist ein Ereignis ohne Vorläufer. In den letzten Jahrzehnten hat es einige bedeutsame Fehlalarme gegeben. Doch in unserem Szenario ist der Ernstfall eingetreten.

Dem Präsidenten bleibt nur eine gnadenlos kurze Zeit für seine Entscheidungsfindung. Alle, die jetzt an der Videokonferenz per Satellit teilnehmen, haben geprobt, was als Nächstes geschehen muss. »Alle, außer wahrscheinlich dem Präsidenten selbst«, erklärt der ehemalige Verteidigungsminister Perry.[142] Der Präsident in unserem Szenario ist – wie fast alle US-Präsidenten seit John F. Kennedy –

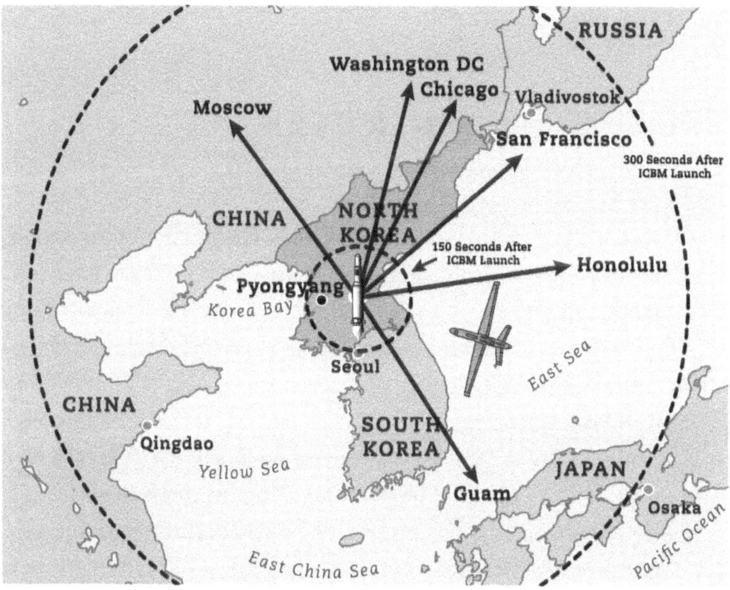

Reichweite von Drohnen gegen eine Hwasong-ICBM in der Startphase, berechnet von Richard Garwin und Theodore Postol

(Zeichnung von Michael Rohani)

in höchstem Maße uninformiert darüber, wie man im Ernstfall einen Atomkrieg führt.

Er hat keine Ahnung, dass ihm nach der ersten Information genau sechs Minuten bleiben, um zu entscheiden, mit welchen Atomwaffen auf den Angriff reagiert werden soll.

Sechs Minuten.[143]

Wie kann das gehen? Sechs Minuten, das entspricht etwa der Zeit, die man braucht, um eine Kanne Kaffee mit zehn Tassen Inhalt durch die Maschine laufen zu lassen. Der ehemalige Präsident Ronald Reagan hat in seinen Erinnerungen darüber geklagt: »Sechs Minuten, um zu entscheiden, wie man auf ein Echozeichen auf einem Radarschirm reagiert; um zu entscheiden, ob man Armageddon einleitet. Wie kann irgendjemand in einem solchen Zeitraum mit Vernunft agieren?«[144]

Der Atomkrieg – so werden wir sehr bald erfahren – raubt dem Menschen die Vernunft.

4 MINUTEN

Weißes Haus, Washington, D.C.

Der Präsident im Speisezimmer des Weißen Hauses ist aufgestanden; seine Stoffserviette liegt auf dem Boden. Etwa acht Milliarden Menschen leben auf der Erde. In den nächsten sechs Minuten wird der Präsident eine Entscheidung treffen müssen, die viele Millionen Menschen auf der anderen Seite der Erde töten kann – nur Minuten (nicht etwa Stunden), nachdem er die Genehmigung dazu gegeben hat.

Die Launch-on-Warning-Strategie ist nach wie vor in Kraft. Der Atomkrieg ist zum Greifen nahe. Alles hängt in der Schwebe.

»Die Zivilisation, wie wir sie kennen, wird ein Ende finden«, sagt der ehemalige US-Verteidigungsminister Perry über einen derartigen Moment. »Und das ist keine Übertreibung«, fügt er hinzu.[145]

Kaum mehr als einen Meter vom Präsidenten entfernt steht der Sicherheitsberater und versucht, einen offiziellen Vertreter Nordkoreas ans Telefon zu bekommen. In diesem Moment rennt ihn der Chef der Personenschützer fast über den Haufen. Von allen, die sich auf ihre Reaktion in einer Krisensituation vorbereiten, haben die Secret-Service-Agenten, die zum persönlichen Schutz des Präsidenten abgestellt sind, wohl am meisten geübt.[146]

Der United States Secret Service (USSS) trainiert solche Situationen tagaus, tagein.

»In den Notfallbunker, sofort!«, brüllt der Agent den Präsidenten an. Mehrere Personenschützer stehen in der Nähe und sprechen gleichzeitig in ihre Ohr- und Handmikrofone.

Hektische Aktivität entfaltet sich. Zwei USSS-Agenten fassen den Präsidenten unter den Achseln, während er mit beiden Händen sein Handy umklammert. Die Generäle und Admiräle, die all dies über Satellit beobachten, sitzen oder stehen in ihren jeweiligen Bunkern und warten auf ein Wort von ihm.

»Das Emergency Plans Book«, sagt der Sicherheitsberater.

»Ist in der Aktentasche«, erwidert der Personenschützer. »Wir bringen ihn in den Situation Room.«

Der Präsident begreift noch gar nicht, was da vor sich geht und wie schnell ein nuklearer Gegenschlag eingeleitet werden muss. Bei ihm ist das alles noch nicht vollständig angekommen.

»Niemand, nicht einmal der Präsident, besitzt umfassende Kenntnis darüber, was in einer Krisenzone oder einem bewaffneten Konflikt vor sich geht«, sagt Jon Wolfsthal, ehemaliger Sicherheitsberater bei Präsident Obama. Und er fügt hinzu, dass das in besonderer Weise für einen Atomkrieg gilt.[147]

»Viele Präsidenten sind bei ihrem Amtsantritt nicht über ihre Rolle in einem Atomkrieg informiert«, so Ex-Verteidigungsminister Perry. »Bei manchen darf vermutet werden, dass sie es auch gar nicht wissen wollten.«[148]

Einmal, bei einer Pressekonferenz im Jahr 1982, ging Präsident Reagan so weit, fälschlicherweise zu behaupten, ballistische Raketen, die von U-Booten abgeschossen würden, könnten zurückgerufen werden.[149]

William Perry hat in seinem Amt als Verteidigungsminister die Erfahrung gemacht, dass nach dem Fall der Berliner Mauer und der Auflösung der Sowjetunion »viele Leute der Vorstellung anhingen, es gebe keine nukleare Kriegsgefahr mehr«. Tatsächlich, sagt er heute, »sah die Wahrheit vollkommen anders aus«.[150]

Wenn es in einem Atomkrieg zu Verwirrung über die nötigen Maßnahmen und deren Dringlichkeit käme, dann hätte dies unbeabsichtigte Folgen, die jenseits aller Vorstellung lägen. Sie würden die Vereinigten Staaten in jenes Herz der Finsternis treiben, vor der der Verteidigungsexperte John Rubel schon 1960 warnte. Er sprach damals von einer »dämmerigen Unterwelt, regiert von einem disziplinierten, akribischen und in höchstem Maße unbekümmerten Gruppendenken, das darauf abzielt, die Hälfte der Menschen auszulöschen, die auf etwa einem Drittel der Erdoberfläche leben«.[151]

GESCHICHTSSTUNDE NR. 4

Die Abschusssysteme der ICBM

Die Hwasong-17, die sich in unserem Szenario Richtung US-Ostküste bewegt, wurde von einer mobilen Abschussrampe gestartet. Das heißt, sie wurde mit einem Transporter an die Abschussstelle gebracht, der 22 Räder hat und auch als Transporter Erector Launcher (TEL) bezeichnet wird. Die Rakete selbst ist etwa 26 Meter hoch. In ihrem Kopf kann sie einen Gefechtskopf-Bus tragen, der Dummy-Gefechtsköpfe enthalten kann (oder auch nicht), um die amerikanischen Raketenabwehrsysteme zu verwirren, wenn sie versuchen, die Rakete abzuschießen.

Im Jahr 2021 sagten Verteidigungsanalysten voraus, dass etwa die Hälfte der nordkoreanischen ICBMs Ziele innerhalb der USA treffen würden.[152] Im Jahr 2022 bestätigte der japanische Verteidigungsminister öffentlich, dass die Hwasong-17 annähernd 15 000 Kilometer

Seit dem Start dieser ballistischen Rakete 2012 sind die nordkoreanischen ICBMs immer stärker und bedrohlicher geworden.
(The Pentagon Channel via Korean Central News Agency)

weit fliegen könne und damit in der Lage sei, den nordamerikanischen Kontinent zu erreichen.[153]

Da die Hwasong-17 zu schwer ist, als dass man sie auf den schlecht asphaltierten Straßen Nordkoreas bewegen könnte, transportiert man sie auf Pisten über festes Gelände – sofern es in der Zeit davor weder Regen noch Schnee gegeben hat.

Die USA verfügen nicht über derartige straßentaugliche Abschussrampen. Ihre 400 ICBMs befinden sich sämtlich in unterirdischen Silos an verschiedenen Orten innerhalb der USA. Die meisten US-Bürger würden es nicht akzeptieren, dass mobile Abschussrampen mit Raketen, die mit Atomsprengköpfen ausgerüstet sind, durch ihre Stadt oder ihr Dorf fahren, vorbei an ihren Häusern oder in der Nähe der Schulen, die ihre Kinder besuchen.

Das heißt aber auch: Die mobilen Abschussrampen (die übrigens um 1944 von nationalsozialistischen Raketenwissenschaftlern entwickelt wurden) verschaffen Nordkorea einen strategischen Vorteil. Während die genauen Standorte aller 400 ICBM-Silos in den USA im Internet (und früher auf Karten) feststellbar sind, werden die mobilen ICBMs in Nordkorea ständig bewegt, sodass das amerikanische Verteidigungsministerium sie vor oder während eines Atomkriegs nicht so leicht aufspüren und zerstören könnte.

Die Spezialisten der NRO Aerospace Data Facility auf der Buckley Space Force Base in Colorado untersuchen Satellitenbilder aus den Minuten und Stunden, bevor die Rakete von ihrer mobilen Abschussrampe auf einer Wiese gestartet wurde. Sie bestätigen, dass es sich um eine Hwasong-17 handelt. Mithilfe älterer NRO-Satellitenbilder können sie auch feststellen, dass die Rakete über eine Piste zu ihrer Abschussstelle 30 Kilometer nördlich von Pjöngjang transportiert wurde.[154]

Über die Gefechtskopf-Kapazität der Hwasong-17 ist nur wenig bekannt. Umso mehr weiß man über ihr Triebwerk, das RD-250, ein russisches Fabrikat.[155] Im November 2017 startete Nordkorea zum ersten Mal eine ICBM, die mit diesem Triebwerk ausgestattet war. Daraufhin schlugen vier Raketenexperten Alarm.

»Das russische Triebwerk wurde vermutlich nach dem Zusammenbruch der Sowjetunion aus einem Materiallager gestohlen«, berichtet Postol, »und später an Nordkorea verkauft.«[156]

Schon einige Länder haben ihre frühen Atomprogramme durch den Diebstahl von Atomwaffen und Transportsystemen beschleunigt. Auf diese Weise sparen sie nicht nur Zeit, sondern auch Geld, weil sie auf komplexe Forschungs- und Entwicklungsprogramme verzichten können. Wie schon erwähnt, stahl in den 1940er-Jahren der Atomphysiker und Spion Klaus Fuchs die Blaupausen der Atombombe, die auf Nagasaki abgeworfen wurde, und übergab sie an seinen Moskauer Führungsoffizier. Von diesem Moment an war es nur noch eine Frage der Zeit, bis Stalin seine eigene Atombombe hatte.

Erst nachdem die Hwasong-17 mit dem russischen RD-250-Triebwerk ausgerüstet wurde, so Postol, können nordkoreanische Raketen die Ostküste der USA erreichen. Der vermutete Diebstahl »beschleunigte in nur vier Monaten eine technische Entwicklung«, die die hermetisch abgeschlossene Diktatur sonst Jahrzehnte gekostet hätte, erklärt er.

Ted Postol und Richard Garwin warnten ihre Kollegen in einem Paper aus dem Jahr 2017 vor den neuen Möglichkeiten Nordkoreas. Postol ist nicht nur emeritierter Professor am MIT, sondern auch Experte für Raketentechnologie und ehemaliger Berater des Chief of Naval Operations. Richard Garwin, der die Pläne für die erste thermonukleare Bombe der Welt gezeichnet hat, weiß mehr über Atomwaffen als irgendjemand sonst.[157] Seit vielen Jahren steht er an vorderster Front bei der Entwicklung von Atomwaffen und Fragen der nationalen Sicherheit. Er hat an der Entwicklung der ersten Spionagesatelliten mitgewirkt und gilt als einer der zehn Gründer des National Reconnaissance Office.

In ihrem Paper aus dem Jahr 2017 argumentieren Garwin und Postol, aufgrund der besonderen geografischen Lage sei eine traditionelle Raketenabwehr gegen nordkoreanische ICBMs fast unmöglich. Es gebe blinde Flecken rund um den Nordpol, schreiben sie – und erklären, die beste Verteidigung gegen die Hwasong-17 wären bewaffnete MQ-9-Reaper-Drohnen (die Variante mit großen Flügeln, die während des »Krieges gegen den Terror« gebaut wurde), die unweit der nordkoreanischen Küste ununterbrochen über dem Japanischen Meer kreisen müssten. »Sie wären dazu in der Lage, eine angreifende Rakete 240 bis 290 Sekunden nach dem Start außer Gefecht zu setzen«, so Postol.[158]

Dieser Zeitrahmen ist von entscheidender Bedeutung, denn nur wenige Sekunden später beendet die Rakete ihre Beschleunigungsphase und wird »dunkel« – das heißt, sie kann von Frühwarnsatelliten im Weltall nicht mehr gesehen und verfolgt werden.[159]

»Satelliten können nur die heißen Raketenabgase sehen«, so Postol. »Wenn das Triebwerk stoppt, können sie die Rakete nicht mehr sehen.«

Und genau dies ist ein rabenschwarzes Loch in der nationalen Verteidigung gegen ICBMs, warnen Postol und Garwin.

4 MINUTEN, 30 SEKUNDEN

STRATCOM-Hauptquartier, Nebraska

Alle Augen bei STRATCOM sind auf die Bildschirme gerichtet, die den Flug der Rakete verfolgen. 4 Minuten und 30 Sekunden sind seit dem Start der Hwasong-17 vergangen.

Die ICBM befindet sich jetzt in den letzten Sekunden ihrer Beschleunigungsphase. Sobald sie in die mittlere Flugphase eintritt, kann man sie kaum noch aufhalten. Jetzt wäre also die letzte Gelegenheit, die angreifende ICBM abzuschießen, aber das kann nicht geschehen, weil die USA kein dafür geeignetes Abwehrsystem vor Ort haben.

»Wir haben allen möglichen Leuten in D.C. davon berichtet, und sie alle haben die Idee verworfen«, erzählt Postol.

»Wir haben eine gemeinsame Initiative mit Russland vorgeschlagen«, verrät Garwin.[160] »Denn auch die Russen haben ein Interesse daran, den Start nordkoreanischer Atomwaffen zu verhindern, genau wie wir.« Doch die Vorschläge von Postol und Garwin stießen auf taube Ohren. Und so patrouillieren jetzt keine Reaper-Drohnen über dem Japanischen Meer, um zumindest den Versuch zu unternehmen, diese angreifende ICBM abzuschießen.

275 Sekunden sind vergangen. 285 … 295 …

Das Triebwerk ist ausgebrannt.

Die Beschleunigungsphase endet.

Die Hwasong-17 trennt ihren Gefechtskopf ab, der seinen Aufstieg fortsetzt.

Die mittlere Flugphase hat begonnen.

Von jetzt an kann die Milliarden Dollar teure SBIRS-Anlage mit ihren Frühwarnsatelliten das, was von der nordkoreanischen ICBM übrig ist, nicht mehr orten. Sie kann den Atomsprengkopf nicht mehr sehen, der auf dem Weg in die Vereinigten Staaten ist. Der Gefechtskopf ist ballistisch und für die Sensoren des Satelliten so gut wie unsichtbar, jetzt, wo er rasend schnell auf seiner vorgegebenen Flugbahn bis zu einem Höhepunkt irgendwo über der Erdkugel steigt.

5 MINUTEN

Hauptquartier der U.S. Missile Defense Agency, Fort Belvoir, Virginia

Etwa 20 Kilometer südlich vom Pentagon, in Fort Belvoir, Virginia, befindet sich das Hauptquartier der Missile Defense Agency. Die Mitarbeitenden dort sind außer sich vor Entsetzen. Unter den Amerikanern herrscht der Mythos, die USA seien ohne Weiteres in der Lage, eine angreifende ICBM abzuschießen. Präsidenten, Kongressabgeordnete, verantwortliche Politiker aus dem Verteidigungsbereich und unzählige weitere Vertreter des militärisch-industriellen Komplexes behaupten das immer wieder. Und es stimmt einfach nicht.

Die U.S. Missile Defence Agency ist die Organisation, die dafür verantwortlich zeichnet, angreifende Raketen während der mittleren Flugphase abzuschießen. Ihr Flaggschiff-System, das stationäre Ground-Based Midcourse Defense System, wurde als Reaktion auf Nordkoreas beschleunigtes ICBM-Programm entwickelt, also Anfang der 2000er-Jahre.

Das amerikanische Abwehrsystem besteht aus etwa 44 Abfangraketen, jede von ihnen gut 15 Meter lang und darauf ausgelegt, einen

Das Hauptquartier der Missile Defense Agency in Fort Belvoir, Virginia (U.S. Army)

schnell fliegenden Atomsprengkopf zu treffen, und zwar mit einem etwa 70 Kilogramm schweren Sprengkopf, dem Exoathmospheric Kill Vehicle. Der angreifende nordkoreanische Gefechtskopf fliegt mit einer Geschwindigkeit von etwa 22 000, der Sprengkopf der Abfangrakete mit etwa 32 000 Kilometer pro Stunde. Das heißt, im Erfolgsfall passiert dasselbe, »wie wenn man eine Kugel mit einer Kugel abschießt«, so ein Sprecher der Missile Defence Agency.[161]

Aber kein einziger der frühen Abfangtests, die in den Jahren 2010 bis 2013 durchgeführt wurden, war erfolgreich.

Keiner.

Im Jahr darauf berichtete der oberste Rechnungshof der USA, das System sei nicht einsatzfähig, weil »seine Entwicklung Fehler aufweist«. Die Abfangraketen seien nur »eingeschränkt dazu in der Lage, eine einfache Bedrohung aufzuhalten«. Nach fünf Jahren und vielen Milliarden Steuergeldern waren 9 von 20 Abfangtests gescheitert. Das heißt, die Chance, dass eine Hwasong-17 abgeschossen werden kann, bevor sie ihr Ziel erreicht, beträgt nur etwa 55 Prozent.

Die 44 Abfangraketen sind jederzeit im Alarmzustand. Sie befinden sich in Silos an zwei getrennten Orten auf dem nordamerikanischen Kontinent. 40 dieser Raketen sind in Fort Greely, Alaska stationiert. Vier in Kalifornien, in der Vandenberg Space Force Base unweit von Santa Barbara.

Ganze 44 Raketen.

Das ist alles.

Das Abfangen einer angreifenden ICBM verläuft in zehn Stufen,[162] von denen drei in unserem Szenario bereits vollzogen sind:

1. Der Feind hat eine angreifende Rakete gestartet.
2. Infrarot-Satelliten im All haben den Start dieser Rakete entdeckt.
3. Bodenbasierte Frühwarnradaranlagen haben die angreifende Rakete während der Beschleunigungsphase bis zu Beginn der mittleren Flugphase verfolgt.

Die angreifende nordkoreanische Rakete trennt jetzt ihren eigentlichen Gefechtskopf und einige Attrappen ab, die die Sensoren der Abfangrakete verwirren sollen, wenn diese mithilfe ihres Bordcomputers den Versuch unternimmt, den Gefechtskopf zu orten und abzuschießen. Die Unterscheidung eines einzelnen Sprengkopfes und mehrerer möglicher Sprengköpfe und Attrappen innerhalb eines Gefechtskopfes stellt die U.S. Missile Defense Agency vor eine weitere Reihe von Herausforderungen.[163]

Diese Herausforderungen müssen innerhalb von Sekunden (nicht etwa Minuten) angegangen werden. Dazu richtet sich die Aufmerksamkeit aufs Meer hinaus: auf die geheime, zehn Milliarden Dollar teure Radarstation mit dem Sea-Based X-Band (SBX), die auf dem Ozean stationiert ist.

6 MINUTEN

Nördlich des Kure-Atolls im Nordpazifik

Irgendwo auf dem riesigen Nordpazifischen Ozean, mehr als 1500 Seemeilen von Honolulu entfernt, schwimmt die SBX-Radarstation – ein imposanter Anblick. Diese einzigartige Anlage – groß wie ein Stadion, hochseetauglich und mit eigenem Antrieb versehen – wiegt 50 000 Tonnen, weist Lagerkapazitäten für 60 Tage Verpflegung und einen Treibstofftank für 6,8 Millionen Liter Diesel auf, kommt mit zehn Meter hohen Wellen zurecht, ist größer als ein Football-Feld und erhebt sich 26 Stockwerke hoch aus dem Meer. Sie braucht eine 75- bis 85-köpfige Mannschaft, um ihre Mission auszuführen, und gilt als die raffinierteste phasengesteuerte, elektromechanisch geführte X-Band-Radaranlage der Welt.

Die Plattform, auf der das SBX aufgebaut ist, stammt von einer norwegischen Firma, die auf Offshore-Anlagen zur Ölförderung spezialisiert ist. Das US-Verteidigungsministerium hat diese Plattform gekauft und modifiziert. Heute beherbergt sie neben dem teuersten Raketenabwehr-Radar der Welt auch die Kommandozentrale, Werk-

Die Sea-Based-X-Band-Radarstation auf dem Meer
(U.S. Missile Defense Agency)

stätten, Kontrollräume, Wohnräume, Anlagen zur Energiegewinnung und einen Hubschrauberlandeplatz.[164]

Die Verantwortlichen der Missile Defense Agency haben dem Kongress das SBX als leistungsfähigstes System seiner Art verkauft – als eine Anlage, die Bedrohungen durch angreifende Raketen erkennen, verfolgen und einschätzen kann.[165] Eine bildhafte Beschreibung, die SBX-Befürworter nutzen, um die Leistungsfähigkeit des Systems zu verdeutlichen, besagt: Wenn man die Anlage in der Chesapeake Bay westlich von Washington, D.C. stationieren würde, könnte sie ein baseballgroßes Objekt in San Francisco sehen, also in gut 4500 Kilometer Entfernung.[166] Das stimmt im Prinzip, allerdings mit einer Einschränkung: Der Baseball müsste etwa 1400 Meter über dem Boden schweben, in direkter Sichtlinie zu der Radarstation in Washington.[167]

Zweck des SBX ist es, die amerikanischen Abfangraketen mit präzisen Daten darüber zu versorgen, wo sich ein Atomsprengkopf während seiner mittleren Flugphase in der Atmosphäre befindet. Und dies innerhalb kürzester Zeit, also binnen weniger Sekunden.

Die meisten Amerikaner haben noch nie etwas vom SBX gehört und insofern auch keine Vorstellung von seinen Stärken und Schwächen. Mike Corbett, Oberst a. D. der Air Force, der das Programm drei Jahre lang verantwortete, hat bereits im Jahr 2017 vorhergesagt, dass es an dieser Aufgabe scheitern würde. »Man kann entsetzlich viel Geld ausgeben und am Ende mit leeren Händen dastehen«, sagte Corbett schon 2015 in einem Interview mit der *Los Angeles Times*. »Milliarden und Abermilliarden wurden für diese Programme ausgegeben und führten zu nichts.«

Kritiker bezeichnen das SBX-Radarsystem als »den angefaulten Zehn-Milliarden-Dollar-Radar des Pentagons«.[168]

Doch wenn die Menschen aus erster Hand etwas über die lange Liste von Schwächen des SBX erfahren, wird es viel zu spät sein.

7 MINUTEN

U.S. Army Space and Missile Defense Command, Fort Greely, Alaska

Aufgabe des einzigartigen SBX-Radarsystems auf See ist es, einen Atomsprengkopf von einer Attrappe zu unterscheiden. Dafür haben die Steuerzahler Milliarden Dollar an Entwicklungskosten und Hunderte Millionen jährlicher Betriebskosten bezahlt. (Ein kürzlich erschienener Bericht aus dem Haushaltsausschuss des Kongresses spricht davon, dass die Ausgaben des Pentagons für Raketenabwehr in den Jahren 2020 bis 2029 eine Gesamtsumme von 176 Milliarden Dollar erreichen könnten.)[169] In diesem entscheidenden Moment, sieben Minuten nachdem eine Rakete von Asien aus auf die USA abgefeuert wurde, hängt die gesamte Verteidigung des Landes an den Sprengköpfen der Abfangraketen, die mit dem SBX-Radarsystem kommunizieren, um festzustellen, worauf sie schießen sollen.

Hier in der Wildnis von Alaska, 160 Kilometer südöstlich von Fairbanks, öffnet sich eine Reihe von Silotoren, die die Form von Muschelschalen haben.[170] Mit lautem Getöse geht eine der 16 Meter hohen, annähernd 25 Tonnen schweren Abfangraketen über dem U.S. Army Space and Missile Defense Command in Fort Greely in die Luft.

Solange es Kriege gibt, ging es in einer Schlacht immer darum, dem Schwert des Angreifers einen schützenden Schild entgegenzusetzen. Der Zweck eines Raketenabwehrsystems besteht darin, die USA vor einem begrenzten atomaren Angriff zu schützen.

»Begrenzt« ist dabei das Schlüsselwort, denn es existieren ja nur 44 Abwehrraketen. Früh im Jahr 2024 verfügt Russland über 1674 zum größten Teil unmittelbar einsatzfähige Atomraketen. (China über mehr als 500, Pakistan und Indien jeweils etwa 165. Nordkorea besitzt etwa 50.)[171]

Das ganze Abfangprogramm der USA mit seinen insgesamt 44 Raketen ist also im Wesentlichen Show.[172]

Auf den Fotos in der Pressemappe, die die Missile Defense Agency herausgibt, wird eine aufsteigende Abfangrakete in Aktion präsentiert, ein glamouröses und kraftvolles Bild. Man sieht das Raketenfeuer und den Rauch, den die aufsteigende Rakete ausstößt, vor dem Hintergrund eines purpurfarbenen Himmels.

In Wirklichkeit sind diese Raketen alles andere als die große Rettung.

Während die Abfangrakete aufsteigt, kommunizieren ihre Bordsensoren mit boden- und seegestützten Radarstationen. Auf telemetrische Weise werden Daten gesammelt, gemessen und verarbeitet. Sobald die Abfangrakete ihre eigene Beschleunigungsphase beendet, trennt sich der Sprengkopf vom Raketenkörper und steigt weiter auf.

Das ist also der angebliche Schutzschild. Dieses Teil verspricht, eine angreifende Rakete daran zu hindern, ein Ziel in den USA zu treffen.

Amerikanische Abfangrakete in der Startphase
(U.S. Missile Defense Agency)

Einen anderen Schutzschild gibt es nicht. Das war's.

»Hit-to-kill heißt, der Sprengkopf der Abfangrakete muss mit dem der angreifenden Rakete kollidieren, um ihn im Flug zu zerstören«, macht Richard Garwin klar.

Und der Raketenexperte Tom Karako vermenschlicht den Vorgang, wenn er sagt, jetzt sei der Moment gekommen, in dem »das Kill Vehicle die Augen aufschlägt, seinen Sicherheitsgurt öffnet und sich an die Arbeit macht«.[173] In der wirklichen Welt müssen wir jedoch aufgrund der Kapazitäten einer Hwasong-17 davon ausgehen, dass in ihrem Gefechtskopf bis zu fünf Attrappen zusätzlich zum eigentlichen Sprengkopf enthalten sind.

Wird die Abfangrakete Erfolg haben oder scheitern?

9 MINUTEN

Clear Space Force Station, Alaska

Etwa 160 Kilometer westlich der Abfangstation in Fort Greely sieht der leistungsfähige Long Range Discrimination Radar auf der Basis Clear Space jetzt zum ersten Mal die angreifende Rakete, die über den Horizont kommt. Das US-Verteidigungsministerium bezeichnet Alaska als »den strategisch wichtigsten Ort in der Welt«, was die Raketenabwehr angeht, und erklärt, der Langstreckenradar habe das nötige »Sichtfeld«, um sich nähernde Bedrohungen zu entdecken.[174]

Neun Minuten sind vergangen.

Im geheimen Fire Direction Center greift eine Pilotin an einem Schreibtisch nach dem roten Telefon, das vor ihr steht.

»Clear hier«, sagt sie. »Standortprüfung bestätigt. Zahl der Objekte: eins.«[175]

Dies ist also die gefürchtete Bestätigung, dass sich eine angreifende ICBM auf die Ostküste der USA zubewegt.

Die Anlage hier in Alaska ist eine von mehreren Bodenstationen zur Frühwarnung, die seit den Anfangszeiten des Kalten Krieges mögliche atomare Angriffe beobachten. Ähnliche Anlagen befinden sich in:

- Kalifornien (Beale Air Force Base)
- Massachusetts (Cape Cod Space Force Station)
- North Dakota (Cavalier Space Force Station)
- Grönland (Pituffik Space Base, ehemals Thule Air Base)
- Großbritannien (Royal Air Force Fylingdales)

Seit Jahrzehnten verlässt man sich auf diese bodengestützten Radarsysteme, die die Größe kleiner Pyramiden haben und den Himmel nach angreifenden ballistischen Raketen absuchen.

Irren ist menschlich, aber auch Maschinen begehen Fehler. Tatsächlich waren diese Systeme in der Vergangenheit verantwortlich für mehrere Fehlalarme, die beinahe zur Katastrophe geführt hätten. Einmal, in den 1950er-Jahren, interpretierte der Frühwarnradar eine Gruppe fliegender Schwäne als Flotte russischer MiG-Kampfjets auf dem Weg über den Nordpol Richtung USA. Im Oktober 1960 hielten die Computer auf der Bodenstation im grönländischen Thule den über Norwegen aufgehenden Mond für die Radarsignale von 1000 angreifenden ICBMs. Und im Jahr 1979 verleitete ein VHS-Band mit einem Testvideo, das eigentlich zur Simulation diente und versehentlich in einen NORAD-Computer gesteckt wurde, die Analysten zu der Annahme, die USA würden von russischen Atomraketen und U-Booten mit weiteren ballistischen Atomwaffen angegriffen.[176]

Der ehemalige US-Verteidigungsminister Perry spricht von dem reinen Wahnsinn, der entsteht, wenn ein menschliches Gehirn sich vorzustellen versucht, dass die USA tatsächlich mit Atomwaffen angegriffen werden. Das Debakel mit dem Testvideo bei NORAD ereignete sich während Perrys Amtszeit (er war damals Staatssekretär für Forschung und Ingenieurwesen im Verteidigungsministerium), und ein paar kurze Minuten lang bereitete er sich darauf vor, den damaligen Präsidenten Jimmy Carter darüber zu informieren, dass das Entsetzliche eingetreten sei. Dass der Präsident einen nuklearen Gegenangriff auslösen müsse.

Stattdessen erwies sich die Meldung der Frühwarnsysteme als Warnung vor einem Phantomangriff.

»Was sich da auf dem Computer zeigte, war die Simulation eines wirklichen Angriffs«, erinnert sich Perry.[177] »Sie sah sehr, sehr echt aus.« So echt, dass er tatsächlich daran glaubte.

Damals, im Jahr 1979, kam Perry nicht dazu, dem Protokoll folgend Präsident Carter zu wecken, weil der Leiter des Nuklearen Überwachungsteams, der in dieser Nacht bei NORAD Dienst tat, »die Sache untersuchte und zu dem Schluss kam, dass es sich um einen Fehler handelte«. Einige fürchterliche Minuten lang glaubte William Perry jedoch, jetzt werde der Atomkrieg beginnen. »Diese Nacht werde ich nie vergessen«, berichtet der heute über 90-Jährige. Und er fügt hinzu, dass »wir heute näher an einem Atomkrieg sind, selbst wenn es nur wegen eines Irrtums passiert, als damals während des Kalten Krieges«.[178] Er bestätigt uns, dass das Szenario in diesem Buch »kein Spiel mit der Angst« ist. Es solle vielmehr verstanden werden als »absolut wahrscheinliche Wiedergabe dessen, was passieren könnte«.

Im 21. Jahrhundert haben die Satellitensysteme der USA die bodengestützten Systeme als erste warnende Instanz im Fall eines nicht angekündigten atomaren Angriffs abgelöst. Die bodengestützten Radarstationen überall auf der Welt haben die Aufgabe, das zu bestätigen, was das Nuclear Command and Control System bereits weiß.

Was das Fire Direction Center in unserem Szenario gerade bestätigt hat, ist weder ein Simulationsprogramm noch eine Gruppe Schwäne oder der aufgehende Mond.

Das hier ist real.

9 MINUTEN, 10 SEKUNDEN

U.S. Army Space and Missile Defense Command, Fort Greely, Alaska

Das U.S. Army Space and Missile Defense Command in Fort Greely und die Clear Space Force Station in Anderson liegen nur etwa 160 Kilometer Luftlinie voneinander entfernt. In diesem angespannten Moment für die Raketenabwehr konzentrieren sich alle Mitarbeitenden in beiden Stationen auf exakt dieselbe Aktion: den Abschuss der angreifenden ICBM mit einer Abfangrakete.

Hunderte Kilometer über ihren Köpfen, irgendwo im Weltraum, beendet die Abfangrakete ihre Startphase. Die Triebwerke brennen aus und werden abgetrennt. Der exoathmosphärische Sprengkopf in ihrer Spitze wird gestartet und beginnt nach dem atomaren Sprengkopf der Hwasong-17 zu suchen: mithilfe von Sensoren, des Bordcomputers und eines Raketentriebwerks, das ihn zu seinem Ziel bringen soll.[179]

Der letzte Schritt der Abfangaktion hat begonnen.

Der Sprengkopf rast mit einer Geschwindigkeit von etwa 24 000 Kilometer pro Stunde durch das Weltall. Er öffnet seine Infrarot-»Augen« und versucht, das Ziel zu lokalisieren. Sucht nach einem Signal, das vor dem ansonsten dunklen Hintergrund des Weltalls von der heißen Oberfläche des Atomsprengkopfes abgestrahlt wird.

Doch wenn der Sprengkopf der Abfangrakete das, was er für den angreifenden Atomsprengkopf hält, lokalisiert hat, kommt die noch radikalere Herausforderung: ihn zu zerstören.

Um den Atomsprengkopf zu zerstören, der seinerseits durch das All rast, muss der Abfang-Sprengkopf seine eigene Schubenergie nutzen und eine extrem präzise physische Kollision herbeiführen. Hier sind keine Sprengstoffe im Spiel. Es geht nur darum, wie schon gesagt wurde, »eine Kugel mit einer Kugel abzuschießen«.

Und damit stellen sich einige bedeutsame Probleme. Wir wissen aus der Vorgeschichte des Abfangprogramms, dass die minutiös geplanten Tests von jeder Menge Misserfolgen heimgesucht wurden.[180]

Im Kontext der Raketenabwehr ist die Erfolgsrate erschütternd gering; 2017 sank sie unter 40 Prozent. Die Missile Defense Agency, der das, was sie als »Schwächen im Design« bezeichnete, wohl peinlich war, verkündete eine »strategische Pause« für das Abfangprogramm und dass sie sich stattdessen auf ein neues System fokussieren werde, die sogenannte nächste Generation. Doch sämtliche 44 Abfangraketen sind 2024 noch im gefechtsklaren Zustand, trotz aller inakzeptablen Schwächen.[181]

Die Uhr tickt.

Ein Versuch mit dem Sprengkopf der Abfangrakete wird unternommen.[182]

Und scheitert.

Unmittelbar danach sucht ein zweiter Sprengkopf von einer zweiten Abfangrakete das Ziel und scheitert. Bodengestützte Abfangjäger werden nicht in einem so genannten »Shoot, Lock, Shoot«-Einsatz verwendet, dafür ist nicht genug Zeit.

Es kommt direkt zu einem dritten, dann zu einem vierten Versuch.

Keiner der vier Abfangraketen gelingt es, die angreifende nordkoreanische ICBM aufzuhalten.

Um es mit den Worten eines Kritikers zu sagen, des früheren stellvertretenden Verteidigungsministers und leitenden Waffengutachters Philip Coyle: »Vorbei ist vorbei. Es ist egal, ob man einen Zentimeter oder einen Kilometer vorbeischießt.«[183]

Die Würfel sind gefallen.

Es ist soweit. Der Präsident muss handeln.

10 MINUTEN

Weißes Haus, Washington, D.C.

Der Präsident war auf dem Weg vom Speisezimmer des Weißen Hauses zur Kommandozentrale unter dem Westflügel, als er ins Presidential Emergency Operations Center umgeleitet wurde, eine noch stärker befestigte Einrichtung unter dem Ostflügel. Dieser Bunker, bekannt unter dem Namen PEOC oder »pee-oc«, wurde während des Zweiten Weltkriegs als Schutzraum für Präsident Roosevelt gebaut, für den Fall, dass feindliche Streitkräfte die amerikanischen Luftverteidigungssysteme überwinden und Washington, D.C. mit Flugzeugen angreifen würden.[184]

Das PEOC erlangte einige Berühmtheit in den Wochen nach 9/11, weil Geheimdienstagenten den Vizepräsidenten Dick Cheney im Eifer des Gefechts dorthin brachten, nachdem der Sicherheitsapparat begriffen hatte, dass Amerika Ziel eines terroristischen Angriffs geworden war. Von dieser befestigten Kommandozentrale aus war der Vizepräsident in der Lage, die gesamte offizielle Kommandostruktur des Landes auszuschalten und die Kontrolle über das US-Militär zu übernehmen, einschließlich der Kampfflugzeuge.

Sämtliche amerikanischen Entscheidungen im Zusammenhang mit einem Atomkrieg werden von einer Reihe »hoch-hoch-hochgeheimer« Abläufe und Protokolle gesteuert, wie der ehemalige STRATCOM Commander General Robert Kehler uns sagte.[185] Doch die USA sind auch eine Demokratie, und deshalb gibt es durchaus öffentlich zugängliche Informationen, auch über die Kommandostrukturen und das nukleare Inventar. Aus dem öffentlich zugänglichen Nuclear Matters Handbook 2020, einem Nachschlagewerk des Verteidigungsministeriums, lässt sich einiges ableiten.

Militärische Kommandohierarchien folgen strengen Regeln. Jede beteiligte Person führt Befehle aus, die wiederum auf Befehlen beruhen, welche von einer anderen Person in der Befehlskette erlassen wurden. Der Befehlsweg geht immer von oben nach unten. Zeichnet man die militärische Befehlskette auf, so ergibt sich eine Art Pyramide der Macht. Viele Leute ganz unten und der Präsident als oberster Befehlshaber ganz oben.

So seltsam das klingen mag: Nur der US-Präsident – und er allein – hat die Berechtigung, Amerikas Atomwaffen zum Einsatz zu bringen.

Er fragt dazu niemanden um Erlaubnis.

Nicht den Verteidigungsminister, nicht den Vorsitzenden des Generalstabs, nicht den Kongress. Im Jahr 2021 veröffentlichte der For-

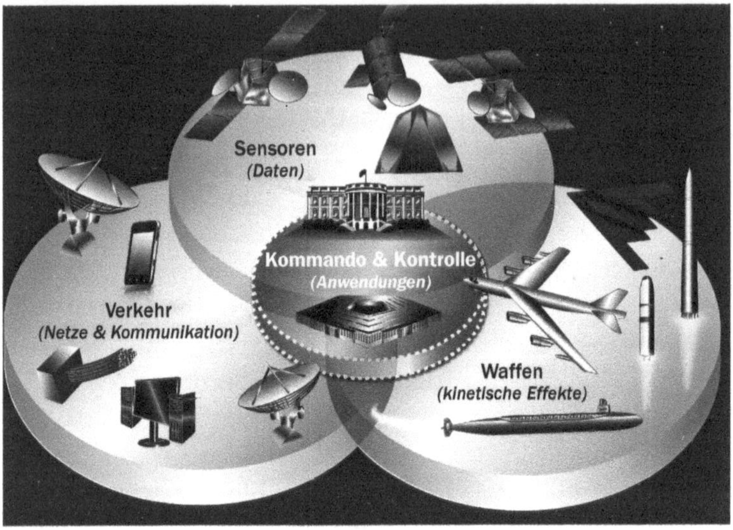

Abteilungen des Militärs, die Kommandanten der Atomstreitkräfte und die Agencies des Verteidigungssektors versorgen den Präsidenten mit den Mitteln, die er braucht, um den Einsatz von Atomwaffen im Krisenfall zu autorisieren.
(U.S. Department of Defense)

schungsdienst des Kongresses eine Erklärung, in der bestätigt wurde, dass die Entscheidung über den Einsatz von Atomwaffen ausschließlich dem Präsidenten obliegt. »Diese Autorität ist Teil seiner Rolle als oberster Befehlshaber«, stellte der Forschungsdienst fest.[186] Der Präsident »braucht weder die Zustimmung seiner Militärberater, noch die des US-Kongresses, um Atomwaffen zum Einsatz zu bringen«.

Während die Red-Impact-Uhr die Minuten und Sekunden herunterzählt, die noch vergehen werden, bis die angreifende Atomrakete ihr Ziel in den Vereinigten Staaten erreicht, ist der Moment gekommen, in dem der Präsident einen nuklearen Gegenschlag einleitet. Sobald das geschehen ist, wird die Blue-Impact- oder Gegenschlag-Uhr anfangen zu laufen.

Gelegentlich wird darüber diskutiert, ob Amerika tatsächlich immer noch eine Launch-on-Warning-Strategie verfolgt. Ob es tatsächlich stimmt, dass vom obersten Befehlshaber erwartet wird, einen nuklearen Gegenschlag einzuleiten, solange die USA »nur« von einem atomaren Angriff *bedroht* werden, ohne physisch getroffen worden zu sein. Ex-Verteidigungsminister Perry stellt die Dinge richtig: »Die Launch-on-Warning-Doktrin steht«, sagt er. Punkt.

In unserem Szenario sind die Berater des Präsidenten jetzt eilig damit beschäftigt, ihn über die Möglichkeiten eines Gegenschlags zu briefen.

Um die Blue-Impact-Uhr zu starten.

Während des Briefings beginnt die sechsminütige Deadline für die Entscheidung. Der Präsident hat in der Tat nur sechs Minuten, um sich zu entscheiden und zu bestimmen, welche Atomwaffen zum Einsatz gebracht werden sollen und welche feindlichen Ziele STRATCOM ansteuern soll.[187] Mit den Worten des ehemaligen Launch Control Officer und Atomwaffenexperten Dr. Bruce Blair: »Sechs Minuten für eine solche Entscheidung sind lächerlich.« Will sagen: Nichts auf der Welt kann einen Menschen auf so etwas vorbereiten. Die Zeit ist zu kurz. Doch an genau diesem Punkt stehen wir jetzt.

Neben dem Präsidenten steht im PEOC ein Adjutant, der die Notfalltasche des Präsidenten trägt, eine Art Aktentasche aus Aluminium und Leder, auch »the Football« genannt. Diese Tasche hat der Präsident immer bei sich. Bei einem Besuch von Präsident Clinton in Syrien versuchten die Begleiter von Präsident Hafez al-Assad, Clintons Adjutanten daran zu hindern, mit ihm im selben Aufzug zu fahren. »Das konnten wir nicht zulassen, und das haben wir nicht zugelassen«, erinnert sich der ehemalige USSS-Chef Lewis Merletti im Gespräch.[188] Merletti war zu dieser Zeit als Special Agent für den Schutz von Clinton verantwortlich. Später wurde er dann Leiter des Secret Service. »Der Football muss immer in greifbarer Nähe des Präsidenten sein«, erklärt er. »Ohne Ausnahme.«

Im Football befinden sich Papiere, die als die geheimsten Dokumente des gesamten US-Regierungsapparates gelten. Es handelt sich um die Presidential Emergency Action Documents (PEAD): Ausführungsbestimmungen und Nachrichten, die zum Einsatz kommen können, sobald ein Notfallszenario, z. B. ein Angriff mit Atomwaffen, eintritt.

»Sie sind dazu gedacht, die ›außerordentliche Autorität des Präsidenten in Reaktion auf außerordentliche Situationen‹ in Kraft zu setzen«, so das Brennan Center for Justice. »Die PEAD gelten als absolut geheim; kein PEAD ist jemals offiziell freigegeben oder geleakt worden.«[189]

Woher kommt diese außerordentliche Autorität des Präsidenten? Die Frühgeschichte des Footballs war lange Zeit von Geheimnissen umgeben. Doch für unser Buch hat das National Laboratory in Los Alamos die Geschichte seiner Herkunft freigegeben.

GESCHICHTSSTUNDE NR. 5

Der Football des Präsidenten

Eines Tages im Dezember 1959 besuchte eine kleine Gruppe von Vertretern des Joint Committee on Atomic Energy einen NATO-Stützpunkt in Europa, um die gemeinsamen Atombomben-Protokolle zu untersuchen. Die NATO-Piloten dort flogen Jets vom Typ Republic F-84F. Operation Reflex Action war in Kraft, die Besatzungen waren also jederzeit in der Lage, innerhalb von 15 Minuten nach dem Ausrufen eines Atomkriegs vorherbestimmte Ziele in der Sowjetunion zu treffen.

Einer der Besucher war Harold Agnew, ein Wissenschaftler mit einer einzigartigen persönlichen Geschichte. Agnew war einer der drei Physiker, die man dazu ausersehen hatte, beim Abwurf der Atombombe auf Hiroshima als wissenschaftlicher Beobachter an Bord der Maschine mitzufliegen. Er hatte eine Filmkamera dabei und lieferte das einzige existierende Filmmaterial über die Bombardierung von Hiroshima, das aus der Luft aufgenommen wurde.

Jetzt, im Jahr 1959, leitete Agnew in Los Alamos die Tests der thermonuklearen Bomben. Später wurde er Chef des Labors.

Während seiner Reise zu dem NATO-Stützpunkt bemerkte Agnew etwas, was ihn beunruhigte. »Ich sah vier Flugzeuge vom Typ F84F […] die am Ende der Rollbahn standen, jede mit zwei frei fallenden MK7-Atombomben bestückt«, erzählt er in einem Dokument, das 2023 für die Öffentlichkeit freigegeben wurde.[190] Und das hieß, »diese MK7 wurden lediglich von einem sehr jungen Gefreiten der U.S. Army bewacht, der ein M1-Gewehr und acht Sätze Munition bei sich hatte«. Agnew sagte zu seinen Kollegen: »Der einzige Schutz gegen den unbefugten Einsatz einer Atombombe war dieser eine G.I., umgeben von jeder Menge ausländischen Soldaten auf fremdem Territorium, mit Tausenden sowjetischer Soldaten im Abstand von ein paar Meilen.«

Sobald er in die USA zurückgekehrt war, nahm Agnew Kontakt zu einem Projektingenieur namens Don Cotter auf, der in den Sandia Laboratories arbeitete, und fragte ihn, »ob wir eine Art elektronisches ›Schloss‹ in den Zündmechanismus der Bombe einbauen könnten, um zu verhindern, dass irgendjemand, der einfach so vorbeikam, die MK7 scharf stellte«. Cotter machte sich an die Arbeit. Er baute die Demoversion eines Geräts mit Schloss und verschlüsseltem Schalter, das wie folgt funktionierte: »Ein dreistelliger Code wurde eingegeben, dann wurde ein Schalter umgelegt, das grüne Licht erlosch, und das rote Licht leuchtete auf und zeigte an, dass der Zündmechanismus scharf gestellt war.«

Agnew und Cotter reisten nach Washington, D.C., um dieses Schloss vorzuführen – zuerst dem Joint Committee of Atomic Energy, dann dem obersten wissenschaftlichen Berater des Präsidenten und schließlich dem Präsidenten selbst. »Wir führten es Präsident Kennedy vor, der daraufhin die Anweisung gab, es einzubauen«, erinnert sich Agnew.

Das Militär meldete Bedenken an. Der Mann, der zu dieser Zeit für sämtliche Atomwaffen zuständig war, General Alfred D. Starbird, lehnte die Idee ab. Glen McDuff, der gemeinsam mit Agnew das inzwischen freigegebene Dokument zu diesem Thema verfasste, brachte die Bedenken des Generals auf einen Nenner:[191] »Wie soll ein Pilot, sei er Amerikaner oder Angehöriger einer anderen Nation, irgendwo auf der Welt einen Code vom Präsidenten der Vereinigten Staaten bekommen, um eine Atombombe scharf zu stellen, bevor er von den zahlenmäßig weit überlegenen sowjetischen Truppen überrannt wird?« Für das US-Militär öffnete der verschlüsselte Zündmechanismus die Büchse der Pandora. »Wenn die Codierung für frei fallende Bomben galt«, so McDuff, »warum dann nicht für sämtliche Atomwaffen, einschließlich Raketensprengköpfen, Sprengzylindern, Torpedos und so weiter?«[192] Der Präsident entschied, auch diese Waffen müssten verschlüsselt werden.

Die Antwort kam in Form des Footballs – der Notfalltasche des Präsidenten. Als Agnew und Cotter bei John F. Kennedy vorsprachen, war der ursprüngliche SIOP in seinem Endstadium – der Plan also, der dem Präsidenten, nicht dem Militär, die Kontrolle über das atomare Arsenal der USA gab. Dieses neue Werkzeug, der Permissive Action Link oder PAL, wurde zu einem Bestandteil des neuen Kontrollsystems. Die Erfindung des Footballs als Werkzeug sorgte dafür, dass der Befehl zum Einsatz von Atomwaffen – und die Fähigkeit, sie physisch scharf zu stellen – ausschließlich vom Präsidenten kam. Vom obersten Befehlshaber also. »Und so kam der Präsident zu seinem Football«, sagt Agnew.[193]

10 MINUTEN, 30 SEKUNDEN

Weißes Haus, Washington, D.C.

Der Präsident starrt auf den Football. In dieser Notfalltasche befindet sich ein Satz von Dokumenten, die den Namen »Black Book« tragen, eine Liste von Optionen für einen nuklearen Gegenschlag, unter denen der US-Präsident auswählen muss, um einen Atomkrieg zu beginnen. Aus einem freigegebenen, aber stark bearbeiteten Dokument mit dem Titel »SIOP Briefing for Nixon Administration« wissen wir, dass dieser Dokumentensatz jahrzehntelang den Namen »Decisions Handbook« trug.[194] Und mit der Zeit wurden Details über einige weitere Dinge, die der Football enthält, geleakt, darunter:

- Welche Atomwaffen sollen genutzt werden?
- Welche Ziele sollen angegriffen werden?
- Wie viele Tote wird der Einsatz mit sich bringen?

Die Atomwaffen, die dem Präsidenten in unserem Szenario zur Verfügung stehen, erstaunen selbst ihn.[195] Noch mehr gilt das für die wirklich riskante Strategie des Hair-Trigger Alert.[196]

Der Hair-Trigger Alert steht in enger Verbindung zur Strategie des Launch on Warning. Um die Vernichtung eines irregeleiteten Feindes zu garantieren, der sich über die Abschreckung hinwegsetzt und eine andere Atommacht mit einem Enthauptungsschlag angreift, halten die Atomstreitkräfte der USA wie gesagt einen Teil ihres Waffenarsenals ständig im entsicherten Zustand, also jederzeit startbereit.

Das heißt, der Präsident kann sich entscheiden, ob er befiehlt, eine, zehn oder hundert Atomraketen zum Einsatz zu bringen, rund um die Uhr, zu jedem beliebigen Zeitpunkt.[197] Der Präsident muss nur den Anweisungen im Football folgen, um diesen Schlag auszulösen.

Was uns zur nuklearen Triade der USA bringt: dem Dreiklang von Atomwaffen, die der Präsident zum Einsatz bringen kann, vom Land, vom Meer oder aus der Luft. Diese Triade umfasst:

- Zu Lande: 400 ICBMs, jede mit einem Gefechtskopf
- In der Luft: 66 atomwaffenfähige Bomber (B-52-Bomber und B-2-Tarnkappenbomber), jeder mit mehrfachen Atomsprengköpfen
- Zur See: 14 nuklear bewaffnete U-Boote, jedes mit mehreren vom U-Boot aus startenden Raketen (SLBMs), die mit mehreren Atomsprengköpfen ausgestattet sind
- Die 100 taktischen Atomwaffen auf NATO-Stützpunkten in Europa werden nicht offiziell der Triade zugerechnet[198]

Es ist an der Zeit, dass der Präsident eine Entscheidung trifft. In unserem Szenario wird es zum ersten Mal seit dem Zweiten Weltkrieg dazu kommen, dass die USA Atomwaffen einsetzen. Der Adjutant öffnet den Football vor den Augen des Präsidenten. Der Präsident starrt auf das Black Book.

»Sir«, sagt der STRATCOM Commander.

Nur die höchsten Beamten der Atomstreitkräfte bekommen den Inhalt des Black Book jemals zu sehen. Die Zahl derer, die über das, was sie gesehen haben, schrieben, ist sehr klein. Sie erinnerten sich an die oben erwähnten Details: die möglichen Ziele, die Art der Waffen (Kilotonnen oder Megatonnen) und die Zahl der Toten, die diese Massenvernichtung mit sich bringen würde. John Rubel ist einer von denen, die darüber geschrieben haben, und dann wäre da noch Daniel Ellsberg, der durch die *Pentagon Papers* bekannt geworden ist. Ted Postol und Jon Wolfsthal gehören zu denen, die das Black Book gesehen haben, sie haben jedoch nie darüber gesprochen, was sie daraus erfuhren. Der genaue Inhalt des Black Book ist ein Geheimnis, das die meisten Männer mit ins Grab nehmen, vielleicht aus Gründen wie jenen, die Rubel vor seinem Tod nannte.

Präsident Clintons Adjutant, ein Oberst namens Robert »Buzz« Patterson, verglich das Black Book einmal mit »Denny's Frühstückskarte«.[199] Er zog die Analogie, weil er den Eindruck hatte, die Auswahl der Ziele für einen Vergeltungsschlag aus einer vorgefertigten Liste sei so simpel wie die Entscheidung über die Zusammensetzung eines Frühstücks, das die besagte Restaurantkette anbietet. »Ein Element aus Spalte A, zwei aus Spalte B …«

Der Los-Alamos-Historiker und Atomwaffeningenieur Dr. Glen McDuff hat das Black Book nie mit eigenen Augen gesehen, kennt aber viele, die es gesehen haben. »Es heißt Black Book, weil es so viel Tod bringt«, sagt er.[200]

Ein Wirbel aus Stimmen umkreist jetzt den Präsidenten. Jeder ruft ihm etwas zu, versucht, seine Aufmerksamkeit einzufangen.

»Ruhe«, sagt der Präsident laut und zu niemandem im Besonderen.

11 MINUTEN

National Military Command Center, Pentagon

Unter dem Pentagon, im National Military Command Center, sitzen via Satellitenvideo der Verteidigungsminister und der Vorsitzende des Generalstabs dem Präsidenten gegenüber. Es ist 15:14 Uhr. Die Beamten der Bundesbehörden arbeiten noch. Für den Verteidigungsminister und den Vorsitzenden ist es eine Situation auf Leben und Tod.

Auf der einen Seite sind die beiden wichtigsten Berater des Präsidenten im Fall einer nuklearen Krise unmittelbar greifbar. Andererseits befinden sich diese beiden Personen an einem von zwei wahrscheinlichen Zielen. Wenn sie bleiben, wo sie sind, und die Atomrakete Washington, D.C. trifft, werden sie getötet.

Der Präsident konzentriert seine Aufmerksamkeit zunächst auf den Vorsitzenden des Generalstabs.

»Sagen Sie mir, was ich tun soll.«

Eine natürliche Bitte. Nur ein Verrückter würde den Einsatz von Atomwaffen auf eigene Faust befehlen.

Der Vorsitzende erklärt dem Präsidenten, dass er in seiner Funktion »Teil der Kommunikationskette« ist, nicht »Teil der Befehlskette« für den Einsatz von Atomwaffen. Der Vorsitzende des Generalstabs gibt Ratschläge, keine Befehle.

»Dann beraten Sie mich«, fordert der Präsident.

Sekunden vergehen.

Der Vorsitzende brieft den Präsidenten über den herrschenden Alarmzustand und über die Optionen für einen Gegenschlag. Über das, was als Nächstes geschehen muss. »Es gibt ein tatsächliches Skript, das mit dem Präsidenten durchgegangen wird«, berichtet der ehemalige Special Assistant des Präsidenten, Jon Wolfsthal. »Es ist tatsächlich niedergeschrieben und der leitende Offizier des National Military Command Center wird es mit ihm durchsprechen.« Er erklärt ihm auch, dass die Zeit für eine solche Entscheidung nur wenige Minuten beträgt. Doch bevor der Präsident Atomwaffen zum Einsatz bringen kann, muss er den Status der Streitkräfte auf »Gefechtsbereitschaft Stufe 1« setzen, und das heißt: maximale Bereitschaft, unmittelbare Reaktion, Vorbereitung für einen Atomkrieg. Diese Stufe, auch DEFCON 1 genannt, ist noch nie ausgerufen worden, jedenfalls nicht, soweit die Öffentlichkeit davon weiß. Während der Kubakrise 1962 waren die US-Streitkräfte in Gefechtsbereitschaft Stufe 2 (DEFCON 2), was bedeutete, dass man annahm, ein Krieg unter Einsatz von Atomwaffen stehe unmittelbar bevor.[201]

»Gut, dann rufen Sie DEFCON 1 aus«, sagt der Präsident. Danach wendet er sich mit weit aufgerissenen Augen, fast hektisch, an den Verteidigungsminister und spricht laut aus, was er die ganze Zeit denkt. Was niemand sonst auszusprechen wagt. »Ist das denn überhaupt wahr?«

Der Vorsitzende des Vereinigten Generalstabs: »Ja.«

Der Präsident: »Großer Gott!«

Der Verteidigungsminister, eher vorsichtig: »Wir erwarten weitere Informationen.«

»Aber was *tun* wir?«, fragt der Präsident mehr sich selbst als die anderen.

An dieser Stelle können Ratschläge und Optionen in gefährlicher Weise voneinander abweichen.

»Wir warten«, antwortet der Verteidigungsminister in unserem Szenario und rät dem Präsidenten, sich zunächst mit seinen Amtskollegen in Russland und China zu beraten. »Wir müssen Informationen sammeln, Mr. President.«

Das Sammeln von Informationen senkt die Wahrscheinlichkeit, einen Fehler mit katastrophalen Folgen zu begehen.

Der Sicherheitsberater des Präsidenten tut, was er kann. In Nordkorea kann er telefonisch niemanden erreichen. Jetzt versucht er, Moskau in die Leitung zu bekommen.

Der STRATCOM Commander, der via Satellit aus seinem Bunker in Nebraska zugeschaltet ist, widerspricht dem Verteidigungsminister.

»Eine feindliche Macht greift unser Land mit einer Atomwaffe an, Sir«, sagt er. Mit Betonung auf »Atom«.

Der Präsident verlangt Informationen von dem Offizier, der für die Berechnung der Opferzahlen zuständig ist.

»Wir erwarten Hunderttausende Tote allein in D.C.«, antwortet der Offizier.

Der Vorsitzende des Vereinigten Generalstabs korrigiert diese Zahl: »Mehr als eine Million, Mr. President. Sir.«

Der STRATCOM Commander ergänzt: »Launch on Warning ermöglicht uns, das Entscheidungskalkül des Gegners zu verändern, Sir.«

»Vergeltungsschlag mit dem Ziel der Enthauptung«, fügt der Vorsitzende hinzu und verlegt sich nun auf eine Taktik, die umgangssprachlich als »jamming the president« bezeichnet wird.[202] Gemeint ist, dass Generäle und Admiräle von allen Seiten Druck auf den Präsidenten ausüben, um zu erreichen, dass er bereits in der Alarmphase den Einsatz der Atomwaffen befiehlt.

Doch der Verteidigungsminister bleibt hart. »Nein, Mr. President, wir müssen warten.« Und er fügt das hinzu, was alle befürchten, aber niemand laut auszusprechen wagt: »Wenn wir jetzt zurückschlagen, kommt es garantiert zu einer Ausweitung des Krieges.«

12 MINUTEN

STRATCOM-Hauptquartier, Nebraska

Im Bunker unterhalb des Luftwaffenstützpunktes Offutt steht der STRATCOM Commander via Satellitenverbindung dem Präsidenten und seinem Adjutanten gegenüber.[203]

Es ist an der Zeit, die nuklearen Optionen zu besprechen und endgültig darüber zu entscheiden.

Während der Adjutant des Präsidenten im Bunker unter dem Weißen Haus den Football öffnete, fand etwas Ähnliches im STRATCOM-Bunker, dem Battle Deck, statt. Dort befindet sich in einem schwarzen Safe eine identische Kopie des nuklearen Decisions Handbook, wie es dem Präsidenten vorliegt, also des Black Book.[204]

»Das Black Book im Football des Präsidenten und unser Black Book sind gleich«, erklärte Carolyn Bird, ehemaliger STRATCOM Battle Watch Commander, in einem Interview mit CNN. Beide Bücher »enthalten dieselben Informationen in derselben Form, sodass wir dasselbe Dokument vor Augen haben, wenn wir über nukleare Optionen diskutieren.«[205]

Nukleare Optionen.

Jetzt muss gehandelt werden. Neben dem STRATCOM Commander steht der Nuclear Strike Advisor, dessen Job es ist, den Inhalt des Black Book »täglich« zu studieren.[206] Oberstleutnant Kristopher Geelan hat diese Position einmal innegehabt. Er verwendet eine Sprache, die nur die Oberfläche streift, wenn er über die makabre Komplexität seines Jobs spricht.

»Meine Verantwortung als Nuclear Strike Advisor beim STRATCOM«, so Geelan in der Interviewsendung *60 Minutes*, »besteht darin, dass ich Experte für das Handbuch und den Alarmzustand der gesamten US-Atomstreitkräfte bin.«

Die gesamten US-Atomstreitkräfte – das bezieht sich auf die Triade von see-, luft- und bodengestützten Atomwaffen. Gemeint sind die 400 ICBMs, die 66 atomwaffenfähigen Bomber und die 14 mit Atomwaffen bestückten U-Boote.

Neben dem Nuclear Strike Advisor im STRATCOM-Bunker steht der Wetter-Offizier, dessen Aufgabe es ist, dem Präsidenten mitzuteilen, wie viele Menschen nach einem Gegenschlag der USA wahrscheinlich durch nuklearen Fallout sterben werden.[207] Ein scheußlicher Job, einer, der mathematische und statistische Fähigkeiten verlangt, um präzise – und das heißt, erstaunlich hohe – Opferzahlen zu berechnen und mitzuteilen. Die Pläne für einen Atomschlag gegen Moskau aus dem Jahr 1960 gingen davon aus, dass durch nuklearen Fallout allein in China die Hälfte der Bevölkerung sterben würde, so John Rubel in seinem Buch.[208] Heute hieße das, mehr als 700 Millionen Menschen in China würden durch radioaktive Vergiftung sterben, wenn es zu einem Atomschlag gegen Russland käme.

Der STRATCOM Commander brieft den Präsidenten über seine Launch-on-Warning-Optionen, wie sie im Black Book mit den Kürzeln Alpha, Beta und/oder Charlie bezeichnet sind.[209] Optionen, die auf dem Versprechen von STRATCOM beruhen, »eine entschiedene Antwort zu liefern«, sollte die Abschreckung versagen.[210] Nach Aussage von Missile Launch Officer Bruce Blair (der im Jahr 2020 starb) gibt es in Nordkorea etwa 80 Ziele, eingeteilt in Kategorien, die die Atomindustrie ebenso umfassen wie die politische Führung des Landes.[211]

Der Präsident starrt auf das Black Book.

Der STRATCOM Commander blickt auf die Red-Impact-Uhr, die anzeigt, wie die Zeit Sekunde für Sekunde abläuft. »Mr. President, wir erwarten Ihre Befehle«, sagt er.

Der Vorsitzende des Generalstabs: »Ich rate zu Option Charlie.«

Der Sicherheitsberater: »Wie kann jemand so gottverdammt blöd sein, einen Atomkrieg anzufangen?«

Der STRATCOM Commander ist vollständig darauf konzentriert, die Blue-Impact-Uhr zum Laufen zu bringen. »Schwerpunkt auf militärische Ziele, Sir.«

Der Verteidigungsminister versucht immer noch verzweifelt, seinen Amtskollegen in Moskau ans Telefon zu bekommen. »Es wäre

Wahnsinn, einen Gegenschlag auszulösen, ohne Moskau zu informieren«, warnt er.

Der STRATCOM Commander: »Mr. President, Sir!«

Der Verteidigungsminister: »Bitte, noch nicht!« Und er setzt hinzu: »Wer ruft die Chinesen an?«

Der Vorsitzende: »Wir warten auf Ihre Befehle, Sir.«

Der Sicherheitsberater: »Nordkoreas nukleare Einrichtungen befinden sich in einem Ring um Pjöngjang, wo fast drei Millionen Zivilisten leben.«

Der Präsident liest im Black Book und bedenkt seine Optionen. Er fokussiert sich auf Option Charlie, wie der Vorsitzende des Generalstabs ihm geraten hat.

Der Vorsitzende nennt ihm zahlreiche militärische Ziele in Nordkorea: Pjöngjang, Jongbjon, Jongjo-ri, Sangnam-ni, Tongchang-ri, Sino-ri, Musudan-ri, Pjongsan, Sinpo, Pakchon, Sunchon und Punggye-ri.[212]

Der Stellvertreter des Sicherheitsberaters hat China in der Leitung.

»Die nordkoreanische Raketenbasis Tongchang-ri ist weniger als 65 Kilometer von der Grenzstadt Dandong entfernt; dort leben 2,2 Millionen Chinesen«, sagt jemand.

Der STRATCOM Commander: »Schicken Sie sechs Bomber über die Halbinsel. Und bringen Sie die U-Boote weltweit in Stellung.«

Der Wetter-Offizier zum Verteidigungsminister: »Fallout-Schätzung bei Option Charlie: 400 000 bis vier Millionen Chinesen.«

Der Verteidigungsminister: »Immer noch keine Verbindung mit Moskau.«

Der Sicherheitsberater: »Punggye-ri ist etwa 320 Kilometer von Wladiwostok in Russland entfernt. Bevölkerung: 600 000.«

Wladiwostok beherbergt die russische Pazifikflotte mit Dutzenden von Kriegsschiffen.[213]

Die Red-Impact-Uhr zeigt an, dass noch 21 Minuten bleiben, bis eine Atombombe möglicherweise Washington, D.C. zerstört.

»Wir erreichen den Kreml nicht«, sagt der Verteidigungsminister. Das ist nicht ungewöhnlich. Im November 2022, als es fälschlicherweise hieß, eine russische Rakete sei auf NATO-Territorium in Polen abgeschossen worden, konnte der Vorsitzende des Generalstabs, General Mark Milley, seinen russischen Amtskollegen ganze 24 Stunden lang nicht erreichen. »Es ist meinen Leuten nicht gelungen, eine Verbindung zu General Gerasimow herzustellen«, musste Milley während einer Pressekonferenz anderthalb Tage nach dem Vorfall eingestehen.[214]

Mehrere Adjutanten im National Military Command Center wählen wie verrückt die Nummer der Deeskalations-Hotline, einer Leitung, die dazu dienen soll, militärische Missverständnisse zwischen den beiden Atomsupermächten zu vermeiden.[215]

Der Sicherheitsberater mit dem Telefon in der Hand: »Die Chinesen sagen, eine Vergiftung chinesischer Bürger durch radioaktiven Fallout würde als kriegerischer Akt betrachtet.«

Alle, die per Satellit miteinander verbunden sind, reden durcheinander.

Irgendjemand sagt schließlich: »Schsch!«

Der Befehlshaber des Indo-Pazifischen Kommandos der USA ergreift zum ersten Mal das Wort. »In Südkorea befinden sich 28 500 amerikanische Soldaten, Sir.« Ja, auch dort sind amerikanische Truppen in Gefahr, nicht nur durch die tödliche Strahlung, die bei einem amerikanischen Gegenschlag auf Pjöngjang freigesetzt würde, sondern auch durch einen Vergeltungsschlag Nordkoreas.

Alle sehen den Präsidenten an.

Der STRATCOM Commander erwartet seine Befehle, ebenso wie die 150 000 Personen, die ihm unterstellt sind. Niemand wird – kann – etwas tun, bevor der Präsident sich für eine der nuklearen Optionen aus dem Black Book entschieden hat.

»Wir warten, Sir«, wiederholt der STRATCOM Commander.

Der Präsident zögert.

Er blättert eine Seite im Black Book um. Sein Blick zuckt über Zahlen, Buchstaben, Wörter hinweg. »Lassen Sie die Bomber starten«, sagt er, während er noch liest. Die mit Atomwaffen bestückten Bomber der Air Force sind der einzige Teil der Triade, der noch zurückgerufen werden kann.

Der Vorsitzende und der Verteidigungsminister gleichzeitig: »Bomber starten, sofort.« Der Verschlüsselungsalarm wird ausgelöst. Aber der Faktor Zeit ist jedem sehr bewusst. U.S.-Bomber sind nicht mit Nuklearwaffen an Bord einsatzbereit. Sie zu beladen, kostet Zeit.

Der Präsident: »Wie können wir sicher sein, dass es sich nicht doch um irgendeine elektronische Simulation handelt?«

Der STRATCOM Commander: »Mehrere Frühwarnsysteme bestätigen den Start der Rakete.«

Der Präsident: »Könnte es eine Täuschung sein, um mich dazu zu verleiten, irrtümlich Atomwaffen zum Einsatz zu bringen?«

Eine Wiederholung des Irrtums mit dem Videoband, den William Perry 1979 erlebte?

Der Vorsitzende: »Sir, wir sind sicher, dass der Alarm echt ist.«

STRATCOM Commander: »Wir müssen die Blue-Impact-Uhr zum Laufen bringen.«

Und der Vorsitzende ergänzt: »Sofort!«

Alle beobachten den Avatar der ICBM, die sich über den Nordpol hinweg nähert.

»Und sind wir auch sicher, dass sie einen atomaren Sprengkopf trägt?«, fragt der Präsident.

Eine berechtigte Frage. Die Antwort des Verteidigungsministers: »Nein, sind wir nicht.«

Der Präsident: »Wie bitte?«

Der STRATCOM Commander: »Es gibt keine Möglichkeit, festzustellen, was für einen Sprengkopf eine ICBM trägt, bevor er explodiert.«

Der Präsident: »Und was ist, wenn kein Atomsprengkopf da drin ist?«

Man stelle sich das vor: ein Atomkrieg, der durch einen Irrtum ausgelöst wurde.

Der Vorsitzende: »Niemand greift die Vereinigten Staaten mit einer ICBM an, ohne mit einem Gegenangriff zu rechnen.«

Der Präsident: »Aber was ist, wenn …?«

Der STRATCOM Commander: »Es könnte sich auch um eine chemische oder biologische Waffe handeln.«

Der Präsident: »Wir wissen es also nicht.«

Der Verteidigungsminister: »Wir wissen es nicht.«

Der STRATCOM Commander: »Sir, der Gold Code.«

Der Vorsitzende: »Sir, sofort!«

Der Präsident greift in seine Brieftasche, um die laminierte Codekarte herauszuholen, die er immer bei sich tragen muss. Den »Keks«, wie diese Karte im Sprachgebrauch der Sicherheitsleute heißt. Gerade als er die Karte herauszieht, fliegen die Türen des PEOC auf.

Männer mit Gewehren der Baureihen SR-16 und AR-15 stürmen in den Raum und stürzen auf den Präsidenten zu.

12 MINUTEN, 30 SEKUNDEN

Luftwaffenstützpunkt Andersen, Guam

B-2-Bomber

(U.S. Air Force, Master Sgt. Russ Scalf)

Etwa 13 000 Kilometer von Washington, D.C. entfernt, auf dem Luftwaffenstützpunkt Andersen, der sich auf der Mikronesen-Insel Guam (also auf US-Territorium) befindet, sind zwei Tarnkappenbomber vom Typ B-2 im Begriff, aus ihrem Hangar auf das Rollfeld zu fahren. Diesmal handelt es sich nicht um einen Übungsflug.

Der B-2 ist ein Nurflügler mit einer Spannweite von 52,40 Metern. Jedes dieser zwei Milliarden US-Dollar teuren Kampfflugzeuge kann bis zu 16 Atombomben tragen. Die Geschwindigkeit auf optimaler Höhe beträgt mehr als 1000 Kilometer pro Stunde, die Reichweite in dieser Höhe 10 000 Kilometer bei voller Beladung. Die US-Luftflotte umfasst 20 solche Flugzeuge, deren Basis der Luftwaffenstützpunkt Whiteman in Missouri ist. Einzelne Flugzeuge werden zu Stützpunkten überall auf der Welt abgeordnet, unter anderem auf Island, den Azoren und in Diego Garcia. Von Guam aus braucht ein B-2-Bomber ungefähr drei Stunden, um Pjöngjang zu erreichen.[216]

In drei Stunden eines Atomkriegs kann viel geschehen.

Der B-2-Bomber nutzt seine Tarnkappentechnologie, um die feindliche Flugabwehr zu überwinden, ohne auf dem Radar entdeckt zu werden. Er ist das einzige atomwaffenfähige Langstreckenflugzeug der USA, das über diese Technik verfügt. Der B-2 ist mit Wasserstoffbomben vom Typ B61-12 bestückt, die auch als »Bunkerbrecher« bezeichnet werden, da sie in der Lage sind, auch tief liegende Atombunker zu erreichen.[217]

Einem Ziel wie dem Bunker, in dem sich zu diesem Zeitpunkt vermutlich der oberste Führer Nordkoreas versteckt.

»Der große Vorteil der B61-12 ist, dass sie die Sprengkraft einer frei fallenden Bombe mit der Zielgenauigkeit einer gelenkten Bombe vereint«, erklärt der Waffenexperte Hans Kristensen im Interview. »Sie lässt sich im räumlich stark begrenzten taktischen ›sauberen‹ Einsatz mit geringem Fallout verwenden, aber auch bei schmutzigeren Angriffen gegen unterirdische Ziele.«[218]

Der B-2-Tarnkappenbomber ist das teuerste Flugzeug, das je gebaut wurde. Und das effektivste. Doch was die Generäle im Pentagon genau wissen, obwohl es niemand laut sagt, ist die Tatsache, dass in einem Szenario wie dem unseren der weltweite Atomkrieg bereits weit fortgeschritten sein wird, bevor der B-2 sich auch nur in der Nähe von Pjöngjang befindet. Denn das Beladen der Bomber mit den Atomwaffen kostet Zeit, die noch zur erforderlichen Flugzeit dazu kommt.

Und das heißt auch: Wenn dieses zwei Milliarden teure Tarnkappenflugzeug irgendwann nachtanken muss, wird es dort, wo es hinfliegt, keinen Ort zum Nachtanken geben und auch keinen Ort zum Landen.

13 MINUTEN

Mount Weather, Virginia

Der Leiter der Federal Emergency Management Agency wird gerade auf dem Highway 267 Richtung Dulles Airport gefahren, um dort ein Flugzeug zu nehmen, als sein Fahrer vom Department of Homeland Security die Anweisung erhält, rechts ranzufahren und auf ein Search-and-Rescue-Team der Federal Emergency Management Agency (FEMA) zu warten. Das Team ist nur wenige Minuten von seinem Standort entfernt und wird ihn dort übernehmen.

Das Weiße Haus hat »das Programm« eingeleitet.[219]

Als Chef der FEMA wird er dem Protokoll folgend mit einem Hubschrauber zum Emergency Operations Center in Mount Weather gebracht werden. Die Übernahme am Highway ist ein Element der Protokolle für den Fall einer nuklearen Krise, die bereits zu Beginn des Kalten Krieges in Kraft gesetzt wurden. Als Präsident Eisenhower in den 1950er-Jahren das System der Highways entwickelte, hatte er bereits diese Art von zweifacher Nutzung im Hinterkopf. Das »nationale System von Interstate und Defense Highways« folgte dem Vorbild der »großartigen deutschen Autobahnen«, schrieb er in seinen Erinnerungen.[220] Diese Highways sollten nicht nur die großflächige Evakuierung von Städten im Fall eines Atomkriegs erleichtern, sondern sie sollten mit ihren breiten, ebenen Fahrbahnen auch als Rollbahnen für den Start und die Landung von Bombern dienen. Hubschrauber konnten auf dem Mittelstreifen oder im Gras am Straßenrand landen. Und diesem Plan folgend wurde ein großer Teil des Verkehrssystems in den USA Mitte des 20. Jahrhunderts entworfen und gebaut.

Die FEMA ist die Regierungsbehörde für die nationale Katastrophenhilfe und somit auch für die entsprechenden Maßnahmen im Falle eines Atomkriegs zuständig. Ihre Zugangsprogramme sind streng geheim. Aber sie verbergen – oder verschleiern – auch eine Fehlwahrnehmung. Denn die Wahrheit ist: Es gibt keine Bundesbehörde, die die Aufgabe hätte, allen Bürgern des Landes zu helfen, einen Atomkrieg zu überleben. Die FEMA konzentriert sich im Wesentlichen darauf, im Fall eines nuklearen Angriffs eine bestimmte Gruppe von Regierungsbeamten zu retten. Diese Aufgabe ist Teil eines geheimen FEMA-Programms, das seinerseits auf geheimen Informationen beruht, dem sogenannten Continuity of Operations Plan, kurz COOP.[221]

»Das Programm«, wie es in Regierungskreisen heißt.

Der COOP ist übrigens nicht zu verwechseln mit dem Continuity-of-Government-Programm, stellt der ehemalige FEMA-Direktor Craig Fugate klar. »Es gibt die Continuity of Government und den Continuity of Operations Plan«, erklärt er. »Continuity of Government bezeichnet die verfassungsgemäße Nachfolge des amtierenden Präsidenten und der Leiter verschiedener Bundesbehörden. Der Continuity of Operations Plan umfasst eine Liste der ›unverzichtbaren Funktionen‹, die die Bundesbehörden erfüllen müssen, und er hat zum Ziel, diese unverzichtbaren Funktionen wiederherzustellen, wenn es zum Äußersten kommt.« Auf die Frage hin, was er unter dem »Äußersten« verstehe, sagt er: »Das ist ein Euphemismus für den Atomkrieg.«[222]

Sobald »das Programm« eingeleitet wurde, hat die FEMA eigentlich nur noch eine grundlegende, entsetzliche Aufgabe.

»Können wir einen ausreichend großen Teil der Regierung am Leben erhalten?«, lautet die rhetorische Frage, die Fugate stellt.[223] »Das Continuity-Programm bezieht sich auf sehr unwahrscheinliche Ereignisse mit sehr schwerwiegenden Folgen«, berichtet er uns. »Und es hält dieses Konzept in jedem Fall durch. Egal, wie schlimm die Lage ist, selbst im Fall eines ausgewachsenen Atomkriegs: Kann die Regierung noch im Einklang mit den Gesetzen funktionieren? Das sicherzustellen, ist unser Ziel.«

Neben dem Continuity-Programm gibt es noch ein weiteres Programm, das den Namen Population Protection Planning trägt, also ein Programm zum Schutz der Bevölkerung. Dabei geht es darum, dass die FEMA Ersthelfer organisiert, die US-Bürgerinnen und -Bürgern im Fall einer Krise hilft, also bei Hurrikans, Überschwemmungen oder Erdbeben. Doch ein Atomkrieg entspricht dem, was die FEMA als »Angriff aus heiterem Himmel« bezeichnet. »Wenn es einen Angriff aus heiterem Himmel gibt«, so Fugate, »sieht es mit dem Bevölkerungsschutz ganz anders aus. In einem solchen Fall gibt es keinen Plan für den Bevölkerungsschutz, weil ohnehin alle tot sein werden.«

In unserem Szenario lenkt nun also der Fahrer des FEMA-Direktors an den Straßenrand, wie man ihm befohlen hat.

Der Hubschrauber mit dem Search-and-Rescue-Team der FEMA landet auf der Wiese neben dem Auto.

Der Leiter der FEMA steigt in den Hubschrauber und fliegt davon, während das Auto, in dem er bis vor wenigen Minuten saß, nutzlos am Straßenrand stehen bleibt. Ein paar Leute schauen kurz hin, aber sie sind ja daran gewöhnt, dass in und um D.C. Regierungsfahrzeuge zu sehen sind. Einige fotografieren den Hubschrauber, posten die Fotos auf irgendwelchen Social-Media-Kanälen und machen dann weiter mit ihrem Leben. Der kleine Stau löst sich auf, der Verkehr fließt wie vorher.

Noch auf dem Flug nach Mount Weather wird der FEMA-Chef der Videokonferenz mit dem Präsidenten zugeschaltet. Ihm ist klar, dass außerordentliche Herausforderungen vor ihm liegen. Im Fall eines nuklearen Angriffs, so Fugate, »von dem Moment an, wenn wir die Meldung bekommen, dass etwas im Gange ist, geht es nur noch um den Countdown. Was den Zeitrahmen … bei einem nuklearen Angriff angeht … so sprechen wir von 15 Minuten.« Die

Frage lautet also: »Wie schnell kannst du dich bewegen? Wie schnell kannst du auf Touren kommen? Denn wenn alles so schnell abläuft, gibt es zwangsläufig Fehlberechnungen und Fehleinschätzungen.«

In einem Szenario wie dem unseren muss ein gut informierter FEMA-Direktor, wie es Fugate einer war, davon ausgehen, dass das Ende der Welt unmittelbar bevorsteht.

Von diesem Moment an ist es seine Aufgabe, am Programm festzuhalten und alles andere zu ignorieren. »Man muss sich damit abfinden, dass man nach einem Atomschlag für die [meisten] Menschen nichts mehr tun kann«, warnt Fugate und fügt hinzu: Wenn sich jemand in dieser Position mit der Wirklichkeit dessen beschäftige, was bei einem atomaren Angriff aus heiterem Himmel passiere, dann »wird er wie gelähmt sein«. Und weiter: »Es ist so, als müsste man sich von den Schrecken abspalten. Wie gesagt, wir beschäftigen uns mit höchst unwahrscheinlichen Ereignissen, die schwerwiegende Folgen nach sich ziehen. Verstehen Sie, wir planen für Asteroideneinschläge.«

Der FEMA-Direktor weiß, wie man sich auf das Schlimmste vorbereitet. Und einmal abgesehen von einem Asteroideneinschlag auf der Erde gibt es keine größere denkbare Katastrophe als einen nuklearen Angriff.

Fugate erklärt: »Nach dem Angriff muss man sich zuallererst die Frage stellen: Was ist noch übrig – und wer?« Und dann müsse man sich darauf konzentrieren, »wie man diejenigen am Leben erhält«.

Denn danach wird es noch viel, viel schlimmer. In den Stunden und Tagen nach einem nuklearen Angriff »geht es wirklich ums Überleben«, sagt Fugate voraus.[224] »Es geht definitiv nicht darum, wieder zum Normalzustand zurückzukehren. Auch nicht um traditionelle Reaktionen. Es geht vielmehr darum: Was können wir [also die FEMA] tun, um die meisten von uns, die den ursprünglichen Angriff überlebt haben, weiterhin am Leben zu erhalten?« Und die Wahrheit ist, so Fugate weiter: »Das Beste, was die Bundesregierung tun kann, ist, den Leuten zu sagen … also denjenigen, die noch ein Radio besitzen … was sie für sich selbst tun können, um auf eigene Faust zu überleben.« Etwa Dinge wie: »Legt Wasservorräte an. Trinkt Elektrolyte. Bleibt im Haus. Und vergesst nicht, die Moral hochzuhalten.«

Auf eigene Faust.

14 MINUTEN

Weißes Haus, Washington, D.C.

Die schwer bewaffneten Männer, die soeben das PEOC gestürmt haben, sind Mitglieder des Counter Assault Team (CAT), also der paramilitärischen Abteilung des Secret Service. Gerufen hat sie der Agent (Special Agent in Charge, auch SAC genannt), der für die persönliche Sicherheit des Präsidenten verantwortlich ist. Er hat auch die CAT-Einheit angefordert, damit der Präsident von drei ihrer Mitglieder an einen sicheren Ort außerhalb von Washington, D.C. gebracht wird.

Die CAT-Einheit hat länger als üblich gebraucht, um hier aufzutauchen. Der Grund: Der SAC hat sie angewiesen, im Hauptquartier so viele Fallschirme wie möglich einzusammeln und ins PEOC mitzubringen. Nighthawk One (der Codename des Secret Service für Marine One, den Marinehubschrauber des Präsidenten) ist nicht mit Fallschirmen ausgerüstet, und der SAC hat schließlich die Aufgabe, immer vorauszudenken.

Als die CAT-Einheit auftaucht, telefoniert der SAC gerade, um ein Status-Update des Doomsday Plane zu bekommen, das beim Secret Service unter dem Codenamen KNEECAP läuft, sobald es den Präsidenten der Vereinigten Staaten (kurz POTUS für President of the United States) an Bord hat.

Die CAT-Leute eilen auf den Präsidenten zu. Sie tragen schwarze Uniformen, Helme und Nachtsichtbrillen, dazu jede Menge Munition und abhörsichere Funkgeräte. Sie packen den Präsidenten unter den Achseln und heben ihn hoch, sodass seine Füße nicht mehr den Boden berühren. Diese Männer sind hier, um den POTUS zu evakuieren, nicht um zu diskutieren.

In 19 Minuten könnte eine Atomrakete D.C. treffen. Der Präsident muss innerhalb der nächsten vier Minuten in dem Marinehubschrauber sitzen und das Weiße Haus verlassen, sonst besteht die Gefahr, dass sie zu nah am Ground Zero sind, wenn der Sprengkopf detoniert. Das würde eine ganze Reihe von tödlichen Risiken mit sich bringen, beispielsweise könnte der Hubschrauber durch die Druckwelle der Detonation und den nachfolgenden Sturm mit mehreren Hundert Kilometern pro Stunde Windgeschwindigkeit zum Absturz gebracht werden. Doch die größte Sorge des SAC sind die möglicherweise katastrophalen Auswirkungen nuklearer elektromagnetischer Impulse, schneller dreiphasiger Stromstöße, die die elektronischen Systeme des Hubschraubers zerstören und ihn auf diese Weise zum Absturz bringen könnten.

Die Einheit des Counter Assault Team hat also Fallschirme mitgebracht, mit deren Hilfe sie den POTUS in Form eines Tandemsprungs aus dem Hubschrauber evakuieren könnten, wenn es dem Piloten nicht gelingen sollte, sie vor dem Ablaufen der Red-Impact-Uhr aus der Gefahrenzone zu bringen.

SAC: »Raus auf den South Lawn! Wir bringen Sie jetzt weg, Sir!«

Der STRATCOM Commander stoppt die Aktion über die Videoverbindung: »Wir brauchen zuerst den Einsatzbefehl, Mr. President!«

Der Vorsitzende des Generalstabs stimmt ihm zu. »Ich rate zu Option Charlie, Sir. STRATCOM braucht den Gold Code.«

SAC: »Wir evakuieren POTUS jetzt.«

STRATCOM Commander: »Wir brauchen erst den Einsatzbefehl.«

Der Vorsitzende: »Die EAMs, Sir!«

EAM ist das Kürzel für Emergency Action Messages, also die verschlüsselten Einsatzbefehle, die an Kommandanten auf der ganzen Welt weitergegeben werden.

Der Sicherheitsberater: »Die einzige Möglichkeit, jetzt nicht den Dritten Weltkrieg zu beginnen, ist zu warten und zu sehen, ob wir wirklich getroffen werden.«

Der Vorsitzende widerspricht: »Sie haben die Pflicht, auf diesen Angriff mit einem Einsatzbefehl zu reagieren, Sir.«

Der Verteidigungsminister zum SAC: »Evakuieren Sie POTUS, bringen Sie ihn nach Site R.«

»Wir evakuieren POTUS«, bestätigt der Agent.

Der Adjutant klappt den Football zu, schließt die Tasche ab und läuft mit, immer eine Armlänge vom Präsidenten entfernt, wie er es gelernt hat.

15 MINUTEN

National Military Command Center, Pentagon

Im National Military Command Center unter dem Pentagon konzentriert sich der Verteidigungsminister jetzt voll und ganz auf ein Thema, das dem Einsatzbefehl nachgelagert ist, nämlich die Continuity of Government (COG). Der Verteidigungsminister, einer von nur zwei Zivilisten in der gesamten militärischen Befehlskette, muss sich nun ernsthaft darum kümmern, die Regierung auch für die Zeit unmittelbar nach einem nuklearen Angriff funktionsfähig zu halten.[225]

Wenn eine Atombombe Washington, D.C. trifft, bricht Chaos im Land aus. Ohne funktionierende Regierung wird es kein Gesetz mehr geben. Anarchie wird die Demokratie ersetzen. Sämtliche moralischen Systeme werden verschwinden. Mord, Verwirrung und Wahnsinn werden regieren. Oder um es mit den Worten von Nikita Chruschtschow zu sagen: »Die Überlebenden werden die Toten beneiden.«[226]

Eine korrekt eingesetzte Fortführung der Regierungsgewalt erlaubt es dem Präsidenten und seinen Beratern, auch in einem ausgewachsenen Atomkrieg das US-Militär noch zu führen. Dies geschieht von einem Reserve-Kommandoposten wie dem Alternate

National Military Command Center des Pentagons außerhalb von D.C., allgemein bekannt als Raven Rock Mountain Complex oder kurz: Site R. Diese unterirdische Kommandozentrale liegt gut 100 Kilometer nordwestlich des Weißen Hauses in der Nähe des Blue Ridge Summit in Pennsylvania. Sie gilt als der sicherste unterirdische Bunker in unmittelbarer Nähe des Weißen Hauses.[227]

Nachdem ihm laut Safe-Escape-Uhr nur noch wenige Minuten verbleiben, denkt der Verteidigungsminister ebenfalls daran, sich nach Site R evakuieren zu lassen.

Er wendet sich an seinen stellvertretenden Stabschef. »Steht ein Osprey auf dem Hubschrauberlandeplatz bereit?«, fragt er.

16 MINUTEN

Battle Deck, STRATCOM-Hauptquartier, Nebraska

Der STRATCOM Commander ist außer sich vor Zorn. Via Satellit blickt er in das Presidential Emergency Operations Center im Weißen Haus, sieht die Berater und Adjutanten, die Offiziere und Beamten. Aber keinen POTUS. Wie kann es sein, dass der Präsident der Vereinigten Staaten in einer DEFCON-1-Situation nicht für ihn erreichbar ist? Wie kann es der Secret Service wagen, sich so zu verhalten!

»ICH BRAUCHE POTUS HIER!«, brüllt der STRATCOM Commander dem Monitor entgegen.

Ohne die Einsatzcodes des Präsidenten sind ihm die Hände gebunden. Er kann nur warten.

Und gerade als man denkt, die Lage könne nicht noch schlimmer werden, kommen neue Daten aus der Aerospace Data Facility der NRO in Colorado.

Die SBIRS-Sensoren haben die heißen Auspuffgase einer ballistischen Rakete entdeckt, die von einem U-Boot aus abgefeuert wurde.[228] Diese zweite angreifende Rakete hat vor wenigen Sekunden die Meeresoberfläche durchstoßen, und zwar etwa 550 Kilometer vor der Küste Kaliforniens.[229] Die einzige atomwaffenfähige Rakete, die näher an ein Ziel – in diesem Fall innerhalb der USA – herangebracht werden und es deshalb noch schneller treffen kann als eine ICBM, die auf der anderen Seite der Erde gestartet wurde, ist eine ballistische Rakete, die von einem U-Boot abgeschossen wird. Eine der gefürchteten SLBMs (Submarine-Launched Ballistic Missiles).

»Oh. Mein. Gott«, sagt jemand im Bunker.

17 MINUTEN

Luftwaffenstützpunkt Beale, Kalifornien

17 Minuten sind vergangen, seit die atomwaffenfähige ICBM von einem Feld in Pjöngsong, Nordkorea, gestartet ist und ihren Weg Richtung Ostküste der USA begonnen hat. Und nun verfolgt ein Frühwarnsatellit in einer hohen Erdumlaufbahn eine zweite ballistische Rakete in der Beschleunigungsphase, die sich Richtung Kalifornien bewegt.

Es gibt nur wenige Daten, mit deren Hilfe man feststellen könnte, wem diese Rakete oder das U-Boot gehören, jedenfalls jetzt, in Echtzeit. Doch alle vermuten natürlich, dass auch dieser Angriff von Nordkorea ausgeht. Satelliten können nicht unter die Meeresoberfläche blicken. U-Boote verbergen sich im Schutz der Ozeane, tauchen kurz auf, feuern ihre Raketen ab und verschwinden wieder.

Die Analysten auf dem Stützpunkt Beale vor den Toren von Yuba City in Kalifornien nehmen die Daten auf, verfolgen sie und bestätigen, dass es sich bei diesem zweiten Vorfall um eine ballistische Rakete handelt, die sich mit Hyperschallgeschwindigkeit fortbewegt.

Es gelingt den Generälen und Admirälen in den unterirdischen Kontrollzentren in Colorado, Nebraska und Washington, D.C. nicht mehr, einen neutralen Gesichtsausdruck zu bewahren. Viele von ihnen denken ähnliche schockierende Dinge. Und einige von ihnen sprechen sie auch laut aus.

Eine Rakete könnte eine Fehlinformation sein. Zwei nicht mehr.

Die Abschreckung hat versagt.

Der Atomkrieg beginnt. Jetzt, in diesem Moment.

Die meisten von ihnen wissen: Dies ist das Ende der Welt.

Eine angreifende Rakete könnte ein schrecklicher Unfall sein. Ein abnormes Ereignis. *Zwei* angreifende Raketen jedoch, dazu noch von zwei weit voneinander entfernten Abschussstellen – das ist ein koordinierter nuklearer Angriff.

Und darauf kann es nur eine Antwort der Vereinigten Staaten geben: einen Gegenschlag mit dem Ziel, den Feind, der soeben einen nuklearen Erstschlag ausgelöst hat, zu enthaupten. Es ist an der Zeit, Nordkorea in einen Zustand zu versetzen, der dem Karthago der Antike gleicht. Salzige Erde.

Der STRATCOM Commander meldet sich ein weiteres Mal über die Satellitenverbindung: »Wo ist POTUS?!«

Der Vorsitzende: »Wir brauchen die Codes!«

Doch der Präsident bewegt sich immer noch durch das Treppenhaus außerhalb des PEOC.

Die Satelliten weit draußen im Weltall arbeiten wie geplant, doch das Black Book des Präsidenten ist im Football eingeschlossen, der an der Hand des Adjutanten hin und her schwingt.

17 MINUTEN, 30 SEKUNDEN

Weißes Haus, Washington, D.C.

Der Präsident rennt eine Treppe hinauf. Hinter ihm schließen sich die Türen des Presidential Emergency Operations Center und werden verriegelt.[230] Einige Berater des Präsidenten sind geblieben. Sie haben ihre Briefings über ein derartiges Szenario gelesen und ihren Frieden mit dem gemacht, was geschieht.[231] Wie es die Präsidenten Carter und Reagan entschieden haben sollen, werden diese Männer auf der Brücke bleiben, während ihr Schiff sinkt.

Die CAT-Leute drängen den Präsidenten durch einen weiteren Flur und zwei Sicherheitsschleusen.

Noch eine Treppe hinauf, dann eine weitere.

Einen Flur hinunter, durch eine erneute Sicherheitsschleuse.

Und dann sind sie draußen vor dem Weißen Haus. Frische Luft, die Magnolienbäume haben grüne Knospen. Das tiefe Brummen der Rotorblätter eines Hubschraubers. Marine One ist bereit zum Abheben. Die CAT-Leute traben zusammen mit dem Präsidenten über den Rasen des Weißen Hauses. Noch gibt es hier kein grünes Gras, nur kalte, nasse Erde.

18 MINUTEN

National Military Command Center, Pentagon

Im National Military Command Center unterhalb des Pentagons muss der Verteidigungsminister entscheiden, was er zu tun gedenkt. Eine ICBM rast auf die Vereinigten Staaten zu und wird Washington, D.C. möglicherweise komplett zerstören.

Eine zweite Rakete wird in wenigen Minuten irgendwo an der Westküste einschlagen, in Kalifornien oder Nevada. Der Verteidigungsminister weiß: Wenn er bleibt, wird er getötet werden. Selbst wenn die Panzerung von Mauern und Decke ihn vor dem Einschlag schützen sollte, wird er verbrennen, denn das National Military Command Center unter dem Pentagon wird sich in einen Schmelzofen verwandeln.

Der ehemalige Verteidigungsminister William Perry hat uns erzählt, was ein Mensch in dieser Position in einem derartigen Moment wohl denkt. Wenn noch Zeit ist, sich zu retten und das Pentagon zu verlassen.

»In diesem Fall, wenn eine Atombombe auf Washington, D.C. niederginge, würde das Kabinett vermutlich enthauptet werden, und eine Notstandsregierung müsste die Amtsgeschäfte übernehmen«, sagt Perry.[232] »Unmittelbare Folge eines Atomschlags wäre es, dass die Demokratie außer Kraft gesetzt und das Kriegsrecht ausgerufen würde.« Und wenn es jemals so weit käme, dass im heutigen

Amerika das Kriegsrecht ausgerufen würde, »dann wäre es fast unmöglich, es wieder abzuschaffen«, vermutet Perry.

Das Kabinett ist das wichtigste Beratergremium des Präsidenten. Es umfasst den Vizepräsidenten und die 15 Minister, dazu den Stabschef des Weißen Hauses, den Botschafter bei den Vereinten Nationen, den Geheimdienstchef und eine Handvoll weiterer Beamter. Fast alle diese Leute haben ihren Amtssitz in D.C. Es ist 15:21 Uhr. Die Angestellten der US-Regierung und des Präsidentenstabes sind noch bei der Arbeit. Und das heißt, in wenigen Minuten werden sämtliche Berater des Präsidenten wohl tot sein.

Angesichts der Reihenfolge der Kabinettsmitglieder, die die Amtsgeschäfte übernehmen müssen, falls der Präsident stirbt, wäre es das Klügste, wenn der Verteidigungsminister sofort das Pentagon verließe. Nach Auskunft von William Perry würde er sich nach Raven Rock begeben, und zwar schnell.

»Ich würde das mit dem Vorsitzenden des Generalstabs besprechen«, sagt er. Und der würde sagen: *Einer von uns muss bleiben, der andere muss gehen.*

»Objektiv betrachtet wäre es das Klügste, wenn ich versuchen würde, mich zu retten«, erklärt Perry.[233] »Denn es könnte gut sein, dass ich die Führung des Landes übernehmen müsste.« In der Reihenfolge derer, die die Amtsgeschäfte des Präsidenten übernehmen müssten, steht der Verteidigungsminister an sechster Stelle. Die ersten zwölf Personen auf dieser Liste sind:

1. der Vizepräsident
2. der Sprecher des Repräsentantenhauses
3. der amtierende Senatspräsident
4. der Außenminister
5. der Finanzminister
6. der Verteidigungsminister
7. der Generalstaatsanwalt
8. der Innenminister
9. der Landwirtschaftsminister

10. der Wirtschaftsminister
11. der Arbeitsminister
12. der Gesundheitsminister

»Das Klügste, was der stellvertretende Vorsitzende des Generalstabs und ich tun könnten, wäre, das Pentagon zu verlassen«, stellt Perry klar. »In einen Hubschrauber zu steigen und abzuhauen.«

Wenn die Rakete D.C. trifft, werden die ersten fünf auf der Liste – die sich in unserem Szenario alle in D.C. befinden – mit größter Wahrscheinlichkeit tot sein. Der Vorsitzende des Generalstabs wird fast sicher beschließen, im Pentagon zu bleiben. »Mein Ort als Verteidigungsminister«, so Perry weiter, »und ebenso für den stellvertretenden Vorsitzenden des Generalstabs … wäre ein sicherer Kommandostützpunkt.«[234] Jedenfalls nicht das Pentagon.

Ein sicherer Ort. Beispielsweise Site R.

Der stellvertretende Stabschef des Verteidigungsministers spricht über Funk mit dem Army Heliport des Pentagons, dem Hubschrauberlandeplatz an der Nordseite des Gebäudes, der genauso geformt ist wie das Pentagon selbst. Um dorthin zu kommen, muss der Verteidigungsminister rennen wie ein Teenager.

»Holt uns am Parkplatz ab«, weist der stellvertretende Stabschef die Hubschraubermannschaft an. Auf diese Weise spart der Verteidigungsminister kostbare Zeit.

»Gehen Sie!«, sagt der Vorsitzende zum Verteidigungsminister. »Und Sie auch!«, befiehlt er seinem Stellvertreter.

Ein nuklearer Enthauptungsschlag gegen das Pentagon stellt die Kommandostrukturen auf den Kopf – die Art und Weise, wie die Macht des Präsidenten und die operative Kommando- und Kontrollgewalt ausgeübt wird.[235] Der Vorsitzende weiß das, und er verhält sich wie seinerzeit Dick Cheney: Er übergeht das Protokoll und übernimmt die Verantwortung für die strategischen Entscheidungen, bis der Football geöffnet wird und der Präsident wieder per Funk erreichbar ist.[236]

Ein Osprey-Wandelflugzeug verlässt das Pentagon.
(U.S. Marine Corps, Lance Cpl. Brian R. Domzalski)

Er sagt dem STRATCOM Commander, dass der Präsident höchstwahrscheinlich die U-Boote für einen nuklearen Gegenschlag nutzen wird.

U-Boote sind der widerstandsfähigste Teil der nuklearen Triade, denn selbst wenn die elektronischen Kommunikationssysteme demnächst ausfallen, können die Besatzungen der U-Boote immer noch Einsatzbefehle des STRATCOM empfangen, und zwar über Lang- oder Längstwellenverbindungen, eine Funktechnologie, die während des Kalten Krieges entwickelt, erprobt und eingesetzt wurde. Derartige unterseeische Funksysteme verhalten sich anders als solche in der Atmosphäre und können deshalb nicht so leicht durch elektromagnetische Impulse zerstört werden. Außerdem können U-Boote von feindlichen Streitkräften nicht ohne Weiteres lokalisiert werden.

»Man findet leichter ein Objekt von der Größe einer Grapefruit im Weltall als ein U-Boot auf See«, erklärt der ehemalige Vizeadmiral Michael J. Connor, Kommandant der amerikanischen [nuklearen] U-Boot-Streitkräfte.[237] Umgekehrt betrachtet: »Alles, was sich an einem festen Punkt befindet, kann zerstört werden.«

Die Launch-on-Warning-Doktrin verlangt, jetzt den Versuch zu unternehmen, die nordkoreanische Führung zu enthaupten, bevor weitere Atomraketen auf die USA abgefeuert werden. Die U-Boote bieten die schnellste Möglichkeit, Raketen zu den entsprechenden Zielen zu bringen. Unter Vorwegnahme der wahrscheinlichen Wünsche des Präsidenten bewegt sich die USS *Nebraska*, ein mit Atomwaffen bestücktes und mit einem nuklearen Antrieb versehenes U-Boot, auf ihre Position draußen auf dem Meer. Weit von den Küsten Amerikas entfernt, irgendwo im riesigen Pazifik nördlich der Insel Tinian. Der Verteidigungsminister und der stellvertretende Stabschef fliehen aus dem Pentagon. Der Atomkrieg wird gleich beginnen.

GESCHICHTSSTUNDE NR. 6

Atom-U-Boote

Ein Atom-U-Boot, also ein U-Boot, das sowohl mit Atomwaffen bestückt als auch mit einem nuklearen Antrieb ausgestattet ist, ist ein Albtraum von einem Waffensystem. Ein Objekt, so gefährlich für die Existenz der Menschheit wie ein Asteroid. Diese U-Boote tragen viele Namen: Boomer, Todesschiff, Albtraum-Maschine, Dienerin der Apokalypse. Sie sind nicht zu lokalisieren und bis an die Zähne bewaffnet. Jedes der 14 U-Boote der Ohio-Klasse im Arsenal der US-Marine, die mit ballistischen Raketen bestückt sind, kann in anderthalb Minuten 80 Atomsprengköpfe abfeuern und dann spurlos verschwinden.[238]

Russland unterhält eine etwa ebenso große Flotte.

Diese Meisterwerke der Ingenieurskunst werden gefürchtet und verehrt. Sie sind autarke Ökosysteme, die die für ihren Betrieb nötige Energie, den Sauerstoff und das Trinkwasser selbst herstellen. Sie können fast unbegrenzt unter Wasser bleiben, bis die Mannschaft keine Lebensmittel mehr hat. Verborgen vor den Augen der Aufklärungssatelliten, bewegen sich U-Boote unbehelligt durch die Ozeane. Da sie absolut nicht entdeckt werden können, sind sie immun gegen einen atomaren Erstschlag und fast jeden anderen Angriff, bis sie gezwungen sind, bei der Rückkehr in einen Hafen aufzutauchen.

So ein U-Boot der Ohio-Klasse ist mit 170 Metern noch ein Stück länger als eineinhalb Fußballplätze im Standardmaß und kann 20 der gefürchteten SLBMs, der U-Boot-gestützten ballistischen Raketen, abfeuern.[239] Eine heutige SLBM ist 13,58 Meter lang, hat einen Durchmesser von 2,10 Metern und ein Gefechtsgewicht von 59 000 Kilogramm. Und sie trägt mehrere atomare Gefechtsköpfe in ihrer Spitze.[240]

Die Feuerkraft eines einzigen solchen U-Boots kann durchaus ein komplettes Land zerstören.

Die Schlagkraft von Atom-U-Booten unterscheidet sich erheblich von der bodengestützter ICBMs. Da U-Boote auf Tauchfahrt nicht lokalisierbar sind, können sie sich sehr nah an eine fremde Küste heranschleichen und einen Erstschlag ausführen, bei dem die Zeit zwischen dem Start der Rakete und dem Einschlag des Sprengkopfes bzw. der Sprengköpfe von etwa 30 Minuten auf einen Bruchteil dieser Zeit verkürzt wird. Außerdem verwenden sie eine einzigartige Technik beim Abfeuern der Raketen; sowohl bei Langstrecken- als auch bei Mittelstreckenraketen ist die Flugbahn kürzer. Um nur ein Beispiel zu nennen: Ein russisches U-Boot, das vor der Westküste Nordamerikas lauert, kann seine Raketen fast gleichzeitig auf Ziele in allen 50 Bundesstaaten abfeuern.[241] Denn die Gefechtsköpfe in den Spitzen der Raketen können zu individuellen Zielen gelenkt werden, die Hunderte Kilometer voneinander entfernt sind.[242] Dieser Umstand stellt eine Begründung der Launch-on-Warning-Doktrin dar und erklärt, warum die gesamte nukleare Triade der USA – ebenso wie die Russlands – ständig einsatzbereit gehalten wird.

Und dies ist auch der Grund, warum der Präsident nur sechs Minuten Zeit hat, über einen atomaren Gegenschlag zu entscheiden.

»Wenn Washington von einem russischen U-Boot angegriffen würde, das sich 1000 Kilometer von unserer Küste entfernt aufhielte, dann würde die Flugzeit der Rakete weniger als sieben Minuten betragen«, warnt Ted Postol.[243] »Der Präsident hätte keine Zeit mehr, sich in Sicherheit zu bringen, und der ›vorgesehene Nachfolger‹ müsste das Kommando über die Atomstreitkräfte übernehmen.«

Im Jahr 1982, als Postol Berater des Chief of Naval Operations war, wurde er gebeten, im Pentagon ein geheimes Briefing über die Leistungsfähigkeit und das Tempo eines angreifenden sowjetischen U-Boots abzuhalten. Er verwendete dazu handgezeichnete Grafiken auf Folien. »Die ersten PCs hatten ja noch keine Grafikprogramme«, so Postol.

Ein Briefing im Pentagon lief zu dieser Zeit so ab, dass ein Experte, der die Sicherheitsüberprüfungen durchlaufen hatte, seine Folien vor der Präsentation dem Office of the Draftsman übergab, das dafür sorgte, dass sie in die richtige Form gebracht wurden. Doch Ted Postol war eine Ausnahme. Seine Ansichten wurden hoch geschätzt, und wenn man ihn anhören wollte, dann musste es schnell gehen.[244] Heute, Jahrzehnte später, wirken diese ehemals geheimen Folien unter der Überschrift »Near Simultaneous Launch« (Fast gleichzeitiger Raketenabschuss) geradezu kindlich, zumal wenn man bedenkt, dass die Folgen des dargestellten Angriffs einem Weltuntergang gleichen.

Doch diese jahrzehntealte Folie ist wichtig, so Postol im Gespräch, weil »sie zeigte, dass ein sowjetisches U-Boot sämtliche Raketen, mit denen es bestückt war, in etwa 5-Sekunden-Intervallen innerhalb von rund 80 Sekunden abfeuern konnte«.[245] Und jede Rakete verfügte in ihrer Spitze über mehrere Gefechtsköpfe. »Die Zeit zwischen Abfeuern und Einschlag war so kurz, dass die USA, selbst wenn ein eigenes U-Boot das sowjetische verfolgt hätte, nicht mehr in der Lage gewesen wären, das sowjetische U-Boot

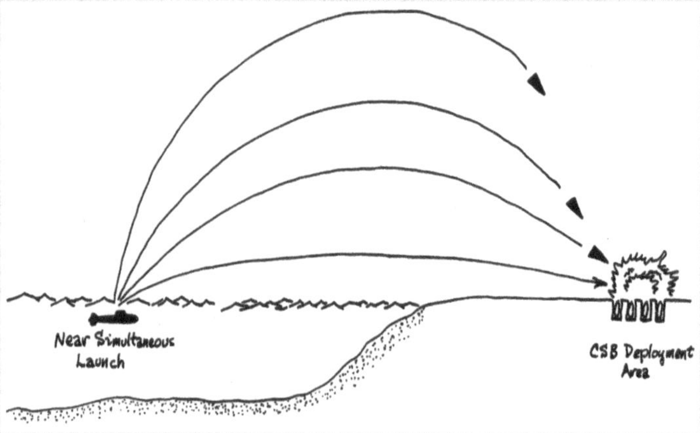

Theodore Postols Folie für ein Briefing im Pentagon, 1982
(mit freundlicher Genehmigung von Theodore Postol)

mit einem Torpedo zu versenken, bevor alle Raketen abgefeuert gewesen wären.«

Damals wie heute unterstreicht Postols Zeichnung die Tatsache, dass es gegen Atom-U-Boote keine Verteidigung gibt. Trotzdem verblüffte sie damals, im Jahr 1982, die Personen, die für den Einsatz von U-Booten in einem Atomkrieg verantwortlich waren. »Der Chief of Naval Operation, Jim Watkins, war schockiert«, erinnert sich Postol. »Er hatte keine Ahnung gehabt, dass so etwas möglich ist.« Was umso verrückter sei, wenn man bedenke, »dass Watkins auf U-Booten gedient hatte und sicher an Operationen beteiligt gewesen war, bei denen ein U-Boot unter seinem Kommando ein sowjetisches U-Boot mit Raketen an Bord beschattet hatte«.

Die Geschwindigkeit, mit der U-Boote Atomwaffen abfeuern können, macht sie zu den schon erwähnten »Dienerinnen der Apokalypse«. Der Verteidigungsanalyst Sebastien Roblin formuliert es so: »U-Boote mit ballistischen Raketen sind die unaufhaltsame Hand der nuklearen Vergeltung. Sie sollten jeden Gegner, der bei klarem Verstand ist, von einem Erstschlag bzw. von jedem Atomwaffeneinsatz abhalten.«[246]

Doch die Geschichte zeigt, dass nicht alle Gegner bei klarem Verstand sind.

»Es gibt Leute wie Napoleon«, warnt der Atomphysiker Richard Garwin.[247] Führer, die nach dem Motto »Nach mir die Sintflut« handeln.

Wenn es um die Regeln eines Atomkriegs geht, gesteht Garwin ebenso wie der ehemalige Verteidigungsminister Perry ein, dass es letztlich nur einen nihilistischen Wahnsinnigen braucht, der über Atomwaffen verfügt, um einen Atomkrieg vom Zaun zu brechen, den niemand gewinnen kann. Ein Herrscher wie in unserem Szenario der Staatsführer Nordkoreas, dessen Familie das Land seit Jahrzehnten regiert, ein totalitäres Kriegsrecht verhängt hat und seine Bürger auf kleinste Anzeichen abweichender Meinungen hin überwacht.

Jeder Verstoß – schlechtes Reden über den Führer, Staub auf seinem Porträt, das Tragen von Skinny Jeans – kann zu Verhaftung, Folter und Gefängnis- oder sogar Todesstrafe führen.[248] Fernsehen und Rundfunk verkünden ausschließlich Staatspropaganda. Die Grenzen sind geschlossen. Normale Menschen im Land haben kaum eine Vorstellung davon, wie das Leben außerhalb des hermetisch abgeschlossenen Reiches aussieht. »Ich hatte nie eine Weltkarte gesehen«, berichtete die aus Nordkorea geflohene Menschenrechtsaktivistin Yeonmi Park im Podcast von Joe Rogan. »Ich war Asiatin, ohne zu wissen, was das bedeutet. Das Regime hatte mir beigebracht, ich gehörte zur Rasse von Kim Il Sung. Und dass der Kalender mit der Geburt von Kim Il Sung seinen Anfang nimmt.«[249]

Nordkorea besteht zu einem Großteil aus zerklüftetem Bergland. Nur 17 Prozent des Landes können landwirtschaftlich genutzt werden. Es heißt, die Felder würden mit menschlichen Exkrementen gedüngt. Unterernährung ist weit verbreitet.[250] Außerhalb der Hauptstadt sind die Menschen zu ihrer Ernährung auf Heuschrecken und andere Insekten angewiesen. Sämtliches Vieh gehört dem Staat, der private Besitz auch nur einer Kuh ist gesetzlich verboten. Nachdem Videoaufnahmen aus dem Jahr 2017 die dramatische Flucht eines unterernährten Grenzwächters gezeigt hatten, fanden Ärzte in seinem Verdauungstrakt 25 Zentimeter lange Würmer.[251] Es ist, als würden die verarmten Bürger Nordkoreas sämtlicher Kraft beraubt – buchstäblich und im übertragenen Sinne. Auf einem Satellitenbild der koreanischen Halbinsel bei Nacht (fotografiert von einem Mitglied der Expedition 38 auf der ISS), das die NASA veröffentlicht hat, sieht man die hellen Lichter der Städte in der südlichen Hälfte, während die nördliche Hälfte dunkel bleibt. Die Bildunterschrift lautet: »Verglichen mit den Nachbarländern Südkorea und China liegt Nordkorea fast vollständig im Dunkeln. Das dunkle Land wirkt wie ein Seegebiet, das das Gelbe Meer mit dem Japanischen Meer verbindet.«[252] Während die Bürger Nordkoreas leiden und hungern, haben die Staatsführer in den vergangenen Jahrzehnten ein Netz von unterirdischen Kommando- und Kontrollbunkern angelegt, um sich vor, während und nach einem Atomkrieg an der Macht zu halten. Auf diese Weise versuchten und versuchen sie, einer »Enthauptung« durch einen Atomschlag der USA zu entgehen.

Nordkorea hat wie einige andere Nationen während der Zeit des Kalten Krieges auf die Technologie der Atomspaltung gesetzt. In den 90er-Jahren begann die Entwicklung von Atomwaffen. Bereits 1994, so ein Bericht der CIA an Präsident Clinton, hatte Nordkorea möglicherweise ein oder zwei erste Atomsprengköpfe produziert. Clinton schickte damals seinen Verteidigungsminister William Perry nach Pjöngjang, um den damaligen Staatsführer Kim Jong Il mit der Zusage wirtschaftlicher Vorteile zu einer Aufgabe des Programms zu bewegen. Ohne Ergebnis. 2002 erklärte Nordkorea, dass schon seit Jahren an der Entwicklung von Atomwaffen gearbeitet werde. 2003 produzierte der erste Atomreaktor waffenfähiges Plutonium. 2006 wurde eine erste Atombombe getestet. 2009 dokumentierte das Land einen erfolgreichen zweiten Test. Seit 2016 besitzt Nordkorea thermonukleare Waffen. Und im Jahr 2017 war die Entwicklung einer ICBM abgeschlossen, die »jeden Ort auf der Welt erreichen kann«.[253]

Dieses Arsenal wird vergrößert durch die ungewöhnlich große Flotte von 80 U-Booten.[254] Wenn diese Zahl stimmt, verfügt das Land über die größte U-Boot-Flotte der Welt (die U.S. Navy gibt ihre eigene Flottenstärke mit 71 an). Die Schiffe der nordkoreanischen Flotte sind allerdings alt und schwerfällig. »Sie besitzen keinen Atomantrieb, nichts dergleichen«, sagt Postol. Doch mindestens eines dieser Schiffe kann wahrscheinlich eine U-Boot-gestützte ballistische Rakete tragen. Wir wissen das, weil Nordkorea im Oktober 2019 einen erfolgreichen Testabschuss von einer Unterwasser-Plattform durchgeführt hat, die einem U-Boot entsprach.[255] Und zwei Jahre später feuerte Nordkorea wohl tatsächlich von einem U-Boot aus eine ballistische Rakete aufs offene Meer Richtung Japan ab. »Die mächtigste Waffe der Welt«, wie die staatliche nordkoreanische Nachrichtenagentur meldete.

Letztlich braucht ein wahnsinniger Herrscher nur eine solche U-Boot-gestützte ballistische Rakete.

Die Experten sind sich nicht einig, ob es einem nordkoreanischen U-Boot tatsächlich gelingen könnte, sich nah genug an die nordamerikanische Küste anzuschleichen und eine Rakete abzufeuern. Garwin hält das für unwahrscheinlich, Ted Postol hingegen glaubt, es sei durchaus möglich. »Es wäre eine knifflige Operation«, sagt er, »aber nicht unmöglich. Ich habe das mehrfach analysiert und würde es nicht ausschließen.«

Seine Berechnungen sehen folgendermaßen aus:

Bei dem dieselgetriebenen nordkoreanischen U-Boot in diesem Szenario handelt es sich um ein umgebautes U-Boot aus den

1950er-Jahren, ein Schiff der Romeo-Klasse.[256] »Diese dieselelektrischen U-Boote sind im Ozean wirklich schwer zu lokalisieren«, so Postol, »außer wenn sie ihre Batterien aufladen. Dann sind sie verletzlich.« Ein dieselelektrisches U-Boot bezieht seine Energie von einem Dieselmotor, der Stromgeneratoren antreibt und die Batterien des Schiffs auflädt. »Wenn ein solches U-Boot verdeckt unterwegs sein will«, so Postol weiter, »verlässt es sich auf Batteriebetrieb und Unterwasserfahrt. Ein solcher elektrischer Antrieb ist sehr leise.« Doch irgendwann sind die Batterien leer und müssen wieder aufgeladen werden. Dazu braucht der Dieselmotor Luft. Um zu erklären, was dann passiert, versetzt sich Postol in die Lage eines nordkoreanischen U-Boot-Kommandanten.

»Was tue ich also? Ich bewege mich knapp unter die Meeresoberfläche und fahre ein Gerät aus, das man Schnorchel nennt. Im Grunde genommen ist es nur ein Rohr, meistens mit einem Deckel obendrauf, um es vor Wellenschlag zu schützen. Dieser Schnorchel befindet sich dann knapp über der Wasseroberfläche, er sollte auf keinen Fall zu hoch sein. Moderne Radarsysteme können einen solchen Schnorchel, wenn er aus dem Wasser ragt, nämlich durchaus erkennen.«

Das U-Boot muss in dieser Situation sehr langsam fahren. »Etwa fünf Knoten, neun Kilometer pro Stunde.« Denn der größte Teil der Batterieleistung in einem dieselelektrischen U-Boot wird für die Versorgung der Mannschaft gebraucht, »sprich für die Heizung und die Ventilatoren, die Sauerstoff produzieren«. Postol vermutet, dass ein primitives U-Boot wie dieses, »also eins ohne die neuesten Batterien, bei einer Geschwindigkeit von fünf Knoten etwa 72 bis 96 Stunden unter Wasser bleiben könnte, bevor der Schnorchel ausgefahren werden muss«. Und um uns eine Vorstellung davon zu vermitteln, wie viel Energie das Schiff bei schnellerer Fahrt verbrauchen würde: »Bei 25 Knoten [46 Kilometer pro Stunde] sind die Batterien nach weniger als einer Stunde leer.

Also muss man langsam fahren. Doch diese nordkoreanischen U-Boot-Fahrer sind sicher harte Kerle«, vermutet Postol. Er kalkuliert weiter. »Rechnen wir mit 100 Stunden pro Batterieladung bei einer Geschwindigkeit von fünf Knoten, bevor ich wieder schnorcheln muss – also auftauchen und die Batterien aufladen. Das heißt, ich kann 500 Seemeilen schaffen, bevor ich wieder auftauchen muss. Wenn ich vorsichtig und still bin.« Schwierig, aber nicht unmöglich. »Wenn ich ein nordkoreanischer U-Boot-Kommandant wäre, dann würde ich ein paar Stunden lang schnorcheln und versuchen, dafür zu sorgen, dass mich niemand sieht. Das ist nicht so schwierig, der Ozean ist ja groß. Sagen wir, die Entfernung beträgt 5000 oder 6000 Seemeilen. Dann dauert die Fahrt eben ein paar Monate. Und man braucht einen ziemlich großen Lebensmittelvorrat. Man rechnet vermutlich nicht damit, wieder nach Hause zu kommen, aber für nordkoreanische Soldaten dürfte das Teil des Jobs sein.«[257]

Postol hat sich auch die Route angesehen. »Wenn man die Vereinigten Staaten ernsthaft bedrohen wollte, müsste man versuchen, die Südküste Alaskas zu umfahren«, schlägt er vor und beschreibt die Unterwasser-Geografie dort. »Sie bleiben im flachen Wasser über dem Kontinentalschelf. Das ist nicht so flach, dass ein U-Boot dort nicht fahren könnte. Denn wenn Sie ins tiefe Wasser gehen, besteht eine gute Chance, dass wir Sie finden. Das Geräusch eines schnorchelnden U-Boots im tiefen Wasser lässt sich Hunderte Meilen weit aufspüren.«

Doch bei der Entdeckung von U-Booten geht es nicht nur darum, »wie viel Krach sie machen«, erklärt Postol weiter. »Es geht auch um die Umgebung, in der sie sich bewegen«, also den sogenannten Echo-Effekt. Postol hat viele Stunden damit zugebracht, nicht nur über diesen Effekt nachzudenken, sondern ihn auch den Beamten im Pentagon zu erklären. »Im flachen Wasser ist ein U-Boot fast nicht zu orten, auch nicht mit einem sehr fortschrittlichen akustischen System.« Beispielsweise mit einem modernen Sonar wie SOSUS (Sound Surveillance System), das die US-Marine während des Kalten Krieges entwickelte, um sowjetische U-Boote zu orten und eine Strategie zur U-Boot-Abwehr zu entwickeln. SOSUS wurde ständig verbessert, sodass die Horchposten der Marine im Juni 2023 sogar die Unterwasser-Implosion hören konnten, die wahrscheinlich das Tauchboot *Titan* zerstörte. Aber SOSUS funktioniert nur im tiefen Wasser des Ozeans, nicht im Flachwasser. Der Grund, warum das nicht geht, hat mit der Komplexität der Signale zu tun, die von der Wasseroberfläche und vom Grund des Ozeans abgestrahlt werden – dem sogenannten Echokammer-Effekt. »In flachem Wasser«, so Postol, »gibt es zu viele Echos. Und dann kann man nichts mehr hören oder ›sehen‹.«[258]

In unserem Szenario hat ein nordkoreanisches dieselelektrisches U-Boot der Romeo-Klasse den Ozean überquert, den Kontinentalschelf an der Küste von Alaska erreicht und sich dann Richtung Süden bewegt. »Und plötzlich ist es direkt vor der Küste der USA und damit in der Lage, eine ballistische Kurzstreckenrakete auf Ziele in den Vereinigten Staaten abzufeuern.«[259]

Genau dieses Szenario ist jetzt eingetreten. Genau auf diese Weise ist es der nordkoreanischen Marine gelungen, ein U-Boot mit einer ballistischen Rakete in die Nähe der nordamerikanischen Westküste zu bringen. Und jetzt, 18 Minuten nach dem Start der Hwasong-17-ICBM, hat eine atomwaffenfähige, U-Boot-gestützte ballistische Kurzstreckenrakete die Wasseroberfläche durchstoßen.

Sie beendet ihre Beschleunigungsphase und tritt in die mittlere Flugphase ein. Die Daten zeigen, dass sie das mittlere bis südliche Kalifornien treffen wird.

Eine Region mit einer Bevölkerung von 25 Millionen Menschen.

19 MINUTEN

Aerospace Data Facility-Colorado

Auf der Aerospace Data Facility in Colorado blicken die Analysten von NRO, NSA und Space Force alle zur gleichen Zeit auf die Daten. Sie sehen, dass jetzt eine zweite ballistische Rakete die USA angreift. Diese hier, die sich mit einer Geschwindigkeit von Mach 6 (das entspricht 7400 Kilometern pro Stunde) auf einer quasiballistischen Flugbahn bewegt, scheint Südkalifornien oder vielleicht Nevada zum Ziel zu haben. Sie befindet sich jetzt schon weniger als 500 Kilometer von der Küste entfernt.

Es handelt sich um eine KN-23, eine nordkoreanische ballistische Kurzstreckenrakete ähnlich der, die die Analysten beobachtet hatten, als sie im Oktober 2021 erfolgreich von einer Unterwasser-Plattform vor der Küste von Sinpo gestartet wurde. Damals vermuteten die Analysten, der beabsichtigte Zweck der KN-23 sei ein Atomangriff auf Südkorea.[260] Doch jetzt fliegt eine dieser Raketen Richtung Südkalifornien. Mit sechsfacher Schallgeschwindigkeit.

Die KN-23 hat Schwanzflossen, ihre Länge wird von unterschiedlichen Quellen zwischen 7,3 und 9,8 Metern angegeben.[261] Ihre Reichweite beträgt irgendetwas zwischen 450 und knapp 700 Kilometern, je nach Ladung. In ihrer Spitze findet ein 500-Kilogramm-Gefechtskopf Platz. Doch egal, wie weit die Reichweite ist, das Ziel, dem diese Rakete jetzt entgegenrast, wird eine absolute Katastrophe erleben. Dabei ist es durch Artikel 15 der Genfer Konvention, eine ganze Reihe von Verträgen und Protokollen geschützt. Diese Abkommen bilden den Kern des internationalen humanitären Rechts und sollen im Kriegsfall regulierend wirken. Doch wie die Welt sehr bald erfahren wird, gibt es in einem Atomkrieg keine Gesetze. Nicht ohne Grund war das Ziel der Abschreckung, dass ein Atomkrieg niemals stattfinden sollte.

Die Aerospace Data Facility alarmiert Militärkommandos in Nebraska, Colorado und Washington, D.C. Da sich die Streitkräfte der Vereinigten Staaten ohnehin bereits im DEFCON 1 befinden, sind die Besatzungen aller elf Kampfkommandos in den USA und weltweit schon auf einen unmittelbar bevorstehenden Atomkrieg eingestellt. Die Bestätigung der zweiten angreifenden Rakete erhöht allerdings die potenzielle Stärke des amerikanischen Gegenschlags.

Wegen des niedrig angesetzten Apogäums (des höchsten Punktes der Flugbahn), ihrer kurzen Flugzeit und der Steuerbarkeit durch die Schwanzflossen steht das Verteidigungsministerium einem absoluten Albtraum gegenüber. Die KN-23 ist dazu in der Lage, der normalen Raketenabwehr der US-Streitkräfte auszuweichen. Und angesichts einer Flugstrecke von weniger als 650 Kilometern und einer Geschwindigkeit von Mach 6 wird sie nicht einmal drei Minuten lang in der Luft sein.

20 MINUTEN

Hauptquartier des U.S. Strategic Command, Nebraska

Die diensthabenden Offiziere auf dem Battle Deck von STRATCOM in Nebraska empfangen die Sensordaten von der Aerospace Data Facility in Colorado, mit denen der Start und die Flugzeit der zweiten Rakete bestätigt werden. Messungen der Abgasfahne und der Flugbahn legen nahe, dass diese ballistische Rakete nach Südkalifornien oder ins südliche Nevada unterwegs ist. Zu den möglichen Zielen gehören:

- China Lake, der Stützpunkt der Marineflieger nahe Inyokern
- Fort Irwin, eine Army-Garnison in der Mojave-Wüste
- die Marinebasis Coronado, Heimathafen der Pazifikflotte vor den Toren von San Diego
- der Luftwaffenstützpunkt Nellis, eine Einrichtung im südlichen Nevada

Über Satellitenverbindung erwarten sämtliche Kommandanten die Befehle des Präsidenten, dessen Evakuierung durch das CAT-Team auf Marine One weiter fortschreitet. Aufgrund der einlaufenden Verfolgungsdaten berechnen die Computersysteme von Nuclear Command and Control das Ziel genauer. Es scheint jetzt, als würde sich die Rakete auf den Space-Force-Stützpunkt Vandenberg zubewegen, der etwa 80 Kilometer von Santa Barbara entfernt liegt. Die Computeranalyse ist allerdings nicht fehlerlos, und die Rakete hat schließlich Schwanzflossen, mit deren Hilfe die Flugbahn jederzeit modifiziert werden kann.[262]

Sekunden vergehen.

Es zeigt sich, dass die algorithmische Schätzung etwa 56 Kilometer danebenlag. Das Ziel befindet sich nördlich des Space-Force-Stützpunkts Vandenberg, ein Stück die Küste hinauf. Eine zivile Einrichtung auf einem Felsvorsprung nördlich von Avila Beach in Kalifornien.

Das Ziel ist das Kraftwerk Diablo Canyon, ein Kernkraftwerk mit zwei Druckwasserreaktoren und einer Leistung von mehr als 1000 Megawatt.

21 MINUTEN

Kraftwerk Diablo Canyon,
San Luis Obispo County, Kalifornien

Die angreifende ballistische Kurzstreckenrakete rast auf das Kernkraftwerk Diablo Canyon zu, eine 335 250 Quadratmeter große Anlage, gut 25 Meter über dem Pazifik.

Es ist ein warmer Tag Ende März, 12:24 Uhr Ortszeit. Normalerweise sind die Wachen am Südtor von Diablo um diese Zeit beim Mittagessen, oft draußen in der Sonne. Möwen sitzen auf den Zaunpfählen, auf dem Strand unten sieht man Pelikane, die ihre Beute mit ihren großen Kehltaschen einfangen und Fische im Ganzen verschlucken. Es ist kurz vor Niedrigwasser. Tang bedeckt die Fel-

Das Kraftwerk Diablo Canyon in Zentralkalifornien
(mit freundlicher Erlaubnis von Pacific Gas and Electric Company)

sen. Im Jahr 2024 ist Diablo das letzte noch aktive Kernkraftwerk in Kalifornien. Der Wachmann hier, der in der Sonne sein Mittagessen genießt, ist einer von etwa 1200 Angestellten und 200 Subunternehmern, die auf dem Gelände arbeiten.[263] Keiner von ihnen ahnt, dass sie in ein paar Sekunden allesamt zu Asche verbrannt sein werden.

Die US-Marine hat zur Verteidigung gegen ballistische Kurzstreckenraketen ein Programm namens Aegis entwickelt.[264] Es beruht auf antiballistischen Raketen, die auf Aegis-Kreuzern und Zerstörern montiert sind. Im Gegensatz zu dem fehlerbehafteten Abfangprogramm haben die Aegis-Raketen eine Abschussquote von 85 Prozent. Doch die Schiffe patrouillieren im Atlantik und Pazifik sowie im Persischen Golf, wo sie die NATO-Partner und Verbündete im indopazifischen Raum vor möglichen Angriffen schützen sollen. Sie sind also Tausende Meilen von der amerikanischen Westküste entfernt und können nicht eingreifen.[265]

Das Pentagon betreibt auch ein bodengestütztes Abwehrprogramm namens Terminal High Altitude Area Defense (THAAD), bei dem antiballistische Raketen von Abschussrampen gestartet werden, die auf Tiefladern montiert sind. Doch auch die THAAD-Systeme sind derzeit allesamt im Ausland stationiert.[266] Vor Jahren, als die Nordkoreaner ihren ersten erfolgreichen Start einer KN-23 meldeten, gab es im Kongress Diskussionen über eine Stationierung von THAAD-Systemen an der nordamerikanischen Westküste, doch bis jetzt ist nichts dergleichen geschehen.[267]

Das heißt, die Frage nach diesen Raketenabwehrsystemen ist rein akademischer Natur. Die SBIRS-Satelliten haben den heißen Ausstoß der U-Boot-gestützten Rakete im Bruchteil einer Sekunde nach deren Start entdeckt, doch inzwischen sind schon etwa vier Minuten vergangen. Die Beschleunigungsphase und die mittlere Flugphase sind bereits zu Ende. Der Gefechtskopf, der auf das Kraftwerk Diablo Canyon zielt, tritt jetzt in die Endphase seines Flugs ein.[268]

Das internationale Recht enthält ein gegenseitiges Versprechen der Nationen, niemals ein Kernkraftwerk anzugreifen. Das Internationale Komitee des Roten Kreuzes bezieht sich in seiner Regel Nr. 42 auf die Genfer Konvention, Zusatzprotokoll II, Artikel 15:

> **Praxis in Bezug auf Regel 42**
> **Fabriken und Einrichtungen,**
> **die gefährliche Stoffe enthalten**
>
> ---
>
> **Sektion A, Zusatzprotokoll II**
>
> Artikel 15 des Zusatzprotokolls von 1977 besagt:
>
> *Atomkraftwerke dürfen nicht angegriffen werden,*
> *selbst wenn sie militärischen Zwecken dienen.*[269]

Doch die Geschichte zeigt, dass wahnsinnige Herrscher sich nicht an die Regeln der Kriegsführung halten. Adolf Hitler wird in diesem Zusammenhang der Ausspruch zugeschrieben: »Wenn man gewinnt, muss man nichts erklären.«

Ein direkter Angriff einer Atomrakete auf ein Atomkraftwerk ist ein Worst-Case-Szenario jenseits aller Vorstellung. Was die Folgen angeht, gibt es nur wenige Aspekte eines Atomangriffs, die schlimmer sein könnten. Atomwaffen, die in der Luft, auf See oder an Land explodieren, bringen ein unterschiedliches Ausmaß an Strahlung und Fallout hervor, abhängig von der Reichweite (also der Größe der Explosion) und vom Wetter (Regen und Wind). Strahlung, die in die Atmosphäre entlassen wird, verteilt sich mit der Zeit, steigt in die Troposphäre auf und bewegt sich mit dem Wind. Doch wenn man einen Atomreaktor mit einer Atomrakete angreift, führt dies fast zwangsläufig zu einer Kernschmelze im Reaktor und damit zu einer nuklearen Katastrophe, die Tausende Jahre anhält.[270]

Das, was in wenigen Minuten in Südkalifornien passieren wird, bezeichnen Energiespezialisten als »Szenario des Teufels«. Der Begriff wurde auch in den geheimen Diskussionen benutzt, die der Vorsitzende der japanischen Atomenergiekommission, Dr. Shunsuke Kondo, und andere nach dem Kraftwerksunglück in Fukushima Daiichi 2011 führten. In diesem Fall waren die sechs Atomreaktoren des Kraftwerks durch ein Erdbeben der Stufe 9,0 und eine nachfolgende 14 Meter hohe Flutwelle schwer getroffen worden, das Kraftwerk hatte erhebliche Schäden erlitten, und die Beamten mussten mit dem Schlimmsten rechnen. Während einer Krisensitzung hinter verschlossenen Türen gaben die Mitglieder des japanischen Kabinetts zu, dass Fukushima Daiichi kurz vor einer Kernschmelze und einer Wasserstoffexplosion stünde, wenn es nicht gelänge, das Kühlungssystem wieder in Gang zu bringen.[271] Sollte dies passieren, so befürchtete man, würde sich eine Decke dichten radioaktiven Rauchs über den Osten Japans legen und das Gebiet von Fukushima bis Tokio, eine Strecke von 240 Kilometern, für Menschen unbewohnbar machen, und zwar auf unbestimmte Zeit.

»Das war das Teufelsszenario, das ich im Kopf hatte«, erklärte der damalige Chefkabinettssekretär Yukio Edano später.[272] Und er habe befürchtet, »was der gesunde Menschenverstand nahelegte: Wenn das passieren würde, wäre es das Ende von Tokio.« Der gesamten Stadt.

Doch Japan blieb verschont. Drei der sechs Reaktoren in Fukushima Daiichi erlitten schwere Schäden an den Reaktorkernen und entließen auch radioaktive Strahlung nach außen, aber das Teufelsszenario fand nicht statt. »Japan ist gerade noch einmal davongekommen«, schrieb Declan Butler in der Zeitschrift *Nature*.[273] Und die U.S. Nuclear Regulatory Commission schreibt in ihrem Report von 2014 unter dem Titel »Reflections on Fukushima«, die Ereignisse in Japan sollten der Welt »zur Warnung dienen«.[274]

Alle Atomkraftwerke erzeugen elektrischen Strom mithilfe von Hitze, die durch angereichertes Uran entsteht. Nach fünf Jahren bringen die Brennstäbe des Kraftwerks nicht mehr die volle Leistung und müssen ausgebaut, zwischengelagert und gekühlt werden. Sie bleiben Tausende Jahre radioaktiv.[275]

In Diablo Canyon liegen mehr als 2500 verbrauchte Brennstäbe in Abklingbecken, die Kühlwasser aus dem Pazifik nutzen. Sollten die Pumpen dieser Kühlbecken ausfallen – durch einen Unfall oder einen Angriff –, wäre eine katastrophale Kernschmelze die Folge.[276]

Alle drei Jahre führt die U.S. Nuclear Regulatory Commission ein Force-on-Force-Manöver durch, bei dem die Wachleute des Kraftwerks die Abwehr eines direkten Angriffs trainieren.[277] Dabei werden Brettspiele wie Schach, aber auch Übungskämpfe gegen einen angreifenden Feind – beispielsweise eine Terroristengruppe – eingesetzt. Doch die Abwehr einer angreifenden Atomrakete wurde nie geübt. Aus einem einfachen Grund: Es gibt keine solche Abwehr. Die Regel 42 des Internationalen Roten Kreuzes ist ebenso psychologischer Natur wie das ganze Konzept der Abschreckung. Eine theoretische Ableitung eines angenommenen künftigen Verhaltens und seiner Folgen, die funktioniert – bis sie eben nicht mehr funktioniert.

Gut 90 Kilometer über dem Kraftwerk tritt der Gefechtskopf der U-Boot-gestützten ballistischen Rakete jetzt wieder in die Erdatmosphäre ein. Seine Geschwindigkeit beträgt mehr als 6400 Kilometer pro Stunde.[278]

Noch 30 Sekunden, bis der Zündmechanismus der Bombe auslöst.

In einem Report der Nuclear Regulatory Commission heißt es, ein kleines bis mittleres Feuer in einem Kraftwerk wie Diablo Canyon würde die dauerhafte Evakuierung von drei bis vier Millionen Menschen nach sich ziehen.[279] »Wir reden hier von Billionen Dollar«, erklärt Frank von Hippel, emeritierter Professor an der Princeton University und Mitbegründer ihres Programms »Science and Global Security«, im Zusammenhang mit einer derartigen Katastrophe.[280] Doch ein atomarer Angriff auf das Kraftwerk Diablo Canyon führt eben nicht zu einem kleinen bis mittleren Feuer. Sondern zu einem radioaktiven Inferno.

Dem Beginn der Apokalypse.

Noch 20 Sekunden.

Ein Atomschlag gegen ein Kernkraftwerk führt in jedem Fall zu einem Zusammenbruch des Kerns, also einer Kernschmelze.[281] In einem Artikel in der *New York Times*, der 1971 veröffentlicht wurde, beschrieb der ehemals am Manhattan-Project beteiligte Physiker Ralph E. Lapp, was passiert, wenn in einem Kernreaktor eine vollständige Kernschmelze stattfindet. Lapp legte die schrecklichen Details aufgrund eines Reports der Atomenergiekommission Ergen dar: Zuerst kommt es zu einer Explosion, dann zu einem Feuer, und anschließend wird radioaktiver Müll unkontrolliert in die Umwelt ausgestoßen. Doch die wirkliche Bedrohung findet tief im Reaktorkern selbst statt, so Lapp. »Die geschmolzenen Reste können sich am Boden des Reaktorgefäßes sammeln … eine riesige geschmolzene radioaktive Masse … die in die Erde einsinkt und dort etwa zwei Jahre lang immer weiter wächst.« Eine Masse mit hoher Temperatur, eine flüssige »hot sphere« aus radioaktiver Lava und einem schwelenden Feuer »mit einem Durchmesser von etwa 30 Metern könnte sich bilden und ein Jahrzehnt lang erhalten bleiben«.[282]

Vier. Drei. Zwei. Eins.

Der Atomsprengkopf der KN-23 explodiert auf seinem Ziel.

Die gesamte Kraftwerksanlage von Diablo wird von einem nuklearen Blitz verschlungen. Ein massiver Feuerball, eine alles zerstörende Explosion. Eine pilzförmige Wolke und ein Super-GAU.

Das Szenario des Teufels ist Wirklichkeit geworden.[283]

22 MINUTEN

Cavalier Space Force Station, North Dakota

Der Space-Force-Stützpunkt Cavalier im Osten von North Dakota liegt 24 Kilometer von der kanadischen Grenze entfernt. In einem acht Stockwerke hohen Gebäude aus Beton scannt ein riesiges, achteckiges Radarsystem den Himmel. Cavaliers Lage führt dazu, dass der Radar den angreifenden Gefechtskopf der Hwasong-17-ICBM sieht, als dieser in seiner mittleren Flugphase von Norden her über dem Horizont erscheint, etwa 22 Minuten nach dem Start der Rakete. Die Beobachtung des Bodenradars wird die letzten Überhori-

Radargebäude auf dem Space-Force-Stützpunkt Cavalier in North Dakota
(U.S. Space Force)

zont-Daten liefern, die die Space Force aufzeichnet, bevor die Bombe über D.C. explodiert.

Es bleiben noch zehn oder elf Minuten. Inzwischen wurden genug Daten gesammelt, um das Ziel auf knapp einen Kilometer genau zu bestimmen. Es geht entweder um das Pentagon oder das Weiße Haus.

Bei dem Ereignis in unserem Szenario handelt es sich also um den Versuch einer »Enthauptung«.

23 MINUTEN

Weißes Haus, Washington, D.C.

Der Präsident wird im Hubschrauber Marine One angeschnallt. Die Rotorblätter drehen sich, der Hubschrauber ist fertig zum Starten. Tatsächlich sitzt der Präsident schon seit einigen Minuten hier, doch der Hubschrauber ist noch immer nicht abgeflogen. Der Special Agent, der für die persönliche Sicherheit des Präsidenten verantwortlich ist, schreit den Sicherheitsberater an, der in der Tür des Hubschraubers steht und in sein Handy brüllt. Der Special Agent ist kurz davor, körperliche Gewalt anzuwenden. Er hat geschworen, den Präsidenten unter Einsatz seines Lebens zu schützen.

SAC: »Der Hubschrauber muss *jetzt* abfliegen!«

Bei dem erbitterten Streit der beiden Männer geht es um die Zahl der Fallschirme im Marine One. Diese Kontroverse hat kostbare Zeit gekostet. Die drei Mitglieder des Counter Assault Team haben Fallschirme für sich, den Präsidenten, den Special Agent und den Adjutanten. Sechs Fallschirme, genau die Zahl, die im Secret-Service-Büro im Weißen Haus gelagert war. Im Marine One sitzen aber 14 Personen, was bedeutet, dass sich die übrigen Passagiere nicht retten können, falls der Hubschrauber abstürzt.

Der Sicherheitsberater gibt den Kampf auf. Er beschließt, das Risiko einzugehen, steigt ein und schnallt sich an. Außer ihm sitzen noch ein paar Leute aus dem Büro des Präsidenten dort, die gelegentlich auch als »ständige Regierung«[284] bezeichnet werden. Unter ihnen befinden sich der National Cyber Director und der Sekretär des National Space Council. Der Stabschef des Weißen Hauses, der Assistent des Präsidenten für Homeland Security und Terrorabwehr sowie ein weiteres halbes Dutzend Mitarbeitende rennen zu einem zweiten Marinehubschrauber, der startbereit etwas weiter hinten auf der Rasenfläche steht.

Marine One ist gepanzert und mit Raketenabwehr sowie einem Raketenwarnsystem ausgestattet. Während der fast neue Sikorsky VH-92A mit dem Präsidenten und seinen Beratern aufsteigt, sichern CAT-Leute die Fläche vor dem Weißen Haus und halten nach Bedrohungen Ausschau.

Doch die Bedrohung kommt nicht vom Boden.

Sie kommt von oben.

Es wird nur noch wenige Minuten dauern, dann wird eine Atombombe auf Washington, D.C. niedergehen.

Im Marine One brüllen mehrere Personen den Präsidenten an, der über Satellitenvideo mit ihnen verbunden ist. Die Familie des Präsidenten, seine Frau und die Kinder, sind in Upstate New York bei seinen Schwiegereltern. Der Verteidigungsminister und die stellvertretende Vorsitzende des Generalstabs sind auf dem Weg nach Site R. Wo sich der Vizepräsident befindet, ist derzeit noch unklar. Durch ein System von Antennen und Satellitenschüsseln, die sich allesamt in einer Kommunikationskuppel am Heck des Hubschraubers befinden, ist der Präsident mit STRATCOM verbunden. Nuclear Command, Control, and Communications, kurz NC3, ist ein komplexes Zusammenspiel von Systemen, die auf dem Boden, in der Luft und im Weltraum existieren. Zu den beteiligten Komponenten gehören Empfangsgeräte, Terminals und Satelliten, die allesamt dazu dienen, dem Präsidenten die Kontrolle über die gesamte nukleare Triade zu sichern.[285] Das NC3-System im Marine One ist zudem angeblich gegen elektromagnetische Impulse geschützt, die mit dem Blitz beim Auftreffen einer Atombombe einhergehen. Doch niemand weiß, ob das System in einem Atomkrieg durchhalten wird oder versagt. Der oberste Rechnungshof der USA hat im Jahr 2021 die Effizienz des Systems geprüft, seine Empfehlungen aber nicht veröffentlicht.[286] Und das Verteidigungsministerium hat keinen Kommentar dazu abgegeben.

Neben dem Präsidenten sitzt der Adjutant, der jetzt den Football mit dem Black Book wieder öffnet.[287] Während der Hubschrauber den Landeplatz des Weißen Hauses verlässt, ergreift der Vorsitzende des Generalstabs per Video als Erster das Wort:

»Wir sind in Kalifornien von einer Atombombe getroffen worden.«

»Himmel noch mal, hieß es nicht, wir haben noch ein paar Minuten?«, fragt der Präsident.

Der Sicherheitsberater: »Es handelt sich um eine zweite Rakete.« Er stockt. »Eine andere.«

Der Vorsitzende: »In Südkalifornien, auf ein Kernkraftwerk.«

STRATCOM Commander: »Wir rechnen damit, dass das Pentagon als Nächstes getroffen wird, Sir.«

Der Sicherheitsberater zeigt auf eine Uhr auf einem Display im Marine One, die die Sekunden herunterzählt.

Der Vorsitzende: »Der Einsatzbefehl, Sir!«

Der Präsident zieht die laminierte Codekarte aus seiner Geldbörse. Den Keks mit den Gold Codes.

Der Vorsitzende: »Ich rate zu Option Charlie aus dem Black Book, Sir.«

In wenigen Minuten wird dieser Mann tot sein.

Der Präsident bestätigt Option Charlie. Ein nuklearer Gegenschlag als Launch-on-Warning-Reaktion auf einen nordkoreanischen Erstschlag gegen die USA. 82 Ziele, sogenannte »aimpoints«, darunter Orte, an denen Atom- und ABC-Waffen gelagert werden, die Aufenthaltsorte der Führung des Landes und andere kriegswichtige Einrichtungen.[288] Bei diesem Gegenschlag werden 50 ICBMs vom Typ Minuteman III und acht SLBMs vom Typ Trident (jede mit vier Gefechtsköpfen) abgefeuert, sodass insgesamt 82 nukleare Sprengköpfe auf 82 Zielpunkte auf der nördlichen Hälfte der koreanischen Halbinsel einschlagen werden. Diese riesige Menge stellt nur einen Bruchteil dessen dar, was der ursprüngliche SIOP als Eröffnungssalve gegen Moskau einmal vorsah. In unserem Szenario werden die 82 atomaren Sprengköpfe, die gleich abgefeuert werden, den Tod von vielen Millionen Menschen allein auf der koreanischen Halbinsel verursachen.

Im Marine One ist es ganz still geworden.[289]

Dann hört man die ruhige Stimme des Präsidenten, der die Einsatzcodes vorliest.

23 MINUTEN, 30 SEKUNDEN

National Military Command Center, Pentagon

Im Bunker unter dem Pentagon bestätigt der stellvertretende Director of Operations die Tatsache, dass der Mann, der soeben den nuklearen Zweitschlag gegen Nordkorea befohlen hat, der Präsident der Vereinigten Staaten ist.[290] Dies geschieht nicht über hochmoderne Voiceprint-Biometrik, sondern ganz altmodisch, durch den Austausch von Codewörtern. Zwei Buchstaben aus dem phonetischen Alphabet der NATO, gesprochen von einer menschlichen Stimme.

»Foxtrot, Tango«, sagt der stellvertretende Director of Operations in unserem Szenario. Es sind die letzten beiden Worte, die er zum Präsidenten sagen wird.

Und vom Marine One aus liest der Präsident die vorgeschriebene Antwort vor.

»Yankee, Zulu«, sagt er.

Während der Hubschrauber das Gelände des Weißen Hauses hinter sich lässt, starrt der Präsident aus dem Fenster und sieht zu, wie der Abstand zwischen ihm und der Stadt immer größer wird.

Durch zwei Codewörter ist das Ende der Welt besiegelt worden. Zwei laut ausgesprochene Wörter.

24 MINUTEN

Missile Alert Facility, Wyoming

2500 Kilometer von Washington, D.C. entfernt, auf einer Wiese in Wyoming, schimmert ein hart gefrorener Schneefleck in der Nachmittagssonne. Es gibt hier einen Maschendrahtzaun, Bewegungsmelder und eine 110 Tonnen schwere Tür aus Beton, die flach mit dem Erdboden abschließt und zum Himmel zu blicken scheint.[291]

Wer hier vorbeikommt, hält dies für Cowboyland. Rancherland. Für das Strategic Command ist es das Land der ICBM-Silos. Ein Drittel der 400 bodengestützten Atomraketen der USA befinden sich hier im Boden. Nicht eingeweihte Passanten sehen in der Echo-01-Abschusseinrichtung unseres Szenarios nur eine nichtssagende Ansammlung von Gebäuden: Haus, Scheune, Strommast, Garage.[292] Doch hinter den hermetisch verschlossenen Toren, verborgen im Boden, befindet sich ein 24 Meter tiefer Tunnel mit Raketensilos. Die Betonwände hier sind mehr als einen Meter dick. Ein Aufzug bringt die Mannschaft zu ihren Unterkünften, einem Kraftwerk und einem Fluchttunnel, durch den die zweiköpfige Raketencrew nach dem Abschuss hinausgelangt.

Der größte Teil des Silos wird von einer Rakete des Typs Minuteman III eingenommen. Sie ist fast 20 Meter hoch, wiegt beim Start 35 Tonnen und ist mit einem 300-Kilotonnen-Atomsprengkopf ausgerüstet.[293] Dieser Sprengkopf wird jetzt für den Start vorbereitet.

Die Uhr zeigt 13:27 Ortszeit, als der Einsatzbefehl kommt. Raketencrews und Hilfspersonal der 90th Missile Wing an jedem der über den Bundesstaat verteilten Außenposten springen aus ihren Sitzen und bewegen sich mit einer Geschwindigkeit, die nur DEFCON 1 zustande bringt. Die 400 bodengestützten ICBMs der USA gelten allgemein als der verwundbarste Teil der nuklearen Triade bei einem Atomangriff, weil ihre Standorte öffentlich bekannt sind und sich nicht ändern. Deshalb werden sie im Fall eines atomaren Gegenschlags auch als erstes Waffensystem eingesetzt – ein Konzept, das von Insidern als Strategie des »use them or lose them« bezeichnet wird: Verwende sie, bevor sie verloren sind. Raus mit den ICBMs, sonst wird der Gegner sie zum Ziel seiner Angriffe machen und zerstören.[294]

Eine ICBM kann schneller abgefeuert werden als jedes andere Waffensystem im gesamten Arsenal, einschließlich der U-Boot-gestützten Raketen. Die Zeit vom Einsatzbefehl zum eigentlichen Start ist extrem kurz. »Sie heißen nicht ohne Grund Minuteman«, schreibt der ehemalige ICBM Launch Officer Bruce Blair.[295] »Der gesamte Vorgang vom Bewaffnen der Rakete über die Eingabe des Ziels bis zum Abfeuern dauert gerade einmal 60 Sekunden.«

Jedes der 400 ICBM-Silos, die alle so aufgebaut sind wie Echo-01, liegt strategisch günstig über Amerika westlich des Mississippi verteilt – in Montana, Wyoming, North Dakota, Nebraska und Colorado.[296] Sie wurden auf privatem Ranchgelände gebaut, in Staatswäldern, Reservaten der First Nations und auf Familienfarmen. Einige befinden sich außerhalb kleiner Städte, andere nur ein Stück die Straße hinunter vom Einkaufszentrum. Wieder andere sind so

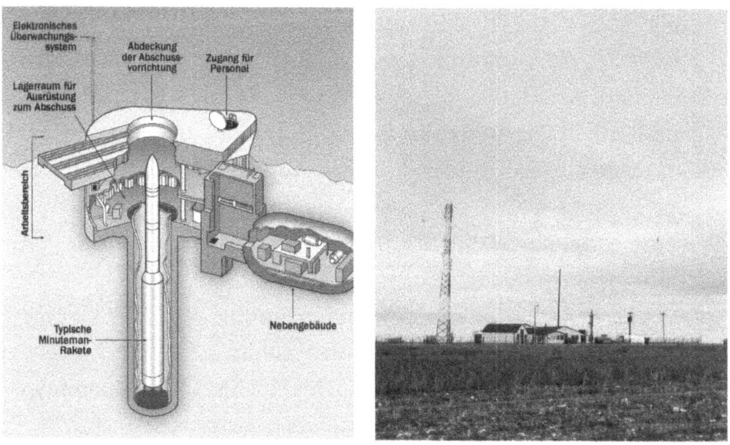

ICBM vom Typ Minuteman III: unterirdischer (links) und oberirdischer (rechts) Teil der Abschussvorrichtung
(U.S. Air Force)

abgelegen, dass die Crews selbst bei gutem Wetter Stunden brauchen, um sie zu erreichen.[297]

Auf Echo-01 hat die zweiköpfige Raketencrew jeden Tag für diesen Moment geübt. Jeden Morgen, wenn sie mit dem Aufzug runterfahren, nehmen die Launch Officers ihre Luftwaffen-Abzeichen vom Klettband und ersetzen sie durch die Abzeichen des Strategic Command. Im Fall eines Atomkriegs unterstehen sie direkt dem STRATCOM Commander.[298] Sieben Jahrzehnte lang war das alles nur Vorbereitung. Jetzt ist es ernst.

Nachdem der Einsatzbefehl des Präsidenten bestätigt wurde, beginnt die Sequenz, die zum Abfeuern der ICBMs führt. Ein Minuteman Launch Control Center kontrolliert zehn ICBMs. Überall in Wyoming bekommen Launch Crews in ihren Raketensilos verschlüsselte Befehle. Jeder dieser Befehle soll 150 Zeichen lang sein.[299]

Fünf Launch Control Center einschließlich Echo-01 öffnen ihre verschlossenen Safes in den Betonwänden der Silos.

Jeder Launch Officer vergleicht die kürzlich ausgetauschten Sealed-Authenticator-System-Codes[300] mit den soeben erhaltenen Codes des Emergency Action Team in der Kommandozentrale unter dem Pentagon.[301]

Jeder Officer entnimmt den Sicherheitsschlüssel – er ist klein, silberfarben, aus Metall und mit Schlüsselring und Etikett versehen.

Jede Launch Crew gibt ihren War-Plan-Code in den Computer ein und ändert das Ziel »ihrer« ICBM vom voreingestellten Sicherheitsprogramm »offenes Meer« auf das vorherbestimmte Ziel laut dem Angriffsplan der Option Charlie, wie er im Black Book des Präsidenten niedergelegt ist.

50 neue Zielkoordinaten werden eingetippt.

Sicherheitsschlüssel werden herumgedreht.

50 Raketen vom Typ Missile III, jede mit einem 300-Kilotonnen-Atomsprengkopf in ihrer Spitze, sind jetzt fertig zum Start.

50 ICBMs mit einer Gesamtlast von 15 Megatonnen Sprengkraft.

Im gesamten Bundesstaat Wyoming öffnen sich 50 110-Tonnen-schwere Silotore aus Beton.

Unter Rauch und Feuer steigen die 50 Atomraketen in die Luft. Es dauert 3,4 Sekunden, bis eine Minuteman-Rakete ihr Silo verlassen hat und fliegt.[302]

Nach einer Minute ist die erste Raketenstufe der 35 Tonnen schweren Raketen ausgebrannt und wird abgetrennt.

Die zweite Raketenstufe zündet und wirft Teile ab, während die Rakete weiter steigt.

Nach etwa zwölf Minuten beschleunigt jede dieser Raketen auf eine extrem hohe Geschwindigkeit, bevor sie ihre endgültige Reisehöhe von 800 bis 1100 Kilometern über der Erdoberfläche erreicht.[303]

Doch noch bevor eine dieser 50 ICBMs ihre Endgeschwindigkeit und Reisehöhe erreicht hat, greift ein alter Mann, der ein Stück die Straße hinunter in der Nähe eines der Silos in Wyoming lebt, zum Telefon.

Dieser alte Mann ist ein russischer Spion.

»Überall in den Vereinigten Staaten befinden sich Spione, die die Raketensilos beobachten«, erklärte der erste Science and Technology Director der CIA, Dr. Albert »Bud« Wheelon, uns in einem Interview kurz vor seinem Tod.[304]

Der alte russische Spion greift zu seinem Telefon und ruft in Moskau an.

»Die ICBMs sind gestartet«, sagt er.

TEIL III

DIE NÄCHSTEN 24 MINUTEN

24 MINUTEN

Rancho San Miguelito, Point Buchon, Kalifornien

Diablo Canyon, Kalifornien.
Bei der Detonation setzt eine 300-Kilotonnen-Atombombe in einer millionstel Sekunde 300 Billionen Kalorien an Energie frei.
(Mit freundlicher Genehmigung der Pacific Gas and Electric Company)

An der zentralkalifornischen Küste, sechs Kilometer nordwestlich des Atomkraftwerks Diablo Canyon, hoch auf einer Bergkuppe nahe Point Buchon, kümmert sich ein Viehzüchter gerade um seine Kühe, als er plötzlich durch die Explosion einer Atombombe mit 300 Kilotonnen Sprengkraft von den Füßen gerissen wird.

Es gab kein Geräusch, nichts, das ihn warnte.

Nur eine Wand aus komprimierter Luft, die ihn wie ein Bulldozer traf. Durch einen Zufall des Schicksals stand der Viehzüchter mit dem Rücken zur Explosion, sodass er nicht erblindete.

Er hat es zum Teil der Geografie zu verdanken, dass er am Leben ist. Dem Gelände und den Landschaftsmerkmalen, die ihn umgeben. Zwischen ihm und dem Detonationsort der Bombe liegt eine Reihe niedriger Berge und abschüssiger Klippenformationen. Die Hitzestrahlung der Bombe, die zu Verbrennungen dritten Grades führt und entzündliches Material in Flammen setzt, wurde durch Erde und Felsen teilweise, wenn auch nicht vollständig abgefangen. »Große, bergige Landmassen verstärken tendenziell die Auswirkungen der Druckwelle in manchen Gebieten und schwächen sie in anderen ab«,[305] stellten US-Verteidigungsforscher bei den Bombardements von Hiroshima und Nagasaki fest. Hier auf dieser dem Meer zugewandten Steilküste stehen keine Gebäude – nichts, was einstürzen und den Rancher erschlagen könnte. Keine Glasfenster, deren Splitter sich in seine Haut bohren könnten. Der durch die Bombe verursachte Überdruck riss ihm die Kleider vom Leib und warf ihn zu Boden. Er ist alt und zäh wie Leder. Er steht auf. Dreht sich um.

Er sieht die Pilzwolke.

Sein Urgroßvater kaufte dieses Land Anfang des 20. Jahrhunderts, noch bevor der erste Ford gebaut wurde. Der Rancher starrt die aufsteigende Pilzwolke an und traut seinen Augen kaum.

Seine Rinder, deren Fell durch Wärmestrahlung versengt wurde, rennen in Richtung der Berge. Er ist jetzt allein. Ein alter, nackter Mann. Er wurde im Juli 1945 geboren, im selben Monat und Jahr, in dem die Wissenschaftler des Manhattan-Projekts die erste Atombombe bauten und testeten, Codename Trinity, Dreifaltigkeit, womit Vater, Sohn und Heiliger Geist gemeint waren.

Der alte Rancher sucht seine Klamotten. Er findet sein Smartphone, das auf der Erde liegt. Dank der Beschaffenheit des Umgebungsgeländes wurde es nicht durch den elektromagnetischen Impuls beschädigt. Er hebt die kleine Wundermaschine auf und beginnt, mit der Kamera zu filmen. Der alte Viehzüchter ist geschichtskundig. Er weiß, dass die Trinity-Bombe in der Wüste Jornada del Muerto gezündet wurde, was auf Deutsch »Weg des toten Mannes« bedeutet.

Und nun steht er hier bei Diablo Canyon, der Teufelsschlucht, und sieht die Pilzwolke, die immer größer wird.

In Büchern hat er gelesen, dass Atomwaffen nichts als Tod und Zerstörung bedeuten. Das war schon immer so. Er ist so alt, dass er noch miterlebt hat, wie das Gleichgewicht des Schreckens der Öffentlichkeit als Rettung verkauft wurde; doch er weiß, dass es Wahnsinn ist. Er erinnert sich an Bert the Turtle.[306] Wie sie üben mussten, sich zu ducken und in Deckung zu gehen. Projekt Sunshine, jenes Programm der Atomenergiekommission, das die Knochen von Toten und die Milchzähne lebender Kinder sammelte. Um im Geheimen die Strahlenbelastung des Knochengewebes in verschiedenen Teilen des menschlichen Körpers zu untersuchen.

Der Viehzüchter filmt weiter.

Es ist ihm bewusst, dass er sterben wird. Dass er wahrscheinlich gerade einer tödlichen Strahlendosis ausgesetzt ist. Dass der Tod durch Strahlenvergiftung schrecklich ist. Er lädt das Video auf Facebook hoch. Bilder dieser graubraunen Pilzwolke, die über einem Atomkraftwerk aufsteigt, das fast genau auf halber Strecke zwischen San Francisco und Los Angeles liegt. Zwischen den zwei bevölkerungsreichsten Städten im bevölkerungsreichsten Staat der USA.

Es ist ein wahr gewordenes Horrorszenario.

Der lokal begrenzte elektromagnetische Impuls der Bombe hat Wechselstromsysteme entlang der ganzen Küste zerstört, aber das Handy des Ranchers hat noch Akku.[307] Über einen vorbeiziehenden Kommunikationssatelliten verbindet es sich mit dem Internet. Das Video des Ranchers verbreitet sich in den sozialen Netzwerken auf der ganzen Welt. Menschen in Paris und Peoria, in Karatschi und Kuala Lumpur sehen nun die Pilzwolke beinahe in Echtzeit.

Das Internet wird mit Nachrichten überflutet.

#Atomkrieg #Armageddon #EndeDerWelt

25 MINUTEN

Rechenzentrum, Sacramento, Kalifornien

Viele Millionen Menschen in ganz Amerika greifen hastig nach ihren Smartphones und öffnen ihre Social-Media-Apps. Wenn das Internet die Straße ist, dann ist die App das Ziel – und jetzt überfluten Nutzer Facebook, X, Instagram oder welche Nachrichten-App auch immer sie bevorzugen. Jeder sucht verzweifelt nach Informationen darüber, was jetzt gerade an der kalifornischen Küste passiert.

Sehen heißt glauben.

Die Menschen müssen das Video des Ranchers mit eigenen Augen sehen.

X bricht als Erstes zusammen.[308] Im Datenzentrum des Unternehmens in Sacramento fällt der Strom aus. Das Notstromsystem wird aktiviert, bricht aber wegen Überlastung ebenfalls zusammen. Die Zerstörung des Atomkraftwerks Diablo Canyon hat das kalifornische Stromnetz schwer beeinträchtigt. Der Bedarf ist um ein Vielfaches höher als die Einspeisung. Computerserver und Speichersysteme, die Daten verarbeiten, werden überlastet und schalten wie Dominosteine reihenweise ab.

80 Millionen. 100 Millionen. Dann greifen 150 Millionen der 350 Millionen Nutzer von X gleichzeitig auf die App zu. Die Webseite gibt unter der Belastung nach. Bricht vollkommen zusammen.

X wird ab diesem Zeitpunkt nie wieder erreichbar sein.

25 MINUTEN, 30 SEKUNDEN

Diablo Canyon, Kalifornien

Der atomare Angriff auf das Kraftwerk Diablo Canyon erfolgte als Bodendetonation mit 300 Kilotonnen Sprengkraft. Anders als eine Luftdetonation, mit deren Druckwelle möglichst viele Menschen am Boden darunter getötet werden sollen, tötet eine Bodendetonation weniger Menschen in der unmittelbaren Umgebung, produziert viel mehr radioaktiven Niederschlag, den Fallout. Er wird so genannt, weil er nach einer Explosion buchstäblich »aus« dem Himmel »fällt«, wenn die Druckwelle abgeklungen ist.

Schon vor Jahrzehnten begann die Entwicklung der Waffentechnologie, die benötigt wird, um die U-Boot-gestützte ballistische Rakete KN-23 aus dem Startrohr eines Unterwasserfahrzeugs an ein Ziel auf dem Festland zu befördern. Die Amerikaner und Russen fingen in den 1950er-Jahren an, Raketentechnik für U-Boote zu entwickeln, und arbeiten bis heute daran.[309] Die Nordkoreaner sind noch nicht lange mit von der Partie, aber sie stahlen Informationen und hatten Anfängerglück. Die U-Boot-gestützte ballistische Rakete, die auf das kalifornische Atomkraftwerk abgefeuert wurde, verfehlte ihr Ziel nur um wenige Hundert Meter.

Die Bombe traf das Festland und detonierte beim südlichsten Mitarbeiterparkplatz, 30 Meter vom Klippenrand entfernt. Verteidigungsbeamte haben zahllose Szenarien durchkalkuliert, auch solche, in denen ein Kernreaktor von einer Rakete getroffen wird.[310] Aber was hier geschehen ist, lässt sich fast nicht mehr berechnen. Im Bruchteil einer Sekunde wurden alle Anwesenden im Kraftwerk Diablo Canyon eingeäschert.

Alle Atomkraftwerke in den Vereinigten Staaten wurden so gebaut, dass sie dem direkten Einschlag eines Kampfflugzeugs widerstehen können. Im Jahr 1988 testeten die Sandia National Laboratories die Widerstandsfähigkeit eines Reaktorsicherheitsbehälters, indem ein Kampfflugzeug vom Typ F-4 Phantom in eine 3,5 Meter dicke Betonwand geflogen wurde, die im Aufbau einer solchen Sicherheitswand glich. Der Kampfjet wurde größtenteils pulverisiert; in der Wand blieb ein sechs Zentimeter tiefer Kratzer zurück.[311] Das ferngesteuerte Flugzeug war aber nur knapp 800 Kilometer pro Stunde schnell und seine Tanks mit Wasser und nicht mit Treibstoff gefüllt.

Wird der Sicherheitsbehälter von einer Kernwaffe getroffen, richtet sie ganz andere Schäden an. Eine 300-Kilotonnen-Atombombe setzt innerhalb einer millionstel Sekunde 300 Billionen Kalorien an

Energie frei – eine für den menschlichen Geist kaum begreifbare Kraft.[312] Um dieselbe Sprengkraft zu erzeugen, werden 300 Millionen Kilogramm Dynamit benötigt, eine ebenfalls unvorstellbare Zahl. (Eine mittelgroße Rohrbombe hat eine Sprengkraft von etwa zwei Kilogramm.)[313]

Lynn Eden, emeritierte Historikerin der Stanford University und Expertin für nukleare Feuerstürme, erklärt: »Aufgrund seiner großen Hitze würde sich der anfängliche Feuerball rasant ausdehnen. Sein maximaler Durchmesser würde schließlich über 1,5 Kilometer betragen.«[314] Ein Feuerball dieser Größe reicht aus, um das 300 Hektar große Kraftwerk Diablo Canyon vollständig zu zerstören. Und da sich die Hälfte des Feuerballs über den Ozean erstreckt, verschwindet das gesamte Kraftwerk jetzt in einem Krater im Meer.

Alles, was sich innerhalb des Feuerballs befindet, wird ausgelöscht.

Ein Teil des Kraterinhalts wird an seinem landseitigen Rand aufgehäuft und der Rest in die Luft geschleudert, von wo er als Fallout wieder auf die Erde zurückregnet. Carl Sagan warnte schon im Jahr 1983: »Eine Bodendetonation mit hoher Sprengkraft verdampft, schmilzt und pulverisiert die Erdoberfläche des Zielgebiets und befördert große Mengen Kondensat und feinen Staub in die obere Troposphäre und Stratosphäre.«[315] Weil dieser Feuerball so viel Erdboden pulverisiert, enthält seine Pilzwolke beispiellose Mengen radioaktives Material.[316]

In *The Effects of Nuclear Weapons* beschönigten die Wissenschaftler der Army nichts: »Eine atomare Explosion auf oder nahe der Erdoberfläche kann zu schwerwiegender Kontamination durch radioaktiven Niederschlag führen [...] ein allmählicher Vorgang, der sich über einen längeren Zeitraum erstreckt [...] Es kann auch Niederschlag geben, ohne dass die Wolke sichtbar ist, [mit Partikeln,] deren Durchmesser lediglich 100 Mikrometer beträgt. [...] Sie können aber auch so groß wie Murmeln werden.«[317]

Die Beschreibung der Army wird jedoch dem nicht gerecht, was hier gerade passiert: Der gesamte Vorrat an Kernbrennstoff für die beiden Reaktorkerne des Diablo-Werks, die jeweils 1100 Megawatt

Leistung erzeugen, sowie 2000 Tonnen verbrauchter Brennstoff werden in der Atmosphäre verteilt – mit katastrophalen Folgen.[318]

Sekunden vergehen. Im Jahr 1971 warnte der Atomphysiker Ralph E. Lapp im »Ergen Report« vor genau dem, was jetzt in diesem Bombenkrater mit 1,5 Kilometer Durchmesser passiert. Die Überreste der Reaktorkerne brennen und stoßen radioaktive Lava aus, die sich tief in die Erde bohrt. Das Gremium für die Außerbetriebnahme des Kraftwerks warnte in der Vergangenheit davor, dass sich bei Temperaturen über 900 Grad Celsius »die heißen Brennstäbe selbst entzünden werden«.[319]

Das ist jetzt geschehen.

Die über 2500 verbrauchten Brennelemente haben ebenfalls Feuer gefangen und sich in eine radioaktive Brühe verwandelt, die zu giftigem Fallout wird.[320] Noch vor wenigen Minuten standen die 58 Betonbehälter, in denen der verbrauchte Brennstoff des Kraftwerks gelagert wurde, wie riesige Schachfiguren aufrecht unter freiem Himmel, jeder auf einer 2,3 Meter dicken Betonplatte verankert.[321] Die Detonation hat ihre Betonwände zersplittert, sie umgekippt und auseinandergerissen. Jetzt setzen auch sie riesige Mengen radioaktiven Abfalls frei.

Bevor die Bombe einschlug, versorgten Block 1 und Block 2 des Diablo-Kraftwerks etwa zehn Prozent der Einwohner Kaliforniens mit Strom, was im Jahr 2024 3,9 Millionen Menschen entsprach.[322] Jetzt nicht mehr.

Kraftwerke benötigen für den laufenden Betrieb Strom. Die Explosion hat die Wechselstromsysteme zerstört, mit denen das Diablo-Werk betrieben wurde, und der Strom wird so bald nicht wieder angestellt.

Die sechs Notstrom-Dieselgeneratoren wie auch die Treibstofftanks und die Notstrom-Batteriesysteme der Anlage wurden durch den Feuerball vernichtet. Die Werksfeuerwehr – bestehend aus zwei Löschfahrzeugen, Wasserspeichern und Pumpanlagen, die Meerwasser auf brennende Gebäude spritzten – hat sich in Asche verwandelt. Die 19 Millionen Liter Wasser, die für Notfälle bereitgehalten wurden, sind in der höllischen Hitze verdampft. Die Rohre für Meerwasseransaugung im Notfall, die Kühlwassereinlasssysteme und die Auslässe für heißes Wasser sind allesamt im Meer versunken.

In nächster Zeit werden keine Helikopter des Katastrophenschutzes eintreffen, um die Feuer zu löschen, wie es russische Einsatzkräfte nach der Tschernobyl-Katastrophe im Jahr 1986 taten. Die U.S. Army kann nicht über den Detonationsort fliegen, um die Überreste der offenen Reaktorkerne mit Sand und Bor abzudecken, da die entweichende Strahlung dort so stark ist.[323] In den nächsten Wochen bis Monaten wird ein Durchfliegen der radioaktiven Wolke zum sofortigen Tod führen.

Gordon Thompson, der Direktor des Institute for Resource and Security Studies, beschreibt, die Folgen eines Brandes der Brennelemente: »Das Feuer kann jetzt nicht gelöscht werden, weil sich ihm wegen der extremen Radioaktivität niemand nähern kann.«[324] Thompson hat seit 1978 Systeme zur Lagerung von Kernbrennstoffen erforscht. Laut seinen Berechnungen werden bis zu 100 Prozent der Bestandteile des gesamten Kernbrennstoffs der Anlage in die Atmosphäre freigesetzt.

»Der Vorfall, über den wir sprechen, würde dazu führen, dass ein Gebiet von etwa der Größe New Jerseys langfristig verlassen werden müsste«, sagt Frank von Hippel.[325] Dann, konfrontiert mit unserem Szenario, korrigiert er sich: »Zwei New Jerseys«.[326]

Dr. Glen McDuff, Kerntechniker in Los Alamos, erwartet noch Schlimmeres. »Die Situation wäre noch viel, viel dramatischer«, warnt er. »Abgebrannte Brennstäbe sind radioaktiv. Würden sie von einer Atombombe getroffen, würden sie in Millionen kleiner Teilchen zersplittern.«[327]

Das bedeutet, so McDuff, dass »radioaktive Stücke verbrannter Brennstäbe in den Fallout gemischt sind. Das würde den mittleren Teil Kaliforniens für immer unbewohnbar machen. Die Verseuchung könnte sich bis nach Nevada erstrecken, möglicherweise sogar bis nach Colorado. Diablo Canyon würde sich davon nicht erholen. Nie.«[328]

26 MINUTEN

Kontrollzentrum für staatliche Verteidigung, Moskau, Russland

Das Kontrollzentrum für staatliche Verteidigung in Moskau
(www.kremlin.ru)

Einige der bedeutendsten Menschen, die das Video des Viehzüchters sehen und herunterladen konnten, bevor X zusammenbrach, befinden sich in Russland. Es sind die Stellvertreter der obersten Generäle des russischen Generalstabs.[329] Die Gruppe junger Offiziere starrt nun auf Bildschirme, auf denen die Pilzwolke in Endlosschleife abgespielt wird. Hier am eisigen Ufer der Moskwa haben alle – von den Generälen bis zu den Reinigungskräften – aufgehört zu arbeiten und versuchen zu begreifen, was um alles in der Welt gerade in den Vereinigten Staaten passiert.

Die Westküste Amerikas wurde von einer Atombombe getroffen.

Das ist schockierend. Das ist katastrophal. Aber vor allem ist es furchterregend. Abschreckung ist ein psychologisches Phänomen. Ein Geisteszustand. Nun, da die Abschreckung versagt hat, kann alles passieren. Wirklich alles.

Es ist 22:29 Uhr Moskauer Ortszeit. Der diensthabende Kommandant der Nachtschicht hier im Kontrollzentrum für staatliche Verteidigung beruft eilig eine Notfall-Telekonferenz mit den ranghöchsten Kommandanten des Generalstabs ein. Wer schon im Gebäude ist, begibt sich schleunigst zum Kontrollzentrum der Strategischen Kernwaffenkräfte, einer befestigten Kommandozentrale, die wie ein Auditorium aufgebaut ist und dem Bunker gleicht, der sich unter dem Pentagon in Washington, D.C. befindet.

In unserem Szenario hat Russland nichts mit den Ereignissen zu tun, die sich in den USA zugetragen haben. Die ranghohen russischen Generäle, die gerade der Telekonferenz beitreten, wissen das. Sie haben das Kommando über die Nuklearstreitkräfte des Landes. Es ist aber unmöglich zu beeinflussen, welche Schlüsse andere Länder ziehen werden.

Die Abschreckung hat versagt. Die Theorie, dass das Gleichgewicht des Schreckens die Welt vor Atomangriffen bewahren wird, wurde widerlegt. Wie wird der Enthauptungsschlag gegen die Vereinigten Staaten durch einen abtrünnigen Dritten die Entscheidungen des Führungsstabs der russischen Nuklearstreitkräfte in dieser Krisensituation beeinflussen?

Der ehemalige US-Verteidigungsminister Leon Panetta vermittelt uns einen Eindruck davon, was jetzt vor sich gehen könnte. »Ich glaube ehrlich gesagt nicht, dass viel darüber nachgedacht wird, was für ein Wahnsinn in so einem Moment herrschen würde.«[330] Panetta befürchtet: »Wenn plötzlich Atombomben fliegen, bleibt nicht viel Zeit zu überlegen: ›Wer fühlt sich sonst noch bedroht?‹ Es wird nicht groß darüber nachgedacht, wer sonst noch *was* tun könnte … Nicht in einer solchen Situation.« Entscheidungen unter Krisenbedingungen können eine gefährliche Sache sein.

Das Kontrollzentrum für staatliche Verteidigung in Moskau liegt in drei Kilometer Entfernung vom Kreml und ist ein Hauptsitz der russischen Nuklearstreitkräfte. Von hier aus koordinieren Russlands ranghöchste Generäle die militärischen Aktivitäten auf der ganzen Welt, einschließlich des Abschusses von Atomraketen. Der Kommandobunker ist ein Nachbau des Bunkers unter dem Pentagon, sollte aber noch bombastischer sein. Ein Bildschirm, der vom Boden bis zur Decke reicht, zeigt Militäreinsätze in Echtzeit auf einem elektronischen System, das laut dem Kreml größer als eine digitale IMAX-180-Grad-Kuppel ist. Militäroffiziere greifen über Tabletcomputer auf einen Großrechner im Keller zu.[331] Dem Kreml zufolge hat dieser eine Geschwindigkeit von 16 PetaFLOPS und eine Speicherkapazität von 236 Petabyte, womit er den des Pentagons um das Dreifache übertrifft. Verteidigungsminister Sergej Schoigu sagte der russischen Nachrichtenagentur TASS, dass diese »enorme Leistungsfähigkeit« es ermögliche, mit ähnlicher Kapazität wie ein menschliches Gehirn Kriegsszenarien durchzuspielen und Voraussagen über atomar geführte Kriege zu treffen. Das Ziel sei dabei, »den Entscheidungsfindungsprozess mit dem Weltgeschehen zu synchronisieren«. Der Computer sei in der Lage, die Aktivitäten anderer Länder beinahe in Echtzeit zu analysieren und dem russischen Präsidenten zu raten, wie er darauf militärisch reagieren solle.

Ein atomarer Überraschungsangriff auf die Vereinigten Staaten ist für die russischen Nuklearstreitkräfte höchst besorgniserregend. Der diensthabende Kommandant der Nachtschicht greift zum Telefon und kontaktiert seinen Vorgesetzten.

»Ваше присутствие срочно необходимо!«, sagt er. »Sie müssen sofort kommen!«

27 MINUTEN

Im Weltall

Im Weltall, Tausende Kilometer über der Erdoberfläche, wird wegen technologischer Mängel eine Katastrophe in Gang gesetzt. Ein russischer Satellit, der sich am erdfernsten Punkt seiner hochelliptischen Umlaufbahn befindet, überwacht die nördlichen Minuteman-ICBM-Felder in den Vereinigten Staaten und empfängt Signale, die mehrere Alarme auslösen. Diese geheimen Warnbotschaften sind das russische Äquivalent zu:

Alarm, Start einer ballistischen Rakete!

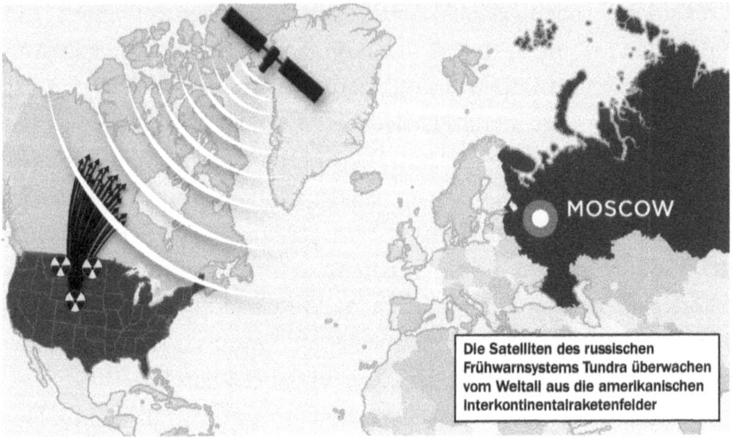

Die Satelliten des russischen Frühwarnsystems Tundra sind unzuverlässig.
(Abbildung von Michael Rohani)

Das US-Verteidigungsministerium verwendet zur Erkennung von Raketenstarts aus dem Weltraum das Frühwarnsystem SBIRS. Dieses Satellitensystem ist derart ausgereift, dass es den heißen Raketenstrahl einer einzigen Interkontinentalrakete im Bruchteil einer Sekunde nach dem Start entdecken kann. Als Reaktion darauf konstruierte Russland das Frühwarnsystem Tundra.[332] Diese Konstellation militärischer Satelliten ist angeblich ebenfalls in der Lage, aus dem Weltall den Himmel über den amerikanischen Minuteman-Raketenfeldern und anderen Orten auf der Welt zu überwachen und fast in Echtzeit den Start einer feindlichen Interkontinentalrakete zu erkennen, mit der ein Atomangriff auf Russland ausgeführt werden könnte.

Die Leistungsfähigkeit von Tundra bleibt jedoch weit hinter der von SBIRS zurück, was Russland aber nur ungern zugibt. Die meisten Verteidigungsanalysten sind sich einig, dass Russlands Frühwarn-Satellitensystem mit schweren Mängeln behaftet ist, was in einem solchen Augenblick eine potenziell tödliche Situation herbeiführen kann.[333]

»Tundra ist nicht gut«, sagt Pavel Podvig, der Topexperte der westlichen Welt für Russlands Nuklearstreitkräfte, der mit dem UN-Institut für Abrüstungsforschung zusammenarbeitet.[334]

Ted Postol ist direkter. »Russlands Frühwarnsatelliten funktionieren nicht genau«, sagt er. »Russland verfügt nicht über das technologische Know-how dafür, um ein System zu konstruieren, das dem amerikanischen ebenbürtig ist.«[335] Das bedeutet, »ihre Satelliten können nicht gerade nach unten auf die Erde schauen«, sie haben keine sogenannte Tiefsichtfähigkeit. Infolgedessen blicken Russlands Tundra-Satelliten »zur Seite«, warnt Postol, »was ihre Fähigkeit einschränkt, Sonnenlicht von beispielsweise Feuer zu unterscheiden«.

Besonders problematisch ist, wie Tundra Wolken wahrnimmt.

»Ihre Satelliten können Zirruswolken mit Abgasstrahlen von Raketen verwechseln, die gar nicht existieren«, erklärt Postol.

Raketenabgasstrahlen zu sehen, die es gar nicht gibt, kann katastrophale Folgen haben.

Wenn bereits erhöhte Alarmbereitschaft herrscht, »könnte Moskau denken, es wird angegriffen«.[336]

Wenn Russland denkt, es wird angegriffen, wären die Konsequenzen verheerend.

In einer (öffentlichen) Lagebesprechung des Senats, die 2015 unter dem Titel »Unbeabsichtigter Atomkrieg zwischen Russland und den Vereinigten Staaten« auf dem Capitol Hill stattfand, teilte Postol einer Gruppe Kongressabgeordneter mit, dass Russlands »unzuverlässiges Frühwarnsystem eine der größten Gefahren für den Einsatz von Atomwaffen darstellt, denen die USA derzeit ausgesetzt sind«.[337] Sollte es zu einer Falschauswertung von Satellitendaten kommen, »könnte Russland seine gesamten Nuklearstreitkräfte für eine gigantische Angriffswelle mobilisieren«.[338]

Der ehemalige STRATCOM Commander General Kehler warnt davor, was das bedeutet: »Russland ist das einzige Land, das die USA innerhalb der nächsten Stunden zerstören kann.«[339]

28 MINUTEN

Marine One, im Flug über Bethesda, Maryland

Marine One fliegt mit Maximalgeschwindigkeit, um den Luftraum über D.C. so schnell wie möglich zu verlassen. Bei einem Sikorsky VH-92A sind das über 240 Stundenkilometer.[340] An Bord befindet sich der Präsident, der über Funk mit dem Vorsitzenden des Generalstabs und dem STRATCOM Commander verbunden ist.

Pro Minute entfernt sich der Marine One des Präsidenten etwas mehr als drei Kilometer von den tödlichen Auswirkungen der Atombombe, die sich in rasend schnellem Sinkflug auf D.C. befindet.

Zu diesem Zeitpunkt ist der elektromagnetische Impuls, auch EMP genannt, immer noch eine der größten Gefahren für das Leben des Präsidenten. Diese kurzzeitige elektromagnetische Strahlung wird mit hoher Wahrscheinlichkeit alle elektronischen Systeme des Marine One zerstören und zum Absturz des Hubschraubers führen.[341]

Der Special Agent in Charge aus dem Personenschutz des Präsidenten ist dafür verantwortlich, diese Gefahr einzudämmen, und hat sich jetzt entschieden, die notwendigen Schritte einzuleiten. Der SAC weist die drei Angehörigen des Counter Assault Team an, sich für einen Tandem-Fallschirmsprung mit dem Präsidenten aus dem Helikopter bereitzumachen.

Der natürlich auftretende elektromagnetische Impuls ist Wissenschaftlern seit dem 19. Jahrhundert bekannt. Im Jahr 1954 schrieb Richard Garwin in Los Alamos den ersten Fachaufsatz über nukleare EMPs (die Ergebnisse seines bahnbrechenden Papers unterliegen bis heute der Geheimhaltung). Nachdem 1962 im Weltall ein Atomwaffentest mit dem Namen Starfish Prime durchgeführt wurde, begannen amerikanische Verteidigungswissenschaftler, sich stärker für die Auswirkungen des EMP zu interessieren. Nach der Detonation vorgenommene Messungen zeigten, dass ein durch eine Explosion in großer Höhe ausgelöster EMP in der Lage ist, Infrastruktur auf der Erdoberfläche großflächig zu zerstören.

»Während des Kalten Krieges testete Russland einen EMP im Weltraum über Kasachstan«, berichtet uns der ehemalige CIA-Analyst für Russland und spätere Vorsitzende der EMP-Kommission Dr. Peter Pry.[342] Ein EMP in großer Höhe zerstört am Boden darunter »verschiedenste Arten von Elektronik in einem riesigen Umkreis, der sich über Hunderte Kilometer erstreckt«. Wenn eine Atombombe hingegen näher an der Erdoberfläche detoniert, bleiben die Auswirkungen des EMP lokal begrenzt. Der Marine-One-Hubschrauber des Präsidenten ist EMP-geschützt, aber dieser Schutz wurde nur in einer Versuchskammer getestet. Niemand weiß, was im Ernstfall geschehen wird.

Der Präsident soll zum Raven Rock Mountain Complex gebracht werden, dem sogenannten Alternativen Nationalen Militärischen Kommando- und Kontrollzentrum, auch bekannt als Site R. Dieser Bunker wurde während des Kalten Krieges erbaut und von dem nationalsozialistischen Ingenieur Georg Rickhey entworfen, der nach dem Zweiten Weltkrieg ein Wissenschaftler der Operation Paperclip wurde.[343] Seine Referenzen beeindruckten das amerikanische Militär, da er unter anderem während des Krieges für den Bau von Hitlers unterirdischem Bunker in Berlin zuständig gewesen war. Site R befindet sich in ca. 110 Kilometer Entfernung vom Weißen Haus. Marine One benötigt für diese Strecke gewöhnlich etwa 30 Minuten, je nachdem, wie lange Start und Landung dauern. Der Präsident, der auch Oberbefehlshaber der Streitkräfte ist, befindet sich erst seit etwas mehr als vier Minuten in der Luft. Es sind noch sieben bis acht Kilometer, bis der Helikopter die gefährliche Überdruckzone verlassen wird.

Marine One fliegt zügig über Bethesda Hill hinweg, vorbei an der Stelle, wo die Autobahn den Timberlawn Local Park kreuzt. Unten auf dem Rasen haben verängstigte Eltern und Babysitter gerade von dem Atomangriff in Kalifornien erfahren und zerren spielende Kinder von Rutschen und Schaukeln. Alle versuchen, schnellstmöglich nach Hause zu gelangen.

Im Marine One drängt der Vorsitzende des Generalstabs den Präsidenten über Satellitenfunk zum Handeln. Bis zum Einschlag der

Rakete verbleiben fünf Minuten. Der Vorsitzende ist bestimmt und ruhig.

Vorsitzender: »Sir. Wir brauchen den universellen Freischaltcode von Ihnen.«

Präsident: »Was zur Hölle ist der universelle Freischaltcode?«

Es ist bemerkenswert, wie wenig der Präsident der Vereinigten Staaten über den Atomkrieg weiß.

STRATCOM Commander: »Die USA wurden angegriffen.«

Die Zeit bis zum Einschlag verrinnt weiter. Es erscheint absurd, in einem solchen Moment Dinge zu erklären.

Vorsitzender: »Ich rate Ihnen, STRATCOM den universellen Freischaltcode zur Verfügung zu stellen, Mr. President. Sir.«

Gäbe es Zeit für Erklärungen, dann würde diese Interaktion so ablaufen. In den Worten des ehemaligen Launch Control Officer und Atomwaffenexperten Bruce Blair und seiner Kollegen Sebastien Philippe und Sharon K. Weiner: »Wenn sich der Präsident für eine begrenzte nukleare Option entscheidet, erhalten Launch Crews einen eingeschränkten Freischaltcode, mit dem sie bestimmte Raketen auf bestimmte Ziele abfeuern können, und nur diese Raketen.«[344] Das Trio bezieht sich dabei auf den Mechanismus der Abschusserlaubnis, der ein entscheidender Bestandteil der Organisationsstruktur der Nuklearstreitkräfte ist. Er garantiert, dass nur der Präsident und niemand sonst jemals den Einsatz von Atomwaffen autorisieren kann. Der eingeschränkte Freischaltcode dient als Sicherheitsmechanismus.

Es sei denn, der Präsident setzt die Abschusserlaubnis mit dem universellen Freischaltcode außer Kraft. »Wie das Adjektiv ›universell‹ bereits andeutet, erlaubt dieser Code es, dass Interkontinentalraketen gestartet werden und U-Boote all ihre Nuklearwaffen abfeuern«, erklären Blair, Philippe und Weiner.

STRATCOM Commander: »Wir brauchen den universellen Freischaltcode!«

Die Interkontinentalraketen-Launch-Crews der Vereinigten Staaten haben soeben auf Befehl des Präsidenten 50 Minuteman-Raketen abgefeuert. Zudem ist der Abschuss weiterer 32 U-Boot-gestützter nuklearer Gefechtsköpfe eingeleitet worden. Falls der Präsident einen zweiten Atomschlag autorisieren muss, benötigt er dafür neue Startcodes.

»Die Launch Crews besitzen zwar alle notwendigen Schlüssel, um zusätzliche Atomwaffen abzufeuern«, erklären die Waffenexperten, »aber sie haben nicht die Freischaltcodes, mit denen diese Waffen scharf gemacht, auf ein Ziel gerichtet und abgefeuert werden.« Wenn eine zweite Angriffswelle durchgeführt werden soll, »müssten den Launch Crews mehrere verschiedene Freischaltcodes gesendet werden«.

Und dafür muss die National Security Agency vollkommen neue Codes erstellen.

Die Abschusserlaubnis stellt sicher, dass die Launch Crews 82 Gefechtsköpfe abfeuern, wenn der Präsident den Abschuss von 82 nuklearen Gefechtsköpfen autorisiert. Nicht 83 und nicht 84.

Der STRATCOM Commander teilt dem Präsidenten mit, STRATCOM sei der Ansicht, dass es wahrscheinlich weitere Atomangriffe auf die Vereinigten Staaten geben werde. Und dass STRATCOM diese werde erwidern müssen.

Der Vorsitzende wird direkt: »Wenn der Präsident stirbt, kann STRATCOM keine weiteren Raketen abfeuern. Außer STRATCOM verfügt über den universellen Freischaltcode.«

Der Präsident starrt aus dem Fenster von Marine One.

Inmitten des Chaos kommt ihm ein Gedanke.

»Wo ist der Vizepräsident?«, fragt er.

Wenn der Präsident stirbt, wird dem Vizepräsidenten die Befehlsgewalt übertragen. Da dieser der Erste in der präsidialen Nachfolge ist, wird auch er rund um die Uhr, 365 Tage im Jahr, von einem Adjutanten begleitet, der einen Atomkoffer bei sich trägt.[345]

Nationaler Sicherheitsberater: »Der Vizepräsident hielt sich auf dem Friedhof Arlington auf, um einen Kranz an einem Grab niederzulegen. Eine Evakuierung wurde eingeleitet, aber …«

Vorsitzender: »Da die präsidiale Nachfolge in Gefahr ist, brauchen wir den universellen Freischaltcode.«

Sie befinden sich *auf Messers Schneide*. Der gleichnamige Roman von W. Somerset Maugham kommt einem in den Sinn. Er erzählt die Geschichte eines Piloten im Ersten Weltkrieg, den das Gemetzel so traumatisierte, dass er dem Krieg den Rücken kehrte, um den Sinn des Lebens zu finden.

»Schwer ist es, auf der scharfen Schneide des Messers zu wandeln; So schwer ist auch, wie der Weise sagt, der Weg zum Heil.«[346]

Die Sachlage leuchtet dem Präsidenten ein. Er erinnert sich jedoch nicht, damals während des Briefings für den neuen Präsidenten etwas Derartiges mitgeteilt bekommen zu haben. Jetzt erscheint es fundamental wichtig. Sollte die Welt in der nuklearen Apokalypse enden, dann möchte er nicht das Blut einer Milliarde oder mehr Menschen an seinen Händen haben.

Der Präsident autorisiert den universellen Freischaltcode.

Nun können Entscheidungen über den Abschuss von Atomraketen direkt vom STRATCOM getroffen werden, falls der Präsident oder sein Nachfolger nicht mehr auffindbar sein sollten.

31 MINUTEN

National Military Command Center, Pentagon

Im Atomschutzbunker unter dem Pentagon verbleiben noch 120 Sekunden, bis eine Atombombe über dem Gebäude detonieren und alles und jeden mit einer so verheerenden wie absurden Gewalt und Endgültigkeit auslöschen wird. Alle 27 000 Angestellten, die hier arbeiten, werden gleich sterben. Dazu gehören die Führungsstäbe der Army, der Navy, der Air Force, des Marine Corps, der Space Force, der Küstenwache, die elf U.S. Unified Combatant Commands, viele der 17 Geheimdienste und Zehntausende andere Menschen. Und das nur im Pentagon.

Es sei denn, der nukleare Gefechtskopf Nordkoreas wird durch den Wiedereintritt in die Atmosphäre beschädigt.

Was passieren könnte.

Die Hwasong-17 hat von Pjöngjang aus eine Strecke von fast 10 000 Kilometern zurückgelegt und dabei eine Geschwindigkeit von fast 25 000 Kilometern pro Stunde und eine Flughöhe von 1100 Kilometern erreicht. Sie hat die Start- oder Boost-Phase und die mittlere Flugphase durchlaufen. Alle vier amerikanischen Abfangraketen haben ihr Ziel verfehlt. Jetzt muss der nukleare Gefechtskopf wieder in die Erdatmosphäre eintreten. Das ist ein kritischer Moment, in dem häufig Defekte auftreten.

»Der Wiedereintritt ist eine Phase, in der vieles schiefgehen kann«, berichtet der Waffenentwickler Glen McDuff aus Los Alamos.[347] »Es ist große Präzision erforderlich. Der Wiedereintrittskörper muss wie ein Projektil rotieren. Wenn er vom Ziel abweicht oder Flugstabilität verliert, scheitert der Wiedereintritt, und er verglüht.«

Die CIA war lange davon überzeugt, dass Nordkoreas ballistische Raketen nicht zum Wiedereintritt in der Lage sind. Im Jahr 2020 änderte der Geheimdienst seine Einschätzung, ohne öffentlich die Gründe dafür zu nennen.[348]

So viele Leben stehen auf dem Spiel. Wird der Wiedereintritt erfolgreich sein oder scheitern?

32 MINUTEN

Verteidigungsminister und stellvertretende Vorsitzende des Generalstabs im Osprey

Der Verteidigungsminister rast im V-22 Osprey Richtung Site R und hat das Funkgespräch mitverfolgt. Seine Aufmerksamkeit ist jedoch auf Russland gerichtet. Er ist entschlossen, mit dem Präsidenten der Russischen Föderation zu sprechen.

Neben ihm im Flugzeug berät sich die stellvertretende Vorsitzende des Generalstabs über Funk mit einem Beamten der Defense Information Systems Agency, einer wichtigen Unterstützungseinheit für Spezialeinsätze.[349] Die DISA ist die Kampfunterstützungsbehörde, die dafür zuständig ist, alle Mitarbeitende der Verteidigungsministerien weltweit – über vier Millionen Nutzer – mit dem Defense Information System Network zu verbinden.[350] Die DISA betreibt mittels des Support-Centers für den Gemeinsamen Stab die nationale Geheimdienstzentrale für gemeinsame Operationen im Pentagon und in der Site R. Da das Pentagon in wenigen Sekunden vollständig zerstört werden wird, werden Notfallbetrieb und -kommunikation nun von der Site R aus geleitet. Das Unterstützungspersonal für Spezialeinsätze der DISA, das in dieser Situation entscheidend ist, übermittelt der stellvertretenden Vorsitzenden und dem Verteidigungsminister alle Informationen so schnell wie möglich.

Beide Offizielle sind seit 14 Minuten in der Luft und schon fast doppelt so weit von D.C. entfernt wie Marine One. Der V-22 Osprey ist größer und verfügt über Tragflächen. Somit ist er deutlich schneller. Am Ende jeder Tragfläche befindet sich ein Dreiblattpropeller aus Verbundwerkstoff mit 11,6 Meter Durchmesser, der an einer Triebwerksgondel montiert ist. Diese kann 90 Grad um die Querachse des Wandelflugzeugs schwenken. So kann der Osprey wie ein gewöhnlicher Helikopter vertikal starten und landen, aber dann doppelt so schnell wie die meisten Helikopter fliegen, indem die Triebwerksgondeln nach vorne geschwenkt werden und er sich in ein Turboprop-Flugzeug verwandelt.[351]

Der schnellere Osprey startete vom Pentagon, bevor der Präsident vom Rasen des Weißen Hauses abhob, deshalb hat er bereits die gefährliche Überdruckzone verlassen. Der Verteidigungsminister und die stellvertretende Vorsitzende werden den Raven Rock Mountain Complex mit viel größerer Wahrscheinlichkeit lebend erreichen als der Präsident.

So viel ist in den letzten 32 Minuten geschehen. So viel hängt davon ab, was als Nächstes passiert. Aber der Verteidigungsminister konzentriert sich nur auf eine Sache: mit dem russischen Präsidenten zu sprechen. Wie viele, die vor ihm den Posten des US-Verteidigungsministers innehatten, war auch er schon sein ganzes Leben lang im militärisch-industriellen Komplex tätig. Daher kennt er wie kaum ein anderer eine furchterregende Schwachstelle im Gleichgewicht des Schreckens, die eine existenzielle Gefahr darstellt.

Eine Art Loch. Über dem Nordpol. Ein Problem, das Atomwaffenexperten wie Hans Kristensen bestens bekannt ist, aber vom Rest der Welt größtenteils ignoriert wird.

»Die Reichweite der Interkontinentalrakete Minuteman III ist nicht groß genug, um Nordkorea anzugreifen, ohne über Russland zu fliegen«, erklärt Kristensen.[352]

Also führt die Flugbahn von 50 Interkontinentalraketen, die von Raketenfeldern in Wyoming abgefeuert werden, *direkt über* Russland.

»Das Loch. Es ist sehr gefährlich«, bestätigt der ehemalige Verteidigungsminister Leon Panetta. »Ich habe das Gefühl, diesem Problem wird nicht ausreichend Beachtung geschenkt.«[353]

Zu der Zeit, als sich dieses Szenario abspielt, haben die Beziehungen zwischen den USA und Russland – zwei nuklear bewaffneten Großmächten – einen neuen Tiefpunkt erreicht. Es herrscht großes Misstrauen, und zwischen dem US-Präsidenten und dem Präsidenten der Russischen Föderation besteht kein freundschaftliches Verhältnis. Und nun haben die Vereinigten Staaten in einem Gegenangriff Atomraketen auf Nordkorea abgefeuert – und diese werden zwangsläufig über Russland hinwegfliegen, um ihr Ziel zu erreichen.

Damit ist eine Katastrophe vorprogrammiert. In diesem Szenario befürchtet der Verteidigungsminister – mit gutem Grund –, dass eine Kaskade neuer, albtraumhafter Ereignisse in Gang gesetzt werden könnte, wenn er nicht augenblicklich mit dem russischen Präsidenten in Kontakt treten kann.

32 MINUTEN, 30 SEKUNDEN

Luftwaffenbasis Osan, Republik Korea (Südkorea)

In einem unterirdischen Bunker der Luftwaffenbasis Osan in Südkorea starrt ein Oberst der U.S. Air Force auf ein Satellitenbild auf einem Bildschirm. Wenige US-Militärbasen auf der Welt sind derart in dauerhafter Alarmbereitschaft wie diese in Osan.

Das Motto lautet hier buchstäblich: »Bereit, heute Nacht zu kämpfen.«[354]

In dem Atomkrieg, der gerade beginnt, wird Südkorea mit ziemlicher Sicherheit das nächste Ziel sein. Der Oberst blickt weiter auf den Bildschirm; neben ihm steht seine südkoreanische Amtskollegin.

Analysten haben an der Grenze zu Nordkorea Bewegung festgestellt, in weniger als 80 Kilometer Entfernung von diesem Bunker.

F-16 Fighting Falcons und A-10 Thunderbolts rollen das Startfeld von Osan entlang, und amerikanische und südkoreanische Piloten machen sich gefechtsbereit. Die Black-Hawk-Hubschrauber der U. S. Army werden mit an Lastseilen hängenden Ladungen bestückt, die an kleinere, vorgeschobene Operationsbasen transportiert werden sollen. Alle – von den Piloten bis zum Wartungspersonal und den Soldaten, die Treibstoff auffüllen – tragen Spezialausrüstung für atomare, biologische und chemische Gefahren.[355]

Nachrichtendienste schätzen, dass Nordkorea im Jahr 2024 über 50 Atombomben verfügt.[356] Außerdem hat Nordkorea das größte Chemiewaffenarsenal der Welt – geschätzte 5000 Tonnen –, und ein großer Teil davon befindet sich in den Gefechtsköpfen startklarer Raketen.

Die Luftwaffenbasis Osan ist immer gefechtsbereit und zusammen mit dem 19 Kilometer südlich gelegenen Camp Humphreys für die Erfüllung der US-Militärmission zuständig, einen Sicherheitsgürtel um Seoul aufrechtzuerhalten.

Seoul ist die größte Megastadt im entwickelten Teil der Welt und liegt nur 65 Kilometer nördlich der Luftwaffenbasis Osan.[357] Angesichts von 9,6 Millionen Einwohnern gehört Seoul zu den Städten mit der größten Bevölkerungsdichte der Erde und hat etwa eine Million Einwohner mehr als New York City. Die Metropolregion zählt 26 Millionen Menschen. Das halbe Land lebt hier.

Um die Luftwaffenbasis Osan vor Raketenangriffen zu schützen, wurde das Terminal High Altitude Area Defense System (THAAD) installiert – ein viele Milliarden Dollar teures System zum Entdecken und Abschießen von eintreffenden Raketen.[358] Aber jedes System hat Schwachstellen. Die Schwachstelle von THAAD ist, dass es große Mengen nicht zu bewältigen vermag.[359]

»THAAD-Systeme können mehrere Ziele gleichzeitig ausschalten«, sagt der Militärhistoriker Reid Kirby, »aber nicht Hunderte.« Kirby berät nichtstaatliche Organisationen zum Leistungsvermögen nordkoreanischer Massenvernichtungswaffen.

Der Oberst der Air Force starrt im Bunker weiter auf die Satellitenbilder, sucht nach Anzeichen von Truppenbewegungen jenseits der Grenze zum Norden.

Nach Anzeichen für den gefürchteten Sättigungsangriff mit Chemiewaffen.

US-Piloten in Südkorea trainieren in Spezialausrüstung für chemische, biologische, radiologische und nukleare Ereignisse.

(Mit freundlicher Genehmigung von Oberst i. R. Julian Chesnutt)

32 MINUTEN, 30 SEKUNDEN

Marine One, im Flug

Es herrscht Chaos in Marine One. Einige der Personen an Bord schreien, andere beten, wieder andere schicken eine SMS, um sich zu verabschieden. Der Adjutant ist ganz auf den Atomkoffer konzentriert. Der verantwortliche Special Agent und das dreiköpfige CAT-Element sind alle darauf fokussiert, das Leben des Präsidenten zu retten.

Der Pilot manövriert den Hubschrauber in einen steilen Steigflug, dann signalisiert er dem SAC, dass der Hubschrauber die nötige Flughöhe erreicht hat.

Der SAC gibt dem Anführer des Counter Assault Teams ein Zeichen.

Der CAT-Agent klinkt den Gurt des Präsidenten in seinen eigenen ein.

Der Adjutant steht auf; an seiner Brust ist der Atomkoffer befestigt.

Ein zweiter CAT-Agent öffnet die Seitentür des Hubschraubers.

Wind bläst herein.

Der Präsident und der CAT-Agent springen.

Der SAC springt.

Der Adjutant springt mit dem Atomkoffer.

Die zwei verbliebenen CAT-Agenten springen.

Die Präsidentenberater sehen aus dem Inneren des Hubschraubers zu, wie die anderen verschwinden.

Der mit dem CAT-Agenten verbundene Präsident fällt durch die Luft.

Riiippp. Riiippp. Riiippp …

Die CAT-Agenten ziehen die Reißleinen.

Der SAC zieht die Reißleine.

Der Adjutant mit dem Atomkoffer zieht die Reißleine.

Sechs Fallschirme öffnen sich.

Sekunden vergehen.

Die Fallschirme schweben sanft Richtung Boden.

Ein Lichtblitz.

Gefolgt von einer gespenstischen, durchdringenden Stille, die den Bruchteil einer Sekunde anhält.

Dann …

BUMM …

33 MINUTEN

Ort der Explosion, das Pentagon

Eine 1-Megatonnen-Atombombe detoniert bei einem Kernwaffentest in Französisch-Polynesien im Jahr 1970.
(Französische Streitkräfte)

Im Bruchteil einer Millisekunde erhitzt ein Lichtblitz die Luft auf 100 Millionen Grad Celsius, verwandelt Menschen, Orte und Dinge in Asche und verschlingt ein einst strahlendes, einst mächtiges, einst lebendiges Stadtzentrum in einer Apokalypse aus Feuer und Tod.[360]

Der Feuerball dieser Atombombe mit einer Megatonne Sprengkraft, die das Pentagon trifft, ist um das Vieltausendfache heller als die Mittagssonne.[361] Von Baltimore, Maryland bis Quantico, Virginia können Menschen diesen Lichtblitz sehen. Wer direkt hineinblickt, erblindet.[362]

In dieser ersten Millisekunde hat der Feuerball einen Durchmesser von 130 Metern. Innerhalb der nächsten zehn Sekunden wird er sich auf 1700 Meter ausdehnen, über eineinhalb Kilometer reines Feuer – 17 Fußballfelder aus Feuer –, die das Herz der amerikanischen Demokratie auslöschen.[363]

Der Feuerball erstreckt sich im Norden bis zum Lincoln Memorial und im Süden bis in die Crystal City. Alles und jeder innerhalb dieses Bereichs wird eingeäschert. Nichts bleibt zurück. Kein Mensch, kein Eichhörnchen, kein Marienkäfer, keine Pflanzen. Keine zellulären Organismen.

Die Luft außerhalb des Feuerballs wird zu einer riesigen Druckwelle komprimiert.[364] Diese dichte Wand aus Luft schiebt sich nach vorne und mäht auf ihrem Weg in fast zehn Kilometer Umkreis wiederum alles und jeden nieder. Hinter der Druckwelle herrschen Windstärken von vielen Hundert Kilometern pro Stunde. Es ist, als wäre Washington, D.C. gerade von einem Asteroiden getroffen worden.

In Ring 1 – ein Ring mit knapp 15 Kilometer Durchmesser – wird die physische Form der Bauwerke verändert, und die meisten stürzen ein.[365] Es bleiben über zehn Meter hohe Trümmerberge zurück. Der erste thermonukleare Blitz hat alles innerhalb des Feuerballs in Brand gesetzt. Er schmilzt Blei, Stahl, Titan. Er verwandelt geteerte Straßen in geschmolzenen Asphalt.

Am äußeren Rand von Ring 1 bleiben die Fahrzeuge der wenigen Überlebenden in den flüssig gewordenen Fahrbahnen stecken, fangen Feuer und schmelzen.[366] Das Röntgenlicht des nuklearen Blitzes verbrennt menschliche Haut, die sich von den Körpern abschält, und verwandelt Extremitäten in ein blutiges Grauen aus freiliegenden Sehnen und Knochen. Der Wind zieht Opfern die Haut von ihren Gesichtern herunter und reißt ihnen Gliedmaßen ab. Überlebende sterben an Schock, Herzinfarkt und Blutverlust. Durchtrennte Stromleitungen peitschen durch die Luft. Sie töten Menschen durch Stromschläge und entzünden überall neue Feuer.

Nach einigen Dutzend Sekunden ist der Feuerball fünf Kilometer in den Himmel aufgestiegen. Seine unheilvolle Wolkenkappe verdunkelt das Tageslicht.[367] Etwa eine Million Menschen wurden gerade getötet oder liegen im Sterben, Hunderttausende sind unter den Trümmern und im Feuer gefangen. Seit Langem warnt der Beratungsausschuss der US-Regierung zu nuklearen Fragen davor, was im ersten Ring um den Detonationsort geschehen wird: »Es wird praktisch keine Überlebenden geben«; »Alles wird bis zur Unkenntlichkeit zerstört werden [...] Nur Fundamente und Keller bleiben zurück.«[368]

Noch nie in der Menschheitsgeschichte wurden so viele Menschen so schnell getötet. Seit der Asteroid von der Größe eines Berges vor 66 Millionen Jahren auf der Erde einschlug, hat es keine solche schlagartige globale Zerstörung mehr gegeben.

Die Würfel sind gefallen.

Die eindringlichen Worte des ehemaligen STRATCOM Commander General Robert Kehler werden wahr: »Die Welt könnte innerhalb der nächsten Stunden untergehen.«[369]

Nun ist es so weit.

33 MINUTEN

Serpuchow-15, Verwaltungsbezirk Kaluga, Russland

Im Wald 150 Kilometer südwestlich von Moskau, im ländlichen Verwaltungsbezirk Kaluga, hat das Satellitenkontrollzentrum Serpuchow-15 ein Signal empfangen. Rote Lämpchen blinken. Schrille Alarmsirenen ertönen in Dauerschleife.

»Achtung. Raketenstart«, informiert eine Computerstimme die Mannschaft.[370]

Der Start einer amerikanischen Interkontinentalrakete wurde festgestellt.

Auf diese Information folgt das Kommando: »Stufe eins«, die russische Bezeichnung für die höchste atomare Warnstufe.

Das Satellitenkontrollzentrum Serpuchow-15 in Russland
(Verteidigungsministerium der Russischen Föderation)

Das russische Kommandozentrum Serpuchow-15 ist dafür zuständig, westlich von Russland Abschüsse von Interkontinentalraketen zu entdecken. Es ist ein Bestandteil der russischen Luft- und Weltraumkräfte, die wiederum ein »separater Zweig der russischen Streitkräfte sind und direkt dem Generalstab unterstehen«, erklärt Pavel Podvig.[371] Die Radare hier empfangen Signale von den Tundra-Satelliten, und es ist die Aufgabe des Kommandanten von Serpuchow-15, diese Informationen an seine Vorgesetzten weiterzugeben.

Das russische Verteidigungsministerium stationiert seit mehr als 50 Jahren Militärbeamte im Kontrollzentrum Serpuchow-15. Wie in Amerika hat es auch hier beängstigende Fehlalarme gegeben. Einmal, im Jahr 1983, als der Oberstleutnant Stanislaw Petrow das Kommando hatte, legten Satellitendaten nahe, dass fünf amerikanische Interkontinentalraketen auf Russland zuflogen, um einen Atomangriff auf Moskau auszuführen. Seine menschliche Intuition veranlasste Petrow, diese Information anzuzweifeln.[372] Jahre später berichtete er David Hoffman, einem Reporter der *Washington Post*, was ihm damals durch den Kopf ging. »Ich hatte ein seltsames Bauchgefühl«, sagte Petrow.[373] Er hatte sich gefragt: Wer beginnt einen Atomkrieg gegen eine andere Supermacht mit nur fünf Interkontinentalraketen?

Damals habe er sich dazu entschieden, dieses Frühwarnsignal als »Fehlalarm« zu interpretieren, sagte Petrow, und daher seinem Vorgesetzten nicht Bericht erstattet. Wegen dieser berechtigten Skepsis wurde Oberstleutnant Stanislaw Petrow bekannt als »der Mann, der die Welt vor dem Atomkrieg bewahrte«.

Aber in der atomaren Krisensituation dieses Szenarios – in der gerade ein Atomangriff auf die USA durchgeführt und eine große Menge Interkontinentalraketen von einem Raketenfeld in Wyoming abgefeuert wurde – reagiert der jetzige Kommandant von Serpuchow-15 anders als Petrow im Jahr 1983. Tundra verwechselt nicht nur Sonnenlicht mit heißen Raketenabgasen und Wolken mit Abgasrauch. Tundra gibt auch falsche Zahlen an.

»Wenn 50 Minuteman abgefeuert werden, ist Tundra vermutlich nicht in der Lage, die Anzahl der Interkontinentalraketen genau zu ermitteln«, meint Ted Postol. »Es könnte aussehen wie einhundert.«[374] Oder mehr.

Der Kommandant von Serpuchow-15 starrt auf die Frühwarninformation auf dem Bildschirm vor sich. Tundra »erkennt« in den 50 Minuteman-Raketen, die gerade über den Nordpol fliegen, über 100 Interkontinentalraketen.

Das ist eine Unmenge von nuklearen Gefechtsköpfen.

Genug für einen präventiven Enthauptungsschlag gegen Moskau.

In diesem Szenario hegt der Kommandant von Serpuchow-15 nicht dieselben Zweifel wie Oberstleutnant Stanislaw Petrow etwa 40 Jahre zuvor.

Er greift zum Telefon und kontaktiert Moskau.

»Die Amerikaner greifen uns mit Interkontinentalraketen an«, meldet der Kommandant.

34 MINUTEN

Hudson Yards, New York City

New York City liegt etwa 4000 Kilometer östlich von Diablo Canyon in Kalifornien und 320 Kilometer Luftlinie nordöstlich von Washington, D.C. Weit genug von beiden Orten entfernt, um von den physischen Auswirkungen der atomaren Explosionen verschont zu bleiben. Die psychologischen Auswirkungen sind jedoch auch hier zu spüren. In Amerikas größter Metropole bricht Panik und Chaos aus. Die Nachricht vom Atomangriff verbreitet sich wie ein Lauffeuer um die ganze Welt, und die Einwohner New Yorks haben Angst, dass ihre Stadt das nächste Ziel sein wird. Die Beschäftigten des Cable News Network rennen in rasender Hast aus dem Gebäude in Hudson Yards, so wie zuletzt am 11. September 2001 die Angestellten im World Trade Center, die versuchten, den einstürzenden Twin Towers zu entkommen.

In diesem Szenario bleiben einige Journalisten im Nachrichtenstudio zurück. Sie durchkämmen die sozialen Medien, die noch online sind, und suchen hektisch nach Content, den sie mit der Welt teilen können. Informatiker im Technikraum haben das Video des Ranchers von Point Buchon heruntergeladen, und es spielt in Dauerschleife auf einem Bildschirm. Wie Jules Naudets Video des ersten Flugzeugs, das am 11. September in den Nordturm flog, ist das Video des Ranchers ein Ausgangspunkt dieses Krieges.

In D.C. ist kein CNN-Reporter mehr telefonisch erreichbar. Das Mobilfunknetz ist zusammengebrochen. »Weit über 60 Prozent aller Datenzentren der Welt befinden sich im Norden Virginias«, berichtet der Brigadegeneral i. R. und oberste Chief Information Security Officer Gregory Touhill. Auch im Büro des Pressesprechers des Weißen Hauses ist niemand erreichbar. Unter der Nummer der Kontaktperson des CNN im Pentagon meldet sich direkt die Mailbox. Dasselbe gilt für die Army, die Navy, die Air Force, das Marine Corps, die Küstenwache, die Space Force, das Department of Homeland Security und das FBI.

Bevor X zusammenbrach, fluteten Handyvideos die sozialen Medien. Manche Aufnahmen sind Screenshots von CNN. Es ist aber nur noch ein Fakten-Checker im Gebäude, sodass es unmöglich ist, die Echtheit des gesamten Bildmaterials zu überprüfen. Wie können echte Videos von schrecklichen, KI-generierten Filmclips unterschieden werden, mit denen das Netz überschwemmt wird?

Der Fakten-Checker starrt auf die Bilder von verbrannten, rußgeschwärzten Leichen. Von Menschen, die nicht menschlich oder überhaupt echt aussehen. Das, was sich in Hiroshima und Nagasaki im August 1945 abspielte, passiert gerade in Amerika: Menschen ohne Gesichter. Menschen ohne Haut. Rennende nackte Menschen, deren Körper in Flammen stehen. Ein Mann, der ein totes Kind hält. Ein totes Pferd auf der Straße. Ein Jugendlicher, der einen abgetrennten Körperteil in der Hand hält.

Der Nachrichtensprecher, der in Hudson Yards geblieben ist, liest Text von einem Teleprompter ab und versucht, die Fassung zu bewahren, während ihm allmählich bewusst wird, was gerade geschieht.

Nachrichtensprecher: »Laut unseren Informationen hat offenbar eine Atombombe 265 Kilometer nördlich von Los Angeles, Kalifornien, ein Atomkraftwerk getroffen.«

Seine Stimme wird brüchig.

Nachrichtensprecher: »Und außerdem hat anscheinend – wir wissen es noch nicht mit Sicherheit – vor wenigen Sekunden oder Minuten – wir haben noch keine bestätigten Informationen – eine zweite Atombombe Washington, D.C. getroffen.«

Ein emotionaler Walter Cronkite weinte beinahe vor laufenden Kameras, als Präsident John F. Kennedy ermordet wurde. Nachdem der Zeppelin *Hindenburg* in Flammen aufging, rief Herb Morrison: »Oh, die Menschheit!«

Wie soll jemand das verarbeiten?

Der Nachrichtensprecher blickt nach unten, als ein Wireless Emergency Alert auf seinem Handy erscheint. Er sieht wieder in die Kamera.

Nachrichtensprecher: »Der nationale Katastrophenschutz hat diese Warnung herausgegeben.«

Er hält sein Handy in die Kamera. Dort steht zu lesen:

ATOMANGRIFF AUF DIE USA
SUCHEN SIE SOFORT SCHUTZ
DIES IST KEINE ÜBUNG[375]

35 MINUTEN

Diablo Canyon, Kalifornien

Dort, wo das Kernkraftwerk Diablo Canyon stand, saugen jetzt mächtige Aufwinde radioaktive Erde und Schutt in die wachsende Pilzwolke. Dieser furchterregende Auswuchs ragt 9000 Meter in den Himmel und ist von Aussichtspunkten entlang der gesamten kalifornischen Küste sichtbar, einschließlich der Vandenberg Space Force Basis, wo vier der 40 verbliebenen Abfangraketen stationiert sind. Die Basis liegt etwa 55 Kilometer südöstlich von dem Ort, wo sich das Schreckensszenario abspielt.

Die Berge in der Umgebung stehen in Flammen, die so hoch wie Wolkenkratzer sind und den Wald verschlingen. Sie töten Wildtiere und erfassen alles, was auf ihrem Weg liegt. Die brennenden Bäume erzeugen heiße Winde, die sich zu Feuertornados mit mehreren Hundert Kilometern pro Stunde vereinigen. Bäume stürzen um, und brennende Äste, so groß wie Autos, werden durch die Luft in benachbarte Canyons getragen, wo sie neue Feuer entzünden.

Zehntausende Einwohner Kaliforniens werden von äußerster Panik ergriffen, als die Alarmsirenen des Kraftwerks in Diablo Canyon aufheulen, die in etwa 20 Kilometer Umkreis um das Werk installiert sind.[376]

Überall herrscht Chaos.

Etwa 143 000 Menschen leben in diesem Gebiet, das in zwölf Schutzzonen aufgeteilt ist. Jetzt versuchen sie alle gleichzeitig, sich in Sicherheit zu bringen.[377] Von Pismo Beach bis Los Osos versucht jeder verzweifelt, dem Tod durch Rauch, Feuer und Strahlenvergiftung zu entkommen.

Die Aussichten sind düster.

Der einzige Fluchtweg ist eine historische Fernstraße, die fast 100 Jahre alt ist.

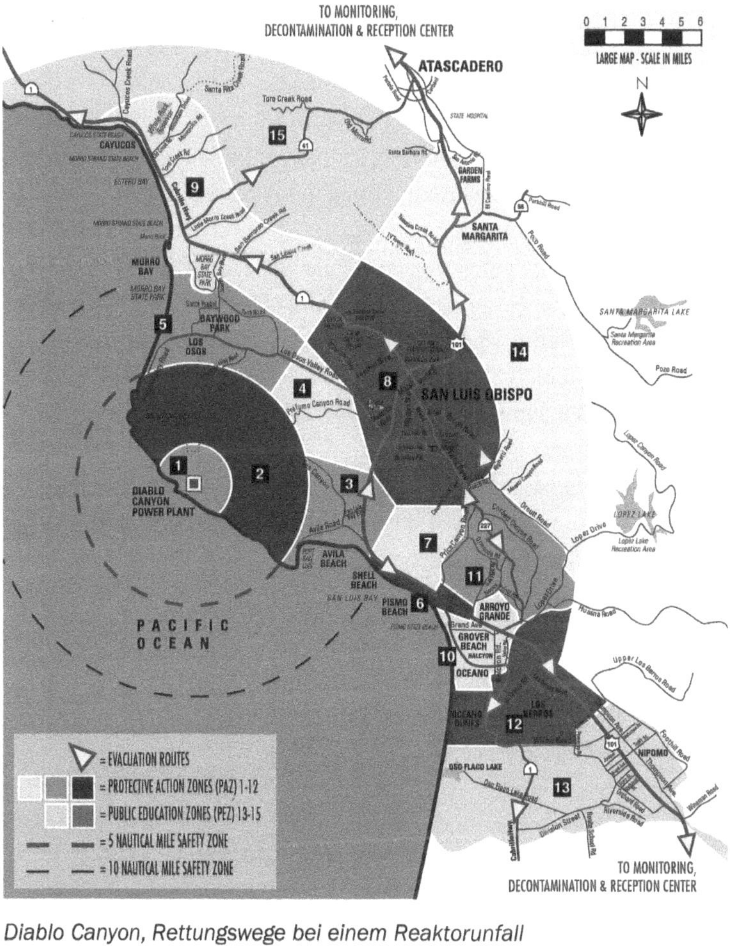

Diablo Canyon, Rettungswege bei einem Reaktorunfall
(U.S. Nuclear Regulatory Commission)

GESCHICHTSSTUNDE NR. 7

Das militärische Planspiel Proud Prophet

Im Jahr 1983, als der Wahnsinn der atomaren Aufrüstung einen neuen Höhepunkt erreicht hatte – etwa 60 000 Atomwaffen waren zum Abschuss bereit: 35 804 in Russland und 23 305 in den USA –,[378] ordnete Präsident Reagan ein militärisches Planspiel mit dem Codenamen Proud Prophet an, um den Ausgang und die Folgen eines Atomkriegs einschätzen zu können.[379] Das Planspiel wurde von einem Mann namens Thomas Schelling ausgearbeitet, einem Experten für den Kalten Krieg mit Wirtschaftsabschlüssen in Harvard und Berkeley. Schelling war Mitglied des New England Complex Systems Institute, eines Thinktanks, dessen Aufgabe die Erforschung »komplexer Systeme« war. Manche komplexen Systeme sind Teil der Natur, wie beispielsweise das Erdklima, das menschliche Gehirn oder lebende Zellen. Andere sind menschengemacht und von Maschinen abhängig, wie das Stromnetz, das Internet und das US-Verteidigungsministerium.[380]

Thomas Schellings Fachgebiet war die Anwendung der Spieltheorie auf komplexe Systeme. Er verwendete mathematische Modelle, um Folgen zu erkennen und vorherzusagen.[381] Darin genoss er hohe Anerkennung. Mit 80 Jahren, im Jahr 2005, wurde Schelling (gemeinsam mit Robert J. Aumann) mit dem Nobelpreis für Wirtschaftswissenschaften dafür ausgezeichnet, dass er »durch spieltheoretische Analysen unser Verständnis von Konflikt und Kooperation voranbrachte«.

»Die Macht, Schaden zuzufügen, ist Verhandlungsmacht«, ist ein berühmtes Zitat aus Schellings Buch *Arms and Influence*. »Sie zu nutzen ist Diplomatie – grausame Diplomatie, aber Diplomatie.«[382]

Das Ziel der geheimen Kriegssimulation Proud Prophet war es, zu demonstrieren, was geschieht, wenn die Diplomatie versagt –

wenn die Abschreckung versagt. Zudem sollten die ranghöchsten Offiziere der US-Nuklearstreitkräfte lernen, wie ein Atomkrieg verlaufen könnte und würde. Also versammelten sich 1983 zwei Wochen lang täglich über 200 Menschen im National War College in Washington, D.C., um das Planspiel durchzuführen. Sie wurden an einem sicheren Ort abgeschottet, damit verhindert wurde, dass geheime Informationen öffentlich wurden.

Das National War College befindet sich in der National Defense University gegenüber dem Pentagon, auf der anderen Seite des Potomac River. Es war ein Bestandteil des Spiels, dass sich der Verteidigungsminister täglich über ein rotes Telefon mit dem Vorsitzenden des Generalstabs über verschiedene Ideen austauschte, die Schelling in den Atomkriegsszenarien präsentierte. Die Modelle reichten von taktischen Atomschlägen in einem sogenannten begrenzten Atomkrieg bis zu groß angelegten Enthauptungsschlägen. Dabei wurden teilweise die Atomstreitkräfte der NATO miteinbezogen. In manchen Szenarien führten die USA einen präventiven Erstschlag aus, was bedeutete, dass die Entscheidungsträger im Pentagon ruhig und konzentriert waren. In anderen begann der Atomkrieg in einer Krisensituation oder gar im Panikmodus. Mit oder ohne die Einmischung Chinas. Mit oder ohne das Vereinigte Königreich.

Paul Bracken, Professor für Politikwissenschaft in Yale, war einer der Zivilisten, die zur Teilnahme am geheimen nuklearen Planspiel eingeladen wurden. Die Ergebnisse waren erschreckend, sagt Bracken. In den gesamten zwei Wochen – in jedem simulierten Szenario und unabhängig davon, mit welchem Auslöser das Planspiel begann – endete ein Atomkrieg immer auf dieselbe Art. Mit dem gleichen Ergebnis. Wenn ein Atomkrieg einmal im Gang ist, kann er nicht gewonnen werden. Deeskalation ist nicht länger möglich.

Laut den Ergebnissen von Proud Prophet ist es egal, wie ein Atomkrieg beginnt. Er endet immer in vollständiger Zerstörung, in einem Armageddon. Die USA, Russland und Europa werden komplett vernichtet. Die gesamte nördliche Hemisphäre wird durch den Fallout verseucht. Mindestes eine halbe Milliarde Menschen sterben allein in der ersten Angriffswelle. Daraufhin verhungert und stirbt fast jeder, der noch am Leben ist.

»Das Resultat war eine Katastrophe«, so Bracken. »Im Vergleich dazu verblassten alle Kriege der letzten 500 Jahre. [...] Die NATO gab es nicht mehr. Große Teile Europas, der Vereinigten Staaten und der Sowjetunion waren vernichtet. Weitläufige Gebiete auf der Nordhalbkugel würden für Jahrzehnte unbewohnbar sein.«[383] Alle gingen sehr bestürzt nach Hause.

Die Ergebnisse von Proud Prophet blieben der Öffentlichkeit fast drei Jahrzehnte lang unbekannt. Erst im Jahr 2012 wurde die Geheimhaltung des Planspiels aufgehoben. Wenn man es überhaupt so nennen kann. Die meisten Seiten sahen so aus:

Die Geheimhaltung des Planspiels Proud Prophet, mit dem im Jahr 1983 Atomkriegsszenarien simuliert wurden, wurde 2012 »aufgehoben«. (US-Verteidigungsministerium)

Das Positive an der Freigabe war jedoch, dass Paul Bracken und andere jetzt über manche Aspekte des Planspiels sprechen konnten, ohne gegen das Spionagegesetz von 1917 zu verstoßen (wenngleich sie keine Details preisgeben durften). Von Bracken wissen wir aus erster Hand, dass militärische Entscheidungsträger damals überhaupt nicht auf die Entscheidungen vorbereitet waren, die sie zu treffen haben würden – vom ersten nuklearen Zündfunken bis zu ihrem eigenen, unausweichlichen letzten Atemzug.

14 Jahre später bat Vizepräsident Al Gore Professor Bracken, ein anderes Planspiel zu leiten, in dem kein Atomkrieg simuliert wurde, sondern ein Cyberangriff auf die Wall Street. In den späten 90er-Jahren befürchtete Gore, dass Amerikas Bankensystem durch das aufkommende Internet anfällig für Terrorangriffe wurde.

»Seine Leute baten mich, ein Planspiel vorzubereiten«, erinnert sich Bracken.[384] Auf Verlangen Gores sollten 75 Militärangehörige und Zivilisten teilnehmen, darunter auch Banker der Wall Street.

Der geheime Raum im National War College war damals nicht verfügbar, erzählt Bracken weiter, und jemand vom Finanzunternehmen Cantor Fitzgerald arrangierte einen Bankettsaal im Restaurant Windows on the World, das sich im obersten Stockwerk des World Trade Center befand und eine herrliche Aussicht über die ganze Stadt bot. Die dort Versammelten widmeten sich 1997 drei Tage lang dem streng geheimen militärischen Planspiel, in dem ein Cyber-Terrorangriff simuliert wurde.

Das Ergebnis war simpel, schildert Bracken: »Die Datenspeicherzentren dürfen sich nicht in Manhattan befinden. Die Wall-Street-Unternehmen verlegten die Datenspeicherung rasch nach New Jersey und Long Island.« Billiger. Sicherer. Großartig. Außer: »Was wir nicht herausfanden, war, wie der Angriff selbst erfolgen würde«, beklagt Bracken. »Uns kam es nicht in den Sinn, eine Maschine in das Gebäude zu fliegen«, in dem das Planspiel ausgetragen wurde – d. h. ein Verkehrsflugzeug in das World Trade Center zu fliegen.

Vier Jahre später wurden bei den Terroranschlägen am 11. September 15 der Personen getötet, die am Planspiel teilgenommen hatten. Zwei Verkehrsflugzeuge flogen in die beiden großen Türme. Das Restaurant Windows on the World und beide Türme wurden in Schutt und Asche gelegt.

Das Gleiche gilt für einen Großteil der Menschheit des 21. Jahrhunderts, wenn ein Atomkrieg ausbricht – eben noch da und dann für immer verschwunden.

36 MINUTEN

Hauptquartier des U.S. Strategic Command,
Nebraska

In diesem Szenario sind mittlerweile 36 Minuten verstrichen. Der STRATCOM Commander hat gerade den Bunker verlassen und rennt zum Doomsday Plane – offiziell »E-4B Nightwatch« genannt. Die militärisch aufgerüstete Boeing 747 wartet abflugbereit auf dem Rollfeld. Das »Weltuntergangsflugzeug« ist rund um die Uhr, 365 Tage im Jahr, startklar, um den Commander jederzeit in Sicherheit bringen zu können.[385] Mit diesem Flugzeug wird nämlich der Atomkrieg von der Luft aus geführt.

In Nebraska ist es Frühling. Die Startbahn ist frei. Es gibt keine Überschwemmungen, keine Wirbelstürme. Der Countdown für eine sichere Flucht aus dem Bunker ist schon vor Minuten bei null angelangt, aber der STRATCOM Commander musste warten, bis er den universellen Freischaltcode vom US-Präsidenten erhielt. Jetzt hat er ihn.

Es wurde genau berechnet, wie viel Zeit dafür benötigt wird, das Global Operations Center zu verlassen, über das Rollfeld zu sprinten, die Treppe ins Flugzeug hinaufzurennen und im mobilen Kommandozentrum des Verteidigungsministeriums Platz zu nehmen.[386]

»Mir bleibt eine bestimmte Anzahl an Minuten, um an Bord des Flugzeugs zu gehen, sodass das Flugzeug abheben und eine sichere Entfernung erreichen kann, bevor hier eine Atombombe hochgeht«,[387] teilte der STRATCOM Commander General Hyten dem Fernsehsender CNN im Jahr 2018 mit.

Der Commander hat jetzt die Kommandozentrale im Doomsday Plane erreicht und schnallt sich an. Er tritt über Satellitenfunk wieder in Kontakt mit den noch lebenden Befehlshabern der Nuklearstreitkräfte.

Es gibt immer noch kein Lebenszeichen vom Präsidenten und auch nicht vom Vizepräsidenten.

STRATCOM weiß, dass der Adjutant den Atomkoffer mit sich führt, und es ist auch bekannt, wo dieser Koffer ist. In ihm ist ein geheimer Peilsender angebracht, der dafür entwickelt wurde, einem EMP standzuhalten. Der Koffer liegt in einem Waldgebiet im ländlichen Boyds, Maryland. Von Camp David aus wurde eine schnelle Eingreiftruppe entsandt, um den Koffer – und hoffentlich auch den Präsidenten – zu lokalisieren und zu bergen, aber deren Helikopter ist noch nicht vor Ort eingetroffen, und niemand weiß, ob der Präsident und der leitende CAT-Agent, der sich bei ihm befinden soll, in der Nähe des Adjutanten ist oder durch die Druckwelle und Winde von ihm getrennt wurde.

Der Peilsender des Marine One sendet seit drei Minuten kein Signal mehr. Alle Mobiltelefone der Passagiere an Bord und derjenigen, die mit dem Fallschirm absprangen, sind seit dem Moment der Bombendetonation über D.C. nicht mehr erreichbar. Der elektromagnetische Impuls radierte innerhalb der Überdruckzone alles aus.

Der Osprey des Verteidigungsministers und der stellvertretenden Vorsitzenden des Generalstabs war bereits weit genug von D.C. entfernt, sodass kein Fallschirmsprung erforderlich war. In wenigen Minuten werden sie Site R erreichen. Die stellvertretende Vorsitzende spricht über Satellitenfunk mit STRATCOM. Sie wartet, bis sich der Commander in der Kommandozentrale der E-4B eingerichtet hat.

Das »Weltuntergangsflugzeug« wird so genannt, weil der STRATCOM Commander (oder wer sonst gerade diese Position innehat) von hier aus während eines Atomkriegs Befehle erteilt. Die Elektronik soll einem EMP standhalten können, und die Fenster sind mit Drahtgitter verstärkt, um nicht durch eine Druckwelle zu splittern. Das satellitengestützte Kommunikationssystem der E-4B Nightwatch erlaubt hochrangigen Militärbeamten und der Joint Force, weltweit miteinander zu kommunizieren. Das Flugzeug ist in der Lage, 24 Stunden oder länger über den USA zu kreisen, ohne zum Nachtanken landen zu müssen.[388] Währenddessen sendet es Startcodes für Atomraketen an alle Bestandteile der nuklearen Triade überall in der Welt. Wenn die nationale oder globale Satellitenkommunikation zusammenbricht, kann stattdessen mittels Funksignalen mit extrem hoher (Extremely High Frequency, EHF) und sehr niedriger bzw. niedriger Frequenz (Very Low Frequency/Low Frequency, VLF/LF) Kontakt zu anderen Flugzeugen der Flotte hergestellt werden.[389] Unter diesen ist auch die E-6 Mercury, die offiziell »Take Charge and Move Out Platform« genannt wird (etwa: Plattform, um das Kommando zu übernehmen und auszurücken) – ein System, das im Kalten Krieg entwickelt wurde und im äußersten Notfall als fliegende Kommandozentrale fungiert.

Doomsday Planes haben Ausrüstung an Bord, mit der der Commander (im Flug, aus der Ferne) alle Waffen in allen drei Teilen der nuklearen Triade – U-Boote, Bomber und Interkontinentalraketen – abfeuern lassen kann, auch wenn die Kontrollzentren der einzelnen Teilbereiche unten am Boden nicht mehr dazu in der Lage sind.

Das Doomsday Plane hebt von der Startbahn der Luftwaffenbasis Offutt im maximalen Steigwinkel ab. Der STRATCOM Commander wird über den Atomschlag gegen das Pentagon sowie über das Ausmaß der Zerstörung und die geschätzte Zahl der Toten und Verletzten unterrichtet. Ihm wird mitgeteilt, wann die 50 Minuteman-III-Interkontinentalraketen an ihrem Ziel eintreffen werden und wie lange es noch dauert, bis die U-Boot-gestützten Trident-Raketen abgefeuert werden.

Dem Commander werden zudem hochauflösende Aufnahmen von Washington, D.C. gezeigt. Es sind digitale Bildkompositionen, die in Echtzeit von modernen Sensorsystemen zusammengesetzt werden. Damit ausgestattete unbemannte Luftfahrzeuge fliegen über den Explosionsort in Washington, D.C. Seit den späten 1940er-Jahren trainierte die Air Force, nukleare Pilzwolken zu durchfliegen.[390] Hochdekorierte Kampfpiloten wie Colonel Hervey Stockman wurden damit beauftragt, die dafür notwendigen Techniken zu entwickeln. Heute wird diese Aufgabe von Drohnen erledigt, unbemannten Luftfahrzeugen, die von einer – nicht in D.C. gelegenen – von der NSA und der NRO gemeinsam betriebenen Einrichtung aus gesteuert werden. Diese Einrichtung unterliegt einer so strengen Geheimhaltung, dass die Preisgabe ihres Standorts gegen das Spionagegesetz verstoßen würde.

Eines der an diesen Drohnen montierten Sensorsysteme ist das von der DARPA entwickelte Autonomous Real-Time Ground Ubiquitous Surveillance-Infrared System (ARGUS, Allgegenwärtiges Autonomes Echtzeit-Infrarot-Bodenüberwachungssystem). Es soll Befehlshabern in Kriegsgebieten eine Erfassung der örtlichen Lage ermöglichen. Im Jahr 2013, war das ARGUS Infrarotsystem angeblich dazu fähig, aus über drei Kilometer Entfernung die Armbanduhr an einer Person zu identifizieren.[391] Der Name stammt von dem allsehenden griechischen Ungeheuer Argus Panoptes, das 100 Augen hatte.

Der STRATCOM Commander starrt auf die schrecklichen Bilder des Ortes, an dem zuvor das mächtige US-Pentagon gestanden hat. Es ist niederschmetternd. Zu Beginn des nuklearen Zeitalters wurde der Vereinigte Generalstab gewarnt, dass Atombomben »eine Bedrohung für die Menschheit und die Zivilisation« sind. Dass sie, wenn sie auf Städte abgeworfen werden, »riesige Gebiete der Erdoberfläche entvölkern« können.[392]

Jetzt ist der STRATCOM Commander einer der ersten Amerikaner, der sieht, wie diese Vorhersage wahr wird.

Er sieht es von oben, mit eigenen Augen.

37 MINUTEN

Geheime Position, Pazifischer Ozean

Tausende Meilen von Washington, D.C. entfernt, mitten im Pazifischen Ozean, an einer geheim gehaltenen Position, die nur dem Commander und der Crew bekannt ist, heulen die Sirenen der USS *Nebraska.* Die 155 Mann starke U-Boot-Besatzung arbeitet mit höchster Konzentration an nur einer Aufgabe: dem Abschuss von Atomraketen.

Die USS *Nebraska* ist ein atomgetriebenes, atomar bewaffnetes U-Boot, das schon alleine dazu in der Lage ist, die 20-fache Zerstörungskraft aller im Zweiten Weltkrieg eingesetzten Sprengkörper (einschließlich beider auf Japan abgeworfenen Atombomben) zu entfesseln. Wie alle U-Boote der Ohio-Klasse ist die *Nebraska* geräuschlos, für feindliche Ortungssysteme nicht wahrnehmbar und immer zum Abschuss bereit. Jetzt sind es nur noch wenige Sekunden bis zum Start der Raketen. »Wir können feindliches Militär, feindliche Infrastruktur und alles dazwischen zerstören«, berichtete der U-Boot-Matrose Mark Levin in einem Podcast des Verteidigungsministeriums. »Ein überlebensfähiges System für die Durchführung eines atomaren Vergeltungsschlags.«[393]

»Überlebensfähig« bedeutet hier, dass das U-Boot überlebt.

Die Besatzung der USS *Nebraska* ist hochqualifiziert und speziell geschult. Sie ist es gewohnt, sieben Tage am Stück tief unter Wasser zu verbringen.[394]

Keine Handy-Nachrichten, keine E-Mails, kein Funkkontakt, keine Radarsignatur. Die U-Boot-Matrosen der Ohio-Klasse rühmen sich, das ultimative nukleare Abschreckungsmittel zu sein; nur ein Verrückter würde ihren Zorn auf sich ziehen wollen.

Wenn die Crew den Befehl erhält, Atomraketen abzufeuern, befolgt sie die Anweisungen genau so, wie es einstudiert wurde. Der vom Präsidenten erteilte Abschussbefehl wurde von zwei Junior Officers authentifiziert und decodiert.[395] Die verschlüsselte Zahlenreihe enthält Informationen über den Aktionsplan und den Zeitplan: welche Ziele getroffen werden sollen, welche Koordinaten – und wann.[396]

Es geht los. Anders als die komplexen, mehrstufigen Handlungsprotokolle und Verfahrensweisen, die innerhalb der US-Atomstreitkräfte implementiert sind, ist der Abschuss von Trident-Raketen dafür konzipiert, einfach und schnell erfolgen zu können.

Die Crew manövriert das 18,75 Tonnen schwere U-Boot in Position.

Trident-Raketen können aus einer Tiefe von etwa 45 Metern unter Wasser abgefeuert werden.

Der Commanding Officer, der Executive Officer und zwei Junior Officers authentifizieren jeweils den Befehl des Präsidenten noch ein letztes Mal.

Der Kapitän und sein Executive Officer öffnen den an Bord befindlichen doppelten Safe.

Eine U-Boot-gestützte Trident-Rakete (SLBM) wird von der USS Nebraska *abgefeuert.*
(U.S. Navy, Petty Officer 1st Class Ronald Gutridge)

Die beiden Männer holen zwei Gegenstände aus dem Inneren des Safes. Eine Karte für das Sealed Authenticator System und ein Schlüssel für das Feuerleitsystem werden hervorgeholt.[397]

Der Schlüssel wird in das dafür vorgesehene Schloss gesteckt und gedreht. Die Raketen sind scharf und bereit zum Abschuss.

Jedes Atom-U-Boot der Ohio-Klasse verfügt über 20 Raketenschächte. Jeder Schacht enthält eine Trident-II-D5-Rakete. Acht dieser 20 Raketen werden jetzt abgefeuert.

Jede dieser acht Raketen transportiert vier separate atomare Gefechtsköpfe in ihrem Nasenkonus.

Jeder Gefechtskopf enthält eine Atombombe mit 455 Kilotonnen Sprengkraft.[398]

Der Commanding Officer autorisiert den Abschuss der acht Trident-Raketen.

Der Weapons Officer betätigt den Auslöser, und die erste Rakete startet.

Ein Sprengsatz verdampft blitzartig Wasser in einem Tank am Boden des Raketenschachts.

Der Druck des sich ausdehnenden Gases stößt die Rakete durch eine Membran am äußeren Ende des Raketenschachts und schleudert sie mit solcher Wucht aus dem U-Boot, dass sie bis an die Wasseroberfläche gelangt.[399]

Etwas mehr als eine Sekunde nach Abschuss durchbricht die erste Trident-Rakete die Wasseroberfläche des Pazifiks. Jetzt wird die erste Antriebsstufe gezündet. Die Rakete gewinnt an Höhe, und die Startphase beginnt.

15 Sekunden vergehen.[400] Die zweite Trident-Rakete kommt aus ihrem Schacht geschossen. Und 15 Sekunden später die nächste.[401] Die Reihenfolge ist denkbar einfach:

Rakete 1.
Rakete 2.
Rakete 3.
Rakete 4.

Rakete 5.
Rakete 6.
Rakete 7.
Rakete 8.

Acht Raketen, die jeweils vier 455-Kilotonnen-Gefechtsköpfe befördern – das sind insgesamt 32 nukleare Gefechtsköpfe, die schon bald mehrere Ziele an verschiedenen Orten in Nordkorea zerstören werden.

Die ersten Antriebsstufen der Raketen werden 65 Sekunden lang brennen. Ab dann beträgt die Flugzeit bis zum Ziel 14 Minuten.[402]

Wie Interkontinentalraketen können auch U-Boot-gestützte ballistische Raketen nach dem Abschuss nicht mehr deaktiviert werden.

Was geschehen ist, ist geschehen.

37 MINUTEN, 30 SEKUNDEN

Joint Operations-Intelligence Center,
Raven Rock Mountain Complex, Pennsylvania

Tief im Inneren des Raven Rock Mountain Complex, in der DISA-Geheimdienstzentrale für gemeinsame Operationen, erteilen Offiziere der Abteilung zur Unterstützung nuklearer Operationen eilige Befehle für Notfallmaßnahmen.[403]

FPCON Delta oder Force Protection Condition 1, die höchste Alarmstufe für einen Angriff gegen eine militärische Einrichtung, tritt jetzt offiziell in Kraft.[404] Dies erfolgt unabhängig von DEFCON 1, dem Alarmzustand bei einem Angriff auf die Zivilbevölkerung. Das Ministerium für Innere Sicherheit weist die Zoll- und Grenzschutzbehörde, das Verkehrsministerium und die Küstenwache an, alle US-Grenzen abzuriegeln.[405] Die Bundesluftfahrtbehörde erlässt den Notfallplan Security Control of Air Traffic and Air Navigation Aids (SCATANA), was bedeutet, dass alle Flugzeuge landen und am Boden bleiben müssen.

Die Tore aller US-Militäreinrichtungen werden geschlossen. Das Sicherheitspersonal überprüft ab jetzt jeden Ausweis, und die Stützpunkte werden von den örtlichen militärischen und zivilen Kräften hastig abgeriegelt.

An allen US-Militärbasen weltweit vollziehen die jeweiligen Befehlshaber FPCON-Delta-Maßnahmen, in dem vergeblichen Versuch, ihre Zuständigkeitsgebiete vor Angriffen zu schützen. Vergeblich deshalb, weil es unmöglich ist, sich gegen Atomangriffe zu verteidigen. Dennoch beginnt ein weltweiter Lockdown.

Die USA befinden sich im Atomkrieg mit Nordkorea.

38 MINUTEN

Explosionsort, Ring 1 und Ring 2

In Ring 1 in Washington, D.C. hat eine Apokalypse stattgefunden. Ring 1 ist das Gebiet mit 15 Kilometer Durchmesser um den Explosionsort, wo Bauwerke ganz oder teilweise eingestürzt sind. Die Todesrate beträgt fast 100 Prozent, alle Menschen sind tot oder liegen im Sterben.

Die Gebäude, die hier schon lange standen – das Weiße Haus, das Kapitol, der Supreme Court, das Justizministerium, das Außenministerium, das FBI, das Finanzministerium, die Kongressbibliothek, das Nationalarchiv, das Metropolitan Police Department, die Ministerien für Landwirtschaft, Bildung, Energie, Gesundheit und Soziale Dienste, die Nationale Akademie der Wissenschaften, das amerikanische Rote Kreuz, die Constitution Hall, um nur einige wenige zu nennen –, sie alle wurden ausgelöscht, zerschmettert, zerfetzt, aufgebrochen, niedergerissen und in Flammen gesetzt. Alle Menschen, die noch vor wenigen Minuten in diesen Gebäuden standen, saßen, liefen, warteten oder arbeiteten – sie existieren nicht mehr.

Die ikonischen Bauwerke aus gemeißeltem Granit und Marmor, Stahl und Stein, mit Säulen im Stil des Parthenon und neoklassischen Fassaden – sie erschienen einst unerschütterlich, und jetzt sind sie nur noch Trümmerhaufen. Kriegsruinen. Splitter und Fragmente von Dingen, die einst existierten.

Man denke nur an das kleine Stückchen Land, wo sich die National Mall befand; der lange grasbewachsene Park, der als Amerikas Vorgarten bekannt ist. Dieser Park wurde jährlich von über 25 Millionen Menschen besucht. Er war ein beliebter Ort für Konzerte und Festivals, Picknicks und Demonstrationen, für Jogger und Touristen und Frischvermählte. Das ist nur ein winziger Teil dessen, was jetzt verschwunden ist. Noch vor fünf Minuten war der Park von historischen Museen und deren neugierigen Besuchern gesäumt. Alle Ausstellungsstücke der Smithsonian-Museen – die Dinosaurierfossilien, die Botanik- und Büchersammlungen, die Gemälde in der National Portrait Gallery, Muhammad Alis Boxermantel und alle Menschen, die neugierig diese Sammlungen bestaunten – waren gerade eben noch hier und wurden innerhalb einer Sekunde gewaltsam in millimetergroße Aschepartikel verwandelt.

Ring 2 steht in Flammen. In diesem Gebiet mit einem Durchmesser von 25 Kilometern stirbt gerade ein Großteil der Menschen, die nicht bereits tot sind, an Verbrennungen dritten Grades. Der 100 Millionen Grad Celsius heiße Röntgenlichtblitz der Atombombe hat einen Flächenbrand ausgelöst, der jetzt alles innerhalb dieses Rings und darüber hinaus verschlingt. Millionen brennbarer Gegenstände in Ring 2 wurden gleichzeitig in Brand gesetzt, als hätte jemand Millionen Streichhölzer über einer ausgedörrten Wiese abgeworfen.

»Feuerausbruch ist ein komplexes Thema«, erklärt Dr. Glen McDuff.[406] Wissenschaftler von Los Alamos haben Jahrzehnte damit verbracht, die Zündtemperatur natürlicher und menschengemachter Gegenstände zu berechnen, die sich nahe einer nuklearen Detonation befinden. Baumnadeln, Reifengummi und Autopolster können sich noch in zwölf Kilometer Entfernung vom Explosionsort einer 1-Megatonnen-Atombombe selbst entzünden.[407] Kunststoffe hingegen neigen eher dazu, »Stichflammen« auszustoßen.[408] All diese kleinen Flammen entzünden größere Feuer, die zu weiteren Bränden werden. Gebäude, die noch nicht brennen, werden bald in Flammen stehen. Das gilt für ein Gebiet, das sich im Süden bis nach Alexandria erstreckt, im Westen bis nach Falls Church, im Norden bis nach Chevy Chase und im Osten bis nach Capitol Heights.

Es sind erst fünf Minuten vergangen, seit die Atombombe das Pentagon getroffen hat. Das Feuer, das den gesamten Ring 2 niederbrennt, wird mehr Menschen töten als die Bombe selbst.

Lynn Eden erklärt: »Die Energie, die durch diesen Flächenbrand freigesetzt wird, entspricht dem 15- bis 50-Fachen der Energie der ursprünglichen atomaren Explosion. Es entstehen Winde, die meterdicke Bäume entwurzeln und Menschen, die sich außerhalb des Feuers befinden, in dieses hineinsaugen.«[409] Sie werden wie durch ein monströses Vakuum oder eine riesige Pumpe von einem Ort an einen anderen befördert.

Ted Postol beschreibt diesen Vorgang aus der Sicht eines Physikers.[410] Laut ihm »beginnt ein kontraintuitiver Prozess«. »Der Feuerball steigt in eine Höhe von etwa acht Kilometern auf und stabilisiert sich dort. Sein Aufstieg erzeugt am Boden darunter gigantische Winde, die 300 bis 500 Kilometer pro Stunde erreichen können. Sie entstehen nur durch die Saugwirkung des aufsteigenden Feuerballs und wehen also in Richtung des Explosionsorts und nicht von diesem weg.«[411] Der peitschende Feuerzyklon wird mit jeder Sekunde stärker und erzeugt sein eigenes Wetter. Innerhalb der nächsten Stunden wird er den gesamten Großraum Washington, D.C. sowie die Vorstädte in der Umgebung verzehren. Er wird alles und jeden in dieser Stadt zerstören, bis nichts Brennbares mehr vorhanden ist.

Unterdessen hat der elektromagnetische Impuls der Bombe das Stromnetz lahmgelegt. Ohne Strom funktionieren die Wasserpumpen nicht, und ohne Wasser können die Einwohner die lodernden Flammen nicht löschen. Zudem werden keine Rettungsmannschaften eintreffen. Aufgrund der von einer Atombombe freigesetzten tödlichen Strahlendosis müssen sie 24 bis 72 Stunden warten, bis sie das Randgebiet des Megafeuers betreten können. In der Zwischenzeit wird ein mindestens 250 Quadratkilometer großes Gebiet um den Explosionsort von den Flammen vernichtet. Der Hauptsitz der Katastrophenbehörde FEMA in der 500 C Street SW, 3,4 Kilometer nordöstlich des Pentagons, wurde dem Erdboden gleichgemacht. Die zehn über die USA verteilten regionalen Niederlassungen der FEMA sind schon überlastet.

Die Gebäudeteile in Ring 2, die der ersten Druckwelle standgehalten haben, stürzen jetzt ein und nähren das Feuer mit zusätzlichem Brennmaterial. Gasleitungen explodieren. Tanklaster, die Gefahrenstoffe transportieren, explodieren. Chemiefabriken explodieren und entzünden neue Brände.[412] Winde mit Hurrikanstärke tragen über 660 Grad Celsius heiße Luft an die wenigen Stellen, die noch nicht brennen und wo die Temperaturen nun sogar Blei und Aluminium zum Schmelzen bringen.[413] Am äußeren Rand von Ring 2 schnappen Überlebende in U-Bahn-Tunneln und Kellern nach Luft. Sie werden bald an Kohlenmonoxidvergiftung sterben. Staatsmänner und Angestellte werden in den geheimen Tunneln unter dem Kapitol und dem Weißen Haus zu Tode gebacken, als wären sie in einem Backofen. Wie Feuerwehrleute, die in einem tobenden Waldbrand gefangen sind, haben sie keine Möglichkeit zu entkommen. Es gibt keine Überlebenschance.

In Washington, D.C. ist alles verloren.

38 MINUTEN

Raven Rock Mountain Complex, Pennsylvania

Der Osprey landet um 15:41 Uhr Ortszeit auf dem Hubschrauberlandeplatz am Westeingang von Site R. Die Kommandozentrale ist im Lockdown. Mit Maschinengewehren bewaffnete Soldaten bemannen die Wachtürme und suchen den Waldrand nach Anzeichen für einen bevorstehenden Durchbruchsversuch oder Angriff ab. Da FPCON Delta ausgerufen wurde, ist das gesamte Personal bewaffnet; jeder im Raven Rock Mountain Complex in den Blue Ridge Mountains ist in höchster Alarmbereitschaft.

Der Verteidigungsminister und die stellvertretende Vorsitzende sollen durch Zugang B in den Bunker gebracht werden, einen Eingangsschacht mit doppelten Türen in der Nähe des befestigten östlichen Lüftungsschachts. In diesem Szenario benötigt das Verlassen des Helikopters jedoch länger als vorgesehen, da der Verteidigungsminister durch den thermonuklearen Lichtblitz geblendet wurde.

Er kann nicht ohne Hilfe laufen, da er nichts sehen kann. Wahrscheinlich ist es aber keine dauerhafte Sehbeeinträchtigung. Nukleare Lichtblitze können Menschen und Tiere vorübergehend blenden, die zum Zeitpunkt der Explosion in Richtung der Bombe blicken – selbst aus 80 Kilometer Entfernung.

Der Verteidigungsminister blickte aus dem Fenster des Hubschraubers in Richtung des Pentagons, als die Bombe detonierte. Die Scheibentönung des Osprey ist eine der fortschrittlichsten der Welt, aber sie wurde noch nie bei einem Atombombentest erprobt. Der Verteidigungsminister weiß eigentlich, dass er nicht hätte hinsehen sollen, aber er wurde wie eine Motte vom Licht angezogen. Er musste mit seinen eigenen Augen das Scheitern der Abschreckung sehen. Er musste es sehen, um es glauben zu können, und jetzt ist er blind.

Es gibt immer noch keine Neuigkeiten vom Präsidenten. Das ist nicht gut. Der Vizepräsident, der Sprecher des Repräsentantenhauses, der Präsident *pro tempore* des Senats, der Außenminister und der Finanzminister sind alle unauffindbar, seit die Bombe vor wenigen Minuten das Pentagon traf. Es wird angenommen, dass diese fünf Personen tot sind, und so ist der Verteidigungsminister als Nächster an der Reihe, die Nachfolge des Präsidenten anzutreten.

Es muss schleunigst jemand als Oberbefehlshaber vereidigt werden – das Land braucht jetzt einen Anführer. Aber ein erblindeter Verteidigungsminister, der einer verängstigten Nation verkündet, dass er jetzt der amtierende Präsident ist, während gerade ein Atomkrieg ausbricht – das ist alles andere als ideal.

Adjutanten helfen dem Verteidigungsminister, aus dem Hubschrauber auszusteigen. Die Gruppe passiert die Sicherheitskontrolle und betritt den Bunker durch Zugang B. Mit einem Aufzug geht es

200 Meter hinab in die Erde, wo sich eine weitläufige Bunkeranlage mit langen Tunneln und Büroräumen erstreckt. Raven Rock kann auf seinen 25 000 Quadratmetern 3000 Menschen beherbergen, darunter auch die Oberbefehlshaber der Teilstreitkräfte und den Vorsitzenden des Generalstabs.[414] Der Atomangriff gegen D.C. ist jedoch ein Enthauptungsschlag. Nur wenigen Menschen gelang die Flucht aus Washington, bevor die Bombe explodierte. Die Hubschrauber des Marine Corps, die den Führungsstab des Präsidenten transportierten, sind seit der Detonation auch nicht mehr über Funk zu erreichen.

Der Verteidigungsminister und die stellvertretende Vorsitzende des Generalstabs sprechen über das dringendste Problem.

Stellvertretende Vorsitzende: »Wir müssen Moskau kontaktieren.«

Beide haben erfolglos versucht, ihre russischen Amtskollegen zu erreichen. Sie sind sich einig, dass es oberste Priorität hat, mit dem russischen Präsidenten zu sprechen. Während beide auf dem Weg in das unterirdische Kommandozentrum sind, arbeitet die DISA weiter daran, den Kontakt zum Kreml herzustellen. Adjutanten suchen überall nach einer Bibel oder sonst irgendeinem Buch, um die Vereidigungszeremonie für einen Oberbefehlshaber durchführen zu können. (Lyndon B. Johnson wurde nach der Ermordung John F. Kennedys mit der Hand auf einem Aktenordner als Präsident vereidigt.)

Der Verteidigungsminister und die stellvertretende Vorsitzende des Generalstabs beraten, wie sie mit Moskau kommunizieren werden. Sollen sie dem russischen Präsidenten mitteilen, dass der amerikanische Präsident unauffindbar und möglicherweise tot ist?

Verteidigungsminister: »Wir sollten warten.«

Stellvertretende Vorsitzende: »Uns bleibt keine Zeit. Wir müssen es Moskau jetzt mitteilen.«

Verteidigungsminister: »Ohne Präsidenten wirken wir schwach.«

Stellvertretende Vorsitzende: »Misskommunikation birgt ein zu großes Risiko.«

DISA: »Sie sind mit Moskau verbunden.«

Die stellvertretende Vorsitzende nimmt den Anruf entgegen. Am anderen Ende der Leitung ist ein Angehöriger des russischen Generalstabs.

Stellvertretende Vorsitzende: »Wir müssen sofort mit Ihrem Präsidenten sprechen. Es wurde ein Atomangriff auf uns verübt. Wir wollen Russland keinen Schaden zufügen.«

Der russische General antwortet: »Der russische Präsident wird mit dem amerikanischen Präsidenten sprechen.«

Die stellvertretende Vorsitzende wiederholt: »Es wurde ein Atomangriff auf die USA verübt.«

Es ist, als würde er sie nicht hören.

Russischer General: »Да.« Das bedeutet »Ja«.

Die stellvertretende Vorsitzende teilt dem General mit, dass Russland von jeglicher militärischen Aktion absehen muss, bis die Präsidenten der beiden feindlichen Atommächte miteinander telefoniert haben. »Das ist nicht verhandelbar«, sagt sie mit entschiedener Stimme.

Der General sagt auf Russisch: »Ваш президент уже должен был нам позвонить.« Übersetzt bedeutet das: »Ihr Präsident hätte uns schon längst anrufen sollen.«

Die Verbindung wird unterbrochen.

39 MINUTEN

NATO-Hauptquartier, Brüssel, Belgien

In Brüssel, wo sich das am Boulevard Léopold III gelegene Hauptquartier des atlantischen Bündnisses befindet, ist es 21:42 Uhr Ortszeit. In diesem Gebäude mit Glasfassade, das für das belgische Verteidigungsministerium entworfen wurde und ineinandergreifende Finger darstellen soll, wird die NATO jetzt aktiv.

Die Aufgabe der NATO ist es, demokratische Werte zu fördern und Konflikte friedlich zu lösen. Die Organisation will zwar Zusammenhalt und Kooperation stärken, droht aber mit tödlichen Maßnahmen, wenn einer der Mitgliedsstaaten angegriffen wird. Da gerade ein Atomangriff auf die USA erfolgt ist, wird Artikel 5 des NATO-Bündnisvertrages aktiviert, der besagt, dass ein Angriff auf einen Mitgliedsstaat gleichbedeutend mit einem Angriff auf alle Mitglieder ist und alle dem angegriffenen Land zu Hilfe kommen werden – falls nötig auch mit Atomwaffen. Die NATO besitzt keine Atomwaffen, doch die USA halten 100 Atomwaffen auf NATO-Stützpunkten in Europa einsatzbereit.

Diese 100 taktischen Atomwaffen unterliegen aber der sogenannten nuklearen Teilhabe mit den Vereinigten Staaten. Das bedeutet, dass auf sechs Militärbasen in fünf NATO-Mitgliedsstaaten Kampfflugzeuge bereitstehen, die mit den für Atomschläge notwendigen Vorrichtungen ausgerüstet sind. Die Luftstreitkräfte dieser Länder haben den Auftrag, NATO-Schläge mit amerikanischen Kernwaffen auszuführen, die auf diesen Stützpunkten stationiert sind. Bevor aber solche Missionen stattfinden können – bevor die Atombomben überhaupt aus ihren WS3-Sicherheitskammern geholt und an Kampfflugzeuge montiert werden können –, muss die Nukleare Planungsgruppe der NATO die Genehmigung des US-Präsidenten erhalten. Laut der Pressestelle der NATO muss der Premierminister des Vereinigten Königreichs ebenso seine Genehmigung erteilen.[415]

Aber niemand weiß, wo der US-Präsident ist. Oder ob er überhaupt noch am Leben ist.

Autos rasen den Boulevard Léopold III entlang. Europäische Führungskräfte werden vor dem Haupteingang der NATO-Zentrale abgesetzt und rennen hinein. Sie eilen in den Konferenzsaal, wo auf einem riesigen Bildschirm eine Videokonferenz mit den Mitgliedern der Nuklearen Planungsgruppe stattfindet. Übersetzer, die über zehn verschiedene Sprachen beherrschen, setzen Kopfhörer auf. Die gesamte Nukleare Planungsgruppe wartet auf Nachricht vom amerikanischen Präsidenten. Während die Mitglieder warten, erhält das Personal auf sechs europäischen Luftwaffenbasen eine Emergency Action Message, die Kriegsvorbereitungen in Gang setzt. Diese Basen befinden sich in:

- Belgien
- den Niederlanden
- Deutschland
- Italien (zwei Basen)
- der Türkei

Die Piloten und Soldaten dieser Basen machen sich gefechtsbereit. In jeder Basis wurde schon DEFCON 1 in Kraft gesetzt. Piloten und Besatzungen eilen in gesicherte Flugzeugbunker – igluartige Betonbauten, die einem Treffer einer 500-Pfund-Bombe standhalten können und in denen nuklearfähige Bombenflugzeuge untergebracht sind. Alle warten jetzt auf den Befehl zum Abheben.

39 MINUTEN

Kontrollzentrum für staatliche Verteidigung,
Moskau, Russland

In der Kommandozentrale des Kontrollzentrums blicken die Angehörigen des russischen Generalstabs konzentriert auf die Bildschirme. Sie können die Vorgänge auf den europäischen NATO-Basen in Echtzeit sehen, dank einem Netzwerk aus Überwachungssystemen und Agenten vor Ort.

In den NATO-Basen stehen atomwaffenfähige Kampfjets auf den Rollfeldern bereit und warten auf Befehle. Das löst unter der russischen Führung Alarm aus.

Russische Analysten versuchen, das Geschehen in Europa zu interpretieren, indem sie durch Fernmeldeaufklärung die Kommunikation der NATO abgreifen und mit Algorithmen auf dem Supercomputer im Keller des Kontrollzentrums auswerten.

Sie kommen zu dem Schluss, dass die NATO plant, Atomschläge auszuführen.

Russland sieht die NATO als einen ihrer größten Feinde an. Während des Kalten Krieges hatte die Sowjetunion eine eigene Allianz gegründet, den Warschauer Pakt, der ein Gegengewicht zur NATO und dem Westen bilden sollte. Kürzlich veröffentlichte Dokumente zeigen, dass die Länder dieses Pakts – Albanien, Bulgarien, die Tschechoslowakei, die DDR, Ungarn, Polen, Rumänien – Strategien für einen Atomkrieg gegen den Westen ausgearbeitet hatten, die jahrzehntelang im Ernstfall angewandt worden wären. Bis heute bestreitet Russland jedoch, dass während der Sowjetzeit die Launch-on-Warning-Strategie gegolten habe.[416]

Trotz Jahrzehnten der tiefen Feindseligkeit und gegenseitigen Beschimpfungen brach nie ein direkter Krieg zwischen der NATO und dem Warschauer Pakt aus. Es gab Kraftmeierei und Wortgefechte, aber keine Kampfhandlungen mit scharfer Munition. Als die Sowjetunion im Dezember 1991 zerfiel, löste sich auch der Warschauer Pakt auf. Die Länder, die einst unter der Kontrolle der Sowjetunion gestanden hatten, wandten sich eines nach dem anderen dem Westen zu.

Viele Russen empfanden das als Schlag ins Gesicht. Im Jahr 2014 erklärte die Russische Föderation die NATO wieder öffentlich zu einer Bedrohung. In der offiziellen Militärdoktrin wurde verkündet, dass die Erweiterung der NATO in ehemals sowjetisches Gebiet »die globale Stabilität untergraben und das atomare Kräftegleichgewicht verletzen« würde.[417]

In diesem Szenario nehmen die russischen Generäle im Kontrollzentrum für staatliche Verteidigung um die atomwaffenfähigen Kampfflugzeuge herum ein geschäftiges Treiben wahr; so auch auf den Luftwaffenbasen Aviano in Italien und Kleine-Brogel in Belgien. Moskau liegt in etwa 2100 Kilometern Entfernung von diesen beiden Basen und damit in Reichweite der dort stationierten Atomraketen.

In der Kommandozentrale im Kontrollzentrum für staatliche Verteidigung werden Notfallpläne diskutiert. Die Angriffswarnung der Tundra-Satelliten wurde von Serpuchow-15 bestätigt, und so wurde das Kommunikationssystem Kazbek aktiviert. Laut Pavel Podvig wird durch eine solche Bestätigung der sogenannte vorläufige Befehl in Kraft gesetzt.[418]

»Sobald das geschehen ist«, so Podvig, »warten alle. Und sie warten [...] Sie warten, bis die endgültige Anweisung zum Abschuss kommt.«

Die russischen Generäle tauschen ihre Meinungen darüber aus, was gerade in den Vereinigten Staaten passiert und welche Schritte nun ergriffen werden sollten.

Die Zukunft Europas hängt in der Schwebe.

Ein Atomkrieg zwischen Russland und der NATO hätte verheerende Folgen. Forscher des Program on Science and Global Security der Princeton University, die sich mit Atomwaffen beschäftigen, stellten im Jahr 2020 mithilfe einer Computersimulation fest, dass ein Konflikt zwischen Russland und der NATO, bei dem Atombomben eingesetzt würden, mit großer Sicherheit schnell eskalieren würde und innerhalb der ersten Stunden fast 100 Millionen Menschen getötet und verletzt würden.

Die russischen Generäle besprechen sich. Sie bereiten sich darauf vor, was sie dem russischen Präsidenten sagen werden.

40 MINUTEN

Cheyenne Mountain Complex, Colorado

Das US-Militär hat 82 Atomsprengköpfe auf Nordkorea abgefeuert, um die Führung des Landes auszuschalten, bevor diese weitere Atomangriffe auf die Vereinigten Staaten ausführen kann. Dieses Vorgehen basiert auf der Militärdoktrin zur »Wiederherstellung der Abschreckung«.

Man geht nicht davon aus, dass ein Atomkrieg tatsächlich stattfindet, sondern davon, dass die Abschreckung funktioniert. Aber wenn sie versagt, ist der nächste Schritt, die Abschreckung wiederherzustellen: »Das Kalkül des Feindes bezüglich weiterer [nuklearer] Eskalation verändern«, wie es ein Dokument aus einem Briefing des Weißen Hauses im Jahr 2020 beschrieb.[419]

In den Worten von STRATCOM-Commander Admiral Charles A. Richard zwei Jahre später: »Abschreckung in Friedenszeiten ist nicht das Gleiche wie Abschreckung im Krisenfall. Das ist nicht das Gleiche wie Abschreckung im Konfliktfall. Nach einem Erstschlag versucht man, den Zustand der Abschreckung wiederherzustellen.«

In diesem Szenario wird dafür ein überwältigender nuklearer Großangriff ausgeführt, um den Angreifer zur Kapitulation zu zwingen.[420] Seine Fähigkeit zu weiteren Angriffen zu zerstören. Sein Entscheidungskalkül zu verändern.[421] Aber wird das gelingen?

Laut der US-Armee ist diese Aufgabe – auf einer Skala der militärischen Schwierigkeit – schwierig bis unmöglich. Der oberste Führer Nordkoreas ist so gut wie sicher in einer der vielen unterirdischen Anlagen des Landes verschwunden. In einem der vielen tief unter der Erde gelegenen Bunkersysteme, Labyrinthen aus Tunneln und Kommandozentralen, die seit Jahrzehnten vorsorglich angelegt wurden, damit sich die Führung vor, während und nach einem Atomangriff verstecken kann.[422]

»Man weiß, dass Nordkorea ein ausgedehntes Netzwerk von Tunneln und unterirdischen Anlagen für verdächtige Zwecke unterhält«, so ein US-Armeesprecher, »wie das Infiltrieren des Südens, den Schutz des zurückgezogenen Regimes und die Durchführung von Atomtests.«[423]

Anhand der Berichte von geflüchteten Nordkoreanern hat das südkoreanische Militär das unterirdische System des Nordens teilweise kartografiert und schätzt, dass sich dort gegenwärtig 8000 bombensichere Bunker befinden. Es gibt aber nur wenige westliche Geheimdienstquellen in Nordkorea, und so verfügen die USA kaum über Detailinformationen. »Es ist eines der schwierigsten Länder, wenn nicht das schwierigste, für das Sammeln von Geheimdienstinformationen«, teilte der Direktor der nationalen Nachrichtendienste Daniel Coats dem Kongress im Jahr 2017 mit.[424] »Wir haben keine beständigen Ressourcen für nachrichtendienstliche Überwachung und Aufklärung. Es gibt Lücken. Die Nordkoreaner wissen das.« Wie Bruce Blair im Jahr 2018 schrieb: »Mögliche Informationslücken und versteckte nordkoreanische Atomwaffen und Kommandozentralen würden die USA [bei jeder künftigen kriegerischen

Auseinandersetzung] plagen.« Dazu gehört auch, wo sich der oberste Führer Nordkoreas verstecken würde, nachdem er einen Erstschlag befohlen hätte.[425]

Um zu verhindern, dass Nordkorea weitere Raketen abfeuert, muss STRATCOM die Führung *und* die Nuklearstreitkräfte des Landes ausschalten. Das ist laut Geheimdienstanalysten von Thinktanks in Washington, D.C. eine große Herausforderung. Die Führung des Landes besteht aus einem kleinen Kreis von Vertrauten des Herrschers, die »Persönliches Sekretariat« genannt werden und von denen sich die meisten ständig in seiner Nähe aufhalten. Zu dieser ungewöhnlichen, aus Männern und Frauen bestehenden Führungsgruppe gehören seine politischen und militärischen Berater, aber auch seine Leibwächter, Banker, Assistenten – und sogar die Kindermädchen für seinen Nachwuchs.

Michael Madden, der Direktor der North Korea Leadership Watch am Stimson Center, erklärt: »Das Persönliche Sekretariat regelt alles. Seinen Terminkalender, seinen Haarschnitt, seine Kleidung, seine Milliarden US-Dollar auf Auslandskonten. Eine Einheit ermordet Menschen. Eine andere erteilt militärische Befehle. Und eine weitere hat das Kommando über die Sicherheitskräfte und die Armee sowie die Atombomben und andere Massenvernichtungswaffen.«[426]

Wie nimmt man eine Herrschergruppe ins Visier, wenn so gut wie nichts über sie bekannt ist, geschweige denn, wo sie sich aufhält? Nordkorea veröffentlicht keine offiziellen Berichte. Es gibt keine unabhängigen Zeitungen oder Zeitschriften. Die meisten Geheimdienstinformationen stammen von Satellitenaufnahmen oder den Berichten geflüchteter Staatsbürger. Also sind die ersten 32 von U-Booten abgefeuerten Atomsprengköpfe auf Ziele gerichtet, die Gegenangriffe ermöglichen würden, wie:[427]

- die Startbasen für Atomraketen
- die Kommandozentralen der Nuklearstreitkräfte
- die Anlagen für die Atomwaffenproduktion[428]

Bei dem Versuch, die Führung des Landes auszuschalten, muss das US-Verteidigungsministerium viele Millionen nordkoreanische Zivilisten töten. Es wird argumentiert, dass das sowohl die Charta der Vereinten Nationen verletzt wie auch die Grundsätze des internationalen Kriegsrechts. Dass es die zwei fundamentalen Grundsätze der »Menschlichkeit und militärischen Notwendigkeit«[429] verletzt, einschließlich der drei schon lange geltenden Anforderungen: »Differenzierung, Verhältnismäßigkeit und Vermeidung von unnötigem Leiden«. Der Menschheit wird jetzt aber bewusst werden, dass die erste Regel des Atomkriegs lautet, dass es keine Regeln gibt.

Die Zerstörung von Pjöngjang, der Hauptstadt Nordkoreas, und weiter Teile des Landes soll dazu dienen, dem Wahnsinn des Herrschers ein Ende zu setzen. Man nimmt dabei an, dass das Töten von Millionen Nordkoreanern mit einem Hagel aus Atomsprengköpfen die beste Möglichkeit ist, den Führer des Landes davon abzuhalten, Millionen weiterer Amerikaner zu töten.

Dass das Töten von mehr Menschen hilft, das Töten von noch mehr Menschen zu verhindern. Dass dadurch die Abschreckung wiederhergestellt werden kann. Aber stimmt das?

40 MINUTEN, 30 SEKUNDEN

Unterirdische Anlage Hoejung-ni (회중리), Bezirk Hwapyong, Nordkorea

In einem abgelegenen Gebirgstal im Norden Nordkoreas, etwa 30 Kilometer von der chinesischen Grenze entfernt, schwingt eine schwere Stahltür in einer Bergflanke weit auf. Hier befindet sich die geheime Raketenbasis Hoejung-ni, zu der auch eine geheime unterirdische Stadt gehört.

Aus einem über Jahrzehnte angelegten Satellitenbildarchiv hat die CIA geschlossen, dass es hier mehr als 20 oberirdische Bauwerke geben muss – einschließlich eines Gewächshauses und eines Rasenplatzes für Paraden[430] – und dass der Komplex auch mindestens zwei unterirdische Anlagen beinhaltet und mindestens eine Raketeneinheit in der Stärke eines Regiments beherbergen kann. Exakte Zahlen sind nicht bekannt. »Diese Bergkuppe ist mit Erde bedeckt, auf der üppige Vegetation wächst. So können darüberfliegende Satelliten nichts erkennen«, erklärt Joseph Bermudez Jr., ein Spezialist für Bildmaterial.[431] Man weiß also so gut wie nichts darüber, was in der Einrichtung vor sich geht.[432] »Nordkorea hat ihre Existenz nie bestätigt, und ihre Funktion ist nicht bekannt.«

Sekunden nachdem die Stahltür in der Bergflanke aufgeschwungen ist, rollt ein Startfahrzeug der Koreanischen Volksarmee heraus, mit dem man ballistische Raketen transportieren, aufrichten und abfeuern kann. Auf seinem 22-rädrigen Fahrgestell wird eine Hwasong-17-Interkontinentalrakete transportiert.

Das Fahrzeug fährt einige Hundert Meter weit eine unbefestigte Bergstraße hinunter, die von einer schützenden Böschung gesäumt ist. Es hält an. Soldaten springen heraus, nehmen Einstellungen vor, treten zur Seite.

Die Rakete ist jetzt scharf gemacht und bereit. Sie zündet.

Die Hwasong-17 steigt in einer Treibstoffwolke von ihrer Startrampe aus hoch in den Himmel. In der Startphase fliegt sie aus dem Wald empor. Ihr Feuerstrahl entzündet die Nadelbäume am Boden und lässt große Felsbrocken zu Tal rollen. Die Zahl der in diesem Szenario auf die Vereinigten Staaten abgefeuerten nordkoreanischen Atombomben ist jetzt auf drei gestiegen.

Tausende Kilometer darüber sieht das mächtige SBIRS-Satellitensystem des US-Verteidigungsministeriums den Start aus dem All und benachrichtigt die Kommandozentrale. Es wird noch einige Minuten dauern, bis die möglichen Ziele dieser zweiten Interkontinentalrakete bestimmt werden können.

Da das Pentagon zerstört ist, fließen die Ortungsdaten über die fliegende Kommandozentrale, das Doomsday Plane, an NORAD, NORTHCOM und STRATCOM, an die Site R unter dem Raven Rock Mountain und an die zwei verbliebenen nuklearen Kommandozentralen:

- das Missile Warning Center im Cheyenne Mountain Complex in Colorado
- das Global Operations Center unter der Luftwaffenbasis Offutt in Nebraska

40 MINUTEN, 30 SEKUNDEN

Kontrollzentrum für staatliche Verteidigung, Moskau, Russland

Ein Oberst der GRU, des leitenden Zentralorgans des Militärnachrichtendienstes, schaut in seinem Büro Satellitenfernsehen. Er ist so gefesselt von den sich überschlagenden Ereignissen in Amerika, dass er vergisst, seine Mailbox abzuhören. Vor 15 Minuten bekam er von einer seiner Quellen in Wyoming in den USA eine Nachricht, aber das hat er noch nicht bemerkt.

Die GRU sammelt Informationen für das russische Militär mithilfe von Militärattachés, ausländischen Agenten und Spionen wie dem alten Mann, der die Startbasis der Echo-01 Minuteman III in Wyoming beobachtet.

In Moskau hört der Oberst der GRU jetzt endlich seine Mailbox ab.

Er lauscht einer kurzen Nachricht, die entsprechend zuvor autorisierter Meldeprotokolle codiert ist.

Die Nachricht enthält Zahlen und Buchstaben des russischen Alphabets, die den Inhalt und die Authentizität verifizieren.

Aus dem Kyrillischen übersetzt lautet die Nachricht lapidar: *Interkontinentalraketen gestartet.*

Der GRU-Oberst greift nach einem Telefon und tätigt Anrufe über eine gesicherte Leitung.

40 MINUTEN, 30 SEKUNDEN

Hudson Yards, New York City

Scharen von Mitarbeitenden fliehen weiterhin aus dem Gebäude in Hudson Yards, Manhattan, in dem sich das Studio des Cable News Network befindet. Unter ihnen ist auch der Nachrichtensprecher, der noch vor wenigen Minuten Eilmeldungen live verkündet hat.

Jetzt nimmt eine jüngere Journalistin vor der Kamera Platz. Sie versucht, Haltung zu bewahren, und erklärt den möglicherweise noch vorhandenen Zuschauern, dass soziale Medien in weiten Teilen des Landes nicht mehr erreichbar sind. Dass es vom Wohnort abhängt, ob Zuschauer diese CNN-Sendung überhaupt noch empfangen können.

Viele amerikanische Fernseh- und Radiostationen senden nicht mehr – Rechenzentren oder Kabelnetzbetreiber sind zusammengebrochen, oder die Angestellten haben ihren Arbeitsplatz kurzerhand verlassen. Die Journalistin sagt, dass die Informationsverbreitung gegenwärtig vollkommen chaotisch verläuft und sie deshalb jetzt Anweisungen vorlesen wird, die sie von der Website des zu diesem Zeitpunkt noch handlungsfähigen Büros der FEMA in Region 4 in Atlanta heruntergeladen hat.

Journalistin: »Ich werde jetzt aus dem Dokument ›Seien Sie auf eine atomare Explosion vorbereitet‹ vorlesen.«[433]

Hinter ihr wird auf einem Bildschirm eine Aufnahme eingeblendet, die vom kalifornischen Gesundheitsministerium stammt.[434]

Das jahrzehntealte, furchterregende Foto zeigt eine echte Atompilzwolke samt Stamm und wurde bei einem Atombombentest während des Kalten Krieges aufgenommen. Damals waren Tests in der Atmosphäre noch erlaubt. Das Foto wurde retuschiert und orangerot eingefärbt. Es sieht unheilvoll und bösartig aus – weil es genau das ist.[435]

Journalistin: »Personen sollen ›nach drinnen gehen, drinnen bleiben und sich auf dem Laufenden halten‹. Das sagt die Bundesregierung.«[436]

Während die junge Journalistin von der Webseite der FEMA vorliest, wird sie von einem Kollegen unterbrochen. Er reicht ihr ein offizielles Handbuch der Bundesregierung, auf dessen 135 Seiten manche Stellen markiert sind. Es wurde vom Weißen Haus herausgegeben und trägt den Titel »Planungsleitfaden für die Reaktion auf eine atomare Explosion«.[437]

Journalistin: »Die FEMA und das Büro des Präsidenten sagen, die Bevölkerung sollte mit dem Folgenden rechnen, wenn eine 10-Kilotonnen-Atombombe in ihrer Stadt explodiert.«[438]

Sie kann natürlich nicht wissen, dass die Bombe, die gerade Washington, D.C. traf, eine Megatonne Sprengkraft hatte – das 100-Fache. Sie überfliegt das Dokument und liest laut vor:

»Menschen ... eingeäschert
Verletzungen durch die Druckwelle, Hitze und Strahlung
Hautverbrennungen durch Betastrahlung
tödliche Strahlendosen ... 30 Kilometer ... von der Einschlagstelle ... sogar mit medizinischer Hilfe ... wahrscheinlich ... keine Überlebenschance

Die US-Regierung gibt regelmäßig Warnungen heraus, was im Fall einer Kernwaffenexplosion zu tun ist.
(California Department of Public Health)

Druckwelle und elektromagnetischer Impuls [werden] die Kommunikationsinfrastruktur beschädigen
Fahrzeuge bleiben liegen
Infrastruktur ... völlig zerstört
Kommunikationseinrichtungen (Funkmasten usw.) ... zerstört
Computerequipment ... zerstört, Kontrollsysteme ... zerstört
Wasser- und Stromversorgung ... zerstört
Wenn überhaupt, dann nur wenige Gebäude strukturell intakt
Trümmer auf den Straßen ... Trümmer ... 10 Meter hoch
Verletzungen durch die Druckwelle ... sind weniger schlimm als Verletzungen [durch] einstürzende Gebäude
Druckwelle verursacht Verletzungen ... durch umherfliegende Trümmer und Glasscherben
Katastrophenhilfe ... behindert ... [durch] liegen gebliebene und zusammengestoßene Fahrzeuge
Versorgungsleitungen unterbrochen ... umgekippte Autos ... blockieren Straßen vollständig
Feuerstürme wüten ... übersteigen die Fähigkeiten der Feuerwehr, sie zu löschen
Gefährliche Chemikalien ... medizinische Triage ... Verseuchung durch die radioaktive Strahlung ... in einem großen Gebiet ... sterben Menschen.«

Und dann liest die Journalistin eine so erschütternde Zeile vor, dass sie innehalten muss und ungläubig den Kopf schüttelt. Sie atmet durch und liest weiter:

»Nach einer Atomexplosion ändern sich wahrscheinlich die Prioritäten.«[439]

Ihr Handy meldet sich. Die FEMA hat einen weiteren Wireless Emergency Alert herausgegeben.

Sie liest wieder laut vor:

**»ATOMANGRIFF AUF DIE USA.
SUCHEN SIE UNTERIRDISCH SCHUTZ.
UM GEFAHR DURCH FEUER ZU VERMEIDEN, KANN EVAKUIERUNG NOTWENDIG SEIN.«**[440]

Sie blickt wieder auf, will noch etwas sagen, aber hält dann inne. Sie verliert vor laufender Kamera die Fassung.

»Was zum Teufel?«

Sie fragt laut, niemanden speziell und gleichzeitig an jedermann gerichtet: »Sollen wir jetzt bleiben, wo wir sind? Oder die Stadt verlassen?«

Sie hält ihr Handy in die Kamera und deutet darauf.

»Diese zwei Anweisungen der FEMA widersprechen sich.«

Sie schweigt.

Was gibt es da noch zu sagen?

40 MINUTEN, 30 SEKUNDEN

Los Osos, Kalifornien

Ungefähr zehn Kilometer nördlich von Diablo Canyon ist unter den Einwohnern der am Meer gelegenen Gemeinde Los Osos helle Panik ausgebrochen. Die hohen, zerfurchten Berggipfel zwischen dem Atomkraftwerk und der Stadt bewahrten zwar viele von ihnen vor Verbrennungen dritten Grades oder verkohlten Gliedmaßen, vor durch die Luft fliegenden Gegenständen oder dem Tod durch einstürzende Gebäude infolge der Druckwelle. Aber die Geografie kann niemanden in diesem Gebiet vor dem qualvollen Tod durch radioaktive Strahlung schützen, der schon bald unvermeidlich eintreten wird. Wenn die aus den offen gelegten Reaktorkernen entweichende Strahlung diese Menschen nicht bald tötet, dann wird der radioaktive Niederschlag aus der Pilzwolke das mit Sicherheit tun, in dem sich noch dazu Splitter der abgebrannten Brennstäbe befinden.

Taschendosimeter und Ionisationskammer-Elektroskope, die manche Bewohner der Gegend besitzen, um in Notfallsituationen die akkumulierte Strahlung zu überwachen, stehen jetzt jenseits des Maximalwerts.[441] Diese tragbaren Dosimeter sollen dabei helfen, nach einer unvorhergesehenen Freisetzung von Radioaktivität Entscheidungen über das weitere Vorgehen zu treffen. Diejenigen Einwohner von Los Osos, die sich auf eine solche Situation vorbereitet haben und ein Dosimeter besitzen, erkennen das ihnen drohende Unheil: Wenn sie die Gegend nicht sofort verlassen, werden sie sterben.

Der Strom ist ausgefallen, ebenso Fernsehen und UKW-Rundfunk in weitem Umkreis. Sogar das bundesweite Netzwerk des NOAA Weather Radio All Hazards, das stets als verlässliche Nachrichtenquelle im Katastrophenfall galt, ist wegen der Überspannung zusammengebrochen. Es sendet nur noch den gespenstischen Fehlercode: »unbekannte Warnung / unbekannte Meldung« in Dauerschleife.[442] Draußen auf dem Meer stellen Schiffe den Kanal 16 ein (die UKW-Frequenz für Kommunikation mit anderen Schiffen und der Küstenwache), hören aber nur unverständliche Geräusche.

Die Aufsichtsstelle für den Atomreaktor ist telefonisch nicht mehr erreichbar. Pacific Gas and Electric, der Betreiber des Kraftwerks, war in der Vergangenheit in besorgniserregende Störfälle verwickelt und wurde unter anderem in Zusammenhang mit den Bränden in Kalifornien zu einer Entschädigungszahlung von 13,5 Milliarden Dollar verpflichtet. Die tragische Ironie ist, dass das Unternehmen in diesem Fall keine Schuld trägt.[443]

Die Mikroprozessoren von Handys und Computern, die zum Zeitpunkt der Bombenexplosion in eine Steckdose eingesteckt waren, wurden zerstört.[444] Die akkubetriebenen Alarmsirenen funktionieren größtenteils noch. Von Masten herab heulen sie ohne Unterlass ihr drei bis fünf Minuten langes ohrenbetäubendes Warnsignal. Viele Anwohner wissen, was das bedeutet:

NUKLEARER NOTFALL!

Landeinwärts hinter den kleinen Städten am Meer wohnen im Umkreis von 80 Kilometern um Diablo Canyon rund eine halbe Million Menschen. Die Nachricht verbreitet sich wie ein Lauffeuer, dass auf der anderen Seite des Landes auch Washington, D.C. mit Atombomben angegriffen wird. Dass es sich hier nicht um einen lokalen nuklearen Störfall handelt, sondern um einen Atomkrieg.

In den Küstengemeinden im Landkreis San Luis Obispo fahren Autos aus den Einfahrten – die Fenster geschlossen, die Insassen haben Nasen und Münder mit Kleidungsstücken oder Masken bedeckt, die noch aus COVID-Zeiten übrig waren.

Es ist 12:43 Uhr Ortszeit.

Alle Kinder sind noch in der Schule.

Jede Sekunde zählt.

Flucht ist die einzige Überlebenschance.

Aber wohin? Der radioaktive Niederschlag bewegt sich mit dem Wind.

Jenseits der Einfahrten kommt auf die Bewohner ein neuer Schrecken zu. Autos. Überall Autos – in jeder Stadt, nach jeder Biegung, in jeder kleinen und großen Gemeinde in der zentralkalifornischen Küstenregion. Ein 540 Meter hoher Berg namens Mount Buchon trennt das Kernkraftwerk Diablo Canyon von den umliegenden Städten. Die bergige Landschaft hat den lokalen EMP der Bombe stark abgeschwächt und bewahrte die Mikroprozessoren vieler Autos vor Schäden. Die Straßenlaternen sind aber aus. Es gibt ein riesiges Verkehrschaos. Panische Anwohner fahren mit ihren Autos über Böschungen und Rasenflächen und versuchen verzweifelt, um jeden Preis zu entkommen. Fahrzeuge rasen auf der Gegenfahrbahn und krachen in andere wie beim Autoscooter. Überall stehen sie Stoßstange an Stoßstange.

18 Minuten sind vergangen, seit das Kraftwerk von einer 300-Kilotonnen-Atombombe getroffen wurde. Ein radioaktiver Waldbrand hat die umliegenden Berge in Flammen gesetzt. Das entstandene Megainferno frisst sich auf allen Flanken des Mount Buchon nach unten und bedroht Menschen und ganze Städte. Die Luft ist erfüllt von radioaktiver Asche. Murmelgroße Stücke des radioaktiven Betons des Atomreaktors regnen herunter. Tote Möwen mit brennenden Flügeln fallen vom Himmel. Menschen verlieren die Kontrolle über ihren Darminhalt. Sie spucken Blut.

Die aufsteigende Pilzwolke verdunkelt den Himmel.

Jede Sekunde zählt. Menschen steigen aus dem Auto und fangen an zu rennen.

40 MINUTEN, 30 SEKUNDEN

Unbekannter Ort,
1100 Kilometer über dem Pazifik

Hoch über dem Pazifischen Ozean fliegen acht Trident-Raketen mit einer Geschwindigkeit von 22 000 Kilometern pro Stunde (oder Mach 18) in einem Bogen um die Erde. Sie sind erst vor wenigen Minuten von einem geheimen Ort aus gestartet – nördlich der Insel Tinian, mitten im Pazifik. Sie steuern auf Pjöngjang zu. Die Entfernung zum Ziel beträgt noch 2900 Kilometer. Mit einem Startwinkel von 38,26 Grad beträgt ihre Flugzeit vom Start bis zum Ziel 14 Minuten, wie der Raketenexperte Ted Postol berechnet hat.[445]

Die Tridents werden auf ihrem Hochgeschwindigkeitsflug durch die Atmosphäre mit einer heutzutage unüblichen Art der Navigation gesteuert. Die schlagkräftigsten, teuersten und zielgenauesten Atomraketen der U.S. Navy finden mithilfe der Sterne an ihr Ziel: Für die Trident-Raketen wurde eine spezielle Technologie zur Astronavigation entwickelt.

Lange bevor die Menschheit herausfand, wie man Sprache niederschreiben kann und wie man seine Geschichte in Stein und Ton ritzt, benutzte man schon das Firmament, um sich zurechtzufinden und von Punkt A nach Punkt B zu gelangen. Bei der Himmelsnavigation findet man zu einem Ort mithilfe der Sterne, der Sonne und anderer Himmelskörper.

»Das abgetauchte U-Boot weiß zum Zeitpunkt des Abfeuerns nicht genau, wo es sich befindet«, erklärt Steven J. DiTullio, der für das Trident-Raketenleitsystem zuständig ist. Es gibt an Bord einen menschlichen Navigator zur Unterstützung, »aber das ist trotzdem noch nicht präzise genug«.[446]

Die Lösung – um Armageddon einzuleiten – liegt, wie DiTullio sagt, in den Sternen.

»Wir beheben diese Ungenauigkeiten [bei der Positionsbestimmung] dadurch, dass während des Flugs der Rakete die Sterne betrachtet werden. So kann die anfängliche Abweichung korrigiert werden.« Im Prinzip wird dieses System schon seit den Anfängen des Kalten Krieges verwendet. Die primitive Technologie macht es unmöglich, das System zu hacken. Aus demselben Grund kann man eine ballistische Rakete nicht ferngesteuert deaktivieren – Feinde könnten sich womöglich in das System hacken und die Kontrolle über die Steuerung übernehmen.

Acht Trident-Atomraketen, jede mit genug Sprengkraft, um ganz Pjöngjang in Brand zu setzen, befinden sich also auf Kurs.[447] Auf einer von den Sternen geleiteten suborbitalen Flugbahn.

41 MINUTEN

Zentrales Kommandozentrum,
Komsomolsk am Amur, Russland

Das östlich gelegene russische Gegenstück zum Satellitenkontrollzentrum Serpuchow-15 ist ein zentrales Kommandozentrum, für das es im Westen keinen Namen gibt. Die Anlage befindet sich an den Ufern des Amur in der Nähe von Komsomolsk, weit im Osten Russlands an einer unbenannten Straße in der Region Chabarowsk, ungefähr 280 Kilometer von der chinesischen und knapp 1000 Kilometer von der nordkoreanischen Grenze entfernt. Der Zweck der Einrichtung ist es, Daten zu interpretieren, die von den Tundra-Frühwarnsatelliten gesendet werden. Aus südlicher Richtung angreifende Atomraketen, die von den Vereinigten Staaten aus über den Pazifik fliegen, sollen aufgespürt werden. Diese wären in einem solchen Fall von einem atombetriebenen, nuklear bewaffneten U-Boot der Ohio-Klasse abgefeuert worden.

Komsomolsk am Amur ist ein von der modernen Welt isoliertes Provinznest. Es ist ein regionales Zentrum für Metall-, Flugzeug- und Schiffsbau. Früher befand sich hier auch das berüchtigte Überhorizont-Radar namens DUGA-2, besser bekannt als »Woodpecker«, Specht.[448] Es wurde so genannt wegen des geheimnisvollen, sich wiederholenden Klopfgeräusches, das während des Kalten Krieges mehr als ein Jahrzehnt lang über Kurzwellenfrequenzen um die ganze Welt übertragen wurde. Kernstück war ein 800 Meter langes und 150 Meter hohes gigantisches Bauwerk aus Stahl und Drähten. Die Militärgeheimdienste der NATO nannten es »Steel Yard«, Stahlhof, und überwachten es mit wahrer Besessenheit. Die DUGA-Sendeanlage in Komsomolsk am Amur wurde nach der Auflösung der Sowjetunion in den 1990er-Jahren abgebaut, aber ihr bekannteres Pendant steht noch in der Ukraine, in der Sperrzone von Tschernobyl.[449]

Um 5:44 Uhr Ortszeit wartet der Kommandant hier in Komsomolsk am Amur auf zusätzliche Informationen von den Tundra-Satelliten. Im ganzen russischen Militär ist das Kasbek-Kommunikationssystem aktiviert worden. In jeder Militäreinrichtung des Landes gilt die höchste Alarmstufe, der sogenannte vorläufige Befehl. Vor einigen Sekunden erhielt Komsomolsk am Amur eine Botschaft von seinen Schwesterstationen in Barnaul und Irkutsk.

»Die russische Luftwaffe hat vier Typen bodengestützter Frühwarnradaranlagen, die potenziell in der Lage sind, ballistische Raketensalven zu entdecken«, berichtet Dr. Thomas Withington vom Royal United Services Institute in England, ein Experte für elektronische Kriegsführung, der sich auch mit der Analyse von militärischen Radaranlagen beschäftigt.[450] Withington hat berechnet, wie die russischen Ortungsdaten in diesem Szenario übertragen werden könnten. »Drei Minuten und neun Sekunden nach dem Start der Tridents begann das 77YA6DM-Woronesch-DM-Radarsystem in Barnaul, die Salve der vom U-Boot abgefeuerten ballistischen Raketen zu verfolgen. 50 Sekunden später dann auch das 77YA6VP-Woronesch-DP in Irkutsk.«

Und jetzt wird Komsomolsk am Amur durch das Tundra-Satellitensystem wegen eines bevorstehenden Raketenangriffs aus dem Pazifik alarmiert. Frühwarnsatelliten im Weltraum »sehen« Hunderte Objekte aus dem Süden auf Russland zukommen – das heißt, der Kommandant *glaubt*, sie zielten auf Russland. Die gleiche Salve wird auch von den russischen Bodenradarstationen in Barnaul und Irkutsk wahrgenommen.

Zu diesem Zeitpunkt »sieht« das Tundra-System die Hunderte Objekte aber nicht deshalb, weil es Sonnenlicht oder Wolken fälschlicherweise für Raketenabgase hält. Diese gibt es nur in der Beschleunigungsphase. Jetzt sind die Tridents in der mittleren Flugphase, wo das russische Radar-Frühwarnsystem eine weitere Falschwahrnehmung haben kann. Trident-Raketen enthalten die besagten Hunderte Objekte in jedem Gefechtskopf, die aber nur dazu dienen sollen, die russischen Abfangraketen abzulenken.

»Diese Attrappen bestehen aus dünnen Drahtstücken, die miteinander gekreuzt sind und wie die Metallsterne des Kinderspiels Jacks aussehen«, erklärt Ted Postol.[451] Für Radarsysteme wie das in Komsomolsk am Amur »sehen diese Drahtgebilde wie Hunderte zusätzliche Sprengköpfe aus«.

Der Kommandant greift zum Telefon und benachrichtigt Moskau, dass sein Frühwarnsystem eine riesige Menge Gefechtsköpfe sieht, die Russland von Süden her angreifen.

41 MINUTEN, 1 SEKUNDE

Im Doomsday Plane über North Dakota, USA

Im Kommandozentrum an Bord des Doomsday Plane öffnet der STRATCOM-Commander das Black Book. Nachdem jetzt eine dritte ballistische Rakete auf die Vereinigten Staaten zufliegt, erwägt er mögliche zusätzliche nukleare Gegenschläge gegen Nordkorea. Der Verteidigungsminister und die stellvertretende Vorsitzende sind über Advanced-Extremely-High-Frequency-Satellitenkommunikation von Site R aus ebenfalls eingebunden.

Seit acht Minuten hat DISA den Kontakt mit Marine One verloren. Niemand weiß, wo der Präsident ist.

Die schnelle Eingreiftruppe hat den Atomkoffer geortet und bringt ihn zurück nach Raven Rock. Der Adjutant ist tot, sein Fallschirm wurde durch die Druckwelle der Explosion zerrissen. Der Special Agent in Charge des Secret Service, die CAT-Agenten und der Präsident werden immer noch vermisst; vermutlich wurden sie durch den Wind voneinander getrennt.

Da der Vorsitzende des Generalstabs tot ist, wurde seine Stellvertreterin jetzt zur ranghöchsten Beamtin des Militärs, und es ist ihre Aufgabe, den Präsidenten und den Verteidigungsminister zu beraten. Als amtierende Vorsitzende steht sie über allen anderen Militäroffizieren, aber sie darf das Militär nicht befehligen. Das ist Aufgabe des Präsidenten.

Stellvertretende Vorsitzende: »Der Verteidigungsminister muss als amtierender Präsident eingeschworen werden. Sofort.«

Über Satellitenfunk stimmen alle Gesprächsteilnehmer zu.

Aber Regierungsangehörige in Site R streiten über die Nachfolgeregelung aus Artikel II, Abschnitt 1, Absatz 4 der Verfassung. Der strittige Punkt ist die noch unklare, nach dem 11. September verfasste gesetzliche Regelung, was nach einem »massenhaften Enthauptungsschlag« zu tun ist.[452] In diesem Szenario ist der derzeitige Präsident des Senats anscheinend noch am Leben. DISA hat vor wenigen Minuten eine Nachricht von einem seiner Mitarbeiter bekommen. Das zweithöchste Mitglied des Senats lag krank zu Hause, als die Bombe über dem Pentagon explodierte. Er ist jetzt im eigenen Auto auf dem Weg von Maryland zu Site R, um die ihm in der Nachfolgeregelung zugedachte Stellung als Oberbefehlshaber der Streitkräfte einzunehmen.

Nationaler Sicherheitsberater: »Vergessen Sie das. Wir wenden die Bumping Procedure an und schwören den Verteidigungsminister ein.«

Er zitiert Titel 3, Abschnitt 19 des Succession Acts von 1947. *People's choice.*[453]

STRATCOM hat andere Prioritäten.

STRATCOM Commander: »Wir müssen mit aller Gewalt auf die dritte Rakete reagieren.«

Stellvertretende Vorsitzende: »Der Verteidigungsminister muss als amtierender Präsident eingeschworen werden, jetzt sofort.«

STRATCOM Commander: »Wir müssen Optionen für den Gegenschlag auswählen.«

Verteidigungsminister: »Wir dürfen nichts tun, bis wir mit dem russischen Präsidenten telefoniert haben.«

Alle Teilnehmer des Funkgesprächs wissen, dass der STRATCOM Commander in Besitz des universellen Freischaltcodes ist, was bedeutet, dass er in der Lage – und unter Umständen auch befugt – ist, zusätzliche nukleare Gegenschläge zu veranlassen.

STRATCOM Commander: »Es ist schlecht, dass der russische Präsident sich weigert, Ihren Anruf entgegenzunehmen.«

Verteidigungsminister, empört: »Er nimmt meinen Anruf nicht entgegen, weil ich nicht der amtierende Präsident der Vereinigten Staaten bin.«

Stellvertretende Vorsitzende: »Wir müssen den Verteidigungsminister einschwören.«

Verteidigungsminister: »Ich bin blind.«

Während Entscheidungen gefällt werden und hitzig diskutiert wird, welches weitere Vorgehen die USA stark oder schwach aussehen lassen würde, werden auch in Russland Entscheidungen getroffen – in einem atombombensicheren unterirdischen Bunker.

42 MINUTEN

Boyds, Maryland

Niemand hat etwas vom Präsidenten gehört, weil der durch die Atombombenexplosion über dem Pentagon erzeugte EMP die elektronischen Systeme des Marine One zerstörte und der Hubschrauber abstürzte.

Nachdem der Präsident zusammen mit einem Mitglied des CAT-Elements Augenblicke vor der Detonation im Tandem mit dem Fallschirm abgesprungen war, hatten die beiden Männer eine harte Landung in einer bewaldeten Gegend in Maryland, nahe dem Little Seneca Lake. Der CAT-Agent brach sich dabei das Genick, aber der Präsident hatte Glück und wurde durch den Körper des CAT-Operators abgefedert. Er ist noch am Leben.

Jetzt schnallt er sich von dem Toten ab und strampelt sich frei. In seiner Stirn ist eine tiefe, klaffende Wunde. Sein linker Arm und sein rechtes Bein haben mehrfache Brüche erlitten. Er kann die blutigen, gerissenen Sehnen und den grau-weißen Knochen sehen, der aus seiner Haut ragt. Und Blut. Eine Menge Blut.

Nun liegt der Präsident hier in dieser bewaldeten Gegend und hört die Bäume im leichten Frühlingswind rauschen. Er hat schreckliche Angst davor, zu sterben. Er ist hilflos. Er kann nicht laufen, nicht einmal krabbeln, um von hier wegzukommen. Nicht mit diesem kaputten Arm und Bein. Er verliert viel Blut und fühlt sich schwach. Er ist der Oberbefehlshaber, und Amerika befindet sich im Atomkrieg.

Wird ihn irgendjemand finden?

In dem ganzen Chaos hat der Präsident sein iPhone verloren. Er versucht, das Funkgerät des toten CAT-Agenten zu benutzen, aber es funktioniert nicht. Es ist ihm unklar, wo er sich überhaupt befindet. Eine schnelle Eingreiftruppe muss auf der Suche nach ihm sein, vermutet er, aber wie soll sie ihn ohne funktionierende Kommunikationsmittel finden, bevor er verblutet?[454]

42 MINUTEN

Explosionsort, The National Zoo

In den Ringen um den Explosionsort in Washington, D.C. sind nicht nur Menschen fürchterlichem Leid und Schmerzen ausgesetzt. Im National Zoo, sechs Kilometer nördlich des Pentagons, sind die meisten Tiere tot, aber manche leben noch, sind erblindet, haben Verbrennungen dritten Grades erlitten und befinden sich in einem schweren Schockzustand. Asiatische Elefanten, Westliche Flachlandgorillas und Sumatratiger brüllen und winden sich in ihren Käfigen und Ställen. Bei den meisten hängen verkohlte Hautreste vom Körper herunter, und ihr Fell brennt.

Tiere gehen instinktiv ins Wasser, wenn sie brennen, im vergeblichen Versuch, die Flammen zu löschen. Das gilt auch für Menschen. Die Flüsse überall in der Stadt sind voller Leichen. Der Potomac ist verstopft mit ungezählten Toten, ähnlich wie im August 1945 die Flüsse in Nagasaki in Japan. »Tausende von Leichen trieben überall im Fluss, aufgedunsen und vom Wasser lila aufgequollen«, erinnerte sich der Überlebende Shigeko Matsumoto später.[455] In den Flüssen in der Umgebung von Washington, D.C. landen große metallfarbene Schmeißfliegen auf den dahintreibenden Leichen und legen ihre Eier ab. Im National Zoo werden die Tiere in ihren Käfigen wohl alle sterben. Es gibt niemanden mehr, der sie füttert oder sie befreit, damit sie versuchen können, allein zu überleben.

In der Umgebung des Zoos stehen einzelne überlebende Menschen vor unüberwindlichen Hindernissen. Verbrannt und blutend, die Lungen gefüllt mit giftigen Gasen und Rauch, versuchen sie verzweifelt, das Katastrophengebiet zu verlassen, bevor das wachsende Megafeuer sie bei lebendigem Leib verbrennt. Aber gigantische Trümmerberge machen das Gelände so gut wie unpassierbar. Überall ringsumher brechen instabile Gebäude zusammen.

Tödliche Strahlung in der Luft verurteilt die Überlebenden geräuschlos zum Tod.

GESCHICHTSSTUNDE NR. 8

Strahlenkrankheit

Verteidigungswissenschaftler wissen seit der Durchführung des Manhattan-Projekts, was die akute Strahlenkrankheit im Körper anrichtet.[456] Seit dem Unfall im Mai 1946 in der Omega Site, einem in den Wäldern von Los Angeles versteckten Geheimlabor. Es wurde jahrzehntelang geheim gehalten, was dort genau passierte.

An einem kühlen Frühlingstag stand fünf Kilometer entfernt vom Hauptlabor eine Gruppe von Wissenschaftlern konzentriert über einen Tisch gebeugt. Die Männer arbeiteten an einem Kern für eine Plutoniumbombe, um den ersten Atombombentest seit der Zerstörung von Hiroshima und Nagasaki durchzuführen. Die USA besaßen zu dieser Zeit etwa vier Atombomben. Die Zukunft des nuklearen Wettrüstens hing von diesem Moment ab. Die Wissenschaftler von Los Alamos standen unter großem Druck, dieses Plutoniumkernexperiment erfolgreich durchzuführen, denn es ging um viele Arbeitsstellen und viel Geld.

An diesem Tag hantierte der Physiker Louis Slotin mit dem Plutonium. Es waren noch mehrere andere Wissenschaftler mit im Raum. Slotin hatte sich kürzlich entschlossen, aus moralischen Gründen das Manhattan-Projekt zu verlassen – das hatte er Freunden erzählt. Der Krieg war vorbei, und er wollte keine Atombomben mehr bauen. Seine Vorgesetzten willigten ein, aber verlangten von ihm, dass er noch einen Nachfolger einlernte, den Wissenschaftler Alvin C. Graves.

Während dieses gefährlichen Experiments – so gefährlich, dass es auch »den Drachen am Schwanz kitzeln« genannt wurde – unterlief Slotin ein Missgeschick mit den Beryllium-Halbkugeln, mit denen er gerade hantierte. Dadurch wurde eine nukleare Kettenreaktion ausgelöst. Slotin wusste, welchem Risiko er ausgesetzt war, versuchte aber, die anderen im Raum zu retten, unter anderem Alvin Graves, der neben ihm stand. Augenzeugen beschrieben einen plötzlichen Blitz aus blauem Licht – andere nannten es ein »blaues Leuchten« – und eine starke Hitzewelle.[457]

Menschen begannen zu schreien. Der Sicherheitsmann, dessen Aufgabe es war, das nukleare Material zu bewachen, rannte nach draußen und verschwand in den Hügeln von New Mexico.

Jemand rief einen Notarzt. Das Labor wurde evakuiert, aber Louis Slotin blieb zurück und skizzierte für die weitere Forschung einen Lageplan, wo er und alle anderen gestanden hatten. Damit Verteidigungswissenschaftler die Auswirkungen der Strahlenkrankheit verstehen konnten. Wie sie tötet.

Slotins Skizze war bemerkenswert detailliert für einen Mann, dessen Tod durch akute Strahlenkrankheit schon eingesetzt hatte. Jahre später fertigte das Labor ein Modell davon an, wo sich Louis

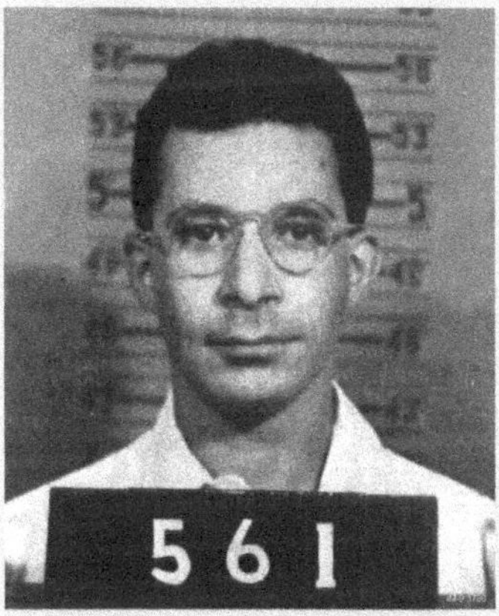

Louis Slotins Laborausweis für Los Alamos (links)
und ein Modell des Labors mit dem Experiment,
durch das er 1946 in Los Alamos ums Leben kam (rechts)
(Los Alamos National Laboratory)

Slotin befand, als der Unfall passierte. Er war gerade einmal 35 Jahre alt.

Im Krankenwagen erbrach sich Slotin. Seine linke Hand, die dem nuklearen Material während des Unfalls am nächsten gekommen war, wurde taub. Seine Leiste schwoll an. Heftiger Durchfall setzte ein, und er erbrach sich immer wieder, was im Krankenhaus von Los Alamos weiter anhielt. Liegend und schwach, wie er war, bildeten sich Wasseransammlungen in seinen Händen, die wie Ballons anschwollen. Schreckliche, schmerzhafte Blasen bildeten sich unter seiner Haut und platzten dann auf.

Ärzte verbanden die Pusteln an Slotins Händen mit Vaseline und Gaze. Sie versuchten, die Haut mit einem Drahtschwamm abzuschrubben, um das geschädigte Gewebe zu entfernen. Sie packten seine Extremitäten in Eis ein. Führten Bluttransfusionen durch. Die Tage vergingen. Mehr Eisbäder, mehr Bluttransfusionen. Aber nichts konnte die intensiven Schmerzen lindern. Eine tödliche Dosis von starker Röntgenstrahlung, Gammastrahlen und Neutronen war bis in Louis Slotins Organe vorgedrungen. Sein Körper konnte jetzt das eigene Blut nicht mehr mit Sauerstoff anreichern. Zyanose setzte ein, eine bläuliche Verfärbung, die sich über seine Brust, Arme, Leistenregion und Beine ausbreitete.[458] Die lila Flecken, die seinen Körper bedeckten, brachen auf, und Blut trat hervor. Dasselbe passierte mit den offenen Stellen in seinem Mund. Weil sich dicke Hautstücke von Slotins Händen lösten, erwogen die Ärzte Amputationen, gaben aber stattdessen Bluttransfusionen – eine nach der anderen, immer wieder.

Als sein Ende nahte, erlitt Louis Slotin Nekrose. Seine Gliedmaßen starben ab. Alle Stammzellen im Knochenmark des Körpers starben jetzt ab. Die Wände seiner Blutgefäße lösten sich auf; Gelbsucht kam hinzu; akute Thrombose in den kleinen und großen Blutgefäßen; schwere Epithelschäden im Darm. Als sein Körper die Fähigkeit verlor, Antikörper zu bilden, begann die Zellauskleidung in Slotins Magen-Darm-Trakt Stoffe abzugeben, die in das benachbarte Gewebe gelangten. Bakterien aus seinem Darm drangen in seinen Körper ein. Seine Nebennieren versagten. Eine akute Blutvergiftung setzte ein. Weil sein Blutkreislauf nicht mehr funktionierte, kam ein umfangreicher Wundbrand dazu. Dann Schäden am Organsystem. Gewebe starb ab. Kreislaufkollaps. Leberversagen. Schließlich vollständiges Organversagen. Am neunten Tag starb Louis Slotin an akuter Strahlenkrankheit.

Nicht lange nach Slotins letztem Atemzug fingen die Ärzte von Los Alamos an, ihn aufzuschneiden.[459] Sie waren begierig zu lernen, wie Strahlung einen Menschen tötet. Vor 1945 war noch nicht an der Strahlenkrankheit geforscht worden. Jetzt, im Frühling 1946, existierte dieser Begriff noch nicht mal ein Jahr. Mit dem ersten Schnitt des Skalpells offenbarte sich den Ärzten ein Grauen, das die Welt vor der Erfindung der Atombombe noch nicht gekannt hatte. Es war, als wäre Slotins Leichnam mit faulender Suppe gefüllt. Sein »Blut war bei der Autopsie nicht in der Lage zu gerinnen«, schrieb einer der Ärzte in einem geheim gehaltenen Autopsiebericht.

Die Strahlenkrankheit hatte den nahezu vollständigen Verlust des Gewebes verursacht, das Slotins Organe voneinander separiert hatte. Ohne diese Auskleidung waren seine Organe miteinander verschmolzen. So viel dazu, dass General Leslie Groves, der Leiter des Manhattan-Projekts, der Öffentlichkeit und dem Kongress wenige Monate zuvor versichert hatte, dass der Strahlentod »eine sehr angenehme Art zu sterben« sei.[460]

43 MINUTEN NACH DEM START

Unterirdischer Bunker, Sibirien, Russland

Der Präsident der Russischen Föderation ist an einem geheimen Ort in Sibirien, in einer Kommandozentrale für atomare Kriegsführung, die vor dem Rest der Welt versteckt ist. Die Anlage könnte sich unter dem Jamantau befinden, einem Berg im Ural, oder unter dem Koswinsky in der Nähe von Swerdlowsk oder in der Republik Altai, in der Nähe einer Flussschleife des Katun.[461] In jedem Fall ist er in diesem Szenario mehrere Stockwerke unter der Erde, in einem Bunker, der den Atomkrieg überstehen soll.

Es ist mitten in der Nacht in Russland. Es ist kalt. Auf dem Boden liegt Schnee.

Der russische Präsident wurde aus dem Bett geholt und nimmt jetzt an einer Videokonferenz teil. Er spricht mit den beiden obersten Generälen Russlands: dem Verteidigungsminister und dem Generalstabschef der russischen Streitkräfte. Man geht davon aus, dass diese drei Personen zu jedem Zeitpunkt jeweils einen der drei Atomkoffer bei sich haben, mit denen der Befehl zu einem Atomschlag gegeben werden kann. Der Koffer wird »Cheget« genannt.[462]

Im November 2020 gab der Kreml ein bedeutsames Transkript eines Treffens frei, bei dem Präsident Wladimir Putin mit seinen obersten Generälen über die wichtige Rolle von Kommandobunkern und deren Kommunikationssystemen in einem Atomkrieg sprach. »Wir sind uns bewusst, dass die Überlebensfähigkeit dieser Systeme und ihre ständige Funktionsfähigkeit während militärischer Auseinandersetzungen äußerst wichtig ist«, sagte er.[463] Und er betonte, dass »alle Ausrüstung, Hardware und Kommunikationssysteme der Kommandozentralen für die nuklearen Streitkräfte« erst vor Kurzem aufgerüstet wurden. Gleichzeitig »bleiben [sie] so simpel und verlässlich wie eine Kalaschnikow«.

In diesem Szenario residiert der russische Präsident mit seiner Familie hin und wieder in einem Bunker, seit das russische Militär im Winter 2022 die benachbarte Ukraine überfiel und die obersten Führer Russlands im Westen zu Aussätzigen wurden.

Unten im Bunker zappt der russische Präsident im Satellitenfernsehen durch die noch funktionierenden westlichen Nachrichtensender. Dort wird berichtet, dass die USA Opfer eines Atomangriffs wurden. In den großen Städten gibt es einen noch nie da gewesenen Massenexodus. Hubschrauber fliegen über New York, Los Angeles, San Francisco und Chicago und filmen das Chaos, das entsteht, wenn Millionen Menschen gleichzeitig versuchen, die Städte zu verlassen. Gewalt und Anarchie breiten sich aus.

Der russische Präsident betrachtet die Schreckensszenen, die sich überall in den USA abspielen, und fragt sich, wer dort gerade die Regierungsgewalt ausübt. Atomkriegsplaner in den USA und in Russland haben sich lange gefragt, was mit der Gesellschaft passieren würde, wenn es einen Atomkrieg gäbe. Und was ist mit der militärischen Befehlsstruktur?

Wer hat das Kommando?

Verteidigungsministerien funktionieren hierarchisch. Sie sind als Machtpyramide aufgebaut – A folgt B folgt C. Bricht ein Atomkrieg aus, ist die zentrale Frage: Wer wird seine Aufgaben pflichtgemäß erledigen, und wer wird seinen Posten verlassen und sich aus dem Staub machen? Werden die Glieder in der Befehlskette das Land über die Familie stellen oder die Familie über das Land? Kann irgendjemand so etwas vorhersagen? Werden das Schicksal und die Umstände dabei eine Rolle spielen?

In diesem Szenario berichten Reporter in kleineren Städten wie Des Moines, Iowa und Little Rock, Kansas, Tausende Kilometer von den Atomangriffen entfernt, weiter über das Geschehen. Viele Sendezentralen in den großen Städten haben die Übertragung eingestellt oder können nicht mehr senden. Das Internet funktioniert nur sporadisch. Viele Millionen Menschen in den USA haben keinen Zugang mehr zu Nachrichten.

Im Atomschutzbunker des russischen Präsidenten funktionieren wie in Site R gegenwärtig noch der Strom, das Internet und die Festnetztelefonie. Unterirdische Bunker sind auf Redundanz angelegt. Die lebensnotwendigen Infrastrukturkomponenten wie Luft, Wärme und Wasser sind in mehrfachen Ausführungen vorhanden, um Notfälle und Krisen zu überstehen. Mehrfach verlegte Glasfaserleitungen mit hoher Kapazität gewährleisten, dass Kommunikationssysteme ununterbrochen funktionieren. Selbst die Notstromgeneratoren haben Notstromgeneratoren.[464]

Das Wichtigste in einem Atomkrieg ist, dass man die Entfernung zum Detonationsort messen kann. Aber wenn man die Befehlsgewalt hat, ist Geschwindigkeit am wichtigsten. Ronald Reagan beschwerte sich einmal darüber, dass dem Präsidenten der USA nur sechs Minuten Zeit blieben, um zu reagieren, nachdem er von seinen Beratern über einen atomaren Angriff informiert worden sei. Jetzt bleibt auch dem russischen Präsidenten nur ein derart kurzes Zeitfenster, um zu handeln.

Im Jahr 2022 versprach Wladimir Putin eine »blitzschnelle« Reaktion, falls Russland mit Interkontinentalraketen angegriffen werden sollte.[465] Diese Drohung wurde weithin so interpretiert, dass sie auf die russische nukleare Triade bezogen war. Zwei Jahre zuvor, 2020, erwähnte er, dass die russischen Atomstreitkräfte mit einer unglaublichen Geschwindigkeit aufgerüstet werden würden – »nicht wie die Formel 1 […], sondern mit Überschallgeschwindigkeit«.[466]

Das ist jetzt der Moment. Die Zeit, schnell zu handeln.

Mehrere Minuten wurden schon damit verschwendet, Satellitenfernsehen zu schauen. Dem russischen Präsidenten bleiben nur noch ein paar Minuten, um über das weitere Vorgehen zu entscheiden. Er ist mit einem Entweder-oder-Paradox konfrontiert:

- Entweder die USA glauben, dass Russland für die Atomangriffe gegen sie verantwortlich ist.
- Oder die USA wissen, dass Russland nicht dafür verantwortlich ist.

Der Atomkoffer, mit dem die USA Atomangriffe starten, wird »Football« genannt. Russland hat den Cheget, einen kleinen, ähnlich gestalteten Koffer, der sich jederzeit in der Nähe des Präsidenten (und zwei weiterer Personen) befindet. Der Cheget ist das Kernstück der russischen Nuklearstreitkräfte, an deren Spitze der Präsident steht, so wie der Football das Kernstück der amerikanischen Nuklearstreitkräfte ist. Im Cheget befindet sich eine Liste von nuklearen Angriffsoptionen, aus denen man schnell Ziele wie aus einer Speisekarte auswählen kann.

Der Cheget verbindet seinen Besitzer mit dem russischen Generalstab, der aus den Generälen in der Kommandozentrale im Zentrum von Moskau besteht. Diese Generäle und Admiräle haben die Kontrolle über die Startvorrichtungen der russischen nuklearen Triade, des see-, land- und luftgestützten Atomwaffenarsenals, das annähernd gleich groß ist wie das der Vereinigten Staaten. Russland verfügt über 1674 zum größten Teil sofort abschussbereite Atomwaffen.

Hier im unterirdischen Bunker befindet sich neben dem Präsidenten auch der Sekretär des Sicherheitsrats, ein als absoluter Hardliner bekannter Berater aus Putins innerstem Kreis. Er gehört zu den sogenannten *silowiki*, den »Vollstreckern«, ist kein Freund des Westens und hat großen Einfluss auf den russischen Präsidenten.[467] Seiner öffentlich verkündeten Überzeugung nach ist es das »konkrete Ziel« Amerikas und seiner Verbündeten, Russland zu zerschlagen. Dabei ging er so weit zu behaupten, das US-Militär bereite sich auf einen »biologischen Krieg« gegen das russische Volk vor. Zusammenhänge oder Einzelheiten erläuterte er jedoch nicht näher.

In dieser schweren Krisensituation ermahnt der Sekretär des Sicherheitsrats den russischen Präsidenten, dass nicht mehr viel Zeit bleibt.[468] Dass er entscheiden muss, was getan werden soll. Der Präsident bittet seine Berater, noch einmal die Fakten zu überprüfen, die Moskau übermittelt hat – die Alarmsignale des russischen Frühwarnsystems.

Die Sowjetunion hat jahrzehntelang bestritten, die Launch-on-Warning-Strategie des sofortigen Gegenschlags beim Erhalt einer Frühwarnmeldung zu verfolgen. Pavel Podvig berichtet, dass es (angeblich) die russische Strategie gewesen sei, vor einem eigenen Gegenangriff »zuerst angreifende Sprengköpfe abzufangen«. Ob das sowjetische Propaganda war oder die Wahrheit, ist umstritten.[469]

Was aber sicher ist: Die diesbezügliche offizielle Haltung Russlands hat sich vor Kurzem geändert.

Im Jahr 2018 wurde Putin in einem Interview im Kreml gefragt, ob er Atomwaffen schon bloß aufgrund einer Frühwarnmeldung einsetzen würde. »Die Entscheidung, Atomwaffen einzusetzen, kann erst getroffen werden, wenn unser Frühwarnsystem nicht nur den Start von Raketen gemeldet hat«, antwortete Putin, »sondern auch eine genaue Vorhersage über ihre Flugbahn geliefert hat sowie den Zeitpunkt, wann diese auf russischen Boden auftreffen werden.« Mit anderen Worten, wenn Tundra-Satelliten fliegende Raketen »sehen« und ein weiteres Frühwarnsystem die Flugbahnen und den geschätzten Zeitpunkt des Aufpralls bestätigt, kann – *und wird* – Russland mit dem Start eigener Atomraketen reagieren. Es wird nicht auf den nuklearen Einschlag warten.[470]

Die Berater des russischen Präsidenten müssen jetzt auf einer Rasierklinge tanzen. Der Verteidigungsminister, der Generalstabschef der Streitkräfte und der Sekretär des Sicherheitsrats müssen den Präsidenten mit der Autorität von Beratern des innersten Kreises darüber informieren, dass das Frühwarnsystem wegen bevorstehender Raketenangriffe Alarm ausgelöst hat. Sie dürfen dabei aber die *existierenden* technologischen Unwägbarkeiten nicht verschweigen.

Die Unzulänglichkeiten des russischen Tundra-Satellitensystems – seine Schwächen und Fehler – sind westlichen Wissenschaftlern wohlbekannt und wahrscheinlich auch den russischen.

Aber wissen die Berater davon? Oder hat man sie darüber im Dunkeln gelassen? Die Berater informieren den russischen Präsidenten über das, was sie wissen – oder zu wissen glauben:

- Vor 20 Minuten ist ein Atomkraftwerk in Kalifornien von einer Atombombe getroffen worden.
- Vor zehn Minuten wurden das Pentagon, das Weiße Haus, der Kongress und ganz Washington von einer zweiten Atombombe vernichtet.
- Einige Minuten später entdeckten die russischen Tundra-Satelliten den Start von mindestens 100 Minuteman-Interkontinentalraketen aus Silos in Wyoming.
- Ein in der Nähe eines dieser Interkontinentalraketensilos befindlicher Agent des militärischen Nachrichtendienstes GRU hat den Start mit eigenen Augen gesehen und bestätigt.
- Serpuchow-15-Radare bestätigen, dass mindestens 100 Interkontinentalraketen über den Nordpol in Richtung Russland fliegen.
- Vor drei Minuten berichteten Woronesch-Radare in Barnaul und Irkutsk von einer Salve von U-Boot-gestützten Raketen aus südlicher Richtung.
- Vor zwei Minuten bestätigte Komsomolsk am Amur, dass sich diese Sprengköpfe im Flug befinden. Es sind Hunderte.
- Die Situation ist folgende: Das Warnsystem hat den Start von US-Raketen festgestellt. Hunderte Sprengköpfe fliegen auf Russland zu – von zwei Seiten. Die Vorhersage lautet, dass die ersten von ihnen in etwa neun Minuten auf russischem Boden eintreffen werden.

Im russischen Bunker läuft ein amerikanischer Fernsehsender. Ein Nachrichtensprecher in Truth or Consequences, New Mexico unterbricht das Grübeln des russischen Präsidenten. Der Sprecher berichtet den Zuschauern, dass niemand in den Vereinigten Staaten zu wissen scheint, wer die USA angegriffen hat, was eigentlich los ist oder wer – wenn überhaupt jemand – gerade das Sagen hat. Und dass der US-Präsident sich noch nicht an die Nation gewandt hat, was erschreckend und beunruhigend ist. Er benutzt das Wort »surreal«.

Und dann fragt der Sprecher: »Ist es Russland?«

Er fragt das laut, live, an niemanden gerichtet.

Wer sonst würde es wagen, so etwas zu tun? Wer sonst ist zu einer solchen Grausamkeit fähig?

Unten im russischen Bunker, sechs Stockwerke unter der Erde, teilt der Sekretär des Sicherheitsrats dem Präsidenten mit, dass ihm noch 90 Sekunden bleiben, um über die weiteren Maßnahmen zu entscheiden.

Der russische Präsident fragt, ob sein amerikanischer Amtskollege ihn angerufen hat.

Die Antwort lautet Nein.

Der russische Präsident fragt, wer vom Weißen Haus angerufen hat. Ein Adjutant tritt vor und verliest ein Protokoll:

- Der nationale Sicherheitsberater der USA hat angerufen.
- Der Verteidigungsminister der USA hat angerufen.
- Die stellvertretende Vorsitzende des Vereinigten Generalstabs hat angerufen.

Russlands Präsident wägt ein zweites Mal Entweder-oder-Tatsachen ab:

- Entweder zielen Hunderte Gefechtsköpfe, die auf ballistischen Flugbahnen auf Russland zufliegen, auf Russland.
- Oder Hunderte Gefechtsköpfe, die auf ballistischen Flugbahnen auf Russland zufliegen, zielen nicht auf Russland.

Alle hier im russischen Bunker und in der Videokonferenz, die per Satellit mit dem Kommandozentrum in Moskau geführt wird, wissen, dass nicht Russland die USA mit Atombomben angegriffen hat. Und sie wissen, dass die Frühwarnradarsysteme der USA beneidenswert exakt sind, was ihnen die hinreichende Sicherheit gibt, dass der US-Präsident und seine Generäle wissen, dass der Angriff nicht von Russland ausging. Aber sie wissen auch, dass der US-Präsident – und so gut wie alle westlichen Führungsfiguren – die russische Führung verachtet. Und dass die Geschichte zeigt, dass die USA, wenn sie einen Regimewechsel wollen, bereit sind zu lügen.

Jeder in diesem Bunker denkt jetzt an das gleiche historische Ereignis. Gedanken werden zu Worten, und eine kurze Diskussion beginnt darüber, wie damals im Jahr 2003 US-Präsident George W. Bush und Vizepräsident Dick Cheney den Präsidenten des Irak loswerden wollten und dafür das Narrativ schufen, dass Saddam Hussein Massenvernichtungswaffen besitze – eine mit lebhaften Details wie dem über afrikanisches Yellowcake-Uran ausgeschmückte Geschichte, die den gesamten Kongress der Vereinigten Staaten dazu verleitete, diese Lüge zu glauben. Das Ergebnis war ein Großangriff auf eine souveräne Nation, eine Invasion in den Irak.

Der Verteidigungsminister teilt dem russischen Präsidenten mit, dass ihm noch 30 Sekunden für seine Entscheidung bleiben.

Ob Atomraketen auf die Vereinigten Staaten abgefeuert werden sollen oder nicht.

Wie in Amerika ist auch in Russland der Abschuss von Atomwaffen die Entscheidung des Präsidenten. Es ist ausschließlich seine Entscheidung. Der Generalstabschef erinnert den Präsidenten daran, dass die Bedingungen für Launch on Warning erfüllt sind. Und er erinnert ihn an seine Haltung zum Einsatz von Atomwaffen in dem Interview im Kreml im Jahr 2018.

Der russische Präsident ist wütend. Der Präsident der Vereinigten Staaten hat nicht versucht, ihn zu erreichen. Er sieht dies nicht nur als Beleidigung, sondern auch als Anzeichen für etwas anderes. Wie so viele Herrscher ist auch das russische Staatsoberhaupt in diesem Szenario anfällig für Paranoia. Er glaubt jetzt, dass Russland von Amerika mit einem Enthauptungsschlag angegriffen wird.

Diese Furcht ist seit Sowjetzeiten tief verwurzelt.

David Hoffman, der frühere Leiter des Moskauer Büros der *Washington Post*, gibt ein erschreckendes Beispiel dafür, wie stark diese

Paranoia während des Kalten Krieges ausgeprägt war.[471] Angsterfüllte sowjetische Führer glaubten, Amerika plane einen massiven nuklearen Präventivschlag gegen die russischen Nuklearstreitkräfte. Um diesem potenziellen Enthauptungsschlag etwas entgegenzusetzen, entwickelte die Sowjetunion ein System namens Tote Hand. Dieses System sollte sicherstellen, dass der Atomkrieg im Falle eines feindlichen Präventivschlages nicht enden würde, bevor Russlands komplettes Atomwaffenarsenal geleert wäre – bis zur letzten Rakete.

Die Tote Hand wird offiziell Perimeter genannt und ist ein automatisches Kontrollsystem mit seismischen Sensoren, die in der Lage sind, eine atomare Detonation auf russischem Boden zu registrieren. Sollte das System wahrnehmen, dass der Kontakt zu den russischen Befehlshabern abgebrochen ist, kann die Tote Hand angeblich von selbst Atomraketen starten. Der ursprüngliche Entwurf war »eine Art Weltuntergangsmaschine, die ohne jeden menschlichen Eingriff Raketen abfeuern würde«, sagt Hoffman.[472] Ein mechanisiertes System, das für eine letzte, armageddonartige Serie von Vergeltungsschlägen programmiert war. Diese Pläne sind Berichten zufolge überarbeitet worden, aber das System ist immer noch in Gebrauch. Ob es tatsächlich ohne menschliche Eingriffe aktiv wird oder nicht, bleibt ungewiss. Aber es zeigt, wie paranoid ein Staatsführer sein kann, der im Besitz eines alles vernichtenden Arsenals ist.

Nach mir die Sintflut.

Paranoia ist ein psychologisches Phänomen, so wie die Abschreckung. Die Furcht eines paranoiden Herrschers vor einem präventiven Enthauptungsschlag kann Konsequenzen haben, die so real wie Atomwaffen selbst sind. Fakt in diesem Szenario. Fakt im echten Leben.

In diesem Szenario wissen wir nicht, warum sich der oberste Führer von Nordkorea entschloss, einen plötzlichen Überraschungsangriff auf Amerika auszuführen, aber Paranoia spielte dabei fast sicher eine Rolle. Und jetzt treibt die Paranoia den russischen Präsidenten zu seiner Entscheidung, die in Eile getroffen werden muss, während die Uhr tickt.

Angesichts Hunderter Atomsprengköpfe, die – wie er glaubt – auf russischen Boden zusteuern und von den opportunistischen Amerikanern abgefeuert wurden, um einen präventiven Überraschungsangriff zu verüben, entschließt sich der russische Präsident zum Gegenangriff.

Der Adjutant öffnet den Cheget.[473]

Der russische Präsident wählt die extremste Option für einen Atomschlag aus Russlands Zielliste. Er liest die Startcodes vor, die auf einem Dokument stehen.

Wie die amerikanischen Atomraketen benötigen auch die russischen nur wenige Minuten, um gestartet zu werden.

Was getan ist, lässt sich nicht mehr rückgängig machen.

45 MINUTEN

Dombarowski, Russland

9000 Kilometer von Washington, D.C. entfernt, im Interkontinentalraketenkomplex Dombarowski in Südwestsibirien, funkelt der Schnee im Mondlicht. An diesem Ort 30 Kilometer nördlich von Kasachstan ist es 0:48 Uhr. Stacheldrahtzaun und Landminen umgeben die Anlage; Ringe aus automatischen Granatwerfern und ferngesteuerten Maschinengewehren halten außerdem Wache. Wie in den amerikanischen Raketenfeldern in Wyoming gibt es auch hier Tore im Erdboden. Die Deckel der Stahlsilos liegen flach unter dem Nachthimmel.

Die Menschen in der Gegend betrachten Dombarowski als Nutzwald. Milchindustrie und Papierfabriken bieten den Einheimischen Arbeitsplätze. Für die russischen Nuklearstreitkräfte ist es die Heimat der mächtigsten, zerstörerischsten Interkontinentalrakete der Welt: der ballistischen Rakete Satan 2, wie sie im Westen genannt wird.[474]

Russland nennt diese Rakete RS-28 Sarmat, zu Ehren eines Stammes von Reiterkriegern aus dem 5. Jahrhundert vor Christus. Auf ganz ähnliche Art nennen die USA ihre Interkontinentalraketen Minuteman, zu Ehren ihres Stammes von Reiterkriegern aus der Zeit des Amerikanischen Unabhängigkeitskriegs. Indem der Westen

Russlands Interkontinentalraketen Satan nennt, wird die Wahrnehmung verfestigt, dass sie böse sind.[475] Die Minuteman-Interkontinentalraketen sind hingegen gute und tapfere Soldaten, dafür gebaut, zu verteidigen und zu beschützen.

Wie auch immer diese Bezeichnungen interpretiert werden – die zwei Arsenale zur Massenvernichtung sind gefechtsbereit und warten darauf, die Welt zu zerstören. Das Verrückte am Gleichgewicht des Schreckens ist, dass beide Seiten sich spiegeln. Wie der Mythos von Narziss, aber mit einer biblischen Wendung: Ein Verrückter starrt in einen Teich, sieht sein Spiegelbild auf der Wasseroberfläche und hält sich selbst für seinen Feind. Er fällt auf dieses Trugbild herein, greift an, rutscht ins Wasser und ertrinkt. Aber nicht, bevor er ein globales Armageddon ausgelöst hat.

Die USA haben 400 Interkontinentalraketen im ganzen Land verstreut in Silos vergraben. Russland besitzt 312 ICBMs, in Silos und auf mobilen Abschussrampen. Anders als Amerikas Minuteman-Raketen mit nur einem Sprengkopf können einige von Russlands Interkontinentalraketen bis zu zehn 500-Kilotonnen-Bomben in ihren Sprengkopfbehältern tragen. Das bedeutet, eine einzige Satan 2 kann rund fünf Megatonnen nuklearer Zerstörungskraft befördern. Ungefähr die Hälfte der Zerstörungskraft der Ivy-Mike-Thermonuklearbombe, die eine ganze Insel im Pazifik ausradierte und ein Loch hinterließ, das so groß ist wie 14 Pentagons.

Russland ist das bei Weitem größte Land der Erde. Über hundert Interkontinentalraketensilos wie jene hier in Dombarowski sprenkeln seine riesige Oberfläche, seine elf Zeitzonen. Russland hat elf oder zwölf Interkontinentalraketen-Divisionen, jede besetzt mit zwei bis vier Regimentern – in Barnaul, Irkutsk, Koselsk, Nowosibirsk, Nischni Tagil, Tatischtschewo, Teikowo, Uzhur, Wypolsowo, Joschkar-Ola und Dombarowski.[476]

Hans Kristensen, der Direktor des Federation of American Scientists' Nuclear Information Project, verfolgt zusammen mit seinen Mitarbeitenden Matt Korda, Eliana Reynolds und anderen, wie sich die Arsenale der Atommächte entwickeln. Die neuesten Informationen werden jährlich im »Nuclear Notebook« des *Bulletin of the Atomic Scientists* veröffentlicht. Abrüstungsverträge, die sich um ein Gleichgewicht zwischen den beiden Supermächten bemühten, haben die Arsenale verkleinert, seitdem sie im Jahr 1986 den Höchststand von insgesamt 70 000 Atomwaffen erreicht hatten.[477]

Die genaue Anzahl unmittelbar startbereiter Gefechtsköpfe ist schwindelerregend. Sie ändert sich jedes Jahr und hängt auch davon ab, wie gezählt wird – und wer zählt. Anfang 2024 lauteten die (im Westen) allgemein akzeptierten Zahlen wie folgt:

- Russland hat 1674 startbereite Atomwaffen, die USA 1770. Russlands 312 nukleare ICBMs können bis zu 1197 atomare Gefechtsköpfe transportieren, von denen »um die 1090« unmittelbar abschussbereit sind.
- Die USA haben 400 Interkontinentalraketen, die mit 400 Atomwaffen bestückt sind, alle abschussbereit.[478]
- Ein großer Teil der amerikanischen Atomwaffen befindet sich an Bord der U-Boote der Ohio-Klasse, um die 970.
- Russland hat seine U-Boot-gestützten ballistischen Raketen mit »etwa 640« seiner Atomsprengköpfe bestückt.[479]

»Parität« heißt Gleichheit. »Nukleare Parität« bedeutet, dass ein Zustand des relativen Gleichgewichts herrscht. Parität garantiert immer noch die Vernichtung aller Menschen auf beiden Seiten.

»Man kann uns mit zwei Skorpionen in einer Flasche vergleichen, jeder in der Lage, den anderen zu töten, aber nur unter dem Risiko, das eigene Leben zu verlieren«, sagte Robert Oppenheimer einmal über das Wettrüsten zwischen den USA und der Sowjetunion.[480]

Skorpione werden als Spezies wahrscheinlich den Atomkrieg überleben. Arachniden mit Buchlungen gibt es schon seit mehreren Hundert Millionen Jahren. Skorpione gab es schon vor den Dinosauriern, sie überlebten deren Aussterben, und sie werden wahrscheinlich auch nach dem Menschen noch auf der Erde leben. Nach dem nuklearen Dritten Weltkrieg wird ihr harter Panzer sie vor der Strahlung

Russland verfügt über mehr als 1000 startbereite Atomwaffen. Hier wird eine Sarmat-Interkontinentalrakete – auch bekannt als Sohn Satans – zu Testzwecken von einem verschneiten Feld in Russland aus gestartet.

(Verteidigungsministerium der Russischen Föderation)

schützen, die die meisten der Menschen töten wird, die zu Beginn des Krieges die Feuerbälle, die Druckwellen und die anschließenden Feuerstürme überlebt haben.

Oppenheimer erwähnte nicht, dass nicht jeder Kampf zwischen Skorpionen mit dem Tod von beiden endet. Manchmal gewinnt einer. Diese gepanzerten räuberischen Spinnentiere sind auch Kannibalen. Der siegreiche Skorpion frisst manchmal den besiegten auf, wie ein Preisboxer sein Siegesmahl.

Hier in Dombarowski, in der geheimen unterirdischen Startanlage für Atomraketen, bereiten die russischen Offiziere der 13. Orenburger Rotbanner-Raketendivision den Abschuss vor. Parität bedeutet, dass die Startprotokolle in Russland und den USA fast identisch sind.

Der russische Präsident gibt die nuklearen Startcodes an den Nächsten in der Befehlskette weiter.

Die 38 oder 39 Raketenregimenter in ganz Russland erhalten die Startcodes.

Die für den Abschuss zuständigen Offiziere machen ihre Raketen scharf.

Sie geben Zielkoordinaten ein.

Drehen Schlüssel.

In ganz Russland springen Deckel von Interkontinentalraketensilos auf, und ihre Raketen starten eine nach dem anderen. Mobile Abschussrampen schießen ihre Raketen ab, eine nach der anderen.

Fast alle Raketen werden in die Vereinigten Staaten fliegen – es sind 1000 Stück.[481]

45 MINUTEN, 1 SEKUNDE

Aerospace Data Facility, Colorado

Im Weltall, 36 000 Kilometer über der Erde, sehen autogroße Sensoren einer Konstellation aus schulbusgroßen US-Frühwarnsatelliten, wie Hunderte russischer Interkontinentalraketen aus ihren Silos und von mobilen Abschussrampen starten.

In der Aerospace Data Facility in Colorado tauchen die Daten auf den Computerbildschirmen auf, wie eine Hand, die eine Kehle zuschnürt.

Erst eine, dann zehn, dann 100, 200, 300.

Es braucht nur Sekunden, bis die schwarzen Symbole von Hunderten Interkontinentalraketen die Bildschirme füllen.

In diesem Moment kann man an nur eine Sache denken.

Nur einen Satz aussprechen.

Die Russen haben gestartet.

Vom Commander über die Analysten bis zu den Systemingenieuren weiß jeder in der geheimen Anlage hier augenblicklich, dass nichts diese ballistischen Interkontinentalraketen davon abhalten kann, die USA zu treffen. Mehrere Hundert Millionen Amerikaner werden gleich sterben.

Die USA haben noch 40 Abfangraketen übrig (von ursprünglich 44), 36 davon in Alaska und vier in der Vandenberg Space Force

Base. Selbst wenn jede einzelne wider alle Wahrscheinlichkeit einen der von den russischen Interkontinentalraketen beförderten Gefechtsköpfe treffen würde, blieben immer noch rund 960 übrig.

Der Commander der Aerospace Data Facility greift zum Telefon und schickt eine Reihe verschlüsselter Notfallmeldungen an das Doomsday Plane und die verbliebenen Kommandozentralen der Nuklearstreitkräfte:

- das Missile Warning Center im Cheyenne Mountain in Colorado
- das Global Operations Center unter der Offutt Luftwaffenbasis in Nebraska
- Site R, das alternative nationale Militärkommandozentrum im Raven Rock Mountain in Pennsylvania.

Drei Einrichtungen, die selbst mit großer Sicherheit erstrangige Ziele für die ankommenden russischen Interkontinentalraketen sind. In den Worten des früheren Vizeadmirals Michael J. Connor, Commander der amerikanischen U-Boot-Streitkräfte, »kann alles, was befestigt ist, zerstört werden«.[482] Das gesamte Personal in diesen Einrichtungen muss sich jetzt auf zwei neue Aufgaben gleichzeitig vorbereiten:

- einen gewaltigen nuklearen Gegenangriff auf Russland zu starten
- dem direkten Einschlag von einer oder mehreren Atomraketen standzuhalten

Aber wer wird auf seinem Posten bleiben? Wer wird sich aus dem Staub machen? Was ist noch wichtig?

TEIL IV

DIE NÄCHSTEN (UND LETZTEN)
24 MINUTEN

48 MINUTEN

Cheyenne Mountain Complex, Colorado

In dem Stammhirn, das Cheyenne Mountain darstellt, empfängt der Kommandant die Trackingdaten und bereitet seine Notfallnachrichten an Site R, NORAD, NORTHCOM und STRATCOM vor, ähnlich wie zu Beginn, vor 48 Minuten, als das Ganze begann.

Über Satellitenverbindung und von ihren verschiedenen Standorten in der Luft und am Boden versammeln sich die Commander des U.S. Nuclear Command and Control System – ohne all jene, die sich im Pentagon befanden und jetzt tot sind.

Aus dem Bunker unter Site R in den Blue Ridge Mountains nehmen der Verteidigungsminister und die stellvertretende Vorsitzende des Generalstabs teil. Nachdem die Russen ihr gesamtes ICBM-Arsenal abgefeuert hatten, wurde der Verteidigungsminister als amtierender Präsident vereidigt.

Aus seiner fliegenden Kommandozentrale im Doomsday Plane, das immer noch über dem Mittleren Westen kreist, erwartet der STRATCOM Commander den Einsatzbefehl des amtierenden Präsidenten. Das Black Book liegt aufgeschlagen vor ihm.

Die Einschätzung der Lage fällt kurz aus: 1000 russische Gefechtsköpfe bewegen sich in Richtung der Vereinigten Staaten.

Sechs Minuten bleiben, um zu entscheiden, wie der Gegenschlag aussehen soll, doch unter den herrschenden Bedingungen wäre es besser, es ginge schneller. Der ehemalige CIA-Direktor General Michael Hayden erklärt uns in einem Interview die Gründe. In einem Atomkrieg unter Einsatz sämtlicher zur Verfügung stehender Waffen »geht es um Schnelligkeit und Entschiedenheit«, sagt Hayden. »Nicht darum, die Entscheidung zu diskutieren.«[483]

Außerdem muss mit weiterem Höllenfeuer gerechnet werden: Die gefürchteten SLBMs der russischen Marine werden gleich starten.

48 MINUTEN, 10 SEKUNDEN

Nahe der Inselgruppe
Franz-Josef-Land im Nordpolarmeer

Kurz vor dem Nordpol, wo sich Nordpolarmeer und Barentsee treffen, kämpfen sich drei russische U-Boote durch mehr als 1,50 Meter dickes Treibeis. Sie tauchen gleichzeitig auf, nur wenige Hundert Meter voneinander entfernt, so wie es drei russische U-Boote auch bei einer Militärübung im März 2021 einwandfrei schafften.[484]

Doch diesmal ist es keine Übung.

Zwei der drei U-Boote gehören zum Typ K-114 Tula, im NATO-Jargon als Delta-IV bezeichnet. Diese Atom-U-Boote, die ballistische Raketen mit sich führen, dienen seit langer Zeit als Arbeitspferde der russischen U-Boot-Flotte. Das dritte gehört zur neueren Borei-Klasse, es ist schneller und schwieriger zu orten als seine Vorgänger aus der Sowjetzeit.[485] Jedes dieser U-Boote hat 16 Raketen mit Atomsprengköpfen an Bord. Jede dieser Raketen ist mit vier 100-Kilotonnen-Gefechtsköpfen ausgestattet, was zusammengenommen eine Zahl von 192 Sprengköpfen in diesen drei russischen U-Booten ergibt.

Drei U-Boote. Mit einer Sprengladung von 19,2 Megatonnen.

Draußen herrschen eisige Temperaturen, minus 30 Grad Celsius. Der Wind fegt mit mehr als 110 Kilometern pro Stunde über die Kommandotürme der U-Boote.

Im Abstand von fünf Sekunden feuern diese ihre Raketen ab. Eine Rakete nach der anderen.[486]

Jede SLBM verlässt ihre Röhre und steigt im Beschleunigungsflug in die Luft. Nach 80 Sekunden haben die U-Boote sämtliche Raketen abgefeuert, genau wie Ted Postol es mithilfe seiner kleinen Zeichnung schon vor mehr als 40 Jahren den Verantwortlichen der U.S. Navy im Pentagon prophezeit hat.

Die Flugbahn einiger dieser SLBMs bringt sie über den Nordpol aufs nordamerikanische Festland, genauer gesagt zu vorherbestimmten Zielen, die zusammengenommen das U.S. Nuclear Command and Control ausmachen.

Andere SLBMs werden Richtung Süden fliegen, auf einer Flugbahn, die sie nach Europa bringt – ebenfalls zu vorherbestimmten Zielen, die zusammengenommen das Nuclear Command and Control der NATO ausmachen. Und zu den NATO-Stützpunkten mit atomwaffenfähigen Kampfflugzeugen.

Etwa zur selben Zeit und Tausende Kilometer weiter südwestlich durchbrechen zwei weitere Kommandotürme die Wasseroberfläche, diesmal im Atlantik. Diese beiden russischen U-Boote tauchen nur wenige Hundert Kilometer vor der nordamerikanischen Ostküste auf, an Stellen, wo die U.S. Navy sie schon früher auf Patrouillenfahrt ertappt hat. Schon seit einiger Zeit sind russische U-Boote so beunruhigend nah vor der Ostküste der USA unterwegs, dass das Verteidigungsministerium seinen Budgetanträgen für das Haushaltsjahr 2021 eine Karte der alarmierenden Trackingdaten russischer und auch chinesischer U-Boote beifügte.[487]

Die erstaunliche Geschwindigkeit, mit der solche U-Boote ihre Atomwaffen abfeuern und dadurch viele Ziele gleichzeitig treffen können, macht diese Schiffe zu den besagten »Dienerinnen der Apo-

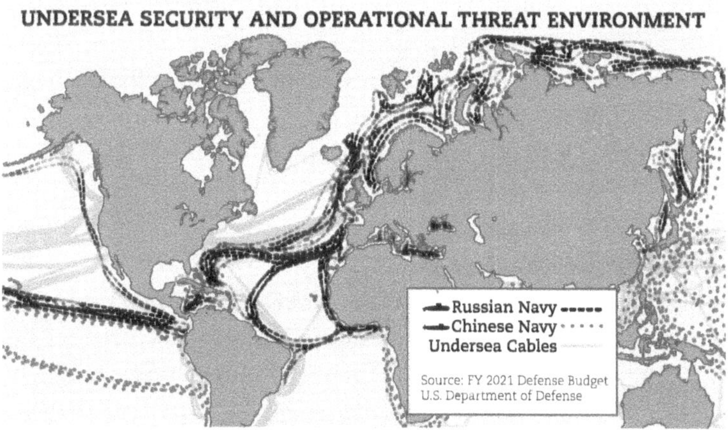

Feindliche U-Boote patrouillieren gefährlich nah vor den amerikanischen Küsten.

(U.S. Department of Defense; Zeichnung von Michael Rohani)

kalypse«. Immer wieder haben inzwischen freigegebene Simulationen eines Atomkriegs gezeigt, dass es exakt so enden wird, wenn die Abschreckung versagt. Mit einem Armageddon. Mit der Zerstörung der gesamten Zivilisation.[488]

Die U-Boote im Atlantik feuern ihre ballistischen Raketen ab, gehen dann wieder auf Tauchfahrt und verschwinden.

Auch im Norden, in einem Treibeisfeld unweit der Inselgruppe Franz-Josef-Land im Nordpolarmeer, gleiten die schwarzen Kommandotürme der drei russischen U-Boote wieder hinunter ins eisige Weiß und verschwinden.

49 MINUTEN

Raven Rock Mountain Complex, Pennsylvania

Für die Führung von U.S. Nuclear Command and Control gibt es keine Diskussion mehr über den Einsatz von Atomwaffen. Sämtliche militärischen Protokolle und Atomkriegsdoktrinen in den Jahrzehnten seit der Entwicklung des Konzepts der Abschreckung besagen, dass die Zeit zum Einsatz jetzt gekommen ist.

Allerdings gibt es noch einen Punkt, den der vormalige Verteidigungsminister – der durch den Blitz der Atombombe nach wie vor geblendet ist – diskutieren will. In unserem Szenario tut er das von seinem ledernen Bürostuhl im Kommandobunker Raven Rock Mountain Complex aus.

Verteidigungsminister: »Als amtierender Präsident bin ich derjenige, der den Einsatzbefehl geben muss.«

Im Prinzip stimmt das. Allerdings ist der STRATCOM Commander inzwischen im Besitz des Universal Unlock Code.

Die Stimmung im Bunker ist geprägt von einer Mischung aus Schock, Wut und Verzweiflung.

»Niemand möchte an diesem Ort sein«, sagt der zwischen 2011 und 2013 wirklich als US-Verteidigungsminister amtierende Leon Panetta im Interview mit uns.[489] »Mitten in einem Berg eingesperrt, um einen Atomkrieg zu führen.« Panetta war auch schon Direktor der CIA und davor Stabschef des Weißen Hauses. »Es gibt Bücher, Anweisungen, Schritte«, erklärt er die Vorgänge. »Listen, die einem sagen, was man in einer Krise zu tun hat. Doch auf einen Atomkrieg kann man sich nicht vorbereiten.«

In unserem Szenario hat die Abschreckung versagt. Und damit haben auch alle theoretischen Kriegsstrategien versagt, die seit Jahrzehnten passiv in Kraft waren und auf der Vorstellung beruhten, Atomwaffen würden die Welt sicherer machen. Euphemistische Doktrinen wie »restoring deterrence« (Wiederherstellung der Abschreckung), »escalate to de-escalate« (Eskalation mit dem Ziel der Deeskalation) und »resolve to restrain« (Entschiedenheit und Zurückhaltung) – all diese Doktrinen haben sich in unserem Szenario als tickende Atombomben erwiesen. Als zum Scheitern verurteilt. Nukleare Strategien wie die sogenannte »tailored deterrence« (maßgeschneiderte Abschreckung) oder die Idee einer »flexible retaliation« (flexible Vergeltung), die die Vorstellung nährten, ein Atomkrieg könne noch gestoppt werden, nachdem er einmal begonnen hat, sind ebenso töricht wie das Konzept der Abschreckung als solches.

Die Verzweiflung, die einige Anwesende im Bunker von Site R überkommt, ist eine Reaktion auf die schreckliche Wirklichkeit, die viele schon seit Jahrzehnten intuitiv kannten: dass ein Atomkrieg immer und unweigerlich in einem nuklearen Weltuntergang enden wird. Und jetzt ist dieses Ende nur noch Minuten entfernt.

Der STRATCOM Commander sieht keinerlei Notwendigkeit mehr zu diskutieren. Er erklärt dem ehemaligen Verteidigungsminister, der jetzt als Präsident und damit als oberster Befehlshaber handelt, dass ihm noch fünf Minuten bleiben, um überhaupt zu handeln. Und dass sein Handeln darin bestehen muss, das Black Book zu öffnen.

49 MINUTEN, 30 SEKUNDEN

In einem Doomsday Plane über Utah

In seinem Doomsday Plane schaut der STRATCOM Commander auf die Optionen, die im Black Book verzeichnet sind. Offiziell wartet er auf den Einsatzbefehl des Verteidigungsministers, aber eben nur offiziell.

Der STRATCOM Commander hat den Universal Unlock Code vor sich. Er kann und wird Vergeltungsschläge gegen Russland durchführen.

Der STRATCOM Commander hat die Kontrolle über die verbliebenen Atomwaffen im Arsenal des Verteidigungsministeriums.

Wie der STRATCOM Commander Charles Richard vor dem Kongress erklärte, ist in einer Situation wie dieser »die kampfbereite Streitmacht des Stratcom [...] bereit, unmittelbar eine entschiedene Antwort zu geben, an jedem Ort der Erde und über alle Regionen hinweg [...]«.[490]

Um das noch einmal klar zu sagen: »Entschiedene Antwort« bedeutet, dass das U.S. Strategic Command darauf vorbereitet ist, die geballte Kraft der nuklearen Triade einzusetzen, wenn es von einem russischen Angriff erfährt. Das heißt im Einzelnen:

- Abfeuern der ICBMs, die überall in den USA in Silos bereitstehen
- Abfeuern der SLBMs von den U-Booten der Ohio-Klasse, die im Atlantik und Pazifik Patrouille fahren
- US-Bomber beladen und in die Luft bekommen, um frei fallende Atombomben und luftgestützte Marschflugkörper abzuwerfen
- Bewaffnen und Starten der NATO-Kampfjets, um frei fallende Atombomben abzuwerfen[491]

Die alte strategische Regel »use them or lose them« – nutze sie, bevor du sie verlierst – tritt jetzt in den Vordergrund.

In etwa acht Minuten werden Hunderte russischer Atomraketen, SLBMs und ICBMs, auf die USA niedergehen. Die Einrichtungen des U.S. Nuclear Command and Control stehen vermutlich ganz oben auf der Liste russischer Ziele.

»Use them or lose them« bedeutet: Die USA werden sofort ihre gesamte nukleare Triade zum Einsatz bringen, bevor alle ortsfesten militärischen Ziele durch den bevorstehenden Atomschlag zerstört werden.

Doch während im Hintergrund bereits die Entscheidungen darüber fallen, mit welcher Option der Gegenschlag gegen Russland geführt werden soll, bringt der ehemalige Verteidigungsminister eine Gewissenskrise zum Ausdruck.

49 MINUTEN, 30 SEKUNDEN

Raven Rock Mountain Complex, Pennsylvania

Vom Bunker in Site R aus präsentiert der amtierende Präsident über die Hochfrequenz-Satellitenverbindung seine Idee zugunsten der gesamten Menschheit. Vielleicht, so sagt er, ist es vollkommen sinnlos, Hunderte Millionen Menschen auf der anderen Seite der Welt, in Russland, zu töten. Vielleicht ist es gar nicht nötig, dass nun auch noch die andere Hälfte der Menschheit – so viele Unschuldige – dem Tod überantwortet wird, nur weil Hunderte Millionen unschuldiger Amerikaner in wenigen Minuten sterben werden.

Sein Gedanke wird ohne langes Nachdenken verworfen.

Der »Rationalismus des Irrationalismus«, um es mit den Worten des Spieltheoretikers und Wirtschafts-Nobelpreisträgers Thomas Schelling zu sagen, hat bereits die Macht übernommen.[492] Regel Nr. 1 in einem Atomkrieg ist die Abschreckung. Heißt: Jede Atommacht verspricht, die eigenen Atomwaffen niemals zum Einsatz zu bringen, es sei denn, sie werde dazu gezwungen. Doch damit ist die Abschreckung grundsätzlich das Gegenteil irgendeines Gedankens zugunsten der ganzen Menschheit.

»Das gesamte Potenzial des US-Verteidigungsministeriums beruht auf der Annahme, dass die Abschreckung weiter wirksam ist«, erklärt das U.S. Strategic Command öffentlich. Bis zum Herbst 2022 bildete dieses Versprechen die Überschrift des öffentlichen STRATCOM-Twitter-Feeds. Dann wurde es entfernt. Doch bei einer Privataudienz in den Sandia National Laboratories Ende 2022 gestand der stellvertretende STRATCOM Commander Generalleutnant Thomas Bussiere die Gefahren der Abschreckung ein. »Alles löst sich in Luft auf, wenn diese Dinge nicht wahr sind.«[493]

Und diese Auflösung hat nun stattgefunden.

In einem Atomkrieg gibt es keine Kapitulation.

Nichts, was einem Aufgeben ähnelt.

Es gibt nur eine Möglichkeit: zu entscheiden, mit welcher Option aus dem Black Book der massive Gegenschlag durchgeführt wird.

Von dem ehemaligen ICBM Launch Officer und Atomwaffenexperten Bruce Blair wissen wir, wie ein massiver Gegenschlag der Amerikaner gegen Russland tatsächlich aussehen könnte. Blairs Kollege an der Princeton University, der Physiker Frank von Hippel, erklärt:

»Bis zu seinem viel zu frühen Tod im Juli 2020 genoss Bruce Blair mehr als jede andere von außen kommende Person das Vertrauen der ehemaligen Führung der Vereinigten Staaten und des russischen Oberkommandos.«[494] Dies versetzte Blair in die Lage, in einem 2018 erschienenen Buch »die detailliertesten öffentlich zugänglichen Informationen« über die Atomkriegspläne der USA darzulegen, so von Hippel.[495] Darin ging es unter anderem um die »primären und sekundären Zielpunkte« in verschiedenen Ländern mit Atomwaffen, die die USA als potenzielle Gegner ansehen.

Blair schrieb dazu: »Es gibt 975 [Ziele] in Russland, die in drei Kategorien unterteilt sind: 525 Einrichtungen mit Atom- und anderen Massenvernichtungswaffen, 250 mit [konventioneller] kriegswichtiger Industrie und 200 für die Führung des Landes.« Und weiter: »Viele Ziele in allen drei Kategorien liegen in dicht besiedelten urbanen Gebieten; 100 solche Zielpunkte befinden sich allein im Großraum Moskau.«[496]

Die Uhr tickt. Der frühere Verteidigungsminister muss entscheiden, mit welcher Option aus dem Black Book der massive Gegenschlag durchgeführt wird.

Und er entscheidet sich für die extremste Option: Alpha.

Etwa 975 Ziele in Russland.[497]

»Russland besitzt vermutlich eine ähnliche Liste von Zielen in den Vereinigten Staaten«, erinnert uns von Hippel.

Nun wird also ein ausgewachsener nuklearer Schlagabtausch beginnen. »Maximaler Krieg«, nannte Bruce Blair dieses Szenario.[498]

Anfang und Ende zugleich.

50 MINUTEN

In einem Doomsday Plane über Utah

Der STRATCOM Commander gibt von seinem Doomsday Plane aus die Einsatzbefehle an die nukleare Triade weiter. Das hätte er allerdings in jedem Fall getan. Ein massiver atomarer Gegenschlag mit sämtlichen zur Verfügung stehenden Waffen als Vergeltung für die sich nähernden russischen Raketen.

Überall in den USA, auf ICBM-Starteinrichtungen in Montana, Wyoming, North Dakota, Nebraska und Colorado, erhalten Launch Officers ihre Autorisierungscodes.[499] In wenigen Minuten werden sich 350 Silotore öffnen, und 350 Minuteman-ICBMs mit 350 atomaren Gefechtsköpfen werden starten. Alle mit Zielen in Russland.

Auf der Minot Air Force Base in North Dakota und auf der Barksdale Air Force Base in Louisiana. Die Soldaten auf dem Rollfeld rennen, um die schweren Motoren der Bomber zu starten: alle mit der Cartridge-Start-Methode (Cart-Start-Methode). Dabei wird eine kleine, kontrollierte Sprengladung in jeweils zwei der acht Triebwerke der B-52 eingesetzt. Dadurch kann das Flugzeug schneller abheben, es bräuchte sonst etwa eine Stunde. Schwarzer Rauch steigt auf. Alle übrigen Triebwerke werden gestartet. Einer nach dem anderen reihen sich die Bomber in die bedrohliche Elephant Walk

Formation auf dem Rollfeld ein. Einer nach dem anderen gewinnen sie an Geschwindigkeit und heben ab.

Auf der Whiteman Air Force Base in Missouri werden die B-2-Bomber darauf vorbereitet, aus ihren Hangars zu rollen, auf die Startbahn einzuschwenken und abzuheben.

Bleiben noch die Boomer. Die Atom-U-Boote. Die Albtraum-Maschinen. Die Dienerinnen der Apokalypse. Die Todesschiffe. Nicht zu orten für die russischen Raketen und deshalb auch nicht aufzuhalten. Voll mit ballistischen Atomwaffen.

Die Navy besitzt 14 dieser Schiffe, von denen zwölf einsatzbereit sind. Sie patrouillieren im Atlantik und Pazifik. Zwei von ihnen sind turnusgemäß zur Überholung im Trockendock, eins an der Ostküste, auf dem Marinestützpunkt Kings Bay, Georgia, das andere an der Westküste auf dem Marinestützpunkt Bangor, Washington. In diesem Moment sind also zehn Boomer auf See.

»Vier oder fünf davon sind im vollen Alarmzustand«, berichten Kristensen und Korda.[500] Die anderen »vier oder fünf Schiffe können binnen Stunden oder Tagen in Alarmzustand versetzt werden«.

Jeder einzelne Mensch in den nuklearen Kommando- und Kontrollzentren in ganz Amerika bereitet sich in diesem Moment auf das vor, was gleich geschehen wird.

Sie alle bereiten sich nicht auf einen Kampf vor.

Sie bereiten sich darauf vor, die andere Seite zu vernichten. Und auf ihren eigenen, fast sicheren, unmittelbar bevorstehenden Tod.

Die FEMA wird keine Meldungen mehr herausgeben.

Die gut 332 Millionen Amerikaner werden von jetzt an vollkommen im Ungewissen gelassen.

51 MINUTEN

Luftwaffenstützpunkte der NATO in Europa

In Minute 51 unseres Szenarios erhalten die Piloten auf den Luftwaffenstützpunkten der NATO in Europa – in Belgien, Deutschland, den Niederlanden, Italien und der Türkei – ihren Startbefehl. Sie warten bereits kampfbereit in verstärkten Luftschutzräumen.

»Der Special Alarm ertönt«, erklärt der ehemalige F-16-Pilot Oberst Julian Chesnutt, der auf einem atomwaffenfähigen NATO-Stützpunkt im italienischen Aviano stationiert war. »Dann kommt der Startbefehl. Der Befehl, der die Piloten auf eine nukleare Mission schickt.«[501]

Russische SLBMs sind auf dem Weg zu ihnen. In wenigen Minuten werden diese Raketen den Stützpunkt erreichen und einschlagen.

Die Atombomben der NATO werden aus ihren WS3-Bunkern geholt und an die Flugzeuge der NATO montiert.[502]

»NATO-Piloten wissen, dass ihre Stützpunkte primäre Ziele eines feindlichen Angriffs sind«, so der auf Luftfahrt spezialisierte Journalist und frühere Offizier der italienischen Luftwaffe David Cenciotti.[503] »Sie wissen, dass sie so schnell wie möglich starten müssen.« Und sie wissen auch, dass das, was sie vorhaben, ein »Selbstmordkommando« ist.

»Bomberpiloten mit Atombomben an Bord fliegen zu einem einzigen Ziel, maximal zweien«, so Julian Chesnutt, Träger des US-Tapferkeitsabzeichens Silver Star. Und jeder dieser Piloten, jede dieser Pilotinnen kennt seine oder ihre Route in- und auswendig. »Du trainierst und trainierst das immer wieder. Du hast dir jedes bedeutende Merkmal auf dem Boden eingeprägt. Du gehst davon aus, dass dein GPS lahmgelegt wurde und du komplett auf das Trägheitsnavigationssystem und gespeichertes Kartenmaterial angewiesen bist.«

Wenn man russisches Territorium überfliegt, um eine frei fallende Atombombe abzuwerfen, muss man sich mit dem russischen Radar auseinandersetzen (die NATO-Jets sind keine Tarnkappenbomber wie der B-2). »Der russische Radar kann dich sehen«, so Chesnutt. »Er kann dich tracken und wird dich vermutlich abschießen. Und nachdem es nicht möglich ist, den russischen Radar zu besiegen, muss man so niedrig wie möglich fliegen.« Das heißt, nur wenige Hundert Meter über dem Boden.[504]

NATO-Piloten sind für den Atomkrieg ausgebildet.

Chesnutt beschreibt eine Strategie aus dem Kalten Krieg: »Wenn du nur noch ein paar Kilometer von deinem Ziel entfernt bist, klinkst du die Bombe aus und lässt sie fallen. Sie hängt an einem Fallschirm, der ihren Fall verlangsamt.« Auf diese Weise gewinnen die NATO-Piloten ein bisschen Zeit, um aus dem Explosionsgebiet herauszukommen. »So können sie versuchen, der atomaren Druckwelle zu entkommen.« Atomwaffen neuerer Bauart schweben ohne Fallschirm zum Ziel.

»Man muss allerdings extrem nah an das Ziel heranfliegen«, stellt Cenciotti klar.

Die meisten NATO-Piloten akzeptierten, dass sie wenig Hoffnung auf eine Rückkehr hätten.

»Man verbraucht sehr viel Treibstoff, wenn man so niedrig fliegt«, erläutert Chesnutt. »Tausende Liter pro Stunde. Das heißt, bis man am Ziel ankommt, ist der Tank fast leer.«

Und natürlich wird es kein Tankflugzeug der U.S. Air Force geben, das in der Luft für Nachschub sorgt. »Man muss davon ausgehen, dass ein Tankflugzeug sofort abgeschossen würde.«

Atomkrieg ist etwas Finales, sagt Chesnutt. »Und außerdem«, fügt er hinzu, »müsste man sich ja nach dem Abwurf einer Atombombe ernsthaft fragen, ob es noch irgendeinen Ort gibt, an den man zurückkehren kann.«

Nachdem sie die Einsatzbefehle des britischen Premiers und nun auch des amtierenden US-Präsidenten erhalten haben, rasen NATO-Piloten und -Pilotinnen in ganz Europa die Startbahnen hinunter und erheben sich mit ihren Flugzeugen in die Lüfte.

52 MINUTEN

Pjöngjang, Nordkorea

Gut 14 Minuten nach ihrem unterseeischen Start im Pazifik nördlich der Insel Tinian finden 32 U-Boot-gestützte Gefechtsköpfe, von amerikanischen MIRVed Trident-Raketen transportiert und durch Astronavigation gelenkt, ihre Ziele in Nordkorea. Dessen Hauptstadt Pjöngjang wird vollkommen zerstört. Der größte Teil ihrer drei Millionen Einwohner verbrennt.

Die W88-Atomsprengköpfe treffen mit jener Genauigkeit, mit der sich die Sandia National Laboratories in New Mexico seit Jahrzehnten brüsten.[505] Programmmanagerin Dolores Sanchez sagt über den W88, er »funktioniert immer, wenn wir das wollen, und nie, wenn wir das nicht wollen«. Und weiter: »Die Baugruppe, die für die Bewaffnung, die Fusion und die Zündung zuständig ist, stellt das Gehirn des Gefechtskopfes dar.«[506] Und so ein Sandia-Gefechtskopf ist sehr schlau.

Die W88-Gefechtsköpfe besitzen eine Sprengkraft von 455 Kilotonnen. Die Bombe, die Hiroshima zerstörte, hatte eine Sprengkraft von 15, die von Nagasaki 21 Kilotonnen.[507] Die Sprengkraft, die in unserem Szenario Nordkorea trifft, ist für den menschlichen Verstand kaum noch nachvollziehbar. Präsident John F. Kennedy sagte nach einem Briefing über die Zahl der wahrscheinlichen Todesopfer nach einem Atomangriff einmal: »Und wir nennen uns Menschen?«[508]

Die Abkürzung MIRV steht für »multiple independently targetable reentry vehicle« – mehrfacher Wiedereintrittskörper mit unabhängiger Zielprogrammierung. Den meisten Menschen sagt das sehr wenig, schon gar nicht den Millionen, die jetzt von MIRVs getötet werden. Doch für die Verantwortlichen der Planung eines Atomkriegs und für die Verteidigungsanalysten waren diese Waffen in den vergangenen Jahrzehnten sehr bedeutend.

Ein MIRV ist, wie die Auflösung der Abkürzung schon sagt, ein Waffensystem, das mehrere Atomsprengköpfe in seinem Gefechtskopf beherbergt. Jeder dieser Atomsprengköpfe ist in der Lage, ein individuelles Ziel zu erreichen, selbst wenn die Ziele Hunderte Kilometer voneinander entfernt sind. Vielleicht sind diese Einzelheiten irrelevant, wenn der Weltuntergang unmittelbar bevorsteht, aber sie sind dennoch wichtig, weil sie helfen zu erklären, wie schnell sich ein globaler Atomkrieg ausbreitet. Welch eine Tragik und Ironie liegt in der Tatsache, dass die Menschheit sich über Hunderttausende Jahre hinweg langsam und stetig entwickelte, um dann in der Erschaffung riesiger, komplexer Zivilisationen ihren Höhepunkt zu finden – und all dies in einem Krieg auszulöschen, der von Anfang bis Ende nur wenige Stunden dauert.

Seit den 1960er-Jahren, als die ersten MIRVs gebaut wurden, sind Hunderte Milliarden Dollar für die Entwicklung, den Ausbau und die Verfeinerung der MIRV-Technologie ausgegeben worden. Für die Industrialisierung und Massenproduktion von MIRVs. Und dann, im Gefolge der Abrüstungsgespräche in den Achtzigern, erklärten die Nuklearexperten der Welt, MIRVs würden den Weltfrieden »destabilisieren«. Woraufhin weitere Milliarden Dollar Steuergelder dafür ausgegeben wurden, die MIRVs zu entschärfen. »Dieser Schritt«, so das US-Verteidigungsministerium in einem seiner Berichte zum Thema Atomstreitkräfte, »wird die Stabilität des atomaren Gleichgewichts erhöhen, indem es die Anreize für einen Erstschlag verringert.«[509]

Nachdem Tausende amerikanischer ICBMs als MIRVs entworfen, gebaut und in unterirdischen Startvorrichtungen stationiert worden waren, wo sie auf die andere Seite ausgerichtet waren, beschloss man, solche Raketen mit Mehrfachsprengköpfen seien in ihren Silos ein zu »lohnendes« Ziel. Die Logik lautete wie folgt: Wenn eine ICBM, sagen wir in Wyoming, zehn Gefechtsköpfe in ihrer Spitze trug, dann stellte dieses Silo ein Ziel dar, das einen Gegner zu einem Präemptivschlag verleiten würde (oder jedenfalls könnte).

Viele Diskussionen später wurden die MIRVs ausgebaut, auseinandergebaut und entsorgt, einige auch zerstört. Doch das galt nur für die bodengestützten MIRVs. Die U-Boot-gestützten Raketen durften weiterhin mit MIRVs ausgestattet sein, und zwar mit dieser seltsamen Begründung: Ein Atom-U-Boot stellt eigentlich kein Ziel dar, weil es nicht geortet werden kann. Schließlich fährt es gut getarnt unter Wasser. Deshalb sind die Raketen auf den U-Booten der Ohio-Klasse weiterhin mit MIRVs ausgestattet.

Und jetzt treffen zahlreiche dieser Tridents mit MIRVs Nordkorea. Dies ist der erste atomare Gegenschlag der USA gegen die Nation, die dumm und rücksichtslos – und aus Gründen, die wir schlicht und einfach nicht kennen – in diesem Szenario den Dritten Weltkrieg angezettelt hat.

»Massenvernichtung« hat John Rubel das genannt.

Die ersten Atombomben, die Nordkorea treffen, schlagen in den bekannten Residenzen des obersten Führers in und um Pjöngjang ein. Diese Paläste und Villen sind gleichzeitig militärische Hauptquartiere und werden deshalb von den Kriegsplanern der USA als zentrale Punkte für das nordkoreanische Oberkommando betrachtet.[510]

Die Residenz Nr. 55, das zentrale Luxusanwesen im Bezirk Rjongsong, wird getroffen. Der Privatbahnhof des obersten Führers, die künstlichen Seen und die Artillerieabwehr, die den Palast schützen soll, werden durch die Explosion in Staub verwandelt. Ebenso die Pferde, die in den Ställen stehen, und die Kinder, die im Pool schwimmen. Alles, was sich in einem Umkreis von fünf Kilometern um die Residenz herum befindet, wird niedergemäht. Die Menschen verbrennen zu Asche, alles steht in Flammen. Und diese Schrecken werden sich in den nächsten Minuten an 81 weiteren Orten wiederholen.

Residenz Nr. 15 in Jungsung-dong wird getroffen. Der Feuerball zerstört den benachbarten Komplex, in dem das Zentralkomitee der Partei untergebracht ist, mitsamt seinen unterirdischen Tunneln und Bunkern. Residenz Nr. 85 im Osten von Pjöngjang wird getroffen. Im einen Moment existieren hier noch Wiesen mit zahmen Hirschen und Fischteiche, im nächsten Moment sind sie verschwunden. Residenz Nr. 16 im Stadtzentrum wird ebenso dem Erdboden gleichgemacht wie die Forschungsabteilung der Partei gleich nebenan – mit allen, die darin arbeiten. Die Residenzen Rjokpo und Samsok in den westlichen Vororten von Pjöngjang explodieren ebenso wie die Residenz am See von Kangdong, ein Rückzugsort für den Sommer, 30 Kilometer nördlich des Kim-Il-Sung-Platzes.

Pilzförmige Wolken breiten sich über der Stadt aus und verschmelzen zu einer dichten Masse aus Staub, organischem und anorganischem Material.[511] Aus den Überresten von Menschen und Gebäuden, Brücken und Autos, die allesamt binnen Sekunden zu Asche verbrannt sind. Durch die Feuerbälle, die Druckwellen der Explosionen und den Wind, der mit mehreren Hundert Kilometern pro Stunde bläst, wird die Stadt vollständig dem Erdboden gleichgemacht. Bei Einbruch der Nacht ist Pjöngjang, die »Hauptstadt der Revolution«, auf einer Fläche von fast 2000 Quadratkilometern von einem Megafeuersturm umfasst, der so lange brennt, bis es nichts mehr gibt, was ihm noch Nahrung geben könnte.

Verschwunden ist die Architektur der Stadt im russischen Stil, die Hochhäuser, die gitterförmige Anlage der Straßen. Verschwunden die Menschen auf Fahrrädern, zu Fuß, in Autos. Menschen, die irgendwo standen, schliefen, eine Pause machten, sich die Zähne putzten ... alle getötet durch den Blitz, das Feuer und die Druckwelle der atomaren Explosion. Die Atomwaffen zerstören alle und alles, auf dem Kim-Il-Sung-Platz, in der Mansudae-Versammlungshalle, im Stadion des 1. Mai, im Juche-Turm, am Triumphbogen und im Ryugyŏng-Hotel (auch unter dem Namen »Gebäude 105« bekannt), dem 105 Stockwerke hohen, unvollendeten, pyramidenförmigen Wolkenkratzer, der sich einem Mittelfinger gleich dem Westen entgegenreckte. Bei Einbruch der Nacht ist alles, vom Sunan International Airport bis zur Koreabucht, in öde, schwelende Erde verwandelt.

Genau wie in Washington, D.C. sind Millionen Menschen verbrannt, mit Straßen und anderen Oberflächen verschmolzen, im Feuersturm verwirbelt. Andere wurden von umherfliegenden Trümmern getötet oder von zusammenbrechenden Gebäuden zerquetscht.[512] Überall Menschen, die schreien, brennen, verbluten. Die Zerstörung, der Schmerz und das Leid hier sind dieselben wie auf der anderen Seite der Welt in den Vereinigten Staaten. Und dabei muss man sehen – und begreifen –, dass dies erst der Anfang des Massensterbens ist, das auf der ganzen Welt folgen wird.

In Nordkorea jedenfalls gehen 20 weitere Atombomben auf die nuklearen Einrichtungen des Landes nieder.[513] Das Atomforschungszentrum in Yongbyon, im mittleren Nordwesten, explodiert in einem nuklearen Feuerball. Hier befanden sich ein Labor für Radiochemie, eine Fabrik zur Urananreicherung und zwei Kernreaktoren. Und so passiert dasselbe wie vor etwa einer halben Stunde in Diablo Canyon: Es kommt zur Kernschmelze. Das Szenario des Teufels.

Wie bei der Katastrophe in Kalifornien bereits erwähnt, ist ein Angriff auf einen Kernreaktor mit Sprengkörpern eine Verletzung von Regel 42 des Internationalen Roten Kreuzes. Doch in einem Atomkrieg gelten keine Regeln mehr.

Wenn man gewinnt, muss man nichts erklären.

Durch die Kernschmelze wird jetzt auch hier in Nordkorea jede Menge Radioaktivität freigesetzt. Die ausgebrannten Brennstäbe des Kraftwerks entlassen ihr strahlendes Hexengebräu in die Luft. Damit ist auch die Region im Umkreis um die Reaktoren auf unbestimmte Zeit unbewohnbar geworden.

An der nordwestlichen Küste des Landes liegt Sohae mit seinen Startrampen für Satelliten und dem Testgelände für ICBMs. Auch hier schlagen Atombomben ein. Sohae befindet sich 110 Kilometer nordwestlich von Pjöngjang, aber nur knapp 50 Kilometer von der chinesischen Zwei-Millionen-Stadt Dadong entfernt. Wenn China bisher die Absicht hatte, sich aus dem laufenden Konflikt herauszuhalten, so wird das nicht mehr möglich sein, wenn Hunderttausende Chinesen getötet oder verletzt werden. Das heißt, China wird mit seinem ganzen Arsenal von 410 Atomwaffen in diesen sich rasant ausbreitenden absoluten Atomkrieg hineingezogen.

Im Norden von Nordkorea trifft eine Atombombe das Testzentrum für Atomwaffentests in Punggye-ri, wo das Regime in den Jahren 2006 bis 2017 mithilfe von gekauften oder gestohlenen Plänen ein weitreichendes Atomwaffenprogramm entwickelte. Das Programm, durch das dieser Krieg erst möglich wurde. Punggye-ri liegt keine 180 Kilometer von der russischen Grenze entfernt, die russische Hafenstadt Wladiwostok liegt nur noch knapp 140 Kilometer weiter nördlich. Kangson, eine geheime Fabrik zur Urananreicherung an der Schnellstraße zwischen Pjöngjang und Nampo, wird getroffen, ebenso wie Sino-ri, ein geheimer Raketenstützpunkt in den Bergen. Sangnam-ni und Musudan-ri mit ihren Raketenstützpunkten, ebenfalls nicht weit von der Grenze zu Russland entfernt, werden kurz nacheinander getroffen. Und in ein paar Minuten werden weitere 50 ICBMs auf Nordkorea niedergehen – jene Raketen, von denen die Russen irrtümlich annahmen, es wären 100 oder mehr, die ihr Land angriffen.

In wenigen Minuten werden 82 Atomsprengköpfe Millionen Nordkoreaner töten – Menschen, die nichts getan haben, was diesen Tod begründen könnte. Ebenso wenig wie die Amerikaner, die vor wenigen Minuten in Washington, D.C. und in Diablo Canyon getötet wurden – auch sie hatten denen, die jetzt jenseits des Ozeans sterben oder schon gestorben sind, persönlich nichts getan.

Die U-Boot-gestützten Trident-Raketen der USA sind ein monströses Waffensystem. Ihr Namensgeber, der Dreizack, ist ein Speer mit drei Spitzen, den die Menschen für die Fischerei oder den Kampf gegen andere Menschen erfunden haben. Wir wissen nicht, welchen Zweck die Erfinder im Sinn hatten. Wir wissen auch nicht, wie alt der Dreizack ist. Eine Waffe aus der Frühgeschichte jedenfalls. Die Fähigkeit des Menschen, Forschung zu betreiben, hat ihm geholfen, auch seine Methoden zum Töten zu verfeinern. Sie hat ihm geholfen, sich vom Krieger im Nahkampf gegen einen anderen zu einer Person zu entwickeln, die nur noch auf einen Knopf drückt oder einen Schlüssel herumdreht und mit dieser Aktion Millionen Menschen auf der anderen Seite der Erde töten kann.

Was wird aus der Menschheit, wenn der Atomkrieg endet? Die Dinosaurier existierten 165 Millionen Jahre. Sie kamen, beherrschten die Erde, entwickelten sich. Dann traf ein Asteroid die Erde, und die Dinosaurier starben aus. Nur ihre Nachkommen, die Vögel, sind geblieben. In den nächsten 66 Millionen Jahren wurde, soweit wir wissen, keine Spur von diesen riesigen Reptilien gefunden. Erst vor wenigen Hundert Jahren, 1677, entdeckte der Direktor des Ashmolean Museum in Oxford, Robert Plot, in einem Dorf in Cornwall den Oberschenkelknochen eines Sauriers und fertigte für eine wissenschaftliche Veröffentlichung eine Zeichnung an. Er hielt seinen Fund für den Knochen eines Riesen.

Wer, wenn überhaupt irgendjemand, wird nach dem Ende eines Atomkriegs wissen, dass es uns einmal gegeben hat?

52 MINUTEN

Mt. Paektu, Nordkorea

Der oberste Führer befindet sich nicht einmal in der Nähe von Pjöngjang, sondern in einem Bunker gut 300 Meter unter dem Mt. Paektu im Bezirk Samjiyon. Einem Bunker, der als nahezu ebenso atombombensicher gilt wie die Atombunker in Russland und den Vereinigten Staaten.

Der Mt. Paektu ist ein aktiver Schichtvulkan, der vor über 1000 Jahren das letzte Mal ausgebrochen ist. Seine Kaldera mit ihrem smaragdgrünen Wasser, See des Himmels genannt, ist seit langer Zeit Teil der staatlichen Propaganda, zumal in den Geschichten, die den Nordkoreanern weismachen, ihre Anführer seien Halbgötter. In unserem Szenario hat sich der oberste Führer in genau diesen Bunker unterhalb des Sees zurückgezogen, um dort den Atomkrieg auszusitzen. Durchaus möglich, dass er dabei umkommt, aber so ist das Leben wahnsinniger Herrscher. *Après moi, le déluge.* Nach mir die Sintflut.

Seit Jahrzehnten bauen die nordkoreanischen Führer riesige unterirdische, im Militärjargon UGFs genannte Anlagen, um sich darin vor, während und nach einem atomaren Schlagabtausch zu verstecken. »Nordkoreas UGF-Programm ist das größte und am stärksten befestigte weltweit«, heißt es in einem Bericht des US-Militärgeheimdienstes Defense Intelligence Agency (DIA) aus dem Jahr 2021. »Die Schätzungen belaufen sich auf Tausende von UGFs und Bunkern, die selbst bunkersprengenden amerikanischen Bomben widerstehen können.«[514] Dieses Netz unterirdischer Bauwerke soll durch Bahnstrecken und Straßen miteinander verbunden sein, einige mit ferngesteuerten Brücken und beweglichen Toren. »Die gesamte Nation muss in eine Festung verwandelt werden«, hatte der oberste Führer Kim Il Sung 1963 verkündet. »Wir müssen uns in den Boden eingraben, um uns zu schützen.«[515]

Geflüchtete berichten von Gehwegen aus poliertem Marmor, Fluchtklappen und Tunnelschächten, die die verschiedenen unterirdischen Verstecke miteinander verbänden. Die Führung Nordkoreas verfüge über ausreichend Lebensmittel, Wasser und medizinische Versorgungsgüter, um sich jahrelang, vielleicht sogar jahrzehntelang unter der Erde zu verschanzen. Die Bunker sollen mit Generatoren und Belüftungssystemen ausgerüstet sein, die es dem Regime erlauben, sich so lange wie nötig von einer postnuklearen Welt abzuschotten und auf diese Weise am Leben zu bleiben. Der oberste Führer soll sogar über Maschinen zum Bohren neuer Tunnel verfügen, um selbst zu entscheiden, wann, wo und wie er sich aus dem Schutt nach einem Atomschlag herausgräbt.[516]

Während des Kalten Krieges, als die Sowjetunion der wichtigste Unterstützer des Landes war, vermittelten sowjetische Wissenschaftler ihren nordkoreanischen Genossen die Ingenieurtechniken, die dieses Tunnelbauprogramm erst möglich machten. So konnte Nordkorea eine der besten unterirdischen Befestigungsanlagen der Welt bauen. In den 60er-Jahren gingen die sowjetischen Wissenschaftler davon aus, dass eine B-53-Bombe mit einer Sprengkraft von neun Megatonnen, die von einem US-Bomber abgeworfen würde, einen Bunker zerstören könnte, der 1889 Fuß (etwa 576 Meter) tief »in feuchte Erde oder feuchten weichen Fels« hineingebaut wäre.[517] Das erklärt vielleicht, warum der Bunker unter dem Mt. Paektu in einer Tiefe von 1900 Fuß (etwa 580 Meter) angelegt wurde.

Es ist 04:55 Uhr Ortszeit. Der oberste Führer wird von seinen Beratern über die Vorgänge in den USA gebrieft. Er erfährt, dass Washington zerstört wurde, dass sich an der kalifornischen Küste das Szenario des Teufels abspielt und wie viele Menschen tot sind. Man sagt, dass der Führer Nordkoreas ebenso wie der russische Präsident über Satellit wie besessen die Fernsehnachrichten der westlichen Welt verfolgt. Allerdings haben inzwischen, gerade einmal 52 Minuten nach dem Beginn unseres Szenarios, viele US-Fernsehsender ihre Arbeit eingestellt, sodass der Zugang des obersten Führers zu Informationen extrem eingeschränkt ist. Das nordkoreanische Militär hat kein eigenes Frühwarnsystem, weder in der Luft noch am Boden.[518] »Die Kommunikation in den Mt. Paektu hinein und aus ihm heraus ist vollständig vom Festnetztelefon abhängig«, berichtet uns Michael Madden im Interview. »Altmodische Überlandleitungen. Der oberste Führer erfährt nur durch die Berichte seiner Berater, des Persönlichen Sekretariats, was draußen vor sich geht.«[519]

Doch der oberste Führer in unserem Szenario hat im Grunde damit gerechnet, dass Pjöngjang durch einen massiven atomaren Gegenschlag dem Erdboden gleichgemacht werden würde. Und er ist noch nicht fertig. Er hat noch einen Joker in der Hand, den er ausspielen will. Kreativ eingesetzte Atombomben können noch ganz andere Arten von Massenzerstörung auslösen. Und er hat die Absicht, eine Rechnung zu begleichen.

Fast ein Jahrzehnt ist es her, dass der Westen das Satellitenfoto der koreanischen Halbinsel bei Nacht veröffentlichte. Das Foto, auf dem die nördliche Hälfte, also Nordkorea, düster und Unheil verkündend aussieht, fast ohne elektrisches Licht, während die südliche Hälfte, also Südkorea, hell und strahlend wirkt. Dem wahnsinnigen Herrscher war dieses symbolträchtige Bild seit jeher ein Dorn im Auge. Nachdem es veröffentlicht worden war, machte der Westen Nordkorea in allen möglichen Medienberichten lächerlich und bezeichnete das Land als in Sachen Elektrizität arm oder gar pleite.

Und jetzt ist der Tag gekommen, um sich für diese Kränkung zu rächen. Denn der oberste Führer Nordkoreas verfügt über eine Atomwaffe, deren Aufgabe es ist, die Vereinigten Staaten ihrer Energie zu berauben und der Welt zu zeigen, was »in Sachen Elektrizität arm« tatsächlich bedeuten kann.

Seit Jahrzehnten warnt die amerikanische EMP Commission – ihr offizieller Name lautet Commission to Assess the Threat to the

United States from Electromagnetic Pulse (EMP) Attack – den Kongress vor den katastrophalen Folgen, die die Explosion einer Atomwaffe direkt über den USA, also in der oberen Atmosphäre oder im Weltraum, nach sich ziehen würde. Und diese Kommission zur Einschätzung der Gefahr für die USA durch EMP-Waffen – also solche, die elektromagnetische Impulse freisetzen – erklärt schon ebenso lange, ein EMP-Angriff in großer Höhe werde die gesamte Energieversorgung Amerikas beschädigen oder zerstören.

Das Ausmaß der Gefahr für die USA durch diese Waffen ist Stoff erbitterter Debatten. »Es handelt sich um den Lieblings-Albtraum einer kleinen Gruppe sehr engagierter Leute«, erklärte ein Experte im Jahr 2017 gegenüber dem Rundfunknetzwerk NPR.[520] Bei einem Hearing vor dem Kongress mit dem übertragenen Titel »Leere Drohung oder ernsthafte Gefahr? Bewertung des Risikos Nordkorea für die Heimat« im selben Jahr verdoppelte die EMP Commission ihren Einsatz, indem sie ihren bisherigen Warnungen eine schriftliche Erklärung hinzufügte: »Nordkorea Nuklearer EMP-Angriff: eine existenzielle Bedrohung«.[521]

Dr. Peter Pry, ehemaliger CIA-Beamter und langjähriger Stabschef der EMP Commission, sagte in einem Interview für dieses Buch kurz vor seinem Tod 2022: »Falls Nordkorea in großer Höhe eine EMP-Waffe über Amerika zur Explosion brächte, hätten wir ein elektrisches Armageddon.«[522]

Falls.

52 MINUTEN, 30 SEKUNDEN

Redstone Arsenal, Huntsville, Alabama

Im Hauptquartier des Army Space and Missile Defense Command im Redstone Arsenal unweit der Stadt Huntsville in Alabama – dem Geburtsort der amerikanischen ICBMs – beobachtet der Commander auf einem Radarschirm, wie sich ein nordkoreanischer Satellit in Stellung bringt. Der Satellit in unserem Szenario ähnelt dem, den Nordkorea am 6. Februar 2016 ins All gebracht hat, dem sogenannten KMS-4 (Kwangmyongsong-4, in etwa: Leitstern-4). Entdeckt wurde KMS-4 im Westen durch den Satelliten NORAD 41332, dessen Umlaufbahn von allen Interessierten mitverfolgt werden konnte – was auch viele taten, bis er am 30. Juni 2023 den Orbit verließ und verglühte.

NORAD ID: 41332
Int'l Code: 2016–009A
Perigäum (erdnächste Position): 421,1 km
Apogäum (erdfernste Position): 441,4 km
Neigung: 97,2 Grad
Periode: 93,1 Minuten
Große Halbachse der Ellipse: 6802 km
RCS: Unbekannt
Startdatum: 7. Februar 2016
Ursprung: Nordkorea (NKOR)
Startort: Yunsong, DPRK (YUN)[523]

Der Kommandant in Redstone, der den Radar beobachtet, fürchtet ebenso wie alle anderen im Raum, dass dieser nordkoreanische Satellit gleich explodieren wird. Oder genauer gesagt, detonieren. Dass sie in wenigen Augenblicken das erleben werden, wovor die EMP Commission verschiedene Ausschüsse des Senats und des Repräsentantenhauses schon seit ihrem ersten Bericht 2004 warnt: davor, dass dieser Satellit womöglich gar kein Aufklärungs- oder Kommunikationssatellit ist, wie Nordkorea behauptet, sondern eine kleine Atomwaffe, die die Erde umkreist, um auf einen entsprechenden Befehl hin in der Ionosphäre über den Vereinigten Staaten zu detonieren und die gesamte Energieversorgung der USA zu zerstören.

Im Jahr 2012 breitete sich die Angst vor EMP-Angriffen in großer Höhe in den Mainstream aus. Denn in diesem Jahr besuchte Jim

Oberg, ehemaliger NASA-Raketenwissenschaftler und mittlerweile Berater von *NBC News Space*, Nordkorea, um herauszufinden, ob es sein könnte, dass das Land eine EMP-Waffe entwickelte. Oberg war ursprünglich skeptisch gewesen. »Ängste waren zum Ausdruck gebracht worden, Nordkorea könnte einen Satelliten nutzen, um einen kleinen Atomsprengkopf in eine Erdumlaufbahn zu bringen und diesen über den USA detonieren zu lassen, um so einen EMP-Angriff auszuführen«, schrieb er in einem Beitrag für das Onlinemagazin *Space Review*.[524]

Als ausgebildeter Atomwaffeningenieur hatte Oberg diese Sorgen zunächst für übertrieben gehalten und die Ansicht vertreten, derartige Pläne »würden ein astronomisches Ausmaß an Irrationalität aufseiten des Regimes voraussetzen«. Doch nachdem er nach Nordkorea gereist war, um die Satelliten-Kontrolleinrichtungen wie auch die Hardware zu studieren, berichtete Oberg, er habe seine Ansicht geändert. Inzwischen sei er überzeugt, dass das, was er gesehen habe, tatsächlich eine existenzielle Bedrohung der USA darstelle.

Er sprach in diesem Zusammenhang von einem »Doomsday-Szenario«. Einem Szenario des Weltuntergangs.

»Der furchterregendste Aspekt daran ist«, schrieb Oberg, »dass sich genau dieser Wahnsinn im gesamten [nordkoreanischen] ›Raumfahrtprogramm‹ beobachten lässt. Dieses Doomsday-Szenario […] ist so plausibel geworden, dass die USA unbedingt aktive Gegenmaßnahmen ergreifen sollten«, um Derartiges zu verhindern, warnte Oberg. Um dafür zu sorgen, dass kein nordkoreanischer Satellit »jemals in der Lage wäre, eine Erdumlaufbahn zu erreichen und die Vereinigten Staaten zu überfliegen«.

Doch es gab keinerlei Gegenmaßnahmen, und im Februar 2016 brachte Nordkorea dann tatsächlich einen derartigen Satelliten ins Weltall. Einen Satelliten mit einer Tragkraft, die für einen kleinen Atomsprengkopf ausreicht. Offiziell hieß es von nordkoreanischer Seite, dieser Satellit habe einen 470-Megahertz-UKW-Sender an Bord, der nur dafür gedacht sei, den Bürgern des Landes patriotische Lieder ins Haus zu bringen. Durchaus denkbar. Doch die Umlaufbahn des Satelliten verlief in ungewöhnlicher Weise von Süd nach Nord, sodass es ihm möglich war, die USA direkt zu überfliegen, einschließlich Washington, D.C. und New York City.[525] Im Jahr darauf veröffentlichte Nordkorea ein technisches Paper, dessen Titel übersetzt *Die EMP-Kraft von Atomwaffen* lautet und in dem die Vorstellung verworfen wurde, das Land verfolge hier militärische Absichten.[526]

Doch damit rückte Obergs Doomsday-Szenario erst recht in den Bereich der Möglichkeiten.[527]

Wieder brieften Mitglieder der EMP Commission hinter verschlossenen Türen den Kongress. »Russland, China und Nordkorea besitzen jetzt die Fähigkeit, einen nuklearen EMP-Angriff gegen die USA durchzuführen. Sie alle haben entsprechende Pläne erprobt oder beschrieben«, warnten die Mitglieder der Kommission.[528] Diese Technologie wurde seitdem in öffentlich zugänglichen Quellen als »›Super‹ EMP Weapons« bezeichnet.[529]

Im *Cipher Brief*, einem Onlinepressekanal zur nationalen Sicherheit der USA, der von ehemaligen Leitern von CIA, DIA, NSA und anderen beliefert wird, formulierte Pry noch spezifischer. Die nordkoreanischen Satelliten, schrieb er, »erinnern an eine russische Geheimwaffe aus dem Kalten Krieg, das sogenannte Fractional Orbital Bombardment System (FOBS)«, ein Waffensystem, »das einen atomar bewaffneten Satelliten nutzte, um einen überraschenden EMP-Angriff auf die USA durchzuführen«.[530] Als Vorsitzender der EMP Commission verfügte Pry über die Informationen aus einem geheimen Briefing, bei dem zwei »sehr hohe russische Generäle« davor warnten, dass dieses »Wissen um Super EMP an Nordkorea weitergegeben worden sei«, so erfuhr der Kongress.[531]

Botschafter Henry Cooper, ehemaliger Leiter der U.S. Missile Defence Agency, stimmte dieser Sorge über ein Worst-Case-Szenario im Hinblick auf einen EMP-Angriff in großer Höhe über den USA zu. »Das Ergebnis könnte ein komplettes Versagen der Energieversorgung unseres Landes für eine unbestimmte Zeit sein, was innerhalb eines Jahres zum Tod von 90 Prozent der Amerikaner führen würde.«[532]

Im Jahr 2021 führte das U.S. Strategic Command mehr als 360 Übungen und Planspiele zur atomaren Bedrohung der USA durch.[533] Wie viele davon einen Atomkrieg mit Nordkorea betrafen, wurde geheim gehalten. Wie viele EMP-Waffen in großer Höhe betrafen, ebenfalls.[534] Doch wir wissen von Richard Garwin – der immerhin die erste Thermonuklearwaffe entwickelte und einer der dienstältesten Berater des Verteidigungsministeriums ist –, dass die Logik des wahnsinnigen Herrschers dem U.S. Nuclear Command and Control Sorgen bereitet.[535]

Es entspricht auch der Logik des wahnsinnigen Herrschers, dass der oberste Führer Nordkoreas in unserem Szenario Rache an den USA nehmen will, indem er sie zum Krüppel schlägt. Er will Amerika in eine Zeit zurückbomben, in der es noch keine Elektrizität und keine modernen Waffensysteme gab. In eine Zeit, bevor Amerika Massenvernichtungswaffen besaß und Kriege führen konnte, in denen nur noch auf Knöpfe gedrückt oder Schlüssel herumgedreht wurden.

Der wahnsinnige Herrscher in unserem Szenario will Amerika in das vorelektrische Zeitalter zurückversetzen.[536] In ein Zeitalter, in dem Amerika andere Länder in Ruhe ließ. Als Könige überall auf der Welt riesige Armeen unterhielten und ihre Nachbarn direkt angriffen, um erobertes Land zurückzufordern. Und all das, ohne dass das Risiko bestand, Amerika könnte in diese Konflikte eingreifen.

Nordkoreas erklärtes Ziel seit den 1950er-Jahren ist die gewaltsame Wiedervereinigung mit dem Süden der Halbinsel. Und jetzt, in diesem Moment, bereitet sich der wahnsinnige Herrscher in seinem Bunker tief unter dem Mt. Paektu darauf vor, eine EMP in großer Höhe detonieren zu lassen, deren Umlaufbahn über die USA hinwegführt. Er muss nur noch ein paar Minuten warten, bis der Satellit exakt die richtige Position erreicht hat.

Diese Wartezeit füllt der wahnsinnige Herrscher aus, indem er Seoul angreift.

53 MINUTEN

Luftwaffenstützpunkt Osan,
Republik Korea (Südkorea)

In einem unterirdischen Kommandobunker auf dem Luftwaffenstützpunkt Osan in Südkorea starrt der amerikanische Commander auf Satellitenbilder und Videoaufnahmen von Aufklärungsdrohnen, die die Grenze zum Norden der Halbinsel überwachen. Diese Grenzlinie liegt weniger als 80 Kilometer entfernt.

Die meisten Kampfjets vom Typ F-16 Fighting Falcons und A-10 Thunderbolt stehen einsatzbereit auf den Rollbahnen von Osan.[537] Einige sind schon in der Luft und unternehmen Patrouillenflüge über dem Gelben Meer. Andere warten, bis die Trident-Atomraketen und die sich nähernden ICBMs Nordkorea erreicht haben.

Der Commander beobachtet den Bildschirm. Es ist dem US-Militär wohlbekannt, dass Nordkorea seine Kampfjets und auch seine mobilen Raketenabschussrampen in unterirdischen Stützpunkten in Gebirgsregionen versteckt. Die nordkoreanischen Bodentruppen »verfügen über Tausende von Langstrecken-Artilleriewaffen und Raketensystemen, die längs der entmilitarisierten Zone stationiert sind«, schrieben Analysten der Defense Intelligence Agency in einem Report aus dem Jahr 2021.[538] Und sie bezeichneten dies als eine allgegenwärtige, existenzielle Bedrohung. »In ihrer Gesamtheit stellen diese Systeme ein erhebliches Risiko für die Bürger Südkoreas und eine große Zahl von amerikanischen und südkoreanischen Militäranlagen dar«, warnte der Geheimdienst des Pentagons. »Der Norden könnte diese Streitmacht nutzen, um dem Süden ohne Vorwarnzeit schweren Schaden und zahlreiche Todesopfer zuzufügen.«

Genau das passiert in unserem Szenario. Und zwar jetzt.

In einem immer wieder geprobten Ablauf rollen erst Dutzende, dann Hunderte Fahrzeuge mit den nordkoreanischen Abschussrampen aus ihren getarnten Stützpunkten.[539] Sie beziehen ihre Stellungen und beginnen damit, Hunderte und bald Tausende kleiner und mittelgroßer Raketen abzufeuern.

In den nahe gelegenen Wäldern stoppen Schienenfahrzeuge.[540] Ihre Abdeckungen öffnen sich.

Dutzende Kurzstreckenraketen des Typs Hwasong-9 (Scud-ER/Scud-D) starten von diesen auf Schienen fahrenden Abschussrampen und bewegen sich Richtung Süden. Alle auf einmal. Sie haben drei Ziele: den Luftwaffenstützpunkt Osan, Camp Humphreys und die Stadtmitte von Seoul.

In einem ungeheuren, koordinierten, auf maximale Opferzahlen ausgelegten Angriff fliegen mehr als 10 000 Artilleriegranaten und 240-Millimeter-Raketen Richtung Südkorea.

Die Massenvernichtungswaffen, die diese kleinen Raketen transportieren, sind keine Atomwaffen, sondern Chemiewaffen. »Nordkorea besitzt ein Programm zur chemischen Kriegsführung, das mehrere Tausend Tonnen chemischer Waffen umfassen könnte, darunter Nervengifte, blasenziehende Hautkampfstoffe sowie Kampfstoffe, die Blutungen auslösen oder zum Ersticken führen«, warnten die Analysten der Defense Intelligence Agency in ihrem Report 2021.[541]

Der Commander in Osan beobachtet in Echtzeit, was passiert. Das milliardenteure amerikanische Terminal High Altitude Area Defense System (THAAD), das in einem Ring um den Stützpunkt aufgestellt ist, entdeckt das Trommelfeuer der angreifenden Raketen. Seine Systeme schlagen Alarm und reagieren. Die Abwehrraketen des THAAD werden abgefeuert – aber vergeblich.

Mehr als 10 000 Geschosse, die sich von Norden her nähern, sind einfach zu viel für das THAAD. Die Systeme erkennen einige Scuds und schießen sie ab, aber die kleineren 240-Millimeter-Raketen sind im Durchmesser gerade mal so groß wie ein Essteller,[542] zu dünn für das THAAD-System. Es ist nicht in der Lage, sie korrekt zu identifizieren, geschweige denn in dieser riesigen Zahl abzuwehren.

Das THAAD scheitert. Immer und immer wieder.

»Das THAAD kann mit einer oder einigen wenigen Raketen zur gleichen Zeit umgehen«, erklärt der Militärhistoriker Reid Kirby im Interview mit uns.[543] Aber hier und jetzt werden Osan, Camp Humphreys und Seoul von Tausenden Geschossen angegriffen, die allesamt mit dem Nervengift Sarin ausgerüstet sind. In einem Artikel für das *Bulletin of the Atomic Scientists* hat Kirby einmal ausgerechnet, was bei einem Angriff durch ein »Meer aus Sarin«, wie er es nennt, passieren würde.[544] Seine Opferzahlen basieren auf »allgemeinen Aussagen über die Wirkungsweise chemischer Waffen«. Er geht von einer »wahrscheinlichen Gesamtzahl von [...] 10 800 Geschossen pro 15 Minuten« aus, verbunden mit der Tatsache, dass »die Sarin-Bewaffnung jeder 240-mm-Rakete bekanntermaßen acht Kilogramm pro Rakete« beträgt. Außerdem berücksichtigt er bei seiner Berechnung »Rohrkrepierer und Blindgänger«. Auf diese Weise kommt Kirby zu dem Ergebnis, dass ein Angriff mit 240 Tonnen Sarin etwa 25 Prozent der Bevölkerung von Seoul töten würde. Das sind absolut entsetzliche Zahlen: Es müsste mit 650 000 bis 2,5 Millionen Opfern unter der Zivilbevölkerung gerechnet werden. Hinzu kämen ein bis vier Millionen Verwundete.

Doch gerade für die Überlebenden sind die Folgen grausam. »Eine erhebliche Zahl von ihnen würde durch den Sauerstoffmangel in einen dauerhaft vegetativen Zustand versetzt«, so Kirby.

54 MINUTEN

Boyds, Maryland

Drüben in Amerika, irgendwo auf dem Gebiet der nicht als geschlossene Ortschaft registrierten ländlichen Gemeinde Boyds in Maryland, liegt der Präsident blutend auf dem Waldboden. Er ist hilflos und verzweifelt. Die Bäche in dieser Region führen zu dieser Jahreszeit viel Wasser; er kann das Rauschen in der Nähe hören.

Die Erde um ihn herum ist kalt und feucht. Durch das Trauma und den Schock hat er die Kontrolle über seine Blase verloren.

Wird ihn hier jemand finden?

Der Präsident hört – oder glaubt zu hören – die Rotorblätter eines Hubschraubers der schnellen Eingreiftruppe, der über dem Wald kreist und nach ihm sucht. Doch er liegt unter immergrünen, dichten Nadelbäumen. Niemand kann ihn sehen – niemand wird ihn sehen.

In Büchern über den Vietnamkrieg wird erzählt, dass Soldaten und Flieger, die in einer ähnlichen Situation steckten wie er jetzt – die also irgendwo unter den Bäumen der Dschungel von Vietnam und Laos lagen –, oft von wagemutigen Hubschrauberpiloten und -mannschaften gerettet wurden.[545] Und das war nicht ausschließlich Glückssache, obwohl Glück manchmal eine wichtige Rolle spielen kann. Die Männer, die in Vietnam kämpften, hatten die Anweisung, einen kleinen Spiegel bei sich zu tragen, mit dessen Hilfe sie Signale senden konnten, sollten sie von ihrer Einheit getrennt werden oder sich verirren. Der Präsident hat so etwas nicht bei sich. Kein Präsident seit John F. Kennedy war jemals aktiver Soldat. Die US-Präsidenten des 21. Jahrhunderts waren daran gewöhnt, Scharen von Mitarbeitenden um sich zu haben, die sich um alle ihre Bedürfnisse kümmerten.

Der Präsident brüllt in den Wald, doch niemand hört seine Schreie.

55 MINUTEN

Redstone Arsenal, Huntsville, Alabama

Der Commander in Huntsville, Alabama steht vor dem Radarschirm und beobachtet, was passiert. Genau dort steht er auch, als ein Satellit – ähnlich dem KMS-4, dem Leitstern – plötzlich explodiert.

In diesem Moment kann er nur eines denken. Nur eines sagen.

Nordkorea hat soeben eine Super-EMP-Waffe detonieren lassen.

Es kommt zu einem kurzen Moment der Überspannung, dann ist der Strom weg. Da dies eine militärische Anlage ist, laufen sofort und ohne Unterbrechung die Notstromaggregate an.

Doch jeder hier weiß, dass Generatoren irgendwann keinen Treibstoff mehr haben und dass die elektrischen Pumpen für den Treibstoff soeben für immer den Geist aufgegeben haben.

55 MINUTEN, 10 SEKUNDEN

Das Doomsday-Szenario

Im Bunker unter dem Mt. Paektu wird dem obersten Führer Nordkoreas mitgeteilt, dass die Super-EMP-Waffe wie geplant detoniert ist. Wie ein nukleares Damoklesschwert war sie in einem Aufklärungssatelliten versteckt, der auf seiner Süd-Nord-Umlaufbahn immer wieder die USA überflog.[546]

Die Waffe ist in einer Höhe von 480 Kilometern über den Vereinigten Staaten explodiert. Genauer gesagt: über Omaha, Nebraska.

Damit ist das Doomsday-Szenario, das Szenario des Weltuntergangs, in Gang gesetzt.

Eine EMP-Waffe, die bei ihrer Detonation ihren elektromagnetischen Impuls in die Ionosphäre entlässt, fügt Menschen, Tieren oder Pflanzen unten auf der Erde keinen unmittelbaren Schaden zu. Sie ist geräuschlos, da es im Weltall keine Atmosphäre gibt, die Schall weiterleiten könnte. Eine EMP-Waffe beschädigt auch keine Gebäude oder Gegenstände. Wären nicht inzwischen Washington, D.C. und das Kraftwerk Diablo Canyon in Kalifornien durch Atombomben zerstört worden, dann würde sich die Situation für die Millionen Amerikaner, die in den Schutzkellern ihrer Häuser sitzen, zunächst einmal so anfühlen wie ein ganz gewöhnlicher Stromausfall. Aber dieser Eindruck ist falsch.

Steven Wax, leitender Wissenschaftler der Defense Threat Reduction Agency (einer im Verteidigungsministerium angesiedelten Dienststelle gegen die Bedrohung durch Massenvernichtungswaffen, die in ihrer Anfangszeit Teil des Manhattan-Projekts war), hat im Jahr 2016 gewarnt: »Eine atomare Detonation in einer Höhe von 500 Kilometern über Omaha, Nebraska, würde einen elektromagnetischen Impuls auslösen, der die gesamte Landmasse der USA erreicht.«[547]

Die Super EMP löst eine dreiphasige (E1, E2 und E3) elektromagnetische Schockwelle aus, die so mächtig ist, dass sämtliche Vorrichtungen zum Schutz vor Überspannung sowie Blitzableiter im industriellen Maßstab, die dafür angelegt sind, Hochspannungsspitzen abzublocken, auf der Stelle zerstört werden. »Die Impulse überwältigen sämtliche Sicherheitseinrichtungen, als wären diese gar nicht vorhanden, mit Ausnahme der am stärksten abgesicherten militärischen Anlagen«, erklärt Jeffrey Yago, Elektroingenieur, Militärberater und Berater von Dr. Peter Pry, dem Chef der EMP Commission.

»Eine solche Detonation in der Luft wäre ein vernichtender Schlag«, ergänzt Brigadegeneral a. D. Gregory J. Touhill, der ehemalige Leiter der US-Cyber-Abwehr. Und er fügt noch hinzu, dass nur wenigen Menschen die vernichtende Wirkung von EMP bewusst sei, weil sie keinen Zugang zu den geheimen Informationen der Regierung hätten. »Vor 26 Jahren habe ich einen Report über die Folgen eines EMP-Vorfalls geschrieben«, sagt Touhill. »Er wird bis heute unter Verschluss gehalten.«[548]

Die EMP-Waffe, die in unserem Szenario soeben in großer Höhe über Nebraska explodiert ist, beschädigt oder zerstört große Teile aller drei Stromnetze der USA: das an der Pazifikküste, das an der Ostküste und das Netz in Texas – alle auf einmal.

In der Folge fallen die Systeme der untereinander verbundenen Höchstspannungs-Transformatoren des Landes aus.[549]

»Wenn der Impuls zuschlägt, geraten sämtliche Geräte außer Kontrolle. Sie laufen nicht mehr synchron«, sagt Touhill. »Tatsächlich sind die Kollateralschäden eines EMP-Angriffs das Hauptproblem.«

Und diese Kollateralschäden nehmen in den gesamten USA apokalyptische Ausmaße an.

Das Amerika des 21. Jahrhunderts ist ein komplexes System von vielen Subsystemen, die durch Elektrizität mit Energie versorgt und durch Mikrochips gesteuert werden. Und nun kommt es in den etwa 11 000 Großkraftwerken, ihren 22 000 Stromerzeugern und 55 000 Unterstationen zu einer massiven, verhängnisvollen Kaskade des Versagens.[550] Riesige Strecken der mehr als einer Million Kilometer langen Hochspannungsleitungen und der mehr als zehn Millionen Kilometer langen Versorgungsleitungen beginnen sich abzuschalten.[551]

Gleichzeitig versagt das gesamte Verkehrssystem des Landes. In den USA gibt es 280 Millionen registrierte Fahrzeuge. »Zehn Prozent der Autos auf unseren Straßen würden sofort stehen bleiben«, warnte Dr. William Graham, Mitglied der EMP Commission, schon 2008 vor dem Verteidigungsausschuss des Senats, also bereits zu einer Zeit, als amerikanische Pkw und Lkw noch längst nicht so viele Mikroprozessoren enthielten wie heute.[552]

Ohne elektrisch unterstützte Lenkung und Bremsen halten Autos einfach an oder fahren auf andere Autos auf, krachen in Gebäude oder Mauern. Liegen gebliebene oder zusammengestoßene Autos blockieren Straßen und Brücken, und zwar überall, nicht mehr nur dort, wo Menschen vor den Atombomben geflohen sind. In Tunneln, auf Brücken, Hauptverkehrswegen und Nebenstraßen, in Einfahrten und auf Parkplätzen überall im Land bricht Chaos aus. Amerika ist ja bereits mit Atomraketen angegriffen worden. Flucht ist unmöglich. Entkommen ist unmöglich. Millionen Menschen stecken ohne Strom in einem riesigen, landesweiten Stau fest – ein Albtraum.

Doch währenddessen läuft eine noch viel schlimmere Ereigniskette ab, die niemand aufhalten kann. Die gesamte Architektur des amerikanischen Kontrollsystems setzt aus.

»Das wahre Problem an EMP«, so der Physiker und Entwickler der Ivy-Mike-Wasserstoffbombe Richard Garwin, »sind die versagenden SCADA-Systeme.«[553]

SCADA steht für Supervisory Control and Data Acquisition, eine computerbasierte, den Menschen zuarbeitende Architektur von Kontrollsystemen, die die Informationen von Industrieanlagen im Bereich der kritischen US-Infrastruktur sammeln und analysieren. Im Anschluss vermittelt SCADA die aufbereiteten Informationen an die Menschen innerhalb des Systems, damit diese ihren Job machen können.

»Wenn SCADA versagt, kommt es sofort zu einem albtraumhaften Kontrollverlust«, so Yago. »SCADA-Systeme überprüfen die Logik-Kontrollen, die mit den Maschinen in jeder größeren und kleineren Industrieanlage in den Vereinigten Staaten verbunden sind.« SCADA-Systeme kontrollieren die Streckenüberwachung von Eisenbahnen, die Tore von Staudämmen, die Leitungen von und zu Gas- und Ölraffinerien, Fließbänder, die Luftfahrt, Hafenanlagen, Glasfaserkabel, GPS-Systeme, Anlagen, in denen mit gefährlichen Materialien umgegangen wird, und die industrielle Basis des Verteidigungssektors – und zwar in deren Gesamtheit. Ohne die SCADA-Systeme bricht augenblicklich die Hölle los. Diese Systeme regulieren praktisch alles, vom Heißwasserdruck in Fabriken bis hin zur korrekten Einspeisung von Chemikalien in die Wasseraufbereitung. SCADA-Systeme kontrollieren Lüftungs- und Filteranlagen, öffnen und schließen Ventile, regeln große Motoren und Pumpen, schalten elektronische Kreisläufe an und aus. Wenn die SCADA-Systeme versagen, stoßen Tausende von U-Bahnen, Personen- und Güterzügen, die in alle Richtungen unterwegs sind (viele von ihnen auf denselben Gleisen), zusammen, krachen in Wände und Schranken oder entgleisen. Aufzüge halten zwischen zwei Stockwerken an oder rasen nach unten, wo sie auf dem Boden zerschellen. Satelliten (darunter auch die Raumstation ISS) verlassen ihre vorgegebene Umlaufbahn und stürzen auf die Erde. Die 53 verbliebenen Kernkraftwerke der USA, die in unserem Szenario seit dem Ausfall der zentralen Stromversorgung mit Notstromaggregaten arbeiten, geraten samt und sonders außer Kontrolle.[554]

In der Luft sind die Auswirkungen noch schlimmer. Zur Zeit unseres Szenarios herrscht Rushhour im kommerziellen Luftverkehr der Vereinigten Staaten. Tausende Flugzeuge, die die Fly-by-wire-Technologie nutzen, die elektronische Flugsteuerung durch Signalübertragung, verlieren die Kontrolle über ihre Seiten- und Höhenruder, der Luftdruck in den Kabinen sinkt, die Landeklappen funktionieren nicht mehr, und die Landeinstrumente versagen, sodass die Flugzeuge in den Sturzflug Richtung Boden gehen. Nur eine Klasse von Passagierflugzeugen bleibt gnädig verschont, nämlich die älteren 747, die das Verteidigungsministerium als Doomsday Planes nutzt. »Der 747-Pilot verwendet noch ein Fußpedal und ein Steuerhorn, die beide mechanisch mit den Kontrollinstrumenten verbunden sind«, so Yago. »In diesen Maschinen gibt es keine Fly-by-wire-Technologie.«[555]

Doch die Systeme der kritischen Infrastruktur am Boden versagen eins nach dem anderen. Ohne die SCADA-Systeme zur Kontrolle der mehr als vier Millionen Pipelinekilometer, durch die Amerikas Öl- und Gasprodukte fließen, reißen und explodieren Millionen Ventile. Flammensensoren in kohlebefeuerten Boilersystemen entzünden sich und explodieren, weil sie die falsche Mischung aus Luft und Brennstoff bekommen. Da auch die motorisierten Ventile des Leitungswassersystems nicht mehr kontrollierbar sind, steigt die Wassermenge in den Leitungen, durch die Milliarden Liter fließen, plötzlich an. Staudämme brechen. Riesige Überschwemmungen spülen Infrastruktur und Menschen hinweg.

Es gibt kein Trinkwasser mehr. Kein Wasser für die Toilettenspülungen. Keine Kanalisation. Keine Beleuchtung für Straßen und Tunnel, überhaupt kein künstliches Licht, nur noch Kerzen – bis keine mehr übrig sind. Keine Benzinpumpen an den Tankstellen, also auch keinen Treibstoff für die Autos. Keine Geldautomaten, also auch kein Bargeld. Überhaupt keinen Zugang zu Geld. Keine Handys, kein Festnetztelefon, keine Notrufnummern. Überhaupt kein Telefon mehr. Keine Kommunikationssysteme für den Notfall, abgesehen von wenigen Kurzwellenradios. Keine Krankenwagen. Keine funktionierende Ausrüstung in den Krankenhäusern. Überall treten Abwässer aus. Nach weniger als 15 Minuten wimmelt es bereits von Insekten, die Krankheiten übertragen. Sie ernähren sich von menschlichen Exkrementen, vom Müll und von den Leichen.[556]

Das komplexe amerikanische System aus vielen Untersystemen kommt zu einem plötzlichen, apokalyptischen Stillstand. In der nachfolgenden Atmosphäre aus Angst und Verwirrung kehren die Menschen zu ihren niedrigsten, animalischen Instinkten zurück. Sie nutzen ihre fünf Sinne, ihre Hände und Füße. Sie spüren drohende Gefahren an allen Ecken und Enden. Und sie ahnen, dass das, was gerade passiert, nicht das Ende des Gemetzels ist, sondern der Anfang.

Sie steigen aus ihren Autos und fliehen zu Fuß. Sie verlassen Gebäude, laufen Treppen hinunter und hinaus ins Freie. Fahrgäste in U-Bahnen und Bussen oder in stecken gebliebenen Aufzugkabinen versuchen verzweifelt, die Notausstiege und Türen zu öffnen. Sie kriechen, laufen und rennen um ihr Leben.

Der grundlegendste menschliche Instinkt ist der Überlebenswille. So weit hat uns die Evolution gebracht: von den Jägern und Sammlern der Frühzeit bis zu Astronauten auf dem Mond. Von Fischern mit einfachen Speeren bis zu Gratulanten, die mithilfe von Zoom über Kontinente hinweg ein Geburtstagsständchen singen.

Menschen sind auf Fortschritt ausgelegt. Sie tun, was auch immer dafür nötig ist.

Doch der Atomkrieg radiert das alles aus.

Atomwaffen verbrennen das Genie und die Erfindungsgabe der Menschen, ihre Liebe und Sehnsucht, ihr Mitgefühl und ihren Intellekt zu Asche.

In diesem Moment besteht der entsetzlichste Teil des Schocks und der Verzweiflung aus der Ahnung, wie das Leben von jetzt an sein wird. Gefolgt von der brutalen Erkenntnis, dass niemand irgendetwas Substanzielles getan hat, um den atomaren Dritten Weltkrieg zu verhindern. Das all dies nicht hätte passieren müssen.

Und jetzt ist es zu spät.

GESCHICHTSSTUNDE NR. 9

Affen auf dem Laufband

Im Frühjahr 1975 veröffentlichte die Zeitschrift *Foreign Policy* einen Essay, den ein Mann namens Paul C. Warnke geschrieben hatte.[557] Er war Beamter im Verteidigungsministerium gewesen und hatte sich zu einem Befürworter der atomaren Abrüstung gewandelt. Sein Essay mit dem Titel »Apes on a Treadmill« – Affen auf dem Laufband – wirkt bis heute geradezu hellseherisch. Warnke kritisierte darin nicht nur, wie irrsinnig gefährlich Atomwaffen sind, sondern auch, was für eine Verschwendung das gesamte nukleare Wettrüsten war und ist. Er sprach in diesem Zusammenhang von einem Phänomen, das bereits in dem alten englischen Ausspruch »monkey see, monkey do« (etwa: Was der Affe sieht, macht er nach) ausgedrückt wird – Warnke meinte insbesondere ein Verhalten, bei dem alle Beteiligten die aggressiven Bewegungen ihres Gegenübers kopieren und dabei absolut nichts erreichen – wie Tiere ohne jede Intelligenz.

Schlimmer noch: Warnke zeigte, dass die Teilnehmer des Wettrennens offenbar nicht begriffen, dass weder eine einzelne Person noch eine Gruppe dabei gewinnen konnte. Dass wir alle Affen auf dem Laufband sind wie Sklaven in einer Tretmühle.

Das Bild brannte sich in die Köpfe der Menschen ein – doch der Artikel geriet in Vergessenheit.

Im Jahr 2007 dann griff eine Gruppe junger Wissenschaftler die Idee des Affen auf dem Laufband wieder auf und gab ihm mit einem Aufsatz in der wissenschaftlichen Zeitschrift *Proceedings of the National Academy* unbeabsichtigt eine faszinierende neue Wendung.[558] Sie untersuchten den Gang auf zwei Beinen: die Theorie, dass unsere Vorfahren den aufrechten Gang gelernt hätten, weil er weniger Energie erforderte als das Gehen auf den Fingerknöcheln beim Vierfüßergang. Um diese Hypothese zu stützen, rüsteten die Forscher fünf Schimpansen und vier Menschen mit Sauerstoffmasken aus und ließen sie auf einem Laufband laufen. Dann sammelten sie Daten über den Sauerstoffverbrauch der Affen und der Menschen, um zu sehen, was man daraus lernen könnte. Sie wollten herausfinden, ob der Energieverbrauch ein Grund gewesen sein könnte, warum manche Affen sich weiterentwickelten und den Intellekt der heutigen Menschen erreichten, während andere als geistlose Tiere im Dschungel zurückblieben.

Dabei ergab sich eine unerwartete Beobachtung, die ein gewisses Licht auf Warnkes Essay wirft. Es zeigte sich nämlich, dass ein Teil der Schimpansen sich weigerte, an dem Experiment auf dem Laufband teilzunehmen. Der Anthropologe David Raichlen, einer der beteiligten Wissenschaftler, berichtete dem Reuters-Journalisten Will Dunham, was er bei den Affen beobachtet hatte.

»Diese Burschen sind so schlau, dass sie die Stopptaste an dem Laufband drücken, wenn es ihnen reicht«, sagte er.[559] Mit anderen Worten: Wenn ein Affe nicht mehr bei dem Rennen mitmachen wollte, »drückte er entweder die Stopptaste oder sprang einfach ab«.

Bleibt die Frage: Wenn die Affen wissen, wie man das Laufband verlässt – warum wissen wir es nicht?

57 MINUTEN

Die Dienerinnen der Apokalypse sind da

Das Hauptquartier des U. S. Strategic Command wird als Erstes getroffen. Die Atomsprengköpfe stammen von einem russischen U-Boot, das vor wenigen Minuten an der amerikanischen Ostküste aufgetaucht war. Sie treffen den Luftwaffenstützpunkt Offutt in Nebraska, um das unterirdische Global Operations Center von STRATCOM zu zerstören. Dieser Bunker mit der Kommando- und Kontrollzentrale für einen Atomkrieg ist so gebaut, dass er einem direkten Treffer durch eine einzelne 1-Megatonne-Atombombe widerstehen kann, aber nicht unbedingt einer katastrophalen Bombardierung durch mehrere 100-Kilotonnen-Sprengköpfe, die fast gleichzeitig einschlagen. Vor Jahrzehnten haben Verteidigungswissenschaftler ausgerechnet, dass eine Bombe mit einer Sprengkraft von einer Megatonne eine Fläche von 200 bis 260 Quadratkilometern zerstört (den nachfolgenden Feuersturm nicht mitgerechnet), während zehn kleinere Bomben mit einer Sprengkraft von jeweils 100 Kilotonnen eine mehr als doppelt so große Fläche zerstören.

Das Licht um jede der explodierenden Waffen erhitzt die Luft auf mehrere Millionen Grad und erschafft massive atomare Feuerbälle, die sich mit einer Geschwindigkeit von Millionen Kilometern pro Stunde ausdehnen. Die Hitze ist so intensiv, dass alle Betonoberflächen explodieren, Metall schmilzt und Menschen sich in brennenden Kohlenstoff verwandeln.

Einige Opfer, die sich in dem unterirdischen Bunker befinden, werden langsam verbrennen, andere verkohlen sofort, je nach ihrem Standort beim Einschlag der Sprengköpfe. Der Luftwaffenstützpunkt Offutt und das Gebiet um Omaha, Nebraska – jene Stadt, in der der rosa Lockenwickler und das beliebte Butter-Brickle-Speiseeis erfunden wurden – verbrennen zusammen mit der großen Mehrheit der fast 500 000 Menschen, die hier leben.

Fast zur gleichen Zeit geht ein weiterer Regen von 100-Kilotonnen-Sprengköpfen auf den Raven Rock Mountain Complex in Pennsylvania nieder. Die Sprengkraft spielt keine große Rolle mehr – 100, 400 oder 500 Kilotonnen, ein oder zwei Megatonnen, MIRV oder nicht MIRV … Das gesamte System des Nuclear Command and Control wird systematisch zerstört. Die ursprünglichen Baupläne für Raven Rock wurden von demselben Ingenieur gezeichnet, der Hitlers Führerbunker in Berlin gebaut hatte. Am Ende des Zweiten Weltkriegs war es dann jedoch nicht das Trommelfeuer der alliierten Bomben, das Hitler tötete – er erschoss sich selbst.

Der Raven Rock Mountain Complex soll als Kernstück des Continuity of Operations Plan dienen. Er soll dafür sorgen, dass die amerikanische Bundesregierung auch nach einem Atomkrieg noch ihre »wichtigsten Funktionen« ausüben kann. Doch Site R wurde genau wie das STRATCOM-Hauptquartier darauf ausgelegt, einem direkten Treffer durch eine einzelne 1-Megatonne-Bombe zu widerstehen, nicht einer Vielzahl von Sprengköpfen, die alles im weiten Umkreis vernichten.[560] Auch der Präsident der Vereinigten Staaten, der irgendwo etwa 70 Kilometer südöstlich von hier auf dem Waldboden liegt, stirbt durch diese atomare Flutwelle. Sein Körper fängt Feuer und verkohlt.

Die nächsten Ziele, die von einer Welle russischer SLBMs getroffen werden, liegen in Colorado: das Missile Warning Center unterhalb des Cheyenne Mountain, das NORAD-Hauptquartier auf dem Space-Force-Stützpunkt Peterson in Colorado Springs und die Space-Force-Basis Buckley in Aurora. Diese Einrichtungen für die atomare Kriegsführung und alle ihre unterstützenden Anlagen werden von russischen MIRV-Sprengköpfen getroffen – alle gleichzeitig. Für die mehr als eine Million Menschen, die hier am Ostrand der Rocky Mountains leben, ist es, als wäre die gesamte Welt in Flammen aufgegangen.

Ein weiterer Hagel von 100-Kilotonnen-Sprengköpfen geht auf militärische Ziele in zahlreichen weiteren Bundesstaaten nieder. Die Absicht dahinter ist, innerhalb weniger Minuten sämtliche redundanten Elemente des Nuclear Command and Control zu zerstören. In Louisiana wird der Luftwaffenstützpunkt Barksdale getroffen. Das einst so mächtige Hauptquartier des Global Strike Command, Heimat der Langstreckenbomber vom Typ B-52 mit ihren Atombomben, existiert nicht mehr.

In Montana wird der Luftwaffenstützpunkt Malmstrom von Atomsprengköpfen vernichtet. Malmstrom war für den Betrieb, den Unterhalt und die Bewachung von 150 Minuteman-III-ICBMs zuständig, die inzwischen alle ihre Silos verlassen haben und auf dem Weg nach Russland sind, um den Vergeltungsschlag auszuführen. In North Dakota wird der Luftwaffenstützpunkt Minot ebenfalls zerstört – auch hier waren Minuteman-III-ICBMs stationiert. Und das Gleiche gilt für den Luftwaffenstützpunkt F. E. Warren in Wyoming.

Im Osten des Landes, in der kleinen Küstenstadt Cutler, Maine, mit ihren gerade 500 Einwohnern, wird die VLF-Transmitterstation zerstört, mit deren Hilfe die Atom-U-Boote ihre Kommunikation aufrechterhalten. Dasselbe Schicksal trifft die Jim Creek Naval Radio Station in Washington State und auch die Station in Lualualei auf Hawaii. Sie liegt in einem großen Tal auf der Insel O'ahu, deren Name übersetzt »die verschonte Geliebte« lautet.[561]

Nach diesem finalen Blitzkrieg der SLBM-Sprengköpfe bleiben von Amerikas Nuclear Command and Control nur noch die Doomsday Planes, die sich in der Luft befinden. Und die Trident-U-Boote auf See.

Wie schon im SIOP aus dem Jahr 1960 prophezeit wurde, geht es jetzt nur noch um Zahlen. Um einen Plan zur Massenvernichtung, bei dem Milliarden von Menschen sterben.

58 MINUTEN

Luftwaffenstützpunkt Aviano, Italien

Gleichzeitig werden auch Ziele in ganz Europa getroffen.

Eine Welle von russischen SLBMs, die im Nordpolarmeer abgefeuert wurden, trifft NATO-Stützpunkte in Europa. In einem zerstörerischen Trommelfeuer atomarer Explosionen gehen Luftwaffenstützpunkte in Belgien, Deutschland, den Niederlanden, Italien und der Türkei unter. Sie verbrennen und werden durch die Druckwelle ausradiert.

Atomare Sprengköpfe der russischen MIRV-ICBMs fliegen auf verkürzten Flugbahnen und treffen London, Paris, Berlin, Brüssel, Amsterdam, Rom, Ankara, Athen, Zagreb, Tallinn, Tirana, Helsinki, Stockholm, Oslo, Kiew und weitere Ziele in einer riesigen Welle der Massenvernichtung. Ein Schlag gegen sämtliche Feinde Russlands – jedenfalls aus dem Blickwinkel des russischen Militärs.

In diesem Chaos werden nicht nur Millionen Menschen getötet, die an diesen Orten leben, arbeiten oder zu Besuch sind, sondern es werden auch Dutzende von meisterhaften Bauwerken zerstört, großartige Zeugnisse der menschlichen Zivilisation: das Kolosseum in Rom, Notre-Dame in Paris, die Hagia Sophia in Istanbul, der Steinkreis von Stonehenge in England, der Parthenon-Tempel auf der Akropolis in Athen. Ikonen des menschlichen Geistes und seiner Vorstellungskraft verschwinden in einer Folge nuklearer Feuerbälle: das Rijksmuseum in Amsterdam, die Banja-Baschi-Moschee in Bulgarien, die finnische Nationalbibliothek, Schloss Toompea in Estland, der Augustustempel in Ankara, Big Ben in London. Es ist wie in Washington, D.C.: Von einem Moment zum anderen sind all diese Dinge … einfach verschwunden.

59 MINUTEN

Im Atlantischen Ozean

Amerika ist noch nicht am Ende mit seinen Atomraketen. Die Trident-U-Boote erhalten, wie schon während des Kalten Krieges geplant, letzte Einsatzbefehle aus den Doomsday Planes, die über dem Ozean fliegen. Diese finalen Einsatzbotschaften erlauben es den amerikanischen Flugzeugen, mit den ballistischen Raketensystemen unter Wasser zu kommunizieren, auch nachdem die Stromversorgung der USA zusammengebrochen ist und Nuclear Command and Control sich aufgelöst hat.

Die letzten Einsatzbefehle werden auf dem Längstwellensystem übermittelt, das mit 15 bis 60 Kilohertz sendet. Dieses überlebensfähige Längstwellen-Kommunikationssystem trägt auch den Namen AN/FRC-117.

Die letzte, in Schleifen über dem Atlantik fliegende Vertreterin der Doomsday-Flotte, eine Boeing-Maschine vom Typ E-6B, fährt ihre acht Kilometer lange Antenne aus.[562] Der lange, dünne Draht wird aus einer Öffnung am Heck des Flugzeugs abgespult und dann mit einem kleinen Fallschirm, einem sogenannten Windsack, stabilisiert.

Die E-6B fliegt eine Steilkurve und geht dann in einen spiralförmigen Sinkflug. Dabei sendet sie Zeichen für Zeichen ihre letzten Einsatzbefehle.[563] Das VLF-Band hat eine sehr niedrige Übertragungsrate, gerade einmal 35 alphanumerische Zeichen pro Sekunde. Das ist langsamer als die Modems der ersten Generation, aber immer noch schnell genug, um die letzten Emergency Action Messages an Trident-U-Boote zu senden, die Tausende Meilen entfernt sind.

Botschaften, die es den Tridents erlauben, der gesamten nuklearen Triade der USA, die jetzt auf dem Weg zu ihren Zielen in Russland ist, noch einen letzten Atomschlag hinterherzusetzen.

Die Befehle werden empfangen.

Von jetzt an wird es noch etwa 15 Minuten dauern, bis die letzte Trident-Rakete abgefeuert wird.

Niemand in Amerika, auch nicht die Besatzungen der U-Boote, wird jemals erfahren, ob und was diese Raketen getroffen haben.

Die gewaltige, existenzielle Tragödie besteht genau darin, dass diese letzten, endgültigen Aktionen in einem Atomkrieg auf den Zähltafeln absolut keine Rolle mehr spielen.

Denn alle verlieren.

Alle.

72 MINUTEN

Vereinigte Staaten von Amerika

In Minute 72 eines Krieges, der um 15:03 Uhr Eastern Time seinen Anfang nahm, detonieren in Amerika über einen Zeitraum von 20 Minuten 1000 russische Atomsprengköpfe. Sie treffen eine Nation, die bereits durch 192 russische SLBMs und zwei nordkoreanische Atombomben schwer angeschlagen ist. Die dritte und letzte ICBM der Nordkoreaner, die von der unterirdischen Abschussrampe

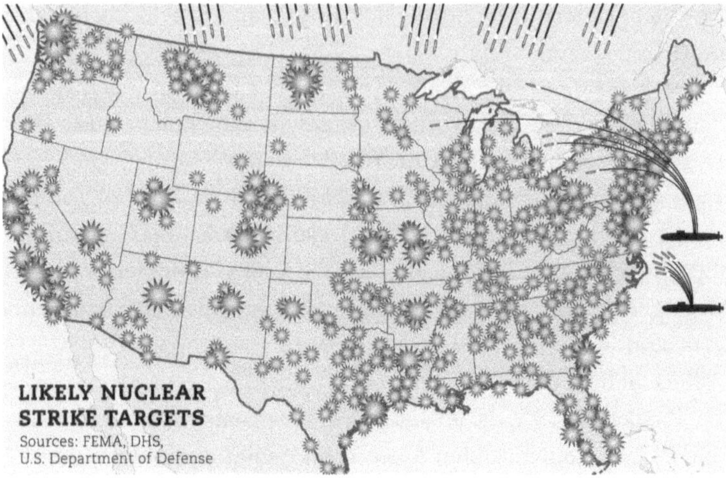

Voraussichtliche Ziele atomarer Sprengköpfe auf dem kontinentalen Teil der USA
(FEMA, DHS, U.S. Department of Defense; Zeichnung von Michael Rohani)

Hoejung-ni im Bezirk Hwapyong abgefeuert wurde, hat beim Wiedereintritt in die Erdatmosphäre versagt.

Das Trommelfeuer der 1000 Atomsprengköpfe prügelt auf ein Land ein, dessen Energieversorgung vollständig ausgefallen und das von Leichen übersät ist: Opfer der Druckwellen, durch radioaktive Strahlung Vergiftete, Opfer von Flugzeugabstürzen, Zug-, U-Bahn- und Verkehrsunfällen, von Chemie-Explosionen und Überschwemmungen durch gebrochene Staudämme.

1000 Lichtblitze, die die Umgebungsluft jedes Einschlagortes auf 99 Millionen Grad Celsius erhitzen.

1000 Feuerbälle, jeder mit einem Durchmesser von annähernd zwei Kilometern.

1000 riesige Druckwellen.

1000 Mauern aus komprimierter Luft, begleitet von Winden mit einer Geschwindigkeit von mehreren Hundert Kilometern pro Stunde, die von den Feuerbällen ausgehen und alles niedermähen, was ihnen im Weg steht.

1000 Städte, in denen sämtliche Gebäude in einem Radius von acht bis elf Kilometern ihre Form verändern, zusammenbrechen und verbrennen.

1000 Städte, in denen der Asphalt in den Straßen schmilzt.

1000 Städte, in denen diejenigen, die den unmittelbaren Einschlag überlebt haben, von herumfliegenden Trümmern erschlagen werden.

1000 Städte mit vielen Millionen Toten. Und mit vielen Millionen unglücklichen Überlebenden, die Verbrennungen dritten Grades erlitten haben.

Nackte, abgerissene, blutende, erstickende Menschen.

Menschen, die nichts Menschliches mehr an sich haben, weder in ihrem Aussehen noch in ihrem Verhalten.

1000 Mal Ground Zero, und jeder verwandelt sich in ein Megafeuer, das jedes auf einem Gebiet von mindestens 250 Quadratkilometern wütet.

In ganz Amerika und Europa Hunderte Millionen Tote und Sterbende. Hunderte Militärflugzeuge, die in der Luft bleiben, bis ihnen der Treibstoff ausgeht. Die letzten Trident-U-Boote gleiten im Verborgenen hinaus auf den Ozean, wo sie weiter ihre Kreise ziehen, bis ihre Mannschaften keine Lebensmittelvorräte mehr haben. Und an Land harren immer noch Überlebende in Bunkern aus. Bis sie sich hinauswagen. Oder dort unten keinen Sauerstoff mehr haben.

Überlebende, die irgendwann unweigerlich diese Bunker verlassen müssen und dann das erleben, was Nikita Chruschtschow vorhergesehen hat, als er sagte: »Die Überlebenden werden die Toten beneiden.«[564]

Die erste nukleare Explosion fand am 16. Juli 1945 statt. An einem Ort in der Ebene des Testgeländes von Alamogordo, die man dort auch Jornada del Muerto nennt.

Und so, wie die Geschichte der Atomwaffen begonnen hat, wird sie auch enden.

Jornada del Muerto. Der Weg des toten Mannes.

TEIL V

DIE NÄCHSTEN 24 MONATE UND DANACH, ODER: WAS BLEIBT NACH EINEM ATOMAREN SCHLAGABTAUSCH?

TAG 0: WENN KEINE BOMBEN MEHR FALLEN

Vereinigte Staaten von Amerika

Es ist sehr kalt und sehr dunkel.[565] Die Atombomben, die von allen Seiten abgefeuert wurden, haben ihre Ziele erreicht. Allmählich lassen die Explosionen der riesigen Sprengladungen am Boden und in der Luft nach.

Doch Amerika steht weiterhin in Flammen. Innenstädte, Vorstädte, Kleinstädte, Wälder. Der Rauch der brennenden Wolkenkratzer und anderer hoher Gebäude produziert einen schädlichen Smog aus Pyrotoxinen.[566] Brennende Baumaterialien, darunter Fiberglas

Der nukleare Winter ist kalt und dunkel.

(Bild von Achileas Ambatzidis)

und Isolation, setzen Zyanide, Vinylchlorid, Dioxine und Furane in die Atmosphäre frei. Der Nebel aus tödlichem Rauch und Gasen tötet viele Menschen, die die Explosionen überlebt haben, und vergiftet die versengte Erde immer weiter.[567]

Riesige Feuerringe mit einem Radius von 160 bis 320 Kilometern breiten sich von jedem der 1000 Einschlagorte überall im Land aus. Zuerst scheint es, als würde die Zerstörung durch diese Feuer nie ein Ende nehmen. Es gibt keine Pumpen und deshalb auch kein Löschwasser, und so lösen die Feuer immer neue Brände aus und schließen Menschen ein. Sie töten diejenigen, die der Massenvernichtung durch den totalen Atomkrieg zunächst entgangen sind.

In weniger dicht besiedelten Regionen, vor allem im Westen Amerikas, wüten Waldbrände. Insbesondere die Nadelbäume kommen mit dem radioaktiven Fallout nicht zurecht; sie sterben ab und stürzen um, sodass riesige Haufen Brennholz für die nachfolgenden Feuer liegen bleiben.[568] Die heftigen Feuerstürme bringen weitere apokalyptische Bedingungen mit sich, die sich immer weiter aufschaukeln. Öl- und Erdgaslager, Kohleflöze und Torfmoore brennen noch monatelang.[569] So werden als Nebenprodukt all dieser so lange und so intensiv brennenden Städte und Wälder überall in Amerika – und auch in Europa, Russland und Teilen Asiens – etwa 150 Millionen Tonnen Ruß in die obere Troposphäre und Stratosphäre entlassen.[570] Und dieser schwarze, puderartige Ruß blockiert das Sonnenlicht. Die wärmenden Sonnenstrahlen verschwinden.[571]

»Durch die Dichte des Rußes würde die weltweite Durchschnittstemperatur um etwa 15 Grad Celsius sinken«, erklärt der Klimaforscher Alan Robock. »In Amerika müssten wir eher mit einem Absinken der Durchschnittstemperatur um etwa 22 Grad Celsius rechnen, in Küstennähe etwas weniger.«[572]

Das heißt, die Erde stürzt einer weiteren Katastrophe entgegen: dem nuklearen Winter.[573]

Die Vorstellung von einem nuklearen Winter drang im Oktober 1983 zum ersten Mal an die Öffentlichkeit, als die Zeitschrift *Parade* (die damals von mehr als zehn Millionen Menschen in Amerika gelesen wurde) ein gruseliges Bild der verdunkelten Erde und den Hinweis auf einen »special report« auf ihrem Cover trug.[574] Verfasser des Berichts war einer der berühmtesten Naturwissenschaftler weltweit, Carl Sagan. »Würde ein Atomkrieg das Ende der Welt bedeuten?«, fragte Sagan und gab sich selbst die Antwort: »Im Zuge eines nuklearen ›Schlagabtauschs‹ würden mehr als eine Milliarde Menschen sofort sterben. Doch die langfristigen Folgen könnten noch viel schlimmer sein.« Folgen, die Sagan, seine ehemaligen Studenten James B. Pollack und Owen Brian Toon sowie die Meteorologen Thomas P. Ackerman und Richard P. Turco in allen grausigen Details in einem Paper niederlegten, das zwei Monate später in der Wissenschaftszeitschrift *Science* veröffentlicht wurde.[575]

Dieses Paper wurde von anderen Wissenschaftlern und vom Verteidigungsministerium scharf angegriffen.[576] »Sie behaupteten, der nukleare Winter sei unbedeutend«, erinnert sich der Physiker Owen Brian Toon, der heute Professor auf dem Feld der Klimawissenschaft ist. »Sogar von sowjetischer Desinformation war die Rede.«[577] Doch hinter verschlossenen Türen und in Dokumenten, die erst kürzlich freigegeben wurden, zeigte sich, dass man in den engeren Zirkeln des nuklearen Komplexes sehr wohl wusste, wie real die Bedrohung durch einen nuklearen Winter ist.[578] Das Ergebnis eines großflächigen Atomkriegs, so Wissenschaftler der Defense Nuclear Agency, wäre ein »atmosphärisches Trauma« mit »einem ernsten Potenzial schwerer Konsequenzen« für »Wetter und Klima« auf der Erde.[579]

»Natürlich gibt es Unsicherheiten in solchen Szenarios eines nuklearen Winters«, erklärt uns der Physiker Frank von Hippel im Interview.[580] »Aber es gibt keinerlei Unsicherheit darüber, was passiert, wenn nach einem [großflächigen] Atomkrieg so viel Ruß in die Atmosphäre gerät.« Im ersten Paper zu dem Thema gestanden die Verfasser ein, dass ihre Modelle Grenzen hatten. Das war 1983, die Computertechnik steckte noch in den Kinderschuhen. Heute, Jahrzehnte später, zeigen leistungsfähige Modellierungssysteme, dass das atmosphärische Trauma durch den nuklearen Winter eher noch schlimmer sein wird.[581] »Unsere ersten Modelle [1983] gingen davon aus, dass der nukleare Winter etwa ein Jahr andauern würde«, so Toon. »Neue Daten legen die Vermutung nahe, dass es eher etwa zehn Jahre dauern würde, bis die Erde sich erholt.«[582] Die wärmende Sonneneinstrahlung würde um 70 Prozent zurückgehen.[583]

Das Leben auf der Erde ist abhängig von der Sonne. Sonne bedeutet Leben. Pflanzen brauchen Sonnenlicht, um zu wachsen. Tiere brauchen Pflanzen, um sich zu ernähren. Das gilt für den *Homo sapiens* auf dem Boden ebenso wie für die Vögel in der Luft, die Würmer im Erdboden, die Fische im Meer. Die Sonnenenergie treibt das Ökosystem der Erde an, das gesamte komplexe biologische System interagierender Organismen, in dem wir alle leben. Wenn nach einem Atomkrieg Milliarden Rußpartikel in die Atmosphäre gelangen, verändert sich die Struktur der Troposphäre.[584]

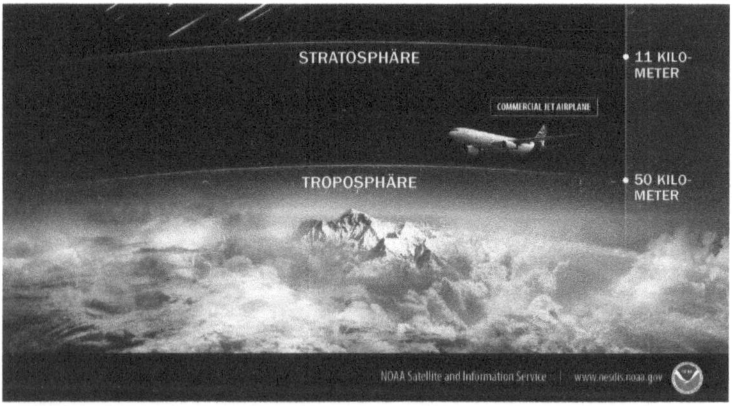

Nach einem umfassenden nuklearen Schlagabtausch wird sich die Erdatmosphäre verändern.
(National Oceanic and Atmospheric Administration)

Die Troposphäre ist die erste, unterste Schicht der Erdatmosphäre.[585] Sie erstreckt sich im Mittel 15 Kilometer in die Höhe. Der größte Teil des Wetters findet dort statt. Die Troposphäre enthält die gesamte Luft, die die Pflanzen für die Photosynthese und die Tiere zum

Atmen brauchen. Außerdem enthält sie 99 Prozent des Wasserdampfs. Nach einem Atomkrieg verändert sich quasi über Nacht das Wetter, so sehr verändert sich die Troposphäre.

Deshalb wird es so kalt und dunkel auf der Erde.

Die Temperaturen sinken rapide.[586] Harte, lange Kälteperioden halten die Erde in ihren Klauen. Am schlimmsten trifft es die sogenannten mittleren Breiten, also die nördliche Hemisphäre im Bereich zwischen 30 und 60 Grad nördlicher Breite. Dazu gehören die USA und Kanada, Europa, Ost- und Zentralasien. Durch das extreme Absinken der Temperaturen fühlt sich der Sommer wie ein Winter an. Toon sagt: »Neue Daten zeigen, dass in Regionen wie Iowa oder der Ukraine die Temperaturen sechs Jahre lang nicht mehr über den Gefrierpunkt steigen würden.«[587]

■

Der Tag, an dem der atomare Dritte Weltkrieg in unserem Szenario begann, war der 30. März, ein Tag zu Beginn des Frühlings. In Los Angeles sinkt die Temperatur jetzt unter den Gefrierpunkt. Der tödliche Frost lässt tropische Pflanzen absterben und zerstört die Ernten in dieser Region.[588] In Gebieten wie North Dakota, Michigan und Vermont, wo die Durchschnittstemperatur eher niedriger war, kommt es jetzt zu deutlich längeren Frostperioden. Süßwasser wird unter dicken Eisschichten eingeschlossen. Im hohen Norden dehnt sich das Nordpolareis um zehn Millionen Quadratkilometer aus, die Eisfläche vergrößert sich also um mehr als 50 Prozent gegenüber heute. Normalerweise eisfreie Küstenregionen frieren zu. Es entsteht das, was moderne Geophysiker als »nukleare kleine Eiszeit« bezeichnen.[589]

Doch die Elemente sind nicht die einzige tödliche Gefahr, die die Menschen bedroht. In den Wochen und Monaten nach dem Krieg trifft die Überlebenden, die ohnehin mit der bitteren Kälte zu kämpfen haben, die Strahlenkrankheit. Tritium, Cäsium-137, Plutonium-239 und andere radioaktive Produkte, die durch die pilzförmigen Wolken nach oben geschleudert wurden und nun als Fallout auf die

Erde zurückkehren, kontaminieren die Umwelt. Der Tod durch Strahlenkrankheit ist ein entsetzlicher Tod. Akutes Erbrechen und Durchfälle treten auf, und allmählich werden das Knochenmark und die Eingeweide zerstört. Die Innenwände der Organe reißen und bluten. Wenn sich dann auch die Innenwände der Blutgefäße auflösen, verflüssigt sich das Körperinnere. Grauenhaft genug, wenn man diese Krankheit in einem Krankenhaus durchleiden muss – unerträglich in Kälte und Finsternis, auf der Flucht vor Feuerstürmen und giftigem Rauch.[590]

Diejenigen, die auch diese Phase überleben, erleiden Schäden am Erbgut, viele erblinden.[591] Außerdem werden viele ganz oder vollständig unfruchtbar, sodass die Reproduktionsrate immer weiter sinkt.[592] Es gibt nicht genügend Nahrungsmittel und Wasser, die nicht vergiftet sind. Erbittert kämpfen die Menschen um die wenigen Ressourcen. Nur die Rücksichtslosen überleben.

■

10 000 oder 12 000 Jahre hat die Menschheit von der Landwirtschaft gelebt. Landwirtschaft jedoch ist abhängig vom Ökosystem der Erde, wenn sie Lebensmittel und frisches Wasser produzieren soll, um Menschen, Tiere und Pflanzen zu ernähren. Monatelange Kälte und das fast vollständige Fehlen von Sonnenlicht nach einem atomaren Dritten Weltkrieg lösen eine weitere Serie tödlicher Angriffe auf das Ökosystem der Erde aus. Die Regenmenge halbiert sich.[593] Das ist das Ende jeglicher Landwirtschaft. Das Ende des Ackerbaus, der Feldfrüchte. Nach 10 000 Jahren des Pflanzens und Erntens wird die Menschheit auf den Zustand von Jägern und Sammlern zurückgeworfen.

Vor dem Krieg wurden Fleisch und pflanzliche Produkte landwirtschaftlich erzeugt und über die Versorgungskette in den Großhandel, in Supermärkte, Lebensmittelläden und auf Bauernmärkte transportiert. Hülsenfrüchte und Getreide wurden lokal gelagert. Doch nachdem das Transportsystem zum Erliegen gekommen war und es weder Treibstoff noch Fahrzeuge gab, endete auch die Verteilung von Nahrungsmitteln. Was lokal gelagert worden war, ist verbrannt, verstrahlt, eingefroren oder verdorben. Die Menschen, die die Explosionen, den Wind und die Feuer unmittelbar nach dem Atomschlag überstanden und auch noch die Strahlenkrankheit und die bittere Kälte überlebt haben – jetzt verhungern sie.[594]

In der gesamten nördlichen Hemisphäre zerstören tödlicher Frost und Temperaturen unter null die Ernten. Die Tiere auf den Höfen erfrieren, verdursten oder verhungern. Selbst in ländlichen Gebieten weit weg von den Einschlagstellen der Atombomben sind die Menschen nicht in der Lage, landwirtschaftliche Gemeinschaften zu bilden, weil es nur wenig gibt, das man anbauen könnte.[595] Die monatelangen Feuerstürme haben den Boden überhitzt und unfruchtbar gemacht. Schlafende Saaten sind beschädigt oder abgestorben.[596] So graben die unterernährten Überlebenden nach Wurzeln und Insekten, ähnlich wie die hungernden Menschen in Nordkorea vor dem Krieg.

Die Suche nach nicht kontaminiertem Wasser ist fast so schwierig wie die Jagd nach Nahrung. Das drastische Absinken der Temperaturen hat zur Folge, dass die Süßwasserreservoirs in der nördlichen gemäßigten Zone einfrieren. An manchen Orten ist das Eis 30 Zentimeter dick.[597] Für die Menschen wird es so fast unmöglich, noch an Oberflächenwasser zu kommen. Für viele Tiere bedeutet diese Situation den sicheren Tod.[598]

Die Seen, die nicht unter dickem Eis begraben werden, sind mit chemischen Abwässern kontaminiert. Und wenn das Wasser endlich wieder auftaut, wird es weiter verseucht durch die vielen Leichen, die im Eis begraben waren.[599] Die Trinkwassersysteme sind überall zerstört. Während der Explosionen der Atombomben und der nachfolgenden Megafeuer sind die Öl- und Gaslagerstätten in Amerika aufgebrochen oder ebenfalls explodiert. Hunderte Millionen Liter giftiger Chemikalien sind in die Flüsse und Bäche gelaufen, haben das Wasser kontaminiert und alles Leben darin ausgelöscht.[600] Toxine dringen ins Erdreich ein und vergiften auch das

Grundwasser. An den Küsten, die einen extremen Fallout erleben, liegen Unmengen von toten Meerestieren.

Als Folge der extremen Temperaturunterschiede in den Luftschichten über Land und Meer rasen Stürme in Hurrikanstärke über den Ozean. Die Überlebenden, die auf ihrer Suche nach Nahrung bis an die Küsten gelangt sind, haben keine Möglichkeit, hinauszufahren, um zu fischen. Meerestiere wie Miesmuscheln, Schnecken und Klaffmuscheln, die früher das Flachwasser filterten, sind durch die radioaktive Vergiftung fast ausgestorben. Und die wenigen, die noch leben, kann man wegen der hohen Giftkonzentrationen unmöglich essen.[601]

In Bächen, Seen, Flüssen und Teichen vollzieht sich ein Massensterben. Der Lichtmangel zerstört das mikroskopische Pflanzenleben im Wasser.[602] Wenn aber das Phytoplankton abstirbt, verschwindet der Sauerstoff, und die Nahrungskette im Meer reißt, sodass das Ökosystem weiteren Schaden erleidet.[603] Nach einem Atomkrieg und dem nuklearen Winter kann die Photosynthese mit dem Stoffwechsel der Pflanzen nicht mehr mithalten: Die Pflanzen sterben ab.

All dies ist vor 66 Millionen Jahren schon einmal passiert, nachdem ein Asteroid auf der Erde einschlug und das Sonnenlicht für lange Zeit blockierte. »70 Prozent der Arten auf der Erde (soweit wir von ihnen wissen) starben aus, darunter sämtliche Saurierarten«, so Toon. »Sie sind entweder verhungert oder erfroren.«[604] Er fügt hinzu, dass »die Folgen eines Atomkriegs in vielen Phänomenen dem ähneln würden, was die Dinosaurier erlebt haben«. Pflanzen brauchen Sonnenenergie, um auszutreiben und Früchte zu tragen. Pflanzenfresser verzehren die Pflanzen, Fleischfresser ernähren sich von Pflanzenfressern und anderen Fleischfressern. Alles auf der Erde lebt und stirbt, bricht zusammen, verwest und lässt neuen Erdboden entstehen, in dem neue Lebewesen wachsen. Das ist die Nahrungskette. Und sie existiert nicht mehr.

Nach dem nuklearen Winter bricht die Nahrungskette zusammen.

Nichts wächst mehr in der Kälte und Dunkelheit.

In unserem Szenario wird die gesamte Erde bis auf kleine Bereiche der Südhalbkugel (darunter Australien, Neuseeland, Argentinien und Teile von Paraguay) von einer flächendeckenden Hungersnot betroffen.[605]

Die Schlüsse, die in einem Beitrag für das Onlinejournal *Nature Food* 2022 von zehn Wissenschaftlern aus vier Kontinenten gezogen wurden, lauten kurz und bündig: »Mehr als fünf Milliarden Menschen könnten durch einen [Atom-]Krieg zwischen den USA und Russland den Tod finden.«[606]

■

Es dauert viele Monate, bis Kälte und Dunkelheit allmählich nachlassen. Die heftigen Auswirkungen des radioaktiven Nebels und Dunstes schwächen sich ab. Der giftige Smog verzieht sich. Sonnenlicht scheint wieder auf die Erde. Und mit dem Sonnenlicht folgt die nächste tödliche Auswirkung des Atomkriegs.[607]

Denn die wärmenden Sonnenstrahlen haben sich in mörderische UV-Strahlen verwandelt.[608]

Millionen Jahre lang hat die Ozonschicht wie ein sanfter Schild alle Lebewesen vor der schädlichen ultravioletten Strahlung der Sonne geschützt.[609] Doch das ist seit dem Ende des Atomkriegs vorbei. Die Explosionen der Atombomben und die nachfolgenden Feuerstürme haben ungeheure Mengen von Stickoxiden in die Stratosphäre entlassen und damit mehr als die Hälfte der Ozonschicht zerstört. Eine computergestützte Studie aus dem Jahr 2021 mit dem Titel »Extreme Ozone Loss Following Nuclear War« (Extremer Ozonverlust nach einem Atomkrieg), die von der halbstaatlichen amerikanischen National Science Foundation durchgeführt wurde, kam zu dem Ergebnis, dass das Ozon 15 Jahre nach einem Atomkrieg 75 Prozent seiner abschirmenden Wirkung verloren haben wird.[610]

Die Überlebenden müssen sich unter die Erde zurückziehen. Dort ist es feucht und dunkel, die Räume sind von Spinnen und Insekten bevölkert, nicht zuletzt von blutsaugenden Läusen.

Über der Erde, wo die Sonne wieder zu scheinen beginnt, sieht es genauso schlimm aus wie im Untergrund. In der neu erwachten Frühlingssonne beginnt das große Tauen. Und dabei tauen auch Millionen gefrorener Leichen auf, die jetzt im ungefilterten Sonnenschein verwesen. Auf Kälte und Hunger folgen grelles Sonnenlicht, Krankheitserreger und Seuchen.

Insekten schwärmen aus. Das warme Wetter nach dem nuklearen Winter schafft den Nährboden für Krankheiten. Eine Studie des United Nations Scientific Committee über die Auswirkungen radioaktiver Strahlung hat festgestellt, dass Insekten aufgrund ihrer Physiologie und ihrer kurzen Lebenszyklen wesentlich weniger empfindlich darauf reagieren als Wirbeltiere. Überall finden sich Horden fliegender und vielbeiniger Krabbeltiere, und sie vermehren sich. Viele natürliche Feinde dieser Insekten, beispielsweise die Vögel, sind durch die Dunkelheit und Kälte nahezu ausgestorben. Und so führt die Wiederkehr der wärmenden Sonnenstrahlen zu massiven Ausbrüchen und Epidemien von Krankheiten, die durch Insekten übertragen werden.[611] Krankheiten wie Enzephalitis und Fleckfieber.

Eine riesige evolutionäre Verschiebung vollzieht sich.

Wie damals, als die Dinosaurier ausstarben.

In der Welt nach einem Atomkrieg gedeihen die winzigen, sich schnell reproduzierenden Spezies, während die Großtiere – einschließlich des Menschen – am Rande der Auslöschung dahintaumeln.

Sodass sich die Frage stellt: Werden die Atomwaffen das Ende jener Spezies bewirken, die die Atomwaffen erfand?[612]

Nur die Zeit wird erweisen, ob wir Menschen überleben.

24 000 JAHRE SPÄTER

Auf dem nordamerikanischen Kontinent

Jahre vergehen. Hunderte von Jahren. Tausende von Jahren.

Die Fähigkeit der Erde, Leben zu erhalten, die zunächst stark reduziert war, gewinnt wieder an Kraft und verjüngt sich. Die Temperaturen kehren auf das Niveau vor dem Krieg zurück.[613] Neue Arten entwickeln sich und gedeihen.

So vieles ist zerstört worden, aber dem Planeten Erde gelingt es immer wieder, sich zu erholen und zu reparieren. Jedenfalls bisher. Der Erdboden regeneriert sich, ebenso wie die Wasserqualität. Die UV-Strahlen, die die menschlichen Überlebenden des Atomkriegs zu einem Leben unter der Erde verurteilten, sind wieder sanfter und lebensfördernd geworden.

Wenn die Menschheit tatsächlich überlebt, wie kann sie neu anfangen? Und wird es unter diesen zukünftigen Menschen Archäologen geben? Werden sie jemals erfahren, dass es uns alle gegeben hat?

10 000 Jahre. 20 000.

24 000 Jahre vergehen.

Etwa zweimal so viele Jahre, wie die Menschheit gebraucht hat, um sich von den Jägern und Sammlern der Frühzeit bis heute zu entwickeln. Die giftige Strahlung des atomaren Dritten Weltkriegs hat sich auf natürliche Weise abgebaut.

Werden die Menschen der Zukunft irgendwelche Spuren von uns entdecken? Von den Gesellschaften, die wir aufgebaut, weiterentwickelt und zum Blühen gebracht haben?[614]

Wenn es eine solche Entdeckung gibt, dann vielleicht so wie in der Geschichte des deutschen Archäologen Klaus Schmidt und des jungen Studenten Michael Morsch.

Eines Tages im Oktober 1994 machte Schmidt in einer entlegenen Ecke der Türkei eine Entdeckung, die dafür sorgte, dass die Zeitleiste der Zivilisation neu geschrieben und um Tausende Jahre nach hinten verlängert werden musste. Die Geschichte dieser Entdeckung birgt viele Rätsel und Geheimnisse. Aber der Ort existiert als Meta-

Göbekli Tepe, eine jungsteinzeitliche Siedlung in der Türkei, wurde von Archäologen wiederentdeckt, nachdem sie fast 12 000 Jahre lang im Erdboden vergraben gewesen war.
(Foto: Dr. Oliver Dietrich)

pher für alle zivilisierten Menschen. Für alles, was wir über unsere gemeinsame Zukunft und Vergangenheit wissen, und gleichzeitig für alles, was wir nicht wissen.

Klaus Schmidt war vertraut mit dem Gebiet, weil er zu dieser Zeit an einer archäologischen Grabung in der Nähe arbeitete. Eine Geschichte, die er in den Dörfern rund um die nahe gelegene Stadt Sanliurfa gehört hatte, machte ihn neugierig. Es hieß, es gebe in einem Tal in der Nähe einen Hügel, wo man jede Menge Feuersteine finden könne, die aus der Erde ragten.

Feuerstein, ein Sedimentgestein, wurde von den frühen Menschen der Steinzeit benutzt, um Werkzeuge herzustellen und Feuer zu machen.

Schmidt fragte in den Dörfern herum, um jemanden zu finden, der diesen Ort näher kannte, den Jahrzehnte zuvor ein amerikanischer Archäologe namens Peter Benedict offenbar auch irrtümlich mit einem mittelalterlichen Friedhof in Verbindung gebracht hatte.

Da diese Einschätzung eingehendere Forschungen ausschloss, geriet der Ort in Vergessenheit.

Doch ein älterer Mann in Örencik Koy, Savak Yildiz mit Namen, sagte zu Schmidt, ja, er kenne diesen Ort.[615] Die Einheimischen nannten ihn Göbekli Tepe Ziyaret, den »Pilgerort auf dem dickbäuchigen Hügel«. Yildiz erklärte Schmidt, um den Ort zu finden, müsse man nach einem einzeln stehenden Baum an der höchsten Stelle eines Hügels Ausschau halten. Und weil dieser Baum das Einzige war, was auf einer ansonsten öden großen Fläche wuchs, schrieb man ihm Zauberkräfte zu.

Die Leute nannten ihn den Wunschbaum und pilgerten dorthin, erzählte Yildiz, »um ihre wichtigen Wünsche den Ästen des Baumes und damit dem Wind zu übergeben«. In seinem Buch *Sie bauten die ersten Tempel: Das rätselhafte Heiligtum der Steinzeitjäger* (2006) erinnert sich Schmidt, wie Yildiz ihm einen Taxifahrer vermittelte, der ihn zu diesem mysteriösen Ort brachte. Ein einheimischer Teenager diente als Guide. Begleiter von Schmidt auf dieser Reise war der damalige Archäologiestudent Michael Morsch.

Morsch berichtet uns im Interview, dass das Gebiet außerhalb der quirligen Stadt Sanliurfa weit gestrecktes Ödland war. »Hunderte Quadratkilometer rotbraune Erde, gespickt mit Steinen und trockenen Grasflecken«, erinnert er sich.[616] Es schien, als könnte hier kaum Leben gedeihen. Als hätten hier noch nie Menschen gelebt.

Nach 13 Kilometer Fahrt endete die Straße. Die Gruppe stieg aus dem Taxi und wanderte einen Ziegenpfad entlang zu dem Ort, auf den sich die Gerüchte beziehen sollten.

»Wir bewegten uns durch eine bizarre Landschaft aus schwarzgrauen Felsblöcken, die immer wieder [kleine] Barrieren bildeten«, schrieb Schmidt, »und uns zwangen, nach links und rechts auszuweichen.«[617] Der Zickzackkurs wirkte wie ein knöchelhohes Labyrinth aus Naturstein. Schließlich erreichten sie das Ende des seltsamen Gebiets, das sich zu einer weiten Ebene öffnete, die man kilometerweit überblicken konnte – bis zum Horizont.

Der Wunschbaum von Göbekli Tepe 2007.
Heute ist dieser Ort eine UNESCO-Welterbestätte.
(Foto: Dr. Oliver Dietrich)

Bei dem Anblick war Schmidt enttäuscht. »Nirgendwo auch nur die kleinste archäologische Spur, nur ein paar Schaf- und Ziegenherden, die jeden Tag auf diese kargen Weiden geführt wurden«, klagt er in seinen Aufzeichnungen.

Dann sah er den Baum.

»Es war fast wie ein Postkartenbild«, schreibt Schmidt. Der Wunschbaum, einsam »auf dem höchsten Punkt des Hügels gelegen, markierte ganz offensichtlich einen Ziyaret«.

Natürlich!, dachte auch Morsch. Ein Wallfahrtsort.

»Wir hatten Göbekli Tepe gefunden«, erinnert er sich im Interview an diesen Moment.

Doch worum handelte es sich? Das fragte sich Schmidt mit dem Blick des Wissenschaftlers. »Welche Naturkräfte konnten diesen Erdhaufen am höchsten Punkt eines Bergrückens aus Kalkstein erschaffen haben?«

Anders gefragt: Was – oder wer – hatte den Hügel aufgeworfen?

Ein Geologe hätte vermutet, der Hügel sei durch Bewegungen der Kontinentalplatten entstanden. Religiöse Menschen hätten ihren

Gott ins Spiel gebracht. Doch Schmidt war Archäologe, und er erkannte sofort, dass das, was er da sah, Menschenwerk war. Ein Tell.

Ein Tell ist eine künstliche Erhebung in der Topografie, bestehend aus dem Material, das Generationen von Menschen hinterlassen haben, die dort einmal gelebt haben. Schmidt spürte, wie seine Aufregung wuchs. Und tatsächlich zeigte sich, dass er die Überreste einer verlorenen Zivilisation gefunden hatte. Verloren seit fast 12 000 Jahren. Doch mehr noch: Klaus Schmidt hatte etwas entdeckt, was unsere heutige Definition von Zivilisation verändern sollte.[618] Unsere Vorstellung davon, wie das sehr menschliche Konzept wissenschaftlicher und technologischer Systeme einmal entstanden ist.

Schmidt und ein Team von Archäologen machten sich daran, den Hügel auszugraben. Sie entdeckten Tonscherben und Steinmauern. Sie entdeckten aber auch riesige Blöcke, die aus einem Steinbruch stammten und mit eingeritzten Abbildungen von Wildtieren – darunter Füchse, Geier und Kraniche – versehen waren. Sie entdeckten gigantische, an die sieben Meter hohe T-förmige Säulen, die noch aufrecht standen. Doch ihr wichtigster Fund war ein weit gestrecktes System aus Räumen, Hallen und Auditorien, die einmal unter freiem Himmel gelegen hatten. Räume mit Bänken und Altären, sorgfältig aus demselben Stein gehauen, der auf rätselhafte Weise von einem viele Kilometer entfernten Steinbruch an diesen Ort transportiert worden war.

Bis zu diesem Fund war die Wissenschaft davon ausgegangen, dass Zivilisation, Wissenschaft und Technologie Ergebnisse der Wende zur Landwirtschaft gewesen seien. Ergebnisse des Ackerbaus. Diese Theorie besagte, dass, erst nachdem die Menschen gelernt hätten, Pflanzen und Tiere zu domestizieren und zu züchten, sie von den nomadischen Jägern und Sammlern zur Zivilisation übergegangen seien. Erst danach hätten sie angefangen, Gemeinschaften und Gesellschaften zu bilden und komplexe materielle Systeme zu erdenken und zu erschaffen.

Göbekli Tepe warf diese lange unumstrittene Vorstellung über den Haufen.

Denn dieser Ort war von prähistorischen Architekten, Baumeistern und Ingenieuren erdacht und errichtet worden. Architekten, die lebten, bevor es Landwirtschaft und Ackerbau gab. Angehörige einer Jäger-und-Sammler-Kultur hatten auf einer wissenschaftlichen Grundlage das Projekt erträumt, das wir heute Göbekli Tepe nennen. Sie hatten Arbeitsgruppen organisiert, die das ausführten, was sie sich sorgfältig und systematisch ausgedacht hatten. Diese Jäger und Sammler verfügten über ein komplexes System aus zahlreichen Subsystemen. Über ein elegantes Verständnis der Anlage von Systemen, von hierarchischen Kommando- und Kontrollstrukturen.

Bis Anfang 2024 sind in Göbekli Tepe keinerlei Wohngebäude gefunden worden. Keine Friedhöfe, keine menschlichen Knochen. Das heißt, die Menschen haben hier offenbar nicht gelebt, sondern sich versammelt. Über Jahrhunderte, vielleicht sogar Jahrtausende hinweg.

Warum? Wir wissen es nicht. Zu welchem Zweck? Wir wissen es nicht.

Und was noch mysteriöser ist: Die archäologischen Funde legen die Vermutung nahe, dass es irgendwann vor Tausenden Jahren in Göbekli Tepe zu einer Katastrophe unbekannter Art kam, die sich in relativ kurzer Zeit ereignete. Und es war keine Naturkatastrophe, also kein Erdbeben, kein Meteoriteneinschlag, keine Überschwemmung. Stattdessen wurde der gesamte Ort ganz plötzlich aufgegeben. Aus, Schluss. Verlassen. Mit Erde und Steinen aufgefüllt.

Ob das absichtlich geschah oder durch ein Unglück, ist noch Gegenstand der Forschung. Die Ausgrabungen gehen weiter, das Geheimnis bleibt. Seit jenem rätselhaften Moment in der fernen Vergangenheit lag Göbekli Tepe da wie eine vergrabene Zeitkapsel. Tausende Jahre unter der Erde verborgen.

Was geschah in Göbekli Tepe? Was führte dazu, dass diese Menschen so plötzlich ihr Ende fanden?

Michael Morsch kann auf diese Fragen keine Antworten geben. »Wir können sagen, was sie aßen«, erklärt er und verweist auf die erstaunlichen Möglichkeiten des heutigen Menschen, Pflanzen-DNA aus Feuerstellen und Gruben zu isolieren, die vor 12 000 Jahren benutzt wurden.[619] »Wir können sagen, welche Tiere sie jagten. Aber wir können nicht sagen, was sie dachten. Oder was ihnen widerfahren ist.«

So könnte es auch uns ergehen, Tausende Jahre nach einem weltweiten Atomkrieg. Zukünftige Menschen könnten die Überreste unserer heutigen Zivilisation finden und sich fragen: *Warum wurde all das aufgegeben? Was ist mit diesen Menschen passiert?*

Zu Beginn des Atomzeitalters wurde Albert Einstein einmal gefragt, was er über den Atomkrieg denke. Er soll darauf geantwortet haben: »Ich bin nicht sicher, mit welchen Waffen der dritte Weltkrieg ausgetragen wird, aber im vierten werden die Menschen mit Stöcken und Steinen kämpfen.«

Die Menschen der Steinzeit führten ihre Kriege mit Steinen, die an Stöcke (oder Speere) montiert waren. Die Steinzeit – jene lange prähistorische Periode, die mehrere Millionen Jahre andauerte und in der die Menschen Werkzeuge aus Stein benutzten – endete vor ungefähr 12 000 Jahren, also etwa zu der Zeit, als die Jäger und Sammler vermutlich Göbekli Tepe erbaut haben.

Albert Einstein fürchtete, die Atomwaffen könnten – und würden – das Ende jener fortgeschrittenen Zivilisation herbeiführen, die die Menschheit in den letzten 12 000 Jahren erschaffen hat. Er fürchtete, die Menschen könnten wieder zu Jägern und Sammlern werden, und das nur, weil zivilisierte Menschen eine schreckliche Waffe erfunden haben, um damit Krieg gegen ihre ebenso zivilisierten Mitmenschen zu führen.

Genau davon erzählt die Geschichte in diesem Buch, die Sie gelesen haben. Eine Geschichte darüber, wie 12 000 Jahre Zivilisation binnen weniger Minuten und Stunden zu Schutt und Asche werden. Denn dies ist die Realität des Atomkriegs. Solange der Atomkrieg auch nur als Möglichkeit existiert, bedroht er die Menschheit mit der Apokalypse. Das Überleben der Spezies Mensch hängt an einem seidenen Faden.

Carl Sagan hat uns gewarnt: Die Überlebenden eines weltweiten Atomkriegs und des nachfolgenden nuklearen Winters würden eine wilde Welt vorfinden, die niemand von uns in irgendeiner Weise wiedererkennen könnte. Abgesehen von ein paar Stämmen am Amazonas oder militärisch ausgebildeten Preppern besitzt niemand, der heute lebt, die Überlebenstechniken der frühen Jäger und Sammler. Nach einem Atomkrieg würden selbst die tapfersten Überlebenden größte Schwierigkeiten haben, sich in einer radioaktiven Welt zurechtzufinden. Sie wären unterernährt, von Krankheiten heimgesucht, müssten größtenteils unter der Erde leben und mit Kälte und Dunkelheit zurechtkommen. »Die Kopfzahl des *Homo sapiens* würde vermutlich auf prähistorisches Niveau oder noch niedriger zurückgehen«, schrieb Sagan.[620]

Kleine Gruppen von Menschen würden Inzucht betreiben, um zu überleben, und dabei Nachkommen mit Gendefekten (darunter vor allem Blindheit) zur Welt bringen. Alles, was die Menschheit gelernt hat, alles, was uns von unseren Vorfahren weitergegeben wurde, würde zum Mythos.

Irgendwann würde nach einem Atomkrieg das gesamte gegenwärtige Wissen der Menschheit verschwinden. Auch das Wissen darüber, dass der Feind nicht Nordkorea hieß, Russland, Amerika, China, Iran oder sonst eine Nation oder Gruppe, die heute von irgendjemandem zum Feind erklärt wird.

Der wahre Feind für uns alle waren die Atomwaffen.

Immer schon.[621]

DANK

Atomkrieg ist Wahnsinn. Alle, die ich für dieses Buch interviewte, wissen das. Jeder und jede Einzelne. Sämtliche Prämissen für den Einsatz von Atomwaffen sind Wahnsinn. Irrational. Selbst Thomas Schelling, der Atomkriegsguru des US-Verteidigungsministeriums, weiß das. »Der Atomkrieg setzt seiner ganzen Natur nach keine rational denkenden Menschen voraus«, hat Schelling gesagt. »Das kann gar nicht sein. Welcher geistig gesunde Mensch wäre bereit, Hunderte Millionen Menschen zu töten, die Erde zu zerstören und das Ende der modernen Zivilisation herbeizuführen, nur um sicherzustellen, dass jemand anderer, den er als Feind bezeichnet, nicht zuerst triumphiert?«

Passenderweise muss ich zunächst einigen Toten danken. Alfred O'Donnell (1922–2015) hat mich sehr viel über Atombomben gelehrt. In unseren Interviews, die wir über einen Zeitraum von viereinhalb Jahren führten, hat er Informationen mit mir geteilt, die nicht nur außergewöhnlich, sondern einzigartig waren. Als Mitglied des vierköpfigen Bewaffnungsteams (das bei allen Atomwaffentests für die letzte Überprüfung sämtlicher Verbindungen zuständig war) hat O'Donnell für EG&G etwa 186 amerikanische Atomwaffen – atmosphärische, unterseeische und im Weltraum stationierte – verdrahtet, bewaffnet und/oder abgefeuert, darunter auch die, die bei der Operation Crossroads zum Einsatz kamen. Kollegen nannten O'Donnell »The Triggerman« – den Mann mit dem Finger am Abzug.

Ralph »Jim« Freedman (1927–2018), auch er bei EG&G, hat Tausende Atomwaffentests auf dem Testgelände in Nevada und auf den Marshall Islands fotografiert und gefilmt. In meinem Buch *The Pentagon's Brain* habe ich seinen Augenzeugenbericht von der Detonation der 15-Megatonnen-Bombe Castle Bravo wiedergegeben.

Dr. Albert D. Bud Wheelon (1929–2013) hat mir Geschichten aus seiner legendären Karriere mit vielen »ersten Malen« erzählt. Er war an der Entwicklung der ersten amerikanischen Interkontinentalrakete (der Atlas) beteiligt, hat den ersten Spionagesatelliten der USA (Deckname Corona) mit gebaut, und er war der erste Leiter des Directorate of Science and Technology (DS&T) der CIA. Außerdem war er »Bürgermeister von Area 51« (seine Worte). Sein Lebenswerk war der Verhütung eines Dritten Weltkriegs gewidmet, so Wheelon im Interview mit mir.

Colonel Hervey S. Stockman (1922–2011) hat ein außergewöhnliches Leben geführt. Im Zweiten Weltkrieg kämpfte er gegen die Nazis und flog 68 Einsätze auf einer P-51 Mustang. Er war der erste Mann, der mit einem Spionageflugzeug vom Typ U-2 über die Sowjetunion flog. Er hat die megatonnengroßen Wolken nach den Tests mit Wasserstoffbomben auf den Marshall Islands durchflogen, um die Radioaktivität zu messen. Und er flog auch noch im Vietnamkrieg zahlreiche Einsätze, bis er beschossen wurde, abstürzte, gefangen genommen, gefoltert und fast sechs Jahre als Kriegsgefangener eingesperrt wurde. Nachdem er im März 1973 aus der Kriegsgefangenschaft entlassen worden war, bestand Hervey darauf, bei Ordensverleihungen seine Gefangenenuniform zu tragen, sehr zum Missfallen des Pentagons. »Irgendwann haben sie mich nicht mehr eingeladen«, sagte er zu mir. »Sie wollten Kriegshelden, keine ehemaligen Gefangenen.«

Charles H. Townes (1915–2015), der 1964 den Nobelpreis für Physik erhielt, hat mein Denken zutiefst geprägt (darüber habe ich in meinem Buch *Phenomena* geschrieben). Die Vorstellung, dass Technologie immer zwei Seiten hat – sie kann hilfreich, aber auch schädlich sein –, ist ein Paradox. Townes' Erfindung, der Laser, hat der

Menschheit so viel Nutzen gebracht, von der Medizintechnik bis hin zum Laserdrucker. Doch das geheime Programm des Pentagons zur Entwicklung von Laserwaffen setzt eben auch eine neue Form des Wettrüstens in Gang.

Der Geophysiker und Ozeanograf Dr. Walter Munk (1917–2019) arbeitete für die US-Marine im Bereich U-Boot-Abwehr und Meeresakustik. Er berichtete mir großzügig von den ozeanografischen Experimenten, die er während der Atombombentests im Pazifik durchführte. Er hat Präsidenten beraten, war Sekretär am Lehrstuhl für Navy Research in Oceanography und hat unser Verständnis vom Meer revolutioniert. Kollegen nannten ihn den »Einstein des Ozeans«.

Edward Lovick, Jr. (1919–2017), Ahnherr der Tarnkappentechnik und langjähriger Mitarbeiter bei Lockheed Skunk Works, hat mich durch zahlreiche Interviews im Verlauf von zehn Jahren vieles gelehrt. Sein Verständnis von wissenschaftlichen Enthüllungen ist unvergleichlich. So erklärte er mir, er habe das lange Zeit drängende Problem der Tarnkappentechnologie durch einen glücklichen Zufall gelöst – als er seinem Kind die Windeln wechselte. Sein »Heureka-Moment« kam mit der Erkenntnis, dass das Geheimnis der Tarnkappe in der Absorption liegt.

Paul S. Kozemchak (1948–2017), der dienstälteste DARPA-Mitarbeiter aller Zeiten, erzählte mir anlässlich eines Interviews im Jahr 2014 eine schockierende Geschichte, die die Saat für das vorliegende Buch legte. »Raten Sie mal, wie viele Atomraketen während der Kubakrise detoniert sind«, forderte er mich auf und fügte dann hinzu: »Und ich sage Ihnen gleich, die Antwort lautet nicht ›keine‹, sondern ›mehrere‹. Genauer gesagt, vier.« Zwei amerikanische (am 20. und 26. Oktober 1962) und zwei sowjetische (am 22. und 28. Oktober 1962), alle im Weltall. Dabei war es klar, dass man das Schicksal mutwillig herausforderte, wenn man ausgerechnet in einer DEFCON-2-Situation Atomwaffentests durchführte.

Marvin L. »Murph« Goldberger (1922–2014), Mitbegründer des Jason Advisory Panel, entwickelte zahlreiche Waffensysteme für das

Pentagon. Er hat sein riesiges Wissen über Sensorentechnik und ihre Rolle bei der Steuerung und Kontrolle mit mir geteilt. Und er sprach mit mir auch über sein Bedauern, als er bemerkte, heute würde er sich wünschen, er hätte mehr Zeit mit Wissenschaft um der Wissenschaft willen verbracht und nicht mit Wissenschaft für den Krieg. »Am Ende des Lebens denkt man über solche Sachen nach«, sagte er.

Dr. Jay W. Forrester (1918–2016), ein Pionier der Rechentechnik und Vater der Systemdynamik, brachte mir ein grundlegendes Konzept nahe, das die gesamte nukleare Steuerung und Kontrolle bestimmt: Es handelt sich um ein System von Subsystemen. Eine riesige Maschine, die aus vielen sich bewegenden Teilen besteht. Wenn man das weiß und sich gleichzeitig klarmacht, dass alle Maschinen irgendwann kaputtgehen, ist das ein erschreckender Gedanke.

Es braucht enorm viel Hilfe, um für ein Buch zu recherchieren, Aufzeichnungen zu machen, es zu schreiben und zu veröffentlichen. Es braucht den Einfallsreichtum und die Großzügigkeit vieler Menschen und außerdem harte Arbeit von der guten altmodischen Sorte. Einigen Menschen würde ich gern einzeln danken: John Parsley, Steve Younger, Sloan Harris, Matthew Snyder, Tiffany Ward, Alan Rautbort, Frank Morse, Jake Smith-Bosanquet, Sarah Thegeby, Stephanie Cooper, Nicole Jarvis und Ella Kurki, Jason Booher. Danke, Claire Sullivan, Production Editor, und Rob Sternitzky, Redakteur, für den scharfen Blick bis zuletzt.

Ich konnte viele Quellen im Hintergrund – oder noch weiter hinten – nutzen. Einige Kontakte liegen schon zehn oder zwölf Jahre zurück. Ich danke euch. Und ich danke all jenen ganz besonders, die so kühn und mutig waren, mir Interviews zu geben und sich in diesem Buch zitieren zu lassen. Großer Dank geht an Glen McDuff und Ted Postol, die frühe (chaotische) Entwurfsfassungen des Manuskripts gelesen haben und mich auf Punkte hinwiesen, an denen ich noch tiefer schürfen und Dinge genauer ansehen müsste. Vielen Dank an Jon Wolfsthal und Lt. Gen. a. D. Charles Moore für das

Lesen von Korrekturfahnen mit der seltenen Präzision, die von Jahrzehnten im Dienste der Nation herrührt. Danke an Hans Kristensen für das Lesen und Prüfen der Zahlen von nuklearen Sprengköpfen und Waffensystemen mit mit einer Sachkenntnis (und einem Maß an Geduld), das unübertroffen zu sein scheint. Ben Kalin hat Großartiges beim Faktencheck geleistet. Ich danke John Tyler Moore vom Archiv des Los Alamos National Laboratory, Max Howell, Manuskript-Archivar der Niels Bohr Library and Archives und allen in der Verwaltung der National Archives and Records, die mir über die Jahre hin geholfen haben – ganz besonders Richard Peuser, David Fort und Tom Mills. Danke, Cynthia Lazaroff für ihr Verständnis von nuklearen Gefahren und Julia Grinberg und Nathan Sokolovsky für ihre Hilfe mit den Übersetzungen aus dem Russischen. Ich möchte Shane Salerno von der Agentur *The Story Factory* danken, die mir die Idee für dieses Buch nahegebracht und mit mir an dem Manuskript gearbeitet hat. Ein Dankeschön geht auch an die Archäologen Dr. Oliver Dietrich und Dr. Jens Notroff, die jahrelang in Göbekli Tepe gearbeitet haben und ihre Erkenntnisse über diesen bemerkenswerten, mysteriösen Ort mit mir teilten.

Wenn man irgendetwas schaffen will, wofür sich der Aufwand lohnt, dann braucht es ein ganzes Dorf dafür. Mein Dorf umfasst: Tom Soininen (von dem ich den Talking Stick geerbt habe), Alice Soininen (ich vermisse dich, Mom), Julie Soininen Elkins, John Soininen, Kathleen und Geoffrey Silver, Rio und Frank Morse, Kirston Mann, Ellen Collett, Nancie Claire und Judith Edelman. Und selbstverständlich geschieht nichts, was ich tue, ohne die genialen und unendlich inspirierenden Ideen, die mir Kevin, Finley und Jett eingeben. Ihr seid meine besten Freunde, Jungs!

BÜCHER

Blair, Bruce G.: *The Logic of Accidental Nuclear War*. Washington, D.C.: Brookings Institution Press, 1993.

Bracken, Paul: *The Second Nuclear Age: Strategy, Danger, and the New Power Politics*. New York: Macmillan, 2012.

Clark, John R. K.: *Beaches of O'ahu*. Honolulu: University of Hawaii Press, 2004.

Clarke, Richard: *Against All Enemies: Inside America's War on Terror*. New York: Free Press, 2004.

Eden, Lynn: *Whole World on Fire: Organizations, Knowledge, and Nuclear Weapons Devastation*. Ithaca, NY: Cornell University Press, 2004.

Ehrlich, Paul R., et al.: *The Cold and the Dark: The World after Nuclear War*. London: Sidgwick & Jackson, 1985 [deutsche Ausgabe: *Die nukleare Nacht. Die langfristigen klimatischen und biologischen Auswirkungen von Atomkriegen*. Übs. Hainer Kober. Köln: Kiepenheuer & Witsch, 1985].

Ellsberg, Daniel: *The Doomsday Machine: Confessions of a Nuclear War Planner*. New York: Bloomsbury, 2017.

Glasstone, Samuel & Philip J. Dolan, eds.: *The Effects of Nuclear Weapons*, 3rd ed. Washington, DC: Department of Defense and Department of Energy [formerly the Atomic Energy Commission], 1977.

Graff, Garrett M.: *Raven Rock: The Story of the U.S. Government's Secret Plan to Save Itself – While the Rest of Us Die*. New York: Simon & Schuster, 2017.

Hachiya, Michihiko: *Hiroshima Diary: The Journal of a Japanese Physician, August 6–September 30, 1945*. Chapel Hill: University of North Carolina Press, 1995 [deutsche Ausgabe: *Hiroshima-Tagebuch. Auf-*

zeichnungen eines japanischen Arztes vom 6. August bis 30. September 1945. Übs. Arno Dohm. Freiburg i. B.: Hyperion-Verlag, 1955].

Harwell, Mark A.: *Nuclear Winter: The Human and Environmental Consequences of Nuclear War.* New York: Springer-Verlag, 1984.

Hersey, John: *Hiroshima.* New York: Alfred A. Knopf, 1946 [deutsche Ausgabe: *Hiroshima.* Übs. Justinian Frisch. Zürich: Diana-Verlag, 1947; zahlreiche Nachdrucke].

Hoffman, David E.: *The Dead Hand: The Untold Story of the Cold War Arms Race and Its Dangerous Legacy.* New York: Doubleday, 2009.

Jacobsen, Annie: Operation Paperclip: The Secret Intelligence Program That Brought Nazi Scientists to America. New York: Little, Brown, 2014.

Jacobsen, Annie: *The Pentagon's Brain: An Uncensored History of DARPA, America's Top Secret Military Research Agency.* New York: Little, Brown, 2015.

Jones, Nate: *Able Archer 83: The Secret History of the NATO Exercise That Almost Triggered Nuclear War.* New York: New Press, 2016.

Kaplan, Fred: *The Wizards of Armageddon.* New York: Simon & Schuster, 1983.

Kearny, Cresson H.: *Nuclear War Survival Skills: Lifesaving Nuclear Facts and Self-Help Instructions.* Washington, D.C.: U.S. Department of Energy, 1979.

Otterbein, Keith F.: *How War Began.* College Station: Texas A&M University Press, 2004.

Perry, William J. & Tom Z. Collina: *The Button: The New Nuclear Arms Race and Presidential Power from Truman to Trump.* Dallas: BenBella Books, 2020.

Podvig, Pavel, Hrsg.: *Russian Strategic Nuclear Forces.* Cambridge, MA: MIT Press, 2001.

Reagan, Ronald: *An American Life: Ronald Reagan.* New York: Simon & Schuster, 1990. [deutsche Ausgabe: Erinnerungen. *Ein amerikanisches Leben.* Übs. Till R. Lohmeyer. Berlin: Propyläen 1990]

Reed, Thomas C.: *At the Abyss: An Insider's History of the Cold War.* New York: Presidio Press, 2005.

Rubel, John H.: *Doomsday Delayed: USAF Strategic Weapons Doctrine and SIOP-62, 1959–1962: Two Cautionary Tales*. Lanham, MD: Hamilton Books, 2008.

Sagan, Carl & Richard Turco: *A Path Where No Man Thought: Nuclear Winter and the End of the Arms Race*. New York: Random House, 1990.

Sakharov, Andrei: *Memoirs*. New York: Alfred A. Knopf, 1990 [deutsche Ausgabe: *Andrej Sacharow: Mein Leben*. Übs. Annelore Nitschke. München: Piper Verlag 1991].

Schelling, Thomas C.: *Arms and Influence*. New Haven, CT: Yale University Press, 1966.

Schlosser, Eric: *Command and Control: Nuclear Weapons, the Damascus Accident, and the Illusion of Safety*. New York: Penguin Press, 2013.

Schmidt, Klaus: *Göbekli Tepe: A Stone Age Sanctuary in South-Eastern Anatolia*. München: C. H. Beck, 2006 [deutsche Ausgabe: *Sie bauten die ersten Tempel: Das rätselhafte Heiligtum am Göbekli Tepe*. München: C. H. Beck 2006 u. ö.].

Schwartz, Seven I., Hrsg.: *Atomic Audit: The Costs and Consequences of U.S. Nuclear Weapons Since 1940*. Washington, DC: Brookings Institution Press, 1998.

Sekimori, Gaynor: *Hibakusha: Survivors of Hiroshima and Nagasaki*. Tokyo: Kosei, 1989.

Shurkin, Joel N. *True Genius: The Life and War of Richard Garwin*. New York: Prometheus Books, 2017.

Yago, Jeffrey. *The ABCs of EMP: A Practical Guide to Both Understand and Surviving an EMP*. Virginia Beach, VA: Dunimis Technology, 2020.

ABKÜRZUNGSVERZEICHNIS

CRS – Congressional Research Service, digital collection
CSIS – Center for Strategic and International Studies, digital collection
DNI – Director of National Intelligence, digital collection
DoD – U.S. Department of Defense
DSOH – U.S. Department of State, Office of the Historian, digital collection
GAO – Government Accountability Office, digital collection
FAS – Federation of American Scientists, digital collection
FEMA – Federal Emergency Management Agency, digital collection
ICAN – The International Campaign to Abolish Nuclear Weapons, digital collection
ICRC – International Committee of the Red Cross, digital collection
IDA – Institute for Defense Analyses, digital collection
LANL – Los Alamos National Laboratory, digital collection
LANL-L – Los Alamos National Laboratory, research library
LM – Lockheed Martin, digital collection
MDA – Missile Defense Agency, digital collection
NARA – National Archives and Records Administration, College Park MD
NASA – National Aeronautics and Space Administration, digital collection

NA-R – National Archives, Ronald Reagan Library, digital collection

NA-T – National Archives, Harry S. Truman Library, digital collection

NAVY – U.S. Navy, digital collection

NOAA – National Oceanic and Atmospheric Administration

NRC – Nuclear Regulatory Commission, digital collection

NRO – National Reconnaissance Office, digital collection

NSA-GWU – National Security Archive, George Washington University, digital collection

OSD – Office of the Secretary of Defense, digital collection

OSTI – Department of Energy, Office of Scientific and Technical Information, digital collection

RTX – Raytheon, digital collection

SIPRI – Stockholm International Peace Research Institute, digital collection

SNL – Sandia National Laboratories, digital collection

STRATCOM – U.S. Strategic Command, digital collection

USSF – U.S. Space Force, digital collection

WH – White House, digital collection

ANMERKUNGEN

1 »Atomic Weapons Requirements Study for 1959 (SM 129 – 56)«, Strategic Air Command, 15.6.1956, (als streng geheim eingestuft, Geheimhaltung im Jahr 2014 aufgehoben) (Autorenkopie); »SIOP Briefing for Nixon Administration», XPDRB-4236–69, National Security Council, Joint Chiefs of Staff (Autorenkopie). Weitere Beispiele folgen.

2 Interview mit Andrew Weber; Siehe auch: Dr. Peter Vincent Pry, »Surprise Attack: ICBMs and the Real Nuclear Threat«, Task Force on National and Homeland Security, 31.10.2020. »Ein Überraschungsangriff ist das wahrscheinlichste Szenario für einen Atomkrieg, aufgrund der Verwundbarkeit der USA, der strategischen Haltung des Gegners und seiner paranoiden strategischen Kultur sowie der strategischen Kultur der USA, die einen Atomkrieg und speziell einen Überraschungsangriff mit Atomwaffen als ›unvorstellbar‹ betrachtet.«

3 »Admiral Charles A. Richard, Commander, U.S. Strategic Command, Holds a Press Briefing«, US-Verteidigungsministerium, Transkript, 22.4.2021. »Wir haben die Wahrscheinlichkeit eines nuklearen Überraschungsangriffs verringert. U-Boote mit ballistischen Raketen, die Reaktionsfähigkeit der interkontinentalen Abschnitte, unsere Haltung, unsere Strategie, unsere Art der Ausführung. Ein Überraschungsangriff ist unwahrscheinlich, weil er voraussichtlich nicht funktionieren wird; richtig.« Das Szenario dieses Buches beginnt dort, wo die Haltung und die Strategie des STRATCOM versagen und der Überraschungsangriff erfolgt.

4 Interview mit Robert Kehler.

5 Die Auswirkungen von Kernwaffen in diesem Szenario stammen aus *The Effects of Nuclear Weapons*, vorbereitet und veröffentlicht vom Verteidigungsministerium und vom Department of Energy (ehemals Atomic Energy Commission), 3. Aufl. 1977, zusammengestellt und herausgegeben von Samuel Glasstone und Philip J. Dolan. Das 653-seitige Buch wird auch bezeichnet als »Department of the Army Pamphlet No. 50 -3«. Meine Autorenkopie, die

ich mir bei einem Rechercheaufenthalt im Los Alamos National Laboratory 2021 beschafft habe, kam mit einem »Nuclear Bomb Effects Computer«, entwickelt durch die Lovelace Biomedical and Environmental Research Institute Inc., der sich in einem Umschlag auf ihrer Rückseite befand. Mit diesem kreisförmigen Rechenschieber kann man selbst Berechnungen über die Auswirkungen von Atombomben anstellen – etwa, bis zu welcher Entfernung von einer Explosion Verbrennungen dritten Grades wahrscheinlich sind, »Hauttransplantation erforderlich«. Die Daten über die schrecklichen Folgen von Atombomben für Menschen und Städte werden berechnet anhand der Auswirkungen der Atombomben, die das US-Militär im August 1945 auf Hiroshima und Nagasaki abgeworfen hat. Diese Daten wurden ursprünglich zusammengetragen durch das Verteidigungsministerium und die Atomenergiekommission in dem Buch *The Effects of Atomic Weapons*, herausgegeben im Jahr 1950, als die Explosivkraft von Atombomben im Bereich von Tausenden Tonnen, d. h. Kilotonnen Sprengstoff lag; diese Waffen waren dafür gedacht, ganze Städte zu zerstören. Mit der Entwicklung der thermonuklearen (Wasserstoff-)Bombe in den 1950er-Jahren wurden es dann Millionen Tonnen, d. h. Megatonnen; diese Waffen sollten ganze Länder zerstören. In späteren Ausgaben des Buches wurden neue Daten aus Atomtests in der Atmosphäre über dem Pazifik und den Vereinigten Staaten einbezogen. Kernwaffen im Allgemeinen und ihre Auswirkungen im Besonderen wurden in vielfältiger Weise erforscht. »Es ist schwierig, die Auswirkungen der Waffen exakt zu messen«, schreibt Glasstone. »Die Ergebnisse sind oft abhängig von Umständen, die selbst unter Versuchsbedingungen kaum oder manchmal unmöglich zu kontrollieren sind, und im Fall eines Angriffs wären sie nicht vorhersagbar.« Das Szenario, das Sie jetzt lesen werden, bezieht also seine Informationen aus den Daten dieses Buchs und auch aus wahrscheinlichen Auswirkungen, die Forscher über Jahrzehnte zusammengetragen haben. Auf ihre Forschungsergebnisse wird oft verwiesen, und viele von ihnen habe ich interviewt. »Zwei Waffen verschiedener Bauart können die gleiche Explosionskraft haben und sich doch in ihren Auswirkungen beträchtlich unterscheiden«, stellt Glasstone fest. Ein aktuelles Beispiel dafür, wie ungenau die Zahlen bezüglich der Atomwaffen waren und auch bleiben, kommt von Richard L. Garwin, dem amerikanischen Physiker, der die erste thermonukleare Waffe der Welt (d. h. The Super) entworfen hat und den ich für dieses Buch viele Male interviewt habe. Diese Waffe, die Ivy Mike genannt wurde, soll eine Sprengkraft von 10,4 Megatonnen gehabt haben. Garwin dagegen beziffert sie mit elf Megatonnen; so sagte er es zu mir (wiederholt, in aufgezeichneten Zoom-Interviews) und auch zu David Zierler im Jahr 2020 in einem Zeitzeugengespräch für das Center for History of Physics des American Institute of Physics (AIP). Das Transkript ist online verfügbar. Ich verwende in meinem Szenario die 10,4 Megatonnen, nicht, weil man Garwin »bestätigen« oder »widerlegen« kann oder muss, sondern weil man mich so gut wie sicher verbessern würde, wenn ich in diesem Buch die elf Megatonnen verwendete. Damit will ich nicht die Bemühungen der wissbegierigen Google-Sucher entwerten, sondern aufzeigen, mit welchen Unsicherheiten unser Wissen über Atomwaffen und ihre Auswirkungen behaftet ist. »Zahlen sollten als Veranschaulichung betrachtet werden, nicht als exakte Werte«, sagt der Atomwaffenhistoriker Alex Wellerstein. Um eine Vorstellung davon zu bekommen, welche Auswirkungen eine in Ihrer Stadt explodierende Atomwaffe wahrscheinlich hätte, empfehle ich einen Besuch auf NUKEMAP (alexwellerstein.com), einer interaktiven Karte, die Wellerstein entworfen und programmiert hat, basierend auf freigegebenen Daten aus dem Buch *The Effects of Atomic Weapons* und Mapbox API. »[Das ist] ein seltener Fall eines Internet-Tools aus dem 21. Jahrhundert für eine kontroverse Technologie, die Menschen mit verschiedenen Meinungen erlaubt, sich zumindest über die grundlegenden technischen Dimensionen des Problems zu verständigen«, sagt er. Für weitere Literatur über die Auswirkungen von Atomwaffen siehe: Harold L. Brode, »Fireball Phenomenology«, The RAND Corporation, 1964; Office of Technology Assessment, *The Effects of Nuclear War*, Mai 1979; Dr. Theodore Postol, »Striving for Armageddon: The U.S. Nuclear Forces Modernization Program, Rising Tensions with Russia, and the Increasing Danger of a World Nuclear Catastrophe Symposium: The Dynamics of Possible Nuclear Extinction«, New York Academy of Medicine, 28.2. bis 1.3.2015; Lynn Eden, *Whole World on Fire: Organizations, Knowledge, and Nuclear Weapons Devastation* (Ithaca, NY: Cornell University Press, 2004), Kap. 1: »Complete Ruin«; Steven Starr, Lynn Eden, Theodore A. Postol, »What Would Happen If an 800-Kiloton Nuclear Warhead Detonated above Midtown Manhattan?«, *Bulletin of the Atomic Scientists*, 25.2.2015.

6 Theodore A. Postol, »Possible Fatalities from Superfires Following Nuclear Attacks in or Near Urban Areas«. Institute of Medicine (US), Steering Committee for the Symposium on the Medical Implications of Nuclear War, Washington DC, 1986.

7 Glasstone und Dolan, *The Effects of Nuclear Weapons*, 276.

8 Ebd., 38; Postol, »Striving for Armageddon«, PowerPoint, Folie 12 (Autorenkopie); Interview mit Theodore »Ted« Postol.

9 Glasstone und Dolan, *The Effects of Nuclear Weapons*, »Characteristics of the Blast Wave in Air«, 80–91.

10 »Nuclear Weapons Blast Effects: Thermal Effects: Ignition Thresholds«, Los Alamos National Laboratory, 9.7.2020. Glasstone und Dolan, *The Effects of Nuclear Weapons*, 277.

11 Eden, *Whole World on Fire*, 25–36.

12 NUKEMAPS, 1 MT Airburst/Ziel – Das Pentagon schätzt etwa 500 000 Todesopfer und eine Million Verletzte. Wenn man davon ausgeht, dass in diesem Szenario ungefähr 2,6 Millionen Menschen in einem Umkreis von ungefähr 40 Kilometern (1psi) leben, von denen die Hälfte Verbrennungen dritten Grades erleidet und Amputationen benötigt, wären das im Ergebnis ein bis zwei Millionen Tote und Sterbende.

13 Eden, *Whole World on Fire*, 17.

14 Toni Sandys, »Photos from the Washington Nationals' 2023 Opening Day«, *Washington Post*, 31.3.2023.

15 Office of Technology Assessment, *The Effects of Nuclear War*, 21. »Eine Explosion mit einer Sprengkraft von einer Megatonne kann in einer Entfernung von bis zu 8 km Verbrennungen dritten Grades verursachen (die das Hautgewebe zerstören). Verbrennungen dritten Grades auf über 24 Prozent oder zweiten Grades auf über 30 Prozent des Körpers bewirken eine schwere Schockreaktion und führen mit großer Wahrscheinlichkeit zum Tod, wenn keine sofortige medizinische Spezialbehandlung verfügbar ist.« Es ist bemerkenswert, wie sich die Schätzungen unterscheiden: »Nuclear Weapons Blast Effects«, Los Alamos National Laboratory, 9.7.2020, 12: Verbrennungen dritten Grades, eine Megatonne, zwölf Kilometer.

16 Kearns RD, Bettencourt AP et al., »Actionable, Revised (v.3), and Amplified American Burn Association Triage Tables for Mass Casualties: A Civilian Defense Guideline«. J Burn Care Res. 2020 Jul 3;41(4): 770–779.

17 Zu Verteidigungsforschern siehe: Office of Technology Assessment, *The Effects of Nuclear War*, Tabelle 2: »Summary of Effects, Immediate deaths« Mai 1979. Zu zivilen Wissenschaftlern siehe: William Daugherty, Barbara Levi und Frank von Hippel, »Casualties Due to the Blast, Heat, and Radioactive Fallout from Various Hypothetical Nuclear Attacks on the United States«, National Academy of Sciences, 1986.

18 »Mortuary Services in Civil Defense«, Technical Manual: TM-11–12, United States Civil Defense, 1956.

19 Besichtigung der Joint Base Anacostia-Bolling durch die Autorin.

20 Glasstone und Dolan, *The Effects of Nuclear Weapons*, 277. Die Wellendauer ist abhängig von der Größe der Bombe.

21 Der Archivar ist Chris Griffith. Im Atomic Archive gibt es Originaltexte, Augenzeugenberichte, seltene Fotos, Videos und Karten zu nuklearen Themen.

22 Interview mit Ted Postol. Siehe auch Starr et al., »What Would Happen If an 800-Kiloton Nuclear Warhead Detonated above Midtown Manhattan?«, *Bulletin of the Atomic Scientists*, 25.2.2015.

23 Glasstone und Dolan, *The Effects of Nuclear Weapons*, 38.

24 »Sandy Storm Surge & Wind Summary«, October 2012 National Climate Report, NOAA. Die Windgeschwindigkeit von 407 km/h wurde am 10. April 1996 auf Barrow Island in Australien gemessen.

25 Glasstone und Dolan, *The Effects of Nuclear Weapons*, 27.

26 Interview mit Ted Postol; Glasstone und Dolan, *The Effects of Nuclear Weapons*, 29, 82, 85.

27 Glasstone und Dolan, *The Effects of Nuclear Weapons*, 28–33, Tabelle 2.12.

28 Ehrlich, Paul R. et al.: *Die nukleare Nacht*, 59 (Köln: Kiepenheuer und Witsch, 1985).

29 Eden, *Whole World on Fire*, 25.

30 Office of Technology Assessment, *The Effects of Nuclear War*, 21.

31 Interview mit Al O'Donnell.

32 Interview mit Craig Fugate.

33 »History of the Joint Strategic Target Planning Staff: Background and Preparation of SIOP-62«, History & Research Division, Headquarters Strategic Air Command, höchste Geheimhaltungsstufe (aufgehoben), 1. DSHO. 600 Millionen Menschen: Ellsberg, *The Doomsday Machine*, 3.

34 Rubel, *Doomsday Delayed*, 23–24.

35 Ebd., 24–30.

36 Ebd., 27.

37 Ebd., 24.

38 Ebd., 25.

39 Ebd., 25.

40 Um mehr darüber zu erfahren, wie SIOP-62 öffentlich bekannt wurde, siehe William Burr (Hrsg.), »The Creation of SIOP-62: More Evidence on the Origins of Overkill«, Briefing Book No. 130, 13.7.2004, NSA-GWU; Kaplan, *The Wizards of Armageddon*, 262–272; Daniel Ellsberg, *The Doomsday Machine*, 2–3.

41 George V. LeRoy, »The Medical Sequelae of the Atomic Bomb Explosion«, *Journal of the American Medical Association* 134, Nr. 14 (August 1947): 1143–1148. McDuff gibt andere Zahlen an: »In Hiroshima 64 500 Tote bis Mitte November. In Nagasaki 39 214 Tote bis Ende November«. A.W. Oughterson

et al., »Medical Effects of Atomic Bombs: The Report of the Joint Commission for the Investigation of Effects of the Atomic Bomb in Japan«, Bd. 1, Army Institute of Pathology, 19.4.1951, 12.

42 Sekimori, *Hibakusha: Survivors of Hiroshima and Nagasaki* (Tokio: Kosei, 1989), 20–39.

43 Setsuko Thurlow, »Vienna Conference on the Humanitarian Impact of Nuclear Weapons‹, 8.12.2014; Zeugenaussage von Setsuko Thurlow »Disarmament and Non-Proliferation: Historical Perspectives and Future Objectives«, Royal Irish Academy, Dublin, 28.3.2014.

44 John Malik, »The Yields of the Hiroshima and Nagasaki Explosions«, LA-8819, UC-34, September 1985, LANL.

45 Als Mitglied des Komitees zur Zielauswahl entschied von Neumann, auf welche japanischen Städte die Atombomben abgeworfen werden sollten. Die Verdienstmedaille, die ihm vom US-Präsidenten verliehen wurde, lobte seinen »Pflichteifer« und seine »anhaltende Begeisterung«.

46 Setsuko Thurlow, »Setsuko Thurlow Remembers The Hiroshima Bombing«, Arms Control Association, Juli/August 2020 (hier und im Folgenden).

47 John Malik, »The Yields of the Hiroshima and Nagasaki Nuclear Explosions«, LA-8819, UC-34, September 1985, 1, LANL. Für Nagasaki werden 21 Kilotonnen angegeben.

48 Setsuko Thurlow, »SetsukoThurlow Remembers The Hiroshima Bombing«, Arms Control Association, Juli/August 2020.

49 Hachiya, *Hiroshima Diary*, 2.

50 Ebd.

51 William Burr (Hrsg.), »The Creation of SIOP-62: More Evidence on the Origins of Overkill«, Briefing Book No. 130, 13.7.2004, NSA-GWU.

52 William Burr, (Hrsg.), »The Atomic Bomb and the End of World War II«, Document 87, Mitschrift eines Telefonats zwischen General Hull und General Seaman – 1325 – 13 Aug 45. Briefing Book No. 716, August 7, 2017, NSA-GWU.

53 Interview mit Glen McDuff (hier und im Folgenden).

54 Interview mit Al O'Donnell, der als Ingenieur von EG&G daran beteiligt war, die Bombe zu verkabeln.

55 »Enclosure ›A.‹ The Evaluation of the Atomic Bomb as a Military Weapon: The Final Report of the Joint Chiefs of Staff Evaluation Board for Operation Crossroads«, Joint Chiefs of Staff, 30.6.1947, 10–14, NA-T.

56 Ebd., 10.

57 Ebd., 13. »Die Vereinigten Staaten haben keine andere Wahl, als das Atomwaffenarsenal zu vergrößern, und zwar in einer solchen Größenordnung

und mit einem solchen Produktionstempo, dass sie in der Lage sind, jeden potenziellen Feind schnell zu überwältigen.«

58 Glen McDuff und Alan Carr, »The Cold War, the Daily News, the Nuclear Stockpile and Bert the Turtle«, LAUR-15–28771, LANL.

59 Ebd., Präsentationsfolie Nr. 100.

60 Anlage A, »The Evaluation of the Atomic Bomb as a Military Weapon: The Final Report of the Joint Chiefs of Staff Evaluation Board for Operation Crossroads«, 30.6.1947, 10, NA-T.

61 »What Happens If Nuclear Weapons Are Used?«, International Campaign to Abolish Nuclear Weapons.

62 Interview mit Richard Garwin (hier und im Folgenden, falls nicht anderes vermerkt)

63 E. Fermi und I.I. Rabi, »The General Advisory Committee Report of October 30, 1949, Minority Annex, An Opinion on the Development of the ›Super‹«, 30.10.1949, DSOH.

64 Als ich Garwin fragte, ob er wünschte, er hätte die Super nie entworfen, antwortete er: »Ich wünschte, sie hätte nicht gebaut werden können. Ich wusste, dass sie gefährlich ist. Ich habe mir eigentlich keine Gedanken darüber gemacht, wie diese Dinger einmal benutzt werden.«

65 »Operation Ivy: 1952«, United States Atmospheric Nuclear Weapons Tests, Nuclear Test Personnel Review, Defense Nuclear Agency, Department of Defense, 1.12.1982, 1. OSTI

66 Ebd., 188.

67 Interview mit McDuff. Präsentationsfolien Nr. 19, 31, 60, LANL.

68 »Size of the U.S. Nuclear Stockpile and Annual Dismantlements (U)«, Classification Bulletin WNP-128, U.S. Department of Energy, 6.5.2010.

69 Strategic Air Command, History, Fact Sheet, STRATCOM.

70 »History of the Joint Strategic Targeting Planning Staff: Background and Preparation of SIOP-62«, NSA 49, Document 1, 28 DSOH.

71 Rubel, *Doomsday Delayed*, 24–27, 62; Ellsberg, *The Doomsday Machine*, 2 f.,6 ff.

72 »Atomic Weapons Requirements Study for 1959 (SM 129 -56)«, Strategic Air Command, 15.6.1956.

73 Interview mit Ted Postol.

74 Rubel, *Doomsday Delayed*, 26.

75 Ebd., 27. Rubel schreibt, »jemand« aus den hinteren Reihen unterbrach mit der Frage: »Was ist, wenn wir nicht mit China im Krieg sind? Was ist, wenn es nur ein Krieg mit den Sowjets ist? Können Sie dann den Plan ändern?« Der General antwortete: »Das können wir, aber ich hoffe, dass es niemand will, weil das den Plan wirklich durcheinanderbringen würde.« Fred

Kaplan ordnet diese Frage Shoup zu. Kaplan, *The Wizards of Armageddon*, 270.

76 Interview mit Fred Kaplan.

77 »Coordinating the Destruction of an Entire People: The Wannsee Conference«, National WWII Museum, 19.1.2021, Autorenkopie

78 Rubel, *Doomsday Delayed*, 27.

79 Hans M. Kristensen und Matt Korda, »Nuclear Notebook: United States Nuclear Weapons, 2023«, *Bulletin of the Atomic Scientists*, 79, Nr. 1 (Januar 2023), 33. Aus dem Originaldokument: mit teilweiser Herabstufung der Geheimhaltung durch Daniel L. Karbler, Major General, U.S. Army, Chief of Staff, U.S. Strategic Command, »USSTRATCOM OPLAN 8010–12 Strategic Deterrence and Force Employment (U)«, 30.7.2012.

80 Hans M. Kristensen und Matt Korda, »Nuclear Notebook: United States Nuclear Weapons, 2023«, *Bulletin of the Atomic Scientists* 79, Nr. 1 (Januar 2023): 28–52. Zusätzlich zu den 1770 Sprengköpfen in Bereitschaft haben die USA 1938 in Reserve und weitere 1536, die ausgemustert wurden und darauf warten, zerlegt zu werden.

81 Hans M. Kristensen, Matt Korda und Eliana Reynolds, »Nuclear Notebook: Russian Nuclear Weapons, 2023«, *Bulletin of the Atomic Scientists* 79, Nr. 3 (Mai 2023): 174–199. Zusätzlich zu den 1674 Sprengköpfen in Bereitschaft hat Russland 2815 strategische und nicht strategische auf Lager und weitere 1400 (größtenteils intakte) ausgemusterte, die darauf warten, zerlegt zu werden. Hans Kristensen stellte in einem Interview klar, dass diese Zahlen schwanken und es unmöglich ist, mit Sicherheit zu sagen, was die Russen in Alarmbereitschaft haben.

82 Katie Rogers und David E. Sanger, »Biden Calls the ›Prospect of Armageddon‹ the Highest Since the Cuban Missile Crisis«, *New York Times*, 6.10.2022.

83 Josh Smith, »Factbox: North Korea's New Hwasong-17 ›Monster Missile‹«, Reuters, 19.11.2022.

84 Tech. Sgt. James Hodgman, »SLD 45 to Support SBIRS GEO-6 Launch, Last Satellite for Infrared Constellation«, Space Force, 3.8.2022.

85 »National Reconnaissance Office, Mission Ground Station Declassification, ›Questions and Answers‹« National Reconnaissance Office [NRO Approved for Release], 15.10.2008 (Autorenkopie).

86 Kein ehemaliger Airforce- und/oder Space-Command-Offizier war bereit, mit mir über diese Einrichtung zu sprechen. Ein Großteil der Open-Source-Informationen stammt von dem ehemaligen CIA-Wissenschaftler Allen Thomson. »Aerospace Data Facility-Colorado/Denver Security Operations Center Buckley AFB, Colorado«, Version vom 28.11.20211, herausgegeben

von der Federation of American Scientists, ist eine Zusammenstellung von freigegebenen Dokumenten und öffentlich zugänglichen Informationen, die 230 Seiten umfasst.

87 »National Reconnaissance Office, Mission Ground Station Declassification, ›Questions and Answers‹«, National Reconnaissance Office [NRO Approved for Release], 15.10.2008, 2. Question to Answer 3, FAS.

88 Interview mit Doug Beason.

89 Interview mit Richard Garwin.

90 »FactSheet: Defense Support Program Satellites«, USSF.

91 »United States Space Command, Presentation to the Senate Armed Services Committee, U.S. Senate«, Statement of General James H. Dickinson, Commander, United States Space Command, 9.3.2023. »Derzeit befinden sich 8225 Satelliten in einer niedrigen Erdumlaufbahn und fast 1000 Satelliten in einem geostationären Orbit (GEO).« Allerdings gibt es jede Menge unterschiedlicher Zahlenangaben. Im April 2022 sprach der Outer Space Objects Index des United Nations Office for Outer Space Affairs (unoosa.org) von 8261 Satelliten, davon 4852 aktiv. Das wäre eine Steigerung von 11,84 Prozent gegenüber dem Vorjahr.

92 Sandra Erwin, »Space Force tries to turn over a new leaf in satellite procurement«, *Space News*, 20.10.2022.

93 »Russia to Keep Notifying U.S. of Ballistic Missile Launches«, *Reuters*, 30.3.2023.

94 Mari Yamaguchi und Hyung-Jin Kim, »North Korea Notifies Neighboring Japan It Plans to Launch Satellite in Coming Days«, *Associated Press*, 29.5.2023.

95 Interview mit Joseph Bermudez Jr., »North Korea does not preannounce military launch tests«.

96 Dieser Bunker wird fast nie fotografiert und nur selten erwähnt. Eine Ausnahme bildet der ehemalige US-Präsident Trump: Nach einem Besuch im Jahr 2019 scherte der damals amtierende Präsident aus dem Protokoll aus und berichtete einiges darüber. Dabei verglich er die nukleare Kommandozentrale des Pentagons mit einem Filmset und beschrieb die Generäle, die dort arbeiten, als »besser aussehend und stärker als Tom Cruise«. Er habe zu ihnen gesagt: »Dies ist der großartigste Raum, den ich je gesehen habe.«

97 Michael Behar, »The Secret World of NORAD«, *Air & Space*, September 2018.

98 »National Military Command Center« (NMCC), FEMA Emergency Management Agency.

99 General Hyten, »Die Bilder, die wir auf dem Monitor sehen, zeigen mir die exakte Position der Rakete, ihre Flughöhe, ihre Geschwindigkeit und den vorhergesagten Einschlagpunkt. All das passiert innerhalb weniger Minu-

ten.« Äußerung im Gespräch mit Barbara Starr, wiedergegeben bei Jamie Crawford: »Exclusive: Inside the Base That Would Oversee a U.S. Nuclear Strike«, *CNN*, 27.3.2018.

100 Zwei Begriffe, die durch Carl von Clausewitz' *Vom Kriege* (1832–34) Eingang in die Militärtheorie fanden (Anm. d. Übers.).

101 Senior Airman Rachel Martinez, »Daedalians receive first-hand account of National Military Command Center on 9/11«, Joint Base McGuire-Dix-Lakehurst, *News*, 9.4.2007.

102 »Fact Sheet: Defense Support Program Satellites«, MDA.

103 NORAD ist eine binationale Einrichtung der USA und Kanadas. Ihre Aufgaben im Bereich von Luft- und Raumfahrt umfassen das Frühwarnsystem, die Kontrolle und den Schutz des gesamten nordamerikanischen Kontinents (einschließlich Puerto Rico, Mexiko und den Bahamas) in Bezug auf Bedrohungen auf dem Landweg, aus der Luft und vom Meer her. NORTHCOM wäre im Fall eines Krieges die wichtigste Verteidigungsinstanz gegen eine Invasion der USA. STRATCOM ist verantwortlich für strategische Abschreckung; Nuclear Command, Control, and Communications (NC3); Operationen in den Bereichen Atomwaffen, IT und Elektromagnetisches Spektrum; Konzeption und Ausarbeitung der Global-Strike-Strategie einschließlich Analyse und Zielfeststellung; Bewertung von Bedrohungen durch Raketen.

104 »Fact Sheet: Long Range Discrimination Radar« (LRDR), Clear Space Force Station (CSFS), Alaska, 23.8.2022, MDA.

105 Zachariah Hughes, »Cutting-edge Space Force radar installed at Clear base«, *Anchorage Daily News*, 6.12.2021. Es gibt auch andere Radarsysteme, deren Fokus auf früher Warnung liegt (wie TACMOR).

106 Interview mit Ted Postol.

107 Michael Behar, »The Secret World of NORAD«, *Air & Space*, September 2018; »Fact Sheet: Cheyenne Mountain Complex«, U.S. Department of Defense (Autorenkopie).

108 Interviews mit William Perry (auch im Weiteren, wenn nicht anders angegeben).

109 Randy Roughton, »Beyond the Blast Doors«, *Airman*, 22.4.2016.

110 N.B.: Die Zahlen variieren, eine Megatonne ist aber gebräuchlich. In Behars offiziellem, auf einem Besuch basierenden Artikel aus dem Jahr 2018 wird der Bunker als »in der Lage, dem Einschlag eines 30-Kilotonnen-Atomsprengkopfs zu widerstehen«, bezeichnet.

111 »US Strategic Command's new $1.3B facility opening soon at Offutt Air Force Base«, *Associated Press*, 28.1.2019.

112 Jamie Crawford und Barbara Starr, »Exclusive: Inside the Base That Would Oversee a U.S. Nuclear Strike«, CNN, 27.3.2018.

113 Erklärung von Charles A. Richard, Commander, United States Strategic Command, vor dem Armed Services Committee des Repräsentantenhauses, 1.3.2022. Vgl. auch Nuclear Matters Handbook 2020, Deputy Assistant to the Secretary of Defense (Nuclear Matters), Washington, D.C.

114 Senate Armed Services Committee: Advance Policy Questions for General Anthony J. Cotton, U.S. Air Force Nominee for Appointment to the Position of Commander, U.S. Strategic Command, 15.9.2022, 3: »Section 162(b) zu Absatz 10 des United States Code sieht vor, dass die Befehlskette vom Präsidenten zum Verteidigungsminister und vom Verteidigungsminister zu den Befehlshabern der einzelnen Waffengattungen verläuft. Sektion 163(a) zu Absatz 10 sieht weiterhin vor, dass der Präsident auch über den Vorsitzenden des Vereinigten Generalstabs mit den Befehlshabern der einzelnen Waffengattungen kommunizieren kann.« Dies spielt aber kaum eine Rolle, wenn klar ist, dass der Vorsitzende des Generalstabs mit größter Wahrscheinlichkeit sehr bald sterben wird.

115 »Reflections and Musings by General Lee Butler«, General Lee Speaking blog, 17.8.2023.

116 General Hyten im Gespräch mit Starr: »Exclusive: Inside the Base That Would Oversee a U.S. Nuclear Strike«, 3:30. (N.B.: Die Zitate stammen aus Hytens Audioaufnahme, nicht aus der Abschrift von CNN.)

117 »U.S. Strategic Command's New $1.3B Facility Opening Soon at Offutt Air Force Base«, *Associated Press*, 28.1.2019.

118 Michael Behar: »The Secret World of NORAD«, *Air & Space*, September 2018.

119 Nuclear Matters Handbook 21 sagt über die AEHF-Satellitenkonstellation, die kürzlich das mehr als 25 Jahre alte MILSTAR-System ersetzte, sie sei »darauf ausgelegt, durch EMP und Kern-Szintillation zu arbeiten. Es gibt keine Sendeausfälle.« Zu den weiteren Systemen gehören die Advanced Beyond Line-of-Sight Terminals (FAB-T), der Global Aircrew Strategic Network Terminal (Global ASNT), das Minuteman Minimum Essential Emergency Communications Network Program Upgrade (MMPU) und das System Presidential and National Voice Conferencing (PNVC).

120 Besuch der Autorin im Pentagon.

121 »The Evolution of U.S. Strategic Command and Control and Warning, 1945–1972: Executive Summary (Report)«, Vol. Study S-467, 1.6.1975, 117–19, IDA.

122 Interview mit Marvin »Murph« Goldberger, dem Mitbegründer.

123 ODR&E Report »Assessment of Ballistic Missile Defense Program«, PPD 61–33, 1961, York Papers, Geisel Library.

124 Ebd.

125 Interview mit Ted Postol. »Die Endphase beginnt, wenn die Bewegung des Gefechtskopfes von der dünnen oberen Erdatmosphäre abgelenkt wird, in einer Höhe von etwa 50 bis 60 Meilen […] Sie endet, wenn der Gefechtskopf an seinem Zielpunkt detoniert.«

126 Interview mit Joseph Bermudez.

127 Zu Statistiken über Staaten mit Atomstreitkräften und ihre Arsenale vgl. »Nuclear Weapons Worldwide: Nuclear Weapons Are Still Here – and They're Still an Existential Risk«, Union of Concerned Scientists (Autorenkopie).

128 Zachary Cohen und Barbara Starr, »Air Force ›Doomsday‹ Planes Damaged in Tornado«, CNN, 23.6.2017; Jamie Kwong, »How Climate Change Challenges the U.S. Nuclear Deterrent«, Carnegie Endowment for International Peace, 10.7.2023.

129 Stephen Losey, »After Massive Flood, Offutt Looks to Build a Better Base«, *Air Force Times*, 7.8.2020.

130 Rachel S. Cohen, »Does America Need Its ›Doomsday Plane?‹«, *Air Force Times*, 10.5.2022.

131 Nuclear Matters Handbook 2020 [Ursprungsversion], 22–24, OSD; »Nuclear Command, Control, and Communications: Update on Air Force Oversight Effort and Selected Acquisition Programs«, 15.8.2017, GAO. Das Handbuch wurde ursprünglich als Dokument mit 374 Seiten herausgegeben, die »revidierte« Version hat 282 Seiten.

132 Interview mit Ted Postol.

133 William Burr (Hrsg.), »The ›Launch on Warning‹ Nuclear Strategy and Its Insider Critics«, Briefing Book No. 674, April 2001, NSA-GWU. William Burr: »Die wissenschaftlichen Berater des Weißen Hauses und die Planer des Pentagon zögerten, eine Strategie zu akzeptieren, die auf einem Vergeltungsschlag nach einem sowjetischen Erstschlag beruhte.«

134 Interview mit William Perry.

135 William Burr (Hrsg.), »The ›Launch on Warning‹ Nuclear Strategy and Its Insider Critics«, Briefing Book No. 674, 11.6.2019, NSA-GWU.

136 Ebd.

137 »Leaders Urge Taking Weapons Off Hair-Trigger-Alert«, Union of Concerned Scientists, 15.1.2015.

138 Interview mit Frank von Hippel.

139 Frank N. von Hippel, »Biden should end the launch-on-warning options«, *Bulletin of the Atomic Scientists*, 22.6.2021.

140 Die Stellung des Verteidigungsministers ist einzigartig innerhalb der US-Regierung, da er eine der beiden zivilen Positionen innerhalb der militärischen Befehlskette innehat (Section 113, U.S. Code).

141 »Authority to Order the Use of Nuclear Weapons«, Hearing vor dem Senatsausschuss für Außenpolitik, 14.11.2017, 45

142 Interview mit William Perry, der in den Regierungen der Präsidenten Carter und Clinton tätig war.

143 William Burr (Hrsg.), »The ›Launch on Warning‹ Nuclear Strategy and Its Insider Critics«, National Security Archive, Briefing Book No. 43, Document 02, 22.6.1960. Ein streng geheimes Memorandum (das inzwischen freigegeben wurde) erklärte, die Raketen der NATO müssten »zwei bis fünf Minuten nach der Warnung gefechtsbereit sein«.

144 Reagan, *An American Life*, 257.

145 Interview mit William Perry.

146 Interview mit Lew Merletti. Merletti war Direktor des U.S. Secret Service und zuvor Special Agent mit Verantwortung für den Schutz von Präsident Clinton. Er begann seine Karriere in der Carter-Administration und war Gründungsmitglied (Nr. 007) der paramilitärischen Einheit namens Secret Service Counter Assault Team.

147 Interview mit Jon Wolfsthal; Jon Wolfsthal: »We Never Learned the Key Lesson from the Cuban Missile Crisis«, *New Republic*, 11.10.2022.

148 Interview mit William Perry.

149 »On the Record; Reagan on Missiles«, *New York Times*, 17.10.1984; die Pressekonferenz fand am 13.5.1982 statt.

150 Interview mit William Perry.

151 Rubel, *Doomsday Delayed*, 27. Siehe auch Ellsberg, *The Doomsday Machine*, 102 f.

152 Interview mit Peter Pry. Vgl. auch Vann H. Van Diepen, »March 16 HS-17 ICBM Launch Highlights Deployment and Political Messages«, *38 North*, 20.3.2023. Die Zahl berücksichtigt Starts im »Krisenmodus« im Unterschied zu klar definierten militärischen Tests.

153 Hyonhee Shin, »North Korea's Kim Oversees ICBM Test, Vows More Nuclear Weapons«, *Reuters*, November 2022.

154 »SBIRS-Satelliten würden die Rakete aufgrund der Intensität und der Veränderung der Intensität des Ausstoßes erkennen«, erklärt Postol. »Auch die Beschleunigung und Drehbewegung der Rakete werden zur Identifizierung des Raketentyps genutzt.« Heute gilt diese Fähigkeit als Standard.

155 Theodore A. Postol, »The North Korean Ballistic Missile Program and U.S. Missile Defense«, MIT Science, Technology, and Global Working Group,

Forum on Physics and Society, Annual Meeting of the American Physical Society, 14.4.2018; 100 Seiten starke Präsentation (Autorenkopie).

156 Interview mit Ted Postol; Interview mit Richard Garwin.

157 Interview mit Richard Garwin; Joel N. Shurkin, *True Genius*, 57. Erst kürzlich wurde geklärt, dass die Entwicklung von Ivy Mike nicht auf Teller zurückgeht, sondern auf Richard Garwin, dem es gelang, Tellers theoretische Idee in die physikalische Praxis umzusetzen. Shurkin dazu: »Richard Rhodes, der über die Geschichte der Bombe schrieb, konnte das nicht wissen, da ihm niemand den Hinweis gegeben hatte, Garwin mit einzubeziehen.« Diese Anekdote zeigt, wie gut die Geheimhaltung funktioniert.

158 Interview mit Ted Postol. Vgl. auch Richard L. Garwin und Theodore Postol: »Airborne Patrol to Destroy DPRK ISBMs in Powered Flight«, MIT, Science, Technology, and National Security Working Group, Washington, D.C., 27–29.11.2017: 26-seitige Präsentation (Autorenkopie).

159 Garwin und Postol, »Airborne Patrol to Destroy DPRK ICBMs in Powered Flight«, 23 (Autorenkopie).

160 Interview mit Richard Garwin

161 Tim McLaughlin, »Defense Agency Stopped Delivery of Raytheon Warheads«, *Boston Business Journal*, 25.3.2011.

162 »GMD Intercept Sequence«, Missile Threat, Missile Defense Project, CSIS. Die Sequenz läuft folgendermaßen ab: 1. Der Feind startet eine angreifende Rakete. 2. Infrarot-Satelliten entdecken den Raketenstart. 3. Vorgeschobene Radarstationen der USA verfolgen die Flugbahn der angreifenden Rakete. 4. Die angreifende Rakete stößt ihren Gefechtskopf und die Attrappen ab, um den Radar zu verwirren. 5. US-Radarstationen am Boden verfolgen den Gefechtskopf und die Attrappen. 6. Abfangraketen werden von Fandenberg oder Fort Greely aus gestartet. 7. Das *Exoatmospheric Kill Vehicle* trennt sich von der Abfangrakete. 8. SBX verfolgt den Gefechtskopf und die Attrappen und versucht, den Gefechtskopf zu identifizieren. 9. Das *exoatmospheric kill vehicle* sieht den Gefechtskopf und die Attrappen. 10. Abfangen des Gefechtskopfes [hoffentlich].

163 »Raytheon Fact Sheet: Exoatmospheric Kill Vehicle« RTX. Das EKV identifiziert sein Ziel mithilfe mehrfarbiger Sensoren, eines eingebauten Computersystems und eines Raketentriebwerks, das die Steuerung übernimmt.

164 »A Brief History of the Sea-Based X-Band Radar-1 (SBX-1)«, 1.5.2008, MDA.

165 »$10 Billion Flushed by Pentagon in Missile Defense«, *Columbus Dispatch*, 8.4.2015.

166 Dies wurde im Jahr 2007 von MDA-Direktor Henry Obering gegenüber dem Kongress behauptet. Vgl. »Shielded from Oversight: The Disastrous

US Approach to Strategic Missile Defense, App. 2: The Sea Based X-Band Radar«, Union of Concerned Scientists, Juli 2016, 4.

167 David Willman, »The Pentagon's 10-Billion-Dollar Radar Gone Bad«, *Los Angeles Times*, 5.4.2015.

168 Ebd., Ronald O'Rourke: »Sea-Based Ballistic Missile Defense – Background an Issues for Congress«, 22.12.2009, CRS.

169 »Costs of Implementing Recommendations of the 2009 Missile Defense Review«, Congressional Budget Office, Januar 2021, Fig. 1.

170 Carla Babb, »VOA Exclusive: Inside U.S. Military's Missile Defense Base in Alaska«, *Voice of America*, 24.6.2022, Video Minute 4:14; Ronald Bailey, »Quality of Life Key Priority for SMDC's Missile Defenders and MPs in Remote Alaska«, U.S. Army Space and Missile Defense Command, 8.2.2023.

171 Hans M. Kristensen et al., »Status of World Nuclear Forces«, Federation of American Scientists, 31.3.2023. Ende 2023 hat das DoD die Schätzung der Chinesischen Bestände angehoben.

172 »Fact Sheet: U.S. Ballistic Missile Defense«, Center for Arms Control and Non-Proliferation, Update vom 10.5.2023. Frage: »Funktionieren diese Systeme?« Antwort: »Allen Versicherungen von MDA-Offiziellen zum Trotz zeigen diese Abwehrsysteme derzeit unbefriedigende Testergebnisse. Das Government Accountability Office hat festgestellt, dass das MDA seine geplanten Testziele im Haushaltsjahr 2019 verfehlte.«

173 Aaron Mehta, »U.S. Successfully Tests New Homeland Missile Defense Capability«, *Breaking Defense*, 13.9.2021.

174 Senior Master Sgt. Julie Avey, »Long-Range Discrimination Radar initially fielded in Alaska«, U.S. Space Command, 168th Wing Public Affairs, 9.12.2021.

175 Babb, »VOA Exclusive: Inside U.S. Military Missile Defense Base in Alaska«, *Voice of America*, 24.6.2022, Video Minute 4:14.

176 »Strategic Warning System False Alerts«, Committee on Armed Services, House of Representatives, U.S. Congress, 24.6.1980.

177 Interview mit William Perry.

178 »Ex-Defense Chief William Perry on False Missile Warnings«, NPR, 16.1.2018.

179 Interview mit Richard Garwin. Vgl. Richard L. Garwin, »Technical Aspects of Ballistic Missile Defense«, Präsentation bei der Arms Control and National Security Session, APS, Atlanta, März 1999.

180 »National Missile Defense: Defense Theology with Unproven Technology«, Center for Arms Control and Non-Proliferation, 4.4.2023. »Wenn die Missile Defense Agency (MDA) GMD testet, geht sie von optimalen Wetter- und Lichtbedingungen aus. Und nachdem es sich um einen Test handelt, kennt

sie das Timing und andere Informationen, die kein Feind zur Verfügung stellen würde.«

181 Jen Judson, »Pentagon terminates program for redesigned kill vehicle, preps for new competition«, *Defense News*, 21.8.2019.

182 Interview mit Ted Postol: »Wenn die Abfangwaffe in einer Entfernung von etwa 600 Kilometern ›ihre Augen öffnet‹, sieht sie Dutzende von hellen Lichtpunkten. Nur einer von ihnen repräsentiert den eigentlichen Gefechtskopf. Da sie nicht zwischen ihm und den Attrappen unterscheiden kann, muss sie innerhalb von 15 Sekunden entscheiden. Also sucht sie willkürlich eins von vielen potenziellen Ziele aus.«

183 Philip Coyle, *Nukes of Hazard Podcast*, 31.5.2017.

184 James Mann, »The World Dick Cheney Built«, *Atlantic*, 2.1.2020.

185 Interview mit Robert Kehler.

186 »Defense Primer: Command and Control of Nuclear Forces«, 19.11.2021, CRS. Vgl. auch »Statement of General C. Robert Kehler«, U.S. Air Force (außer Dienst), vor dem Senatsausschuss für äußere Angelegenheiten, 14.11.2017, 3.

187 Bruce Blair, »Strengthening Checks on Presidential Nuclear Launch Authority«, Arms Control Association, Januar/Februar 2018; David E. Hoffman, »Four Minutes to Armageddon, Richard Nixon, Barack Obama, and the Nuclear Alert«, *Foreign Policy*, 2.4.2010.

188 Interview mit Lewis Merletti.

189 »Presidential Emergency Action Documents«, The Brennan Center for Justice, 6.5.2020.

190 Harold Agnew und Glen McDuff, »How the President Got his ›Football‹«. LAUR-23–29737, LANL.

191 »Letter to Major General A.D. Starbird, Director, Divisions of Military Application, U.S. Atomic Energy Commission, ›Subject: NATO weapons‹ from Harold M. Agnew«, 5.1.1961, LAUR-23–29737, LANL.

192 Ebd. und »Attachment1: The NATO Custory Control problem«, 5 ff., LAUR-23–29737, LANL.

193 Interview mit Glenn McDuff.

194 Memorandum for the Chief of Staff, U.S. Air Force, Subject: Joint Staff Briefing of the Single Integrated Operational Plan (SIOP), NSC/Joint Chief of Statt, 27.1.1969, 7 LANL-L.

195 Interview mit Glen McDuff: »Authority to Order the Use of Nuclear Weapons«, Hearing des Senatsausschusses für auswärtige Angelegenheiten, 14.11.2017; Michael Dobbs: »The Real Story of the ›Football‹ That Follows the President Everywhere«, *Smithsonian Magazine*, Oktober 2014.

196 Bruce G. Blair, Harold A. Feiveson, Frank N. von Hippel, »Taking Nuclear Weapons off Hair-Trigger Alert«, *Scientific American*, November 1997.

197 Hans M. Kristensen und Matt Korda, »Nuclear Notebook: United States Nuclear Weapons, 2023«, *Bulletin of the Atomic Scientists* 79, no 1 (Januar 2023); 28–52.

198 »America's Nuclear Triad«, Defense Department Fact Sheet, DoD die Zahl von 100 Gefechtsköpfen auf NATO-Stützpunkten ist eine »Schätzung«, vgl. Hans M. Kristensen und Matt Korda, »Increasing Evidence That The US Air Force's Nuclear Mission May Be Returning to UK Soil«, Federation of American Scientists, 23.8.2023.

199 Nancy Benac, »Nuclear ›halfbacks‹ carry the ball for the president«, *Associated Press*, 7.5.2005.

200 Interview mit Glenn McDuff.

201 Interview mit Paul Kozemchak. Vgl. auch »The Cuban Missile Crisis, October 1962« DSHO.

202 Bruce Blair, »Strengthening Checks on Presidential Nuclear Launch Authority«, *Arms Control Today*, Januar/Februar 2018.

203 »U.S. Strategic Command's New $1.3 B Facility Opening Soon at Offutt Air Force Base«, Associated Press, 28.1.2019.

204 Jamie Crawford und Barbara Starr, »Exclusive: Inside the Base That Would Oversee a U.S. Nuclear Strike«, *CNN*, 27.3.2018.

205 Ebd.

206 David Martin, »Finger on the Button: The New Cold War«, CBS News, *60 Minutes*, 18.9.2016.

207 Ebd.

208 Rubel, *Doomsday Delayed*, 26.

209 Memorandum for the Chief of Staff, U.S. Air Force, Subject: Joint Staff Briefing of the Single Integrated Operational Plan (SIOP), NSC/Joint Chief of Statt, 27.1.1969, 3.

210 U.S. Strategic Command 2023 Posture Statement, Priorities, STRATCOM.

211 Bruce Blair, »Strengthening Checks on Presidential Nuclear Launch Authority«, *Arms Control Today*, Januar/Februar 2018: »U-Boote und Bomber wären die wichtigsten Angreifer in einem Szenario, das Nordkorea involviert. Da normalerweise zwei U-Boote gefechtsbereit im Pazifik patrouillieren, wäre unsere U-Boot-Flotte in der Lage, sehr schnell etwa 200 Gefechtsköpfe zu starten, und zwar etwa 15 Minuten, nachdem der Präsident den Befehl dazu gegeben hat. Wenn der Befehl ohne vorherige Erhöhung des Alarmzustands käme, müssen die U-Boote allerdings auftauchen, um die Korrektheit des

Befehls zu überprüfen.« Mehr über Blair in Andrew Cockburn, »How to Start a Nuclear War«, *Harper's*, August 2018, 18–27.

212 »A Satellite View of North Korea's Nuclear Sites«, *Nikkei Asia*, n.d.

213 »Development of Russian Armed Forces in the Vicinity of Japan«, Japanisches Verteidigungsministerium, Juli 2022.

214 Mitschrift: »Secretary of Defense Lloyd J. Austrin III and Army General Mark A. Milley, Chairman, Joint Chiefs of Staff, Hold a Press Briefing Following Ukrainian Defense Contact Group Meeting«, U.S. Department of Defense, 16.11.2022.

215 Nancy A. Youssef, »U.S., Russia Establish Hotline to Avoid Accidental Conflict«, *Wall Street Journal*, 4.3.2022; Phil Stewart & Idrees Ali: »Exclusive: U.S., Russia Have Used Their Military Hotline Once So Far during Ukraine War«, *Reuters*, 7.10.2020.

216 Interview mit David Cenciotti.

217 Interview mit Hans Kristensen.

218 Kris Osborn, »The Air Force Has Plans for the B61-12 Nuclear Bomb«, *National Interest*, 7.10.2020.

219 Interview mit Craig Fugate.

220 Lee Lacy, »Dwight D. Eisenhower and the birth of the Interstate Highway System«, U.S. Army, 20.2.2018. DOT erklärt in Gastessays allerdings, nach Auskunft der U.S. Army handele es sich um einen Mythos.

221 Frances Townsend, »National Continuity Policy Implementation Plan«, Homeland Security Council, August 2007. Dieses 102 Seiten starke Dokument enthält die öffentlich zugängliche Strategie für Massenevakuierungen und die Umsiedlung von Bundesbehörden einschließlich des Weißen Hauses.

222 Interview mit Craig Fugate.

223 Ebd.

224 Ebd., »Es gibt einige geheime Programme mit *sehr* minimaler Kapazität, in denen es um das Überleben von Menschen geht. Aber die haben im Wesentlichen mit Verteidigungsaufgaben zu tun.«

225 Interview mit William Perry. Zur Befehlskette siehe Section 113, U.S. Code.

226 Brief von Jacqueline Kennedy an Chruschtschow, 1.12.1963, DSHO. Sie schreibt: »Er hat Ihre Worte in einigen seiner Reden zitiert: Im nächsten Krieg werden die Überlebenden die Toten beneiden.«

227 Interview mit William Perry. In unseren Gesprächen bezeichnete Perry die Einrichtung als »Alternate Military Command Center«, das nicht geheim ist und während des Kalten Krieges »offiziell« in Fort Ritchie, Maryland, untergebracht war, also weniger als vier Kilometer südwestlich von Site R.

Mehr über das Deep Underground Command Center vgl. »Memorandum from the Jount Chiefs of Staff to Secretary of Defense McNamara«, 17.9.1964, DSHO.

228 Interview mit William Perry.

229 Josh Smith und Hyunsu Yi, »North Korea Launches Missiles from Submarine as U.S.-South Korean Drill Begins«, *Reuters*, 13.3.2023.

230 Clarke, *Against All Enemies*, 18.

231 Charles Mohr, »Preserving U.S. Command after a Nuclear Attack«, *New York Times*, 29.6.1982.

232 Interview mit William Perry. Vgl. auch »Bill Perry's D.C. Nuclear Nightmare« im Podcast *At the Brink*. Ein Video dort zeigt die Explosion einer 15-Kilotonnen-Bombe in D.C. In Perrys Szenario sterben 80 000 Menschen sofort, darunter der Präsident, der Vizepräsident, der Speaker of the House und 320 Kongressabgeordnete.

233 Interview mit William Perry.

234 Ebd.

235 »Air Force Doctrine Publication 3–72, Nuclear Operations«, U.S. Air Force, 18.12.2020, 14, 16ff, DoD. Offizielle Bezeichnungen: Nuclear Command and Control System (NCCS) und/oder Nuclear Command, Control, and Communications (NC3) System.

236 »Who's in Charge? The 25th Amendment and the Attempted Assassination of President Reagan«, NAR-R.

237 Interview mit Michael J. Connor.

238 Hans M. Kristensen und Matt Korda, »Nuclear Notebook: United States Nuclear Weapons, 2023«, 28–52; »United States Submarine Capabilities«, Nuclear Threat Initiative, 6.3.2023; Sebastien Roblin: »Armed to the Teeth, America's Ohio-Class Submarines Can Kill Anything«, *National Interest*, 31.8.2021.

239 »Ballistic Missile Submarines (SSBNs)«, SUBPAC Commands, 2023. Früher führte jedes U-Boot 24 SLBMs mit sich, jede Rakete mit MIRV-Sprengköpfen. Im Zuge des New-START-Abkommens wurden allerdings vier Raketenrohre auf jedem U-Boot dauerhaft deaktiviert.

240 »Ballistic Missile Submarines (SSBNs)«, SUBPAC Commands: Commander, Submarine Force Atlantic, NAVY, 2023.

241 Interview mit Ted Postol.

242 »Multiple Independently-targeted Reentry Vehicle (MIRV)«, Fact Sheet, Center for Arms Control and Non-Proliferation.

243 Interview mit Ted Postol.

244 Interview mit Richard Garwin.

245 Ted Postol, »SNO Brief«. Die gezeigte Zeichnung ist Nr. 8. Zum Eindruck, den Postols Präsentation machte, vgl. Richard Halloran, »3 of 5 Joint Chiefs Asked Delay on MX«, *New York Times*, 3.12.2021.

246 Sebastien Roblin, »Ohio-Class: How the U.S. Navy Could Start a Nuclear War«, *19FortyFive*, 9.12.1982.

247 Interview mit Richard Garwin.

248 Rosa Park (Hrsg.), »Kim Familiy Regime Portraits«, *HRNK Insider*, Committee for Human Rights in North Korea, 2018.

249 »The Joe Rogan Experience #1691, Yeonmi Park«, Spotify Podcast, August 2021.

250 Ifang Bremer, »3 Years into Pandemic, Fears Mount That North Korea Is Teetering toward Famine«, *NK News*, 15.2.2023.

251 Andreas Illmer, »North Korean defector found to have ›enormous parasites‹«, *BBC News*, 17.11.2017.

252 »Korean Peninsula Seen From Space Station«, 24.2.2014, NASA. Übrigens ist die ISS der größte Satellit in der Erdumlaufbahn.

253 CNN Editorial Research, »North Korea Nuclear Timeline Fast Facts«, CNN, Update vom 22.3.2023.

254 »Fact Sheet: North Korea Submarine Capabilities«, Nuclear Threat Initiative, 14.10.2022.

255 »North Korea fires suspected submarine-launched missile into waters off Japan«, BBC News, Oktober 2021.

256 Interview mit H.I. Sutton; H.I. Sutton, »New North Korean Submarine: ROMEO-Mod«, Covert Shores Defense Analysis, 23.7.2019; »North Korea-Navy«, *Janes*, 21.3.2018.

257 Ein nüchtern gehaltener Bericht zu den Atomwaffen Nordkoreas findet sich bei »DPRK Strategic Capabilities and Security on the Korean Peninsula: Looking Ahead«. International Institute for Strategic Studies and Center for Energy and Security Studies, 1.7.2019; Pablo Robles und Choe Sang-Hun, »Why North Korea's Latest Nuclear Claims Are Raising Alarms«, *New York Times*, 2.6.2023; Ankit Panda, »North Korea's New Silo-Based Missile Raises Risk of Prompt Preemptive Strikes«, *NK News*, 21.3.2023.

258 Interview mit Ted Postol.

259 Masao Dahlgren, »North Korea Tests Submarine-Launched Ballistic Missile«, Missile Threat, 22.10.2021, CSIS.

260 »KN-23 at a Glance«, Missile Threat, CSIS Missile Defense Project, Center for Strategic and International Studies, 1.7.2019; Jeff Jeong, »North Korea's New Weapons Take Aim at the South's F-35 Stealth Fighters«, Defense News, 1.8.2019.

261 »KN-23 at a Glance«, Missile Threat, CSIS Missile Defense Project, Center for Strategic and International Studies, 1.7.2019.

262 »President of State Affairs Kim Jong Un Watches Test-Firing of New-Type Tactical Guided Weapon«, *Voice of Korea*, 17.3.2022; »Assessing Threats to U.S. Vital Interests, North Korea«, Heritage Foundation, 18.10.2022.

263 »2018 Nuclear Decommissioning Cost Triennial Proceeding, Prepared Testimony«, Pacific Gas and Electric Company, table IV.2.1, »Security Posts and Staffing Forecast«, 30.

264 »Aegis the Shield (and the Spear) of the Fleet: »The World's Most Advanced Combat System«, Lockheed Martin (lockheedmartin.com); U.S. and Allied Ballistic Missile Defenses in the Asia-Pacific Region, Fact Sheets & Briefs«, Arms Control Association (armscontrol.org).

265 »Navy Aegis Ballistic Missile Defense (BMD) Program: Background and Issues for Congress«, Congressional Research Service, 28.8.2023.

266 Aussage von Vice Admiral Jon A. Hill, USN Director, Missile Defense Agency, vor dem Unterausschuss Strategic Forces des Senats-Verteidigungsausschusses, 18.5.2022, 5.

267 Mike Stone, »Pentagon Evaluating U.S. West Coast Missile Defense Sites: Officials«, Reuters, 2.12.2017; »Navy Aegis Ballistic Missile Defense (BMD) Program: Background an Issues for Congress«,20.4.2023, CRS.

268 D. Moser, »Physics/Global Studies 280: Session 14, Module 5: Nuclear Weapons Delivery Systems, Trajectories and Phases of Flight of Missiles with Various Ranges«, 47 (Autorenkopie).

269 »Practice Relating to Rule 42. Work and Installations Containing Dangerous Forces«, International Humanitarian Law Databases, George M. Moore, »How International Law Applies to Attacks on Nuclear and Associated Facilities in Ukraine«, *Bulletin of the Atomic Scientists*, 6.3.2022.

270 Interview mit Glen McDuff.

271 »Cabinet kept alarming nuke report secret«, *The Japan Times*, 22.1.2012.

272 »Lessons Learned from the Fukushima Nuclear Accident for Improving Safety and Security of U.S. Nuclear Plantes, Phase 2«, National Research Council, National Academies Press, 2014, 40 (Sidebar 2.3, »The Devil's Scenario«); »Cabinet Kept Alarming Nuke Report Secret«, *Japan Times*, 22.1.2012.

273 Declan Butler, »Prevailing Winds Protected Most Residents from Fukushima Fallout«, *Nature*, 28.2.2013.

274 »Reflections on Fukushima NRC Senior Leadership Visit to Japan, 2014«, U.S. Nuclear Regulatory Commission, Dezember 2014, 18.

275 »Spent Nuclear Fuel, Options Exist to Further Enhance Security«, Report to the Chairman, Unterausschuss für Energie und Luftqualität, Ausschuss

für Energie und Handel, US-Repräsentantenhaus, Juli 2003, 319, GAO. Das GAO bezeichnete verbrauchte Brennstäbe als »eine der gefährlichsten von Menschen gemachten Materialien. Die starke Radioaktivität solcher Brennstäbe kann einen Menschen bei direkter Exposition innerhalb von Minuten töten.«

276 Amanda Matos, »Thousands of Half-Lives to Go: Weighing the Risks of Spent Nuclear Fuel Storage«, *Journal of Law and Policy* 23,1 (2014), 316.

277 »Backgrounder on Force-on-Force Security Inspections«, März 2019, NRC.

278 Berechnungen von Ted Postol.

279 Richard Stone, »Spent fuel fire on U.S. soil could dwarf impact of Fukushima«, *Science*, 24.5.2016.

280 Peter Gwynne, »Scientists Warn of ›Trillion-Dollar‹ Spent-Fuel Risk«, *Physics World* 29,7 (Juli 2016); Richard Stone, »Spent fuel fire on U.S. soil could dwarf impact of Fukushima«, *Science*, 24.5.2016.

281 Ralph E. Lapp, »Thoughts on Nuclear Plumbing«, *New York Times*, 12.12.1971.

282 »Report of Advisory Task Force on Power Reactor Emergency Cooling«, U.S. Atomic Energy Commission, 1968 (»Ergen Report«).

283 Interview mit Ted Postol. Seine Vergleiche können vielleicht zum Verständnis helfen: »Der GAU in Tschernobyl entließ etwa 100 Millionen Curies Radioaktivität in die Umgebung. Eine Kernschmelze und Verdampfung eines Reaktorkerns aufgrund einer Detonation [wie in unserem Szenario] würde etwa 50- bis 60-mal so viel Radioaktivität freisetzen wie in Tschernobyl geschehen, und die Strahlung, die von der 300-Kilotonnen-Detonation selbst ausginge, wäre noch intensiver – etwa 300- bis 400-mal so viel wie in Tschernobyl.«

284 Interview mit William Perry.

285 »Nuclear Command, Control, and Communications: Update on Air Force Oversight Effort and Selected Acquisition Programs«, GAO-17–641R, 15.8.2017, GAO; Nuclear Matters Handbook 2020, 18–21, OSD.

286 »Nuclear Triad: DOD and DOE Face Challenges Mitigating Risks to U.S. Deterrence Efforts«, U.S. Government Accountability Office, Report to Congressional Committees, 1. Mai 2021 (sidebar, »What GAO Recommends«).

287 Interview mit Lewis Merletti; »Nuclear Issues Today: Nuclear Briefcases«, Atomic Heritage Foundation, 12.6.2018.

288 Unser Szenario beruht auf Bruce Blairs Schätzung von 80 Zielen in Nordkorea. Bruce G. Blair, Jessica Sleight, Emma Claire Foley, »The End of Nuclear Warfighting«, 38 f.

289 »Donald Trump's Flying Beast: 7 Things about the World's Most Powerful Helicopter«, *Economic Times*, 21.2.2020.

290 Dave Merrill, Nafeesa Syeed, Brittany Harris, »To Launch a Nuclear Strike, President Trump Would Take These Steps«, *Bloomberg*, 20.1.2017.

291 Aaron M.U.Church, »Nuke Field Vigilance«, *Air & Space Forces*, 1.8.2012.

292 Die Abschussvorrichtung in diesem Szenario entspricht der Beschreibung bei Aaron M.U.Church, »Nuke Field Vigilance«, *Air & Space Forces*, 1.8.2012.

293 Hans M. Kristensen und Matt Korda, »Nuclear Notebook: United States Nuclear Weapons, 2023«, *Bulletin of the Atomic Scientists*, 79, 1 (Januar 2023), 28 -52. Vgl. auch SIPRI-Schätzungen, die klären, welche Raketen mit 330-Kilotonnen-Sprengköpfen ausgerüstet sein könnten.

294 Interview mit Joseph Bermudez.

295 Bruce Blair, »Minuteman Missile National Historic Site«, Abschrift eines Interviews, U.S. National Park Service. Zu den ICBMs sagte Blair: »Ein Team von zehn Personen kontrolliert 50 Raketen.«

296 Hans M. Kristensen und Matt Korda, »Nuclear Notebook: United States Nuclear Weapons, 2023«, *Bulletin of the Atomic Scientists*, 79, 1 (Januar 2023), 28–52, 16.1.2023, 35. Die aktuelle ICBM-Stärke liegt bei 400 Minuteman-III-Raketen. Sie sind stationiert im 90th Missile Wing, F.E. Warren AFB, Wyoming; 341st Missile Wing, Malmstrom AFB, Montana; 91st Missile Wing, Minot AFB, North Dakota. Die unterirdischen Silos verteilen sich über Montana, North Dakota, Wyoming, Nebraska und Colorado. Jede der 400 ICBMs ist mit einem Gefechtskopf ausgerüstet, könnte aber theoretisch auch zwei oder drei tragen. »50 Silos werden ›warm gehalten‹, um im Bedarfsfall eingelagerte Raketen zu bestücken.«

297 »Missiles and the F.E. Warren Air Force Base«, Wyoming Historical Society, 2023.

298 Church, »Nuke Field Vigilance«.

299 Merrill et al., »To Launch a Nuclear Strike, President Trump Would Take These Steps«.

300 Daniella Cheslow, »U.S. Has Made ›Dramatic Change‹ in Technology Used for Nuclear Code System«, *Wall Street Journal*, 14.10.2022.

301 Mary B. DeRosa und Ashley Nicolas, »The President and Nuclear Weapons: Authority, Limits, and Process«, Nuclear Threat Initiative, 2029, 2.

302 Eli Saslow, »The Nuclear Missile Next Door«, *Washington Post*, 17.4.2022.

303 Interview mit Ted Postol.

304 Interview mit Albert »Bud« Wheelon (Februar 2010), dem ersten Direktor des Directorate of Science and Technology (DS&TZ) bei der CIA.

305 Glasstone und Dolan, *The Effects of Nuclear Weapons*, 92. »Es ist besonders wichtig zu betonen, dass es bei einer Explosion keine Rolle spielt, ob man

direkten Sichtkontakt zu ihr hat […] Druckwellen können sich problemlos um scheinbare Hindernisse herumwinden (oder -krümmen)«; Interview mit Glen McDuff.

306 »Duck and Cover, Bert the Turtle«, Archer Productions, Federal Civil Defense Administration, 1951.

307 Interview mit Peter Pry.

308 Interview mit Gregory Touhill.

309 U-Boot-gestützte ballistische Raketen (SLBMs) werden als »die erste Komponente der zukünftigen Triade« mit der Regulus SSM-S-8, in Betrieb von 1954–1963 bezeichnet. Glen McDuff, »Navy Nukes«, LAUR-16–25435, Los Alamos National Laboratory, Navy Systems 101, 9.8.2016 (Autorenkopie).

310 C.V. Chester und R.O. Chester, »Civil Defense Implications of a Pressurized Water Reactor in a Thermonuclear Target Area«, *Nuclear Applications and Technology* 9, Nr. 6 (1970), 786–795.

311 »History of SNL Containment Integrity Research«, Sandia National Laboratories, 18.6.2019, 24.

312 Eden, *Whole World on Fire*, 16.

313 »JCAT Counterterrorism Guide for Public Safety Personnel«, Bomb Threat Standoff Distances, Director of National Intelligence, ohne Datum (Autorenkopie).

314 Eden, *Whole World on Fire*, 17.

315 Carl Sagan, »Nuclear War and Climatic Catastrophe: Some Policy Implications«, *Foreign Affairs*, Winter 1983/84.

316 Interview mit Ted Postol.

317 Glasstone und Dolan, *The Effects of Nuclear Weapons*, 37.

318 »PG&E Letter DIL-18–019«, Direktor der Division of Spent Fuel Management, U.S. Nuclear Regulatory Commission, 17.12.2018; Interview mit Glen McDuff.

319 Diablo Canyon Decommissioning Engagement Panel, Panel Reports, »Spent Fuel Management«, ohne Datum (diablocanyon.org).

320 Frank N. von Hippel und Michael Schoeppner, »Reducing the Danger from Fires in Spent Fuel Pools«, *Science & Global Security* 24, 3 (2016), 152.

321 »Diablo Canyon Decommissioning Engagement Panel Spent Fuel Workshop«.

322 »Der Anteil der Atomkraft an der Stromversorgung Kaliforniens betrug im Jahr 2021 zehn Prozent«, U.S. Energy Information Administration, 19. September 2022 (eia.gov). Die Zahl der Einwohner von Kalifornien stammt vom kalifornischen Finanzministerium, Presseerklärung, 1.5.2023.

323 Interview mit Ted Postol.

324 Glen Martin, »Diablo Canyon Power Plant a Prime Terror Target/Attack on Spent Fuel Rods Could Lead to Huge Radiation Release«, *San Francisco Chronicle*, 17.3.2003.

325 Zum Vergleich: Mit seinen 22 588 Quadratkilometern ist New Jersey etwas größer als Hessen (Anm. d. Übers.).

326 Interview mit von Hippel. Die Umformulierung kam nach der Berücksichtigung eines Szenarios, bei dem eine Atomrakete in einem Atomkraftwerk einschlägt, im Gegensatz zu einem einfachen Großbrand. Von Hippels ursprüngliche Stellungnahme erschien im *Chronicle*. Siehe auch Robert Alvarez et al., »Reducing the Hazards from Stored Spent Power-Reactor Fuel in the United States«, *Science and Global Security*, 11 (2003), 1 -51.

327 Interview mit Glen McDuff.

328 Ebd.

329 Alexis A. Blanc et al., »The Russian General Staff: Understanding the Military's Decison Making Role in a ›Besieged Fortress‹«, Rand Corporation, 2023. Andrei Kartapolov, »The Higher the Combat Capabilities of Russian Troops, the Stronger the CSTO«, Parlamentarische Versammlung der Collective Security Treaty Organization, 22.12.2022.

330 Interview mit Leon Panetta.

331 »A New Supercomputer Has Been Developed in Russia«, Informationsblatt, Ministerium für Wissenschaft und Erziehung der Republik Aserbaidschan, 14.6.2017.

332 Bart Hendrickx, »EKS: Russia's Space-Based Missile Early Warning System«, *Space Review*, 8.2.2021; »Tundra, Kopol, or EKS (Edinaya Kosmicheskaya Sistema)«, Gunter's Space Page, (space.skyrocket.de).

333 Anthony M. Barrett, »False Alarms, True Dangers: Current and Future Risks of Inadvertent U.S.-Russian Nuclear War«, Rand Corporation, 2016.

334 Interview mit Pavel Podvig: »Aber das russische Frühwarnsystem funktioniert anders als das US-amerikanische.«

335 Interview mit Ted Postol.

336 Ebd. Siehe auch: Theodore A. Postol, »Why Advances in Nuclear Weapons Technologies are Increasing the Danger of an Accidental Nuclear War between Russia and the United States«, Hart Senate Office Building, Washington, D.C., 26.3.2015.

337 Ebd.

338 Interview mit TedPostol. Siehe auch David K. Shipper, »Russia's Antiquated Nuclear Warning System Jeopardizes Us All«, *Washington Monthly*, 29.4.2022.

339 Interview mit Robert Kehler.

340 Dan Parsons, »VH-92 Closer to Being Marine One but Comms System Could Still Cause Delays«, *War Zone*, 2.5.2022.

341 Interview mit Jeffrey Robert Kehler.

342 Interview mit PeterPry, der 2022 verstorben ist. Dr. Peter Vincent Pry, »Russia EMP Threat: The Russian Federation's Military Doctrine, Plans, and Capabilities for Electromagnetic Pulse (EMP) Attack«, EMP Task Force on National and Homeland Security, Januar 2021, 5. Pry zitiert Jerry Emanuelsons Arbeit über den sowjetischen Test 184 am 22.10.1962.

343 Georg Rickhey, »Condensed statement of my education and activities«, 4.3.1948, National Archives Record Group 330 (Autorenkopie); Bundesarchiv Ludwigsburg, Dokument zu Georg Rickhey, Signatur B 162/25299 (Autorenkopie). Für weitere Informationen zu Rickhey siehe Jacobsen, *Operation Paperclip: The Secret Intelligence Program that Brought Nazi Scientists to America*, 79 f., 251–260.

344 Bruce G. Blair, Sebastien Philippe, Sharon K. Weiner, »Right of Launch: Command and Control Vulnerabilities after a Limited Nuclear Strike«, *War on the Rocks*, 20.11.2020.

345 Fred Kaplan, »How Close Did the Capitol Rioters Get to the Nuclear ›Football‹?«, *Slate*, 11.2.2021. Diese Tatsache kam während des Amtsenthebungsverfahrens gegen Donald Trump 2021 ans Licht.

346 W. Somerset Maugham, *Auf Messers Schneide*, Ullstein Buch Nr. 201 im Verlag Ullstein GmbH, Frankfurt/M – Berlin – Wien, Übersetzt von N.O. Scarpi, 1973 in Deutschland gedruckt, Seite 5.

347 Interview mit Glen McDuff.

348 Elizabeth Shim, »CIA Thinks North Korean Missiles Could Reach U.S. Targets, Analyst Says«, *United Press International*, 18.11.2020; Bruce Klingner, »Analyzing Threats to U.S. Vital Interests, North Korea«, Heritage Foundation, 18.10.2022.

349 »Defense Information Systems Agency Operations and Maintenance, Defense-Wide Fiscal Year (FY) 2021 Budget Estimates«, U.S. Department of Defense, 3 (comptroller.defense.gov) (Autorenkopie).

350 »Defense Information Systems Agency Operations and Maintenance, Defense-Wide Fiscal Year (FY) 2021 Budget Estimates«, U.S. Department of Defense, 3.

351 »CV-22 Osprey«, U.S. Air Force Fact Sheet, 2020; »Bell Boeing V-22 Osprey Fleet Surpasses 500,000 Flight Hours«, Presseerklärung, Boeing Media, 7.10.2019.

352 Interview mit Hans Kristensen.

353 Interview mit Leon Panetta.

354 Transkript der Pressekonferenz mit Verteidigungsminister Lloyd J. Austin III und Staatssekretär Antony Blinken, US-Verteidigungsministerium, 18.3.2021.

355 Interview mit Julian Chesnutt.

356 Jon Hershkovitz, »These Are the Nuclear Weapons North Korea Has as Fears Mount of Atomic Test«, Bloomberg, 14.11.2022. »Experten schätzen, dass Nordkorea über 40 bis 50 atomare Sprengköpfe verfügt, die geringste Anzahl unter den neun Nationen mit Atomwaffen. Doch eine Studie der Rand Corporation und des Asan Institute aus dem Jahr 2021 schätzt die Zahl auf 116.« Siehe auch Bruce G. Blair et al., »The End of Nuclear Warfighting«, 38.

357 »Greater Seoul Population Exeeds 50 % of S. Korea for First Time«, *Hankyoreh*, 7.1.2020.

358 David Choi, »South Korean Presidential Candidates Spar over Need for More THAAD Missile Defense«, *Stars and Stripes*, 4.2.2022.

359 Interview mit Reid Kirkby; Reid Kirkby, »Sea of Sarin: North Korea's Chemical Deterrent«, *Bulletin of the Atomic Scientists*, 21.6.2017.

360 Office of Technology Assessment, *The Effects of Nuclear War*, 15–21.

361 Glasstone und Dolan, *The Effects of Nuclear Weapons*, »The Fireball«, 2.03–2.14, 27.

362 Office of Technology Assessment, *The Effects of Nuclear War*, 21.

363 Glasstone und Dolan, *The Effects of Nuclear Weapons*, »The Fireball«, 2.03–2.14, 27–29.

364 Ebd., »The Blast Wave«, 2.32–2.37, 38–40.

365 Siehe Wellerstein.com/NUKEMAPS_/1_MT_airburst/Target, Pentagon. Der Radius des Feuerballs beträgt rund 1 Kilometer bzw. der Durchmesser 2 Kilometer (»alles innerhalb des Feuerballs wird vernichtet«). Ring 1 (»die meisten Wohngebäude stürzen ein, jeder Mensch erleidet Verletzungen«) hat einen Radius von rund 7 Kilometern bzw. einen Durchmesser von 14 Kilometern. Ring 2 (»bis hier reicht die Wärmestrahlung, Verbrennungen dritten Grades«) hat einen Radius von rund 12 Kilometern bzw. einen Durchmesser von 24 Kilometern. Ring 3 (»Glasfenster zerbrechen größtenteils«) hat einen Radius von rund 20 Kilometern bzw. einen Durchmesser von 40 Kilometern.

366 »Planning Guidance for Response to a Nuclear Detonation: Nuclear Detonation Effects and Impacts in an Urban Environment, Key Points«, Federal Interagency Committee, Executive Office of the President, Juni 2010, 14–29. N.B.: Die Folgen basieren auf der Atomexplosion mit zehn Kilotonnen Sprengkraft; in diesem Szenario ist eine Waffe mit einer Megatonne Spreng-

kraft explodiert (siehe Office of Technology Assessment, 1979, verglichen mit einer Megatonne).

367 Glasstone und Dolan, *The Effects of Nuclear Weapons,* Tabelle 2.12, »Rate of Rise of Radioactive Could from a 1-Megaton Air Burst«, 31 f.

368 Office of Technology Assessment, *The Effects of Nuclear War*, 27.

369 Interview mit Robert Kehler.

370 Im Jahr 2021 veröffentlichte das russische Verteidigungsministerium ein Video einer Launch Crew in Serpuchow-15, in dem eine Reaktion auf den Start einer Atomrakete simuliert wurde (YouTube: Минобороны России). Übersetzt und analysiert von Dmitry Stefanovich von der Russischen Akademie der Wissenschaften, der sagt, die Angriffssimulation basiere auf einer einzigen Interkontinentalrakete, die von einem Raketenfeld nahe der Luftwaffenbasis F.E. Warren in Wyoming gestartet wird. Siehe auch: Thomas Newdick, »Take a Rare Look Inside Russia's Doomsday Ballistic Missile Warning System«, The War Zone, 16.2.2021.

371 Interview mit Pavel Podvig. Weitere Informationen über den Generalstab liefern Alexis A. Blanc et. al., »The Russian General Staff: Understanding the Military's Decision Making Role in a ›Besieged Fortress‹«, *Rand Corporation*, 2023.

372 Peter Anthony, Regisseur von *The Man Who Saved the World*, Statement Films, 2013.

373 David Hoffman, »›I Had a Funny Feeling in My Gut‹«, *Washington Post Foreign Service*, 10.2.1999; siehe auch: »Person: Stanislav Petrov«, Minuteman Missile National Historic Site, National Park Service, 2007.

374 Interview mit Ted Postol. Ich sprach auch mit Pavel Podvig darüber. Im Jahr 1983 existierte Tundra noch nicht. Das alte System, Oko (Auge) genannt, war bekannt dafür, fehlerhaft zu sein.

375 Am 13.1.2018 verschickte das Emergency Alert System fälschlich an alle auf Hawaii befindlichen Handys die Nachricht: »Sicherheitswarnung BALLISTISCHE RAKETE FLIEGT AUF HAWAII ZU. SOFORT SCHUTZ SUCHEN. DIES IST KEINE ÜBUNG.« Es entpuppte sich als falscher Alarm. (Autorenkopie) (Screenshot vom Handy von Lucas Mobley, der dort war).

376 »Early Warning System Sirens, Fact Sheet«, San Luis Obispo County Prepare, ohne Datum (readySLO.org) (Autorenkopie).

377 Jack McCurdy, »Diablo Nuclear Plant: Disaster Waiting to Happen?« *Cal Coast News*, 7.4.2011. Auf dem Gelände von Diablo befinden sich 2642 Brennstabbündel und 1136 Tonnen Uran.

378 Robert S. Norris und Hans M. Kristensen, »Nuclear weapon states, 1945–2006«, *Bulletin of the Atomic Scientists*, Juli/August 2006, 66; 23 305 in den USA kommt

von: »Size of the U.S. Nuclear Stockpile and Annual Dismantlements (U)«, US-Energieministerium, 6.5.2010. Die Zahl gilt nur für die zwei Supermächte. Sie ist weiter gestiegen; bis 1986 hat Russland weitere 10 000 Gefechtsköpfe produziert, was die Gesamtzahl auf etwa 70 000 steigen lässt.

379 »Proud Prophet-83, After Action Report«, Joint Exercise Division, J-3 Directorate, Organization of the Joint Chiefs of Staff, Pentagon, Room 2B857, 13.1.1984.

380 Interview mit Jay W. Forrester, Vater des Forschungsgebiets Systemdynamik, Schöpfer der ersten Computeranimation und einer der Erfinder des Magnetkernspeichers.

381 »War and Peace in the Nuclear Age«, At the Brink, WGBH Radio, Interview mit Thomas Schelling, 4.3.1986. »Das Problem dabei, die Spieltheorie auf den Atomkrieg anzuwenden, ist, dass der Atomkrieg naturgemäß nicht von rational handelnden Menschen geführt wird. Das ist unmöglich. Welche geistig gesunde Person wäre willens, Hunderte Millionen Menschen zu töten, die Erde zu zerstören und das Ende der modernen Zivilisation herbeizuführen, nur um sicherzugehen, dass ein sogenannter Feind nicht gewinnt?«

382 Schelling, *Arms and Influence*, 2.

383 Paul Bracken, *The Second Nuclear Age: Strategy, Danger, and the New Power Politics* (New York: Macmillan, 2012), 88.

384 Paul Bracken, »Exploring Alternative Futures«, *Yale Insights*, 15.9.2021. Interview mit Bracken, emeritierter Professor für Management, geführt und herausgegeben von Ted O'Callahan.

385 Alex McLoon, »Inside Look at Offutt Air Force Base's Airborne ›Survivable‹ Command Center«, Transkript, KETV, ABC-7, 27.4.2022.

386 Cohen, »Does America Need Its ›Doomsday Plane‹?«

387 Jamie Crawford und Barbara Starr, »Exclusive: On Board the ›Doomsday‹ Plane that Can Wage Nuclear War«, *CNN*, 31.3.2018.

388 Interview mit Ed Lovick.

389 N.B.: Einzelheiten zur Kommunikation und zur Leistungsfähigkeit der Datenverarbeitung sind generell geheim. Im Übrigen werden viele bestehende Kommunikationssysteme aufgerüstet auf Survivable Super High Frequency (SSHF).

390 Interview mit Hervey Stockman.

391 Interview mit Patrick Biltgen.

392 »Enclosure ›A‹: The Evaluation of the Atomic Bomb as a Military Weapon: The Final Report of the Joint Chiefs of Staff Evaluation Board for Operation Crossroads«, President's Secretary's File, Harry S. Truman Library, 30.6.1947, 10–14.

393 »Salt Life: Go on Patrol with an Ohio-Class Submarine That's Ready to Launch Nuclear Warheads at a Moment's Notice«, National Security Science podcast, LA-UR-20–24937, US-Verteidigungsministerium, 14.8.2020.

394 Greg Copeland: »Navy's Most Powerful Weapons Are Submarines Based in Puget Sound«, *King 5 News*, 27.2.2019.

395 Thomas C. Reed, *At the Abyss: An Insider's History of the Cold War* (New York: Presidio Press, 2005), 332.

396 Nuclear Matters Handbook 2020, 34 f., 41, 99; Dave Merrill et al., »To Launch a Nuclear Strike President Trump Would Take These Steps«, *Bloomberg Politics*, 20.1.2017.

397 Bruce Blair, »Strengthening Checks on Presidential Nuclear Launch Authority«, *Arms Control Today*, Januar/Februar 2018. Jeffrey G. Lewis und Bruno Tertrais, »Finger on the Button: The Authority to Use Nuclear Weapons in Nuclear-Armed States«, Middlebury Institute of International Studies in Monteray, 2019. David Martin: »The New Cold War«, CBS News, *60 Minutes*, 18.9.2016.

398 Hans M. Kristensen und Matt Korda, »Nuclear Notebook: United States Nuclear Weapons, 2023«, *Bulletin of the Atomic Scientists*, 79, 1 (Januar 2023), 29, 38. In einem Interview, in dem die 455 Kilotonnen (oft als 475 angegeben) diskutiert wurden, stellte Kristensen klar: »Unsere Zahl stützt sich auf Daten, gute Daten, nicht auf Gerüchte oder frühere Berichte.« Und: »Jede Trident kann bis zu acht atomare Gefechtsköpfe transportieren, aber normalerweise sind es vier oder fünf. Durchschnittlich hat ein U-Boot also etwa 90. Gefechtsköpfe geladen.« Das Verteidigungsministerium macht keine Angaben zur Sprengkraft; mehr zu Tridents unter: America's Navy, Resources, Fact Files, Trident II (D5) Missile, aktualisiert am 22.9.2021 (navy.mil)

399 Nuclear Matters Handbook 2020, 35.

400 Interview mit Ted Postol. US-amerikanische U-Boote feuern alle 15 Sekunden Trident-Raketen ab. Die russischen SLBMs können schneller abgefeuert werden, ungefähr mit fünf Sekunden Abstand.

401 Merrill et. al., »To Launch a Nuclear Strike President Trump Would Take These Steps«.

402 Berechnungen von Ted Postol.

403 »Defense Information Systems Agency Operations and Maintenance, Defense-Wide Fiscal Year (FY) 2021 Budget Estimates«, US-Verteidigungsministerium, 18 (comptroller.defense.gov).

404 Nathan Van Schaik, »A Community Member's Guide to Unterstanding FPCON«, U.S. Army Office of Public Affairs, 1.7.2022.

405 Interview mit Robert Bonner.
406 Interview mit Glen McDuff.
407 Harry Alan Scarlett, »Nuclear Weapon Blast Effects«, LA-UR-20–25058, Los Alamos National Laboratory, 9.7.2020, 14.
408 Glasstone und Dolan, *The Effects of Nuclear Weapons*, 285.
409 Lynn Eden, *Whole World on Fire*, 25–30; Interview mit Lynn Eden.
410 Interview mit Ted Postol.
411 Postol, »Striving for Armaggedon«, 10–14, mit Diagrammen.
412 Office of Technology Assessment, *The Effects of Nuclear War*, 27 f.
413 Interview mit Glen McDuff.
414 »›Underground Pentagon‹ near Gettysburg keeps town buzzing«, *The Pittsburgh Press*, 18.11.1991.
415 »NATO's Nuclear Sharing Arrangements«, North Atlantic Treaty Organization, Public Diplomacy Division (PDD), Press & Media Section, Februar 2022.
416 Interview mit Pavel Podvig; »Soviets Planned Nuclear First Strike to Preempt West, Documents Show«, National Security Archive Electronic Briefing Book No. 154, National Security Archive, 13.5.2005.
417 Jaroslaw Adamowski, »Russia Overhauls Military Doctrine«, *Defense News*, 10.1.2015.
418 Interview mit Pavel Podvig. Näheres zum Kazbek-Kommunikationssystem siehe Podvig, *Russian Strategic Nuclear Forces*, 61 f.
419 »Plan A: How a Nuclear War Could Progress«, Arms Control Association, Juli/August 2020. Video der Simulation, basierend auf realen Kräfteverhältnissen, Angriffszielen und Schätzungen der Opferzahlen: Alex Glaser, »Plan A«, YouTube, 4:18.
420 »The North Korean Nuclear Challenge: Military Options and Issues for Congress«, Congressional Research Service, November 2017, 31. Eine Beschreibung des Risikogrades: »Wenn ein [Enthauptungs-]Schlag vermutet wird […] könnte die DPRK anfangen, Einheiten zu verteilen und zu verstecken, und damit einen Angriff erschweren. Ein solcher Großangriff […] könnte einen großen Krieg auslösen, wenn Nordkorea glaubt, dass das Ziel der Operation die Enthauptung des Regimes ist.«
421 »Report on the Nuclear Employment Strategy of the United States – 2020«, Weißes Haus (esq.whs.mil). Das volle Zitat lautet: »Eine Möglichkeit, das zu erreichen, ist der Versuch, durch eine entsprechende Reaktion den Zustand der Abschreckung wiederherzustellen. Zu diesem Zweck sollen die Teile der Nuklearstreitkräfte Optionen für eine begrenzte, flexible und stufenweise Reaktion bieten. Solche Optionen demonstrieren die Ent-

schlossenheit und die Zurückhaltung, die dafür nötig sind, das Entscheidungskalkül des Feindes hinsichtlich einer weiteren Eskalation zu verändern.«

422 »Speech, Adm. Charles Richard, commander of U.S. Strategic Command«, 2022 Space and Missile Defense Symposium, 11.8.2022.

423 Kim Gamel, »Training Tunnel Will Keep U.S. Soldiers Returning to Front Lines in S. Korea«, *Stars and Stripes*, 21.6.2017.

424 Aussage des Ehrenwerten Daniel Coats, Anhörung vor dem Komitee zu den Armed Services, US-Senat, 23.5.2017. Siehe auch: Ken Dilanian und Courtney Kube, »Why It's So Hard for U.S. Spies to Figure Out North Korea«, NBC News, 29.8.2017. Sie schreiben: »Nordkorea ist ein Albtraum für Geheimdienste: Ein brutaler Polizeistaat mit begrenztem Internetzugang in bergigem Gelände, durchzogen von geheimen Tunneln.«

425 Blair et al., »The End of Nuclear Warfighting«, 38.

426 Interview mit Michael Madden.

427 »Counterforce Targeting«: Nuclear Matters Handbook 2020, Deputy Assistant to the Secretary of Defense for Nuclear Matters, US-Verteidigungsministerium, 2020, 21. »Counterforce targeting plant die Zerstörung der militärischen Fähigkeiten einer feindlichen Armee. Typische Ziele sind Basen für Bomber oder U-Boote mit ballistischen Raketen, Interkontinentalraketen-Silos, Luftabwehranlagen, Kommandozentralen und Lager für Massenvernichtungswaffen. Weil diese Ziele befestigt, vergraben, versteckt, mobil und verteidigt sein können, müssen die für die Umsetzung der Strategie benötigten Einsatzkräfte divers, zahlreich und genau sein.«

428 »A satellite view of North Korea's nuclear sites«, Nikkei Asia, »North Korea's nuclear and missile facilities/Key facilities«, ohne Datum (asia.nikkei.com); »North Korea's space launch program and long-range missile projects«, *Reuters*, 21.8.2023; David Brunnstrom und Hyonhee Shin, »Movement at North Korea ICBM Plant Viewed as Missile-Related, South Says«, *Reuters*, 6.3.2020.

429 Mary B. DeRosa und Ashley Nicolas, »The President, and Nuclear Weapons: Authority, Limits, and Process«, Nuclear Threat Initiative, 2019, 12.

430 Interview mit Joseph Bermudez. Siehe auch Joseph S. Bermudez Jr., Victor Cha und Jennifer Jun, »Undeclared North Korea: Hoejung-ni Missile Operating Base«, Center for Strategic and International Studies, 7.2.2022.

431 Interview mit Joseph Bermudez.

432 David E. Sanger und William J. Broad, »In North Korea, Missile Bases Suggest a Great Deception«, *New York Times*, 12.11.2018.

433 FEMA Be Prepared for a Nuclear Explosion, Piktogramm (ready.gov) (Autorenkopie).

434 California Department of Public Health/Preparedness Office/Nuclear Blast (cdph.ca.gov) (Autorenkopie).

435 Interview mit Ralph James Freedman, der viele dieser thermonuklearen Explosionen für EG&G fotografiert hat.

436 FEMA Be Prepared for a Nuclear Explosion, Piktogramm (ready.gov). Es gibt verschiedene Varianten wie »Get In. Stay In. Tune In.« Piktogramm für FEMA Shelter-in-Place (ready.gov) (Autorenkopien).

437 »Planning Guidance for Response to a Nuclear Detonation«, Executive Office of the President, Federal Interagency Committee, 2. Aufl., Juni 2010, 14–96. Alle Zeilen, die hier folgen, sind aus diesem Leitfaden zur Vorbereitung.

438 Ebd., 11 ff.

439 Ebd., 87.

440 »Planning Guidance for Response to a Nuclear Detonation«, FEMA, U.S. Department of Homeland Security, Mai 2022, 16.

441 »Nuclear Power Preparedness Program«, California Office of Emergency Services, 2022.

442 NOAA Weather Radio und DHS übertragen zusammen Gefahrenmeldungen aller Art, wie Terroranschläge, Atomunfälle, entwichene giftige Chemikalien und mehr. Das System ist alt und läuft teilweise über Kupferdrähte aus der Mitte des 19. Jahrhunderts. Siehe Max Fenton: »The Radio System That Keeps Us Safe from Extreme Weather Is Under Threat: NOAA Weather Radio Needs Some Serious Upgrades«, *Slate*, 4.8.2022.

443 Richard Gonsalez, »PG&E Announces $13.5 Billion Settlement of Claims Linked to California Wildfires«, NPR, 6.12.2019.

444 Interview mit Jeffrey Yago.

445 Interview mit Ted Postol.

446 »Q&A with Steven J. DiTullio, VP, Strategic Systems«, *Seapower*, Oktober 2020.

447 Sebastien Roblin, »Ohio-Class: How the U.S. Navy Could Start a Nuclear War«, 1945, 3.12.2021. Kristensen und Korda schätzen, dass die U-Boote durchschnittlich ungefähr 90 Sprengköpfe geladen haben.

448 Jesse Beckett, »The Russian Woodpecker. The Story of the Mysterious Duga Radar«, *War History Online*, 12.8.2021.

449 Dave Finley, »Radio Hams Do Battle with ›Russian Woodpecker‹«, *Miami Herald*, 7.7.1982. Für eine aktuelle Zusammenfassung siehe Alexander Nazaryan, »The Massive Russian Radar Site in the Chernobyl Exclusion

Zone«, *Newsweek*, 18.4.2014. Von dem Regisseur Chad Gracia gibt es die exzellente Dokumentation *The Russian Woodpecker*, Roast Beef Productions, 2015.

450 Interview mit Thomas Withington.

451 Interview mit Ted Postol; George N. Lewis und Theodore A. Postol, »The European Missile Defense Folly«, *Bulletin of the Atomic Scientists* 64, 2 (Mai/Juni 2008), 39.

452 »Presidential Succession: Perspectives and Contemporary Issues for Congress«, Congressional Research Service, R46450, 14.7.2020.

453 Ebd.

454 Interview mit Craig Fugate; Interview mit William Perry.

455 Haruka Sakaguchi und Lily Rothman, »After the Bomb«, *TIME*, ohne Datum (time.com).

456 L.H. Hempelmann und Hermann Lisco, »The Acute Radiation Syndrome: A Study of Ten Cases and a Review of the Problem«, Bd. II, Los Alamos Scientific Laboratory, 17.3.1950; Slotin ist Fall 3. Vor August 1945 waren die Auswirkungen der Strahlenkrankheit noch nicht bekannt, weil keine Daten existierten. Ärzte in Hiroshima und Nagasaki nannten die mysteriöse neue Krankheit »Krankheit X«.

457 »Official letter reporting on the Louis Slotin accident«, von Phil Morrison and Bernie Feld, 4.6.1946, Los Alamos Historical Society Photo Archives (Autorenkopie).

458 »Second and last of the bulletins«, von Phil Morrison and Bernie Feld, 3.6.1946, Los Alamos Historical Society Photo Archives (Autorenkopie).

459 Ebd. Für weitere Literatur siehe Alex Wellerstein, »The Demon Core and the Strange Death of Louis Slotin«, *The New Yorker*, 21.5.2016. Wellerstein machte Dokumente in der öffentlichen Bibliothek von New York ausfindig. »Die Fotos waren, na ja, schrecklich«, schreibt er. »Einige zeigten Slotin nackt, wie er seine Verletzungen zeigt. Sein Blick war duldsam. Es gab noch ein paar Fotos von seinen Handverletzungen und dann ein Zeitsprung: innere Organe, zur Autopsie entnommen. Herz, Lunge, Darm, alles sauber und klinisch arrangiert. Aber es ist erschütternd, Fotos von ihm im Bett zu sehen, krank, aber lebendig, und dann auf dem nächsten sein Herz, sorgfältig präpariert.«

460 William Burr, »77th Anniversary of Hiroshima and Nagasaki Bombings: Revisiting the Record«, National Security Archive Electronic Briefing Book Nr. 800, 8.8.2022.

461 Weitere Informationen über Russlands Atombunker: Jess Thomson, »Would Putin's Nuclear Bunker in Ural Mountains Save Him from Armaggedon?«

Newsweek, 10.11.2022; Michael R. Gordon, »Despite Cold War's End, Russia Keeps Building a Secret Complex«, *New York Times*, 16.4.1996.

462 »General Gerasimov, Russia's Top Soldier, Appears For First Time Since Wagner Mutiny«, *Reuters*, 12.7.2023.

463 »Meeting with heads of Defence Ministry, federal agencies and defence companies«, President of Russia/Events (en.kremlin.ru), 11.11.2020 (Autorenkopie). Eine Zusammenfassung und weitere Information gibt es hier: Joseph Trevithick, »Putin reveals Existence of New Nuclear Command Bunker«, *The Drive*, 26.1.2021.

464 »Revealed: Putin's Luxury Anti-Nuclear Bunker for His Family's Refuge«, *Marca, Lifestyle*, 3.3.2022.

465 Amanda Macias et. al., »Biden Requests $ 33 Billion for Ukraine War; Putin Threatens ›Lightning Fast‹ Retaliation to Nations That Intervene«, CNBC, 28.4.2022.

466 Hans M. Kristensen, Matt Korda und Eliana Reynolds, »Nuclear Notebook: Russian Nuclear Weapons, 2023«, *Bulletin of the Atomic Scientists*, 79, 3 (Mai 2023), 174 -199, hier 174.174.

467 Paul Kirkby, »Ukraine Conflict: Who's in Putin's Inner Circle and Running the War?«, *BBC News*, 24.6.2023.

468 Blair et. al., »Taking Nuclear Weapons off Hair-Trigger Alert«. »Es ist offensichtlich, dass der hastige Ablauf dieses Prozesses, von Warnung zu Entscheidung zu Handlung, das Risiko eines katastrophalen Fehlers mit sich bringt. Dazu kommt die nachlassende Fähigkeit Russlands, verlässlich zu unterscheiden zwischen Naturereignissen oder friedlichen Weltraummissionen und einem tatsächlichen Raketenangriff. Nur ein Drittel seiner modernen Frühwarnradarsysteme funktionieren überhaupt, und mindestens zwei der neun Positionen in seiner Konstellation von Frühwarnsatelliten sind leer.«

469 Interview mit Pavel Podvig. Siehe auch Pavel Podvig, »Does Russia Have a Launch-on-Warning Posture? The Soviet Union Didn't«, Russian Strategic Nuclear Forces, 29.4.2019. Podvigs Kopie der Russian Strategic Nuclear Forces, die er von Gennady Khromov von der Soviet Military Industrial Commission erhalten hat, enthält Khromovs handgeschriebene Notizen, aus denen das hervorgeht.

470 Vladimir Solovyov (Regie), *The World Order 2018*, Masterskaya, 2018, 1:19:00; übersetzt aus dem Russischen [ins Englische] von Julia Grinberg. Solovyovs Film über Putin ist auf Youtube verfügbar. Siehe auch Bill Bostock, »In 2018, Putin Said He Would Unleash Nuclear Weapons on the World If Russia Was Attacked«, *Business Insider*, 26.4.2022.

471 David E. Hoffman, *The Dead Hand: The Untold Story of the Cold War Arms Race and Its Dangerous Legacy* (New York: Doubleday, 2009).

472 Terry Gross und David Hoffman, »›Dead Hand‹ Re-Examines the Cold War Arms Race«, *Fresh Air*, 12.10.2009.

473 »Factbox: The Chain Of Command for Potential Russian Nuclear Strikes«, *Reuters*, 2.3.2022.

474 Lateshia Beachum, Mary Ilyushina und Karoun Demirjian, »Russia's ›Satan 2‹ Missile Changes Little for U.S., Scholars Say«, *Washington Post*, 20.4.2022. Siehe auch https://missilethreat.csis.org/missile/ss-18/.

475 Hans M. Kristensen, Matt Korda und Eliana Reynolds, »Nuclear Notebook: Russian Nuclear Weapons, 2023«, *Bulletin of the Atomic Scientists* 79, 3 (Mai 2023), 174–199, Tabelle 1.

476 Ebd.,

477 Robert S. Norris und Hans M. Kristensen, »Nuclear weapon states, 1945–2006«, *Bulletin of the Atomic Scientists*, Juli/August 2006, 66.

478 Kristensen et. al., »Nuclear Notebook: Russian Nuclear Weapons, 2023«, 179.

479 Ebd., 2023«, 174.

480 J. Robert Oppenheimer, »Atomic Weapons and American Policy«, *Foreign Affairs*, 1.7.1953.

481 Zusätzlich zu seinen sogenannten »strategischen« Langstreckenwaffen hält Russland ungefähr 70 »nichtstrategische« nukleare Gefechtsköpfe – auch »taktische Atomwaffen« genannt – auf Kurzstreckenraketen wie der Iskander-M bereit. Sie tragen 10- bis 100-Kilotonnen-Gefechtsköpfe, aber haben eine begrenzte Reichweite von etwa 500 Kilometern.

482 Interview mit Michael J. Connor.

483 »Defense Primer: Command and Control of Nuclear Forces«, Congressional Research Service, 19.11.2021, 1.

484 »Three Russian Submarines Surface and Break Arctic Ice during Drills«, *Reuters*, 26.3.2021. Später erwies sich eins dieser U-Boote als Spionage-U-Boot mit Spezialauftrag. Vgl. H.I. Sutton, »Spy Sub among Russian Navy Submarines Which Surfaced in Arctic«, *Covert Shores*, 27.3.2021.

485 »Russia Submarine Capabilities«, fact sheet, Nuclear Threat Initiative, 6.3.2023.

486 Interview mit Ted Postol. U-Boote vom Typ Trident schießen ihre Raketen im Abstand von 15 Sekunden ab.

487 »Defense Budget Overview«, Fiscal Year 2021 Budget Request, U.S. Department of Defense, 13.5.2020, 9–12; Karte Abb. 9.1.

488 William Burr, »Long Classified U.S. Estimates of Nuclear War Casualties During the Cold War Regularly Underestimated Deaths and Destruction«,

Briefing Book #798, 14.7.2022: »Die wichtigsten internen Analysen über viele Jahre hinweg kamen zu dem Schluss, dass Atomwaffen die Sowjetunion nicht zur Kapitulation bringen würden und dass ein Atomkrieg niemals einen ›Sieger‹ hervorbringen würde.«

489 Interview mit Leon Panetta.

490 Statement von Commander Charles A. Richard, U.S. Strategic Command, vor dem Senatsausschuss für Verteidigung, 13.2.2020, 21.

491 Interview mit Hans Kristensen. Die Protokolle der NATO zur gemeinsamen Nutzung von Atombomben sind schwer zu interpretieren. Kristensen erklärte uns, allein der Ladeprozess könne Stunden dauern.

492 Thomas C. Schelling, *Arms and Influence*, 219–233; Hans J. Morgenthau: »The Four Paradoxes of Nuclear Strategy«, *American Political Science Review* 58, 1 (1964), 23–35.

493 Rachel S. Cohen, »Strategic Command's No. 2 Picked to Run Air Force Nuclear Enterprise«, *Air Force Times*, 12.10.2022.

494 Frank N. von Hippel, »Biden should end the launch-on-warning option«, *Bulletin of the Atomic Scientists*, 22.6.2021.

495 Interview mit Frank von Hippel.

496 Blair et al., »The End of Nuclear Warfighting«, 35. Blair bemerkt dazu: »Alle Schätzungen stammen vom Autor.«

497 Dies entspricht eins zu eins den Aussagen von General Hyten gegenüber CNN. General Hyten mit Starr, »Exclusive: Inside the Base That Would Oversee a U.S. Nuclear Strike«, Minute 3:30.

498 Blair et al., »The End of Nuclear Warfighting: Moving to a Deterrence-Only Posture. An Alternative U.S. Nuclear Posture Review«, 35.

499 »LGM-30G Minuteman III Fact Sheet«, U.S. Air Force, Februar 2019.

500 Kristensen und Korda, »Nuclear Notebook 2022«, 171.

501 Interview mit Julian Chesnutt.

502 Es ist denkbar, dass dies Stunden oder gar Tage dauern würde (vgl. Interview mit Hans Kristensen).

503 Interview mit David Cenciotti.

504 NATO-Piloten sind mit frei fallenden Bomben vom Typ B61 unterwegs. Diese Bomben tragen einen Atomsprengkopf, der auf unterschiedliche Reichweiten abgestimmt werden kann. »B61-12: New U.S. Nuclear Warheads Coming to Europe in December«, International Campaign to Abolish Nuclear Weapons, 22.12.2022; dort heißt es: »Diese Bomben können unterirdisch detonieren, was ihre Zerstörungskraft in Bezug auf unterirdische Ziele auf den Gegenwert von […] 83 Hiroshima-Bomben erhöht.«

505 »W88 Warhead Program Performs Successful Tests«, Phys.org, 28.10.2014.

506 Michael Baker, »With Redesigned ›Brains‹, W88 Nuclear Warhead Reaches Milestone«, LabNews, Sandia National Laboratories, 13.8.2021.

507 John Malik, »The Yields of Hiroshima and Nagasaki Nuclear Explosions«, Los Alamos National Laboratory, LA-8819, September 1985, 1.

508 William Burr, »Studies by Once Top Secret Government Entity Portrayed Terrible Costs of Nuclear War«, National Security Archive Electronic Briefing Book No. 480, 22.7.2014.

509 Carla Pampe, »Malmstrom Air Force Base completes final MMIII reconfiguration«, Air Force Global Strike Public Affairs, 18.6.2014; vgl. auch Adam J. Hebert: »The Rise and Semi-Fall of MIRV«, *Air & Space Forces*, 1.6.2010.

510 »Kim Jong Il, Where He Sleeps and Where He Works«, Daily NK, 15.3.2005; Interview mit Michael Madden.

511 Starr et al., »What Would Happen If an 800-Kiloton Nuclear Warhead Detonated above Midtown Manhattan?«

512 Glasstone und Dolan, *The Effects of Nuclear Weapons*, 549.

513 Olli Heinonen, Peter Makowsky, Jack Liu, »North Korea's Yongbyon Nuclear Center: In Full Swing«, *38 North*, 3.3.2022.

514 »North Korea Military Power: A Growing Regional and Global Threat«, Defense Intelligence Agency, U.S. Government Publishing Office, Washington, D.C., 2021, 30.

515 Ebd.

516 Interview mit Michael Madden.

517 Bruce Blair, *The Logic of Accidental Nuclear War*. Washington, D.C.: Brookings Institution Press 1993), 138.

518 Interview mit William Perry.

519 Interview mit Michael Madden.

520 Elizabeth Jensen, »LOL At EMPs? Science Report Tackles Likelihood Of A North Korea Nuclear Capability«, NPR, 30.5.2017.

521 Aussage von William Graham und Peter Pry: »Empty Threat or Serious Danger? Assessing North Korea's Risk to the Homeland«, U.S. House of Representatives, Committee of Homeland Security, 12.10.2017.

522 Interview mit Peter Pry, der Begriff kommt auch in Prys Schriften häufig vor.

523 Anton Sokolin, »North Korean Satellite to Fall Toward Earth After 7 Years in Space, Experts Say«, *NK News*, 30.6.2023; zu den beliebtesten Satelliten-Apps gehören Heavens-Above, N2YO und Pass Predictions API von RcCAE.

524 Jim Oberg, »It's Vital to Verify the Harmlessness of North Korea's Next Satellite«, *Space Review*, 6.2.2017. Dort heißt es: »Was sich in diesem Paket mit einer halben Tonne Gewicht befindet, kann man nur raten. Dass es sich

um einen funktionierenden Satelliten handelt, der der Bevölkerung nützt, ist immer weniger glaubhaft. Dass es sich um etwas Gefährliches handelt – zumal es keinen Hitzeschild brauchen würde, wenn die Absicht bestünde, es im Weltraum zu zünden –, wird in erschreckender Weise wahrscheinlich.«

525 David Brunnstrom, »North Korea Satellite Not Transmitting, but Rocket Payload a Concern: U.S.«, *Reuters*, 10.2.2016. Die von der US-Regierung finanzierte Website Space-Track.org zeigt die Umlaufbahn des Satelliten.

526 Kim Song-won, »The EMP Might of Nuclear Weapons«, Rodong Sinmun, Pjöngjang, 4.9.2017. Die offizielle Erklärung Nordkoreas lautet: »Die Wasserstoffbombe, deren Sprengkraft von wenigen Kilotonnen bis zu mehreren Hundert Kilotonnen angepasst werden kann, ist eine multifunktionale thermonukleare Waffe mit großer Zerstörungskraft, die auch in großer Höhe zur Detonation gebracht werden kann, um zur Erreichung strategischer Ziele einen super-machtvollen EMP-Angriff auszulösen.«

527 In dem Onlinemagazin *Space Review* schrieb Oberg: »Dieses Programm macht auf keinen Fall den Eindruck eines friedlichen, harmlosen Raumfahrtprogramms, sondern könnte auf etwas viel Bedrohlicheres hinweisen … Die Umlaufbahn hat noch ein weiteres Merkmal, vielleicht zufällig, vielleicht auch nicht. Es wird von den unveränderlichen Gesetzen der Bewegung im Orbit bestimmt, auf die ich mich seit mehr als 20 Jahren im Bereich Mission Control spezialisiert habe. Bei der ersten Umkreisung der Erde, in der Nähe der Antarktis, zog der Satellit in nördlicher Richtung über die Westküste von Südamerika hinweg, dann über die Karibik und schließlich über die Ostküste der USA. 65 Minuten nach seinem Start flog er ein paar Hundert Meilen westlich von Washington, D.C. vorbei. Mit einer kleinen Kurskorrektur während des Starts könnte er genau darüber hinwegfliegen.«

528 »Assessing the Threat from Electromagnetic Pulse (EMP), Vol. 1: Executive Report«, Report of the Commission to Assess the Threat to the United States from Electromagnetic Puls (EMP) Attack, Juli 2017, 5.

529 Aussage von Botschafter Henry F. Cooper: »The Threat Posed by Electromagnetic Pulse and Policy Options to Protect Energy Infrastructure and to Improve Capabilities for Adequate System Restoration«, 4.5.2017, 23.

530 Peter Pry, »North Korea EMP Attack: An Existential Threat Today«, The Cipher Brief, 22.8.2019. Vgl. auch Peter Pry, »Russa EMP Threat: The Russian Federation's Military Doctrine, Plans and Capabilities for Electromagnetic Pulse Attack«, EMP Task Force on National and Homeland Security, Januar 2021.

531 Interview mit Peter Pry. Die Information über die russischen Generäle findet sich in »Threat Posed by Electromagnetic Pulse (EMP) Attack«, Committee on Armed Services, House of Representatives, 10.7.2008. Frage: »Ich verstehe das so, dass Sie einige russische Generäle befragt haben, die Ihnen mitteilten, die Sowjets hätten eine als ›Super-EMP‹ ausgerüstete Waffe entwickelt, die 200 Kilovolt pro Meter herstellen kann [...] Das wäre etwa viermal so viel wie alles, was wir in Sachen EMP-Abwehr jemals gebaut oder getestet haben.« Antwort von William Graham, Vorsitzender der EMP Commission: »Ja.«

532 »Empty Threat or Serious Danger: Assessing North Korea's Risk to the Homeland«, Aussage von William Graham, Vorsitzender der EMP Commission, vor dem Committee of Homeland Security des House of Representatives, 12.10.2017, 5. Graham verlas bei dieser Gelegenheit Coopers Aussage vom Jahr zuvor.

533 Aussage von Charles A. Richard, Commander, United States Strategic Command, vor dem House Armed Services Committee, 1.3.2022.

534 Ein Beispiel für einen immer noch geheimen Report ist »Volume III: Assessment of the 2014 JAEIC Report on High-altitude Electromagnetic Pulse (HEMP) Threats, SECRET//RD-CNWDI//NOFORN, 2017«.

535 Interview mit Richard Garwin.

536 Im Gespräch über dieses Szenario mit General a. D. Touhill erklärte er auf die Frage hin, wie schlimm eine solche Situation werden könnte: »Niemand möchte wieder so leben wie 1799.«

537 Interview mit Julian Chesnutt.

538 »North Korea Military Power: A Growing Regional and Global Threat«, Defense Intelligence Agency, U.S. Government Publishing Office, Washington, D.C., 2021, 28 f.

539 Ebd.

540 Vann H. Van Diepen, »It's the Launcher, Not the Missile: Initial Evaluation of North Korea's Rail-Mobile Missile Launches«, *38 North*, 17.9.2021.

541 »North Korea Military Power: A Growing Regional and Global Threat«, Defense Intelligence Agency, U.S. Government Publishing Office, Washington, D.C., 2021, 28; vgl. auch: U.S. Central Intelligence Agency, »Unclassified Report to Congress on the Acquisition of Technology Relating to Weapons of Mass Destruction and Advanced Conventional Munitions«, 1.7.-31.12.2006 (nicht datiert).

542 Interview mit Reid Kirby.

543 Ebd.

544 Reid Kirby, »Sea of Sarin: North Korea's chemical deterrent«, *Bulletin of the Atomic Scientists*, 21.6.2017. Kirbys Berechnungen, die hier wiedergege-

ben sind, werden dort in Form von Grafiken präsentiert und berücksichtigen die angenommene höhere tödliche Dosis ebenso wie die angenommene niedrigere tödliche Dosis des Nervengifts Sarin.

545 Interview mit Richard »Rip« Jacobs, der in Vietnam gerettet wurde. Mehr über diese erstaunliche und fast unglaubliche Rettung findet sich bei Jacobsen, *The Pentagon's Brain*, 197–202.

546 JFK benutzte diesen Ausdruck in einer Rede vor der Versammlung der Vereinten Nationen über die atomare Bedrohung: »Jeder Mann, jede Frau und jedes Kind lebt unter einem nuklearen Damoklesschwert, das an einem äußerst dünnen Faden hängt.«

547 »Burst Height Impacts EMP Coverage«, The Dispatch, Defense Threat Reduction Information Analysis Center, Vol. 5, Issue 3, Juni 2016. Wax ist derzeit als Assistant Secretary of Defense mit dem Arbeitsgebiet Wissenschaft und Technologie im Pentagon tätig.

548 Interview mit Gregory Touhill. Mehr über ihn findet sich bei Robert Hackett, »Meet the U.S.'s First Ever Cyber Chief«, *Fortune*, 8.9.2016.

549 »Electromagnetic Pulse: effects on the U.S. Power Grid Executive Summary«, Federal Energy Regulatory Commission, Mai 2020, iif (ferc.gov).

550 »Electric Power Sector Basics«, U.S. Environmental Protection Agency (epa.gov) (Autorenkopie).

551 N.B.: Die realen Auswirkungen eines Super-EMP-Angriffs sind umstritten. Der Streit dreht sich um die Tatsache, dass es nicht besonders viel öffentlich zugängliche Daten über die vernetzten Infrastruktursysteme gibt, die davon betroffen wären. So schreibt das Department of Energy in seinem Bericht »High-Altitude Electromagnetic Pulse Waveform Application Guide« vom März 2023: »HEMP [high-altitude EMP] gilt als echte Bedrohung für das elektrische Versorgungsnetz und andere Sektoren der kritischen Infrastruktur.« Später heißt es: »Das DOE empfiehlt, dass Vermögensträger, Betreiber und Anteilseigner sich darauf konzentrieren, die Einrichtungen und Systeme in ihrem Verantwortungsbereich zu simulieren, zu testen, zu valuieren und zu schützen. Es nützt dagegen nichts, sich zu Experten im Bereich der Wirkung von Atomwaffen zu entwickeln, da man dafür Jahre braucht und auf Daten angewiesen wäre, die nicht öffentlich zugänglich sind.« Heißt: Das Department ist nicht bereit, geheime Daten mit den Betreibern von Versorgungsnetzen zu teilen.

552 Aussage von William Graham, »Threat Posed by Electromagnetic Pulse (EMP) Attack«, Committee on Armed Services, 10.7.2008, 22.

553 Interview mit Richard Garwin. Er schrieb sein erstes Paper zu EMP bereits im Jahr 1954 und hat die Auswirkungen von EMP jahrzehntelang unter-

sucht. Er war auch einer der Autoren des Jason Report aus dem Jahr 2001, »Impacts of Severe Space Weather on the Electrical Grid«. In unseren Interviews erklärte er immer wieder, es gebe durchaus Möglichkeiten, etwas gegen die katastrophalen Auswirkungen von HEMP zu unternehmen, dies sei aber bis 2023 nicht geschehen. Vgl. auch Richard L. Garwin, »Prepared testimony for the hearing ›Protecting the Electric Grid from the Potential Threats of Solar Storms and Electromagnetic Pulse‹«, 17.7.2015.

554 »U.S. nuclear industry explained« (eia.gov) (Autorenkopie). »Mit Stand vom 1. August 2023 verfügten die Vereinigten Staaten über 93 in Betrieb befindliche kommerzielle Kernreaktoren in 54 Kernkraftwerken in 28 Bundesstaaten.«

555 Interview mit Jeffrey Yago; Yago, *ABCs of EMP*, 116.

556 Interview mit Jeffrey Yago. »Viele Menschen weigern sich, das zu glauben«, sagt er. In Zeitschriften wird falschlich behauptet, man könne sich mit überall käuflichen Produkten wie Mülltonnen oder Farbeimern gegen EMP schützen. »So ziemlich die einzigen elektronischen Bauteile, die nach einem Super EMP-Angriff noch funktionieren werden, sind diejenigen, die sich in einer verschweißten Metallkiste befinden.« Vgl. James Conca, »How to Defend against the Electromagnetic Pulse Threat by Literally Painting over It«, *Forbes*, 27.9.2021.

557 Paul C. Warnke, »Apes on a Treadmill«, *Foreign Policy* No. 18 (Frühjahr 1975), 12–29.

558 Michael D. Sockol, David A. Raichlen, Herman Pontzer, »Chimpanzee Locomotor Energetics and the Origin of Human Bipedalism«, *Proceedings of the National Academies of Science*, 24.7.2007.

559 Will Dunham, »Chimps on Treadmill Offer Human Evolution Insight«, *Reuters*, 16.7.2007.

560 »Site R Civil Defense Site«, FOIA documents Ref 00-F-0019, zusammengestellt von John Greenwald Jr., *Black Vault*, 18.2.2000.

561 John R.K. Clark, *Beaches of O'ahu*, 148.

562 Tyler Rogoway, »Here's Why an E-6B Doomsday Plane Was Flying Tight Circles off the Jersey Shore Today«, *War Zone*, 13.12.2019.

563 Interview mit William Fugate.

564 Ed Zuckerman, »Hiding from the Bomb – Again«, *Harper's*, August 1979. In Russland wird das Zitat Nikolaj Schukowskis russischer Übersetzung des Romans *Die Schatzinsel* zugeschrieben. Dort heißt es: »Diejenigen von euch, die noch leben, werden die Toten beneiden.«

565 Dies ist eine Variation des Titels eines Buchs von Paul Ehrlich, Carl Sagan, Donald Kennedy und Walter Orr Robert, *The Cold and the Dark: The World after Nuclear War*. Das Buch wurde nach einem Treffen von 200 Wissenschaft-

lern in Washington, D.C. im Herbst 1983 geschrieben, der »Conference of the World after Nuclear War«.

566 Ebd.,

567 Interview mit Brian Toon.

568 »Sources and Effects of Ionizing Radiation«, United Nations Scientific Committee on the Effects of Atomic Radiation, 21. Tschernobyl hat gezeigt, dass einige Bäume erstaunlich widerstandsfähig sind, andere, vor allem Nadelbäume, verfärben sich rostbraun und sterben ab. Vgl. auch Jane Braxton Little, »Forest Fires are Setting Chernobyl's Radiation Free«, *The Atlantic*, 10.8.2020.

569 Henry Fountain, »As Peat Bogs Burnb, a Climate Threat Rises«, *New York Times*, 8.8.2016.

570 Li Cohen, »Nuclear War between the U.S. and Russia Would Kill More Than 5 Billion People – Just from Starvation, Study Finds«, CBS News, 16.8.2022.

571 Owen B. Toon, Alan Robock, Richard P. Turco, »Environmental Consequences of Nuclear War«, *Physics Today* 61, 12 (Dezember 2008), 37, 40.

572 Interview mit Alan Robock. In den Modellierungen sind die Werte fast immer in Grad Celsius angegeben, einige neuere Veröffentlichungen weisen Umrechnungsfehler auf.

573 Turco et al., »Nuclear Winter«, 1283–1292.

574 Eine Zusammenfassung des Dramas, das sich um den ersten Bericht über einen nuklearen Winter entfaltete, findet sich bei Matthew R. Francis, »When Carl Sagan Warned the World About Nuclear Winter«, *Smithsonian Magazine*, 15.11.2017.

575 Turco et al., »Nuclear Winter«, 1283–1292.

576 Stephen H. Schneider und Starley L. Thompson, »Nuclear Winter Reappraised«, *Foreign Affairs*, 981–1005.

577 Interview mit Brian Toon

578 William Burr (Hrsg.), »Nuclear Winter: U.S. Government Thinking During the 1980s«, National Security Archive, Briefing Book #795, 2.6.2022.

579 Peter Lunn, »Global Effects of Nuclear War«, Defense Nuclear Agency, Februar 1984, 13 f.

580 Interview mit Frank von Hippel.

581 Owen B. Toon, Alan Robock, Richard P. Turco, »Environmental Consequences of Nuclear War«, American Institute of Physics, *Physics Today*, Dezember 2008, 37–40.

582 Interview mit Brian Toon.

583 L. Xia et al., »Global Food Insecurity and Famine from Reduced Crop, Marine Fishery and Livestock Production Due to Climate Disruption from

Nuclear War Soot Injection«, *Nature Food* 3 (2022), 586–596; Zusammenfassend auch: »Rutgers Scientist Helps Produce World's First Large-Scale Study on How Nuclear War Would Affect Marine Ecosystems«, *Rutgers Today*, 7.7.2022.

584 Paul Jozef Crutzen und John W. Birks, »The Atmosphere after a Nuclear War: Twilight at Noon«, *Ambio*, Juni 1982; Ehrlich et al., *The Cold and the Dark*, 134.

585 »Earth's Atmosphere: A Multi-layered Cake« (nasa.goc), 2.10.2019.

586 C.V. Chester, A.M. Perry, B.F. Hobby, »Nuclear Winter, Implications for Civil Defense«, Oak Ridge National Laboratory, U.S. Department of Energy, Mai 1988, ix. In einer Abhandlung über »Nuclear Winter, Implications for Civil Defense« gestand selbst das Verteidigungsministerium ein »Absinken der Temperaturen um 15 Grad Celsius im Durchschnitt für die gemäßigten Zonen der nördlichen Hemisphäre … [und] bis zu 25 Grad Celsius in den inneren Regionen der Kontinente« zu.

587 Interview mit Brian Toon.

588 Alan Robock, Luke Oman, Georgiy L. Stenchikov, »Nuclear Winter Revisited with a Modern Climate Model and Current Nuclear Arsenals: Still Catastrophic Consequences«, *Journal of Geophysical Research Atmospheres* 112, D13 (Juli 2007).

589 Harrison et al., »A New Ocean State After Nuclear War«, AGU Advancing Earth and Space Sciences, 7.7.2022.

590 Glasstone und Dolan, *The Effects of Nuclear Weapons*, Kap. 7 und 9; Paul Craig und John Jungerman, *The Nuclear Arms Race: Technology and Society*, Glossar: »Effects of Levels of Radiation on the Human Body«.

591 Theodore A. Postol, »The Medical Implications of Nuclear War«, National Academy Press, 1986, 15.

592 »Sources and Effects of Ionizing Radiation«, United Nations Scientific Commitee on the Effects of Atomic Radiation, 1996, 35.

593 C.V. Chester, A.M. Perry, B.F. Hobbs, »Nuclear Winter, Implications for Civil Defense«, Oak Ridge National Laboratory, U.S. Department of Energy, Mai 1988, xf.

594 Scientific Committee on Problems of the Environment (SCOPE): *Nuclear Famine, The Deadly Consequences of Nuclear War.* Abb. 4.8a, 203 (nuclearfamine.org).

595 Ehrlich et al., *The Cold and the Dark*, 53, 63; L. Xia et al.,»Global Food Insecurity and Famine from Reduced Crop, Marine Fishery and Livestock Production Due to Climate Disruption from Nuclear War Soot Injection«, *Nature Food* 3 (2022), 586–596.

596 Alexander Leaf, »Food and Nutrition on the Aftermath of Nuclear War«, *The Medical Implications of Nuclear War*, hrsg. von F. Solomon und R.Q. Marston (Washington, D.C.: National Academies Press, 1986), 286 f.
597 Interview mit Brian Toon.
598 L. Xia et al., »Global Food Insecurity and Famine from Reduced Crop, Marine Fishery and Livestock Production Due to Climate Disruption from Nuclear War Soot Injection«, *Nature Food* 3 (2022), 586–596; Interview mit Brian Toon; Interview mit Alan Robock
599 Leaf, »Food and Nutrition in the Aftermath of Nuclear War«, 287; Ehrlich et al., *The Cold and the Dark*, 113.
600 Ebd., Überschrift zu Abb. 3 im Abbildungsteil, nicht paginiert.
601 »Sources and Effects of Ionizing Radiation«, United Nations Scientific Committee on the Effects of Atomic Radiation, 1996, 16.
602 Ehrlich et al., *The Cold and the Dark*, 112: »Nahrungsketten aus Phytoplankton, Zooplankton und Fischen werden vermutlich stark unter dem Lichtmangel leiden. Innerhalb von etwa zwei Monaten im Frühling und Sommer der gemäßigten Zone oder innerhalb von drei bis sechs Monaten im Winter in derselben Zone würde sich eine dramatische Verringerung der Population von Wassertieren vollziehen, die für viele Arten möglicherweise nicht mehr reversibel wäre.«
603 Interview mit Dr. Walter Munk
604 Abschrift des TED-Talks von Brian Toon: »I've studied nuclear war for 35 years – you should be worried«, TEDxMileHigh, November 2017. (ted.com)
605 Interview mit Toon; Diskussion zum Paper von Nature Food, Toons PowerPoint-Präsentation (Autorenkopie).
606 L. Xia u. a., »Global Food Insecurity and Famine from Reduced Crop, Marine Fishery and Livestock Production Due to Climate Disruption from Nuclear War Soot Injection«, *Nature Food* 3 (2022), 586–596.
607 Interview mit Toon; Interview mit Robock
608 Ehrlich u. a., *The Cold and the Dark*, 24.
609 Charles G. Bardeen u. a., »Extreme Ozone Loss Following Nuclear War Results in Enhanced Surface Ultraviolet Radiation«, *JGR Atmospheres* 126, no. 18 (September 2012); vgl. auch Ehrlich u. a., *The Cold and the Dark*, 50.
610 »Sources and Effects of Ionizing Radiation«, 38.
611 Ehrlich u. a., *The Cold and the Dark*, 24 f., 123 f.
612 Ebd., 35; »Alle Prophetie ist sinnlos«, schrieb Carl Sagan.
613 Robock u. a., »Nuclear Winter Revisited with a Modern Climate Model and Current Nuclear Arsenals«; Ehrlich u. a., *The Cold and the Dark*, 24 f., 113.

614 Interview mit Dr. Charles H. Townes (über die duale Nutzung von Technologie)

615 Schmidt, Göbekli Tepe: A Stone Age Sanctuary in South-Eastern Anatolia, C.H. Beck, München 2006, 12.

616 Interview mit Michael Morsch

617 Schmidt, *Göbekli Tepe*, 15; Interview mit Morsch

618 Schmidt, *Göbekli Tepe*, 89–92.

619 Interview mit Morsch

620 Ehrlich u. a., *The Cold and the Dark*, 160. Übrigens verfügt bis heute keine einzige Regierungsbehörde über ein öffentlich zugängliches Programm zur Evaluierung der Auswirkungen eines nuklearen Winters.

621 Ehrlich u. a., 129. Dieser Gedanke, dass die »Atomwaffen selber« der wahre fein seien, entstand vor 40 Jahren. Und nichts hat sich geändert.

INDEX

C

D

E

F

G

H

I

J

K

L

M

N

O

T

U

V

W

Y

Z